書不盡言
言不盡意
自覺聖智
完成人格

辛卯冬 二〇一一年
九四頑童
南懷瑾

花雨满天 维摩说法（上册）

南怀瑾 著述

复旦大学出版社

出版说明

本书是南怀瑾先生一九八一年所讲解《维摩诘经》的记录。

《维摩诘经》全称《维摩诘所说经》，三卷，通行后秦鸠摩罗什译本。内容着重描写达到解脱境界不一定要经过严格的出家修行生活，关键在于主观修养，阐扬大乘般若性空的思想。南怀瑾先生认为，《维摩诘经》是与整个佛法、佛教、东方文化，尤其是中国文化关系最大、影响最深的一部重要经典。《维摩诘经》所代表的精神，是佛法在世间，不离世间本位而解脱成佛的法门，也指出十方三世诸佛如何证道，如何得解脱，如何证得菩提之路。南师用简单明了的语句，深入浅出，让读者能更容易了解原经优美流畅文字下的深厚含义。

本书原由台湾老古文化事业公司出版。兹经版权方台湾老古文化事业公司授权，复旦大学出版社将老古公司二〇〇五年三月版校订出版，以供研究。

复旦大学出版社
二〇一八年三月

前　言

这本书的出版，有一个颇为偶然的因缘，在此特向读者说一说背后的有趣过程。

缘南师怀瑾先生所讲解的《维摩诘经》，是于一九八一年七月十日，在台北十方书院开始的。由于书院的学生以出家众及学佛者为主，所以南师的讲解偏重在修持方面，举例引证也以修持为重点，与一般讲解佛经不尽相同。

二十年来，曾几次有人贡献心力，希望将记录整理，以便印行出版；但是阴错阳差，始终未能完成，而关心的读者们，却时时殷切询问。

因缘常常十分奇妙，大约两年多前，香港佛教图书馆的亲证尼法师，把南师所讲《维摩诘经》的录音带，交了两卷给一位李华女士，拜托她的夫婿石宏先生，抽空把录音记录成文字。

这位石宏先生，出身台湾大学法律系，又在美国密歇根大学取得比较法学及企业管理两个硕士学位，他看到只有两卷录音带时，就欣然答应了这件事。

岂知，两卷完工后才知道，后面还有一百三十七卷之多；怎么办呢？他心里想，既然承诺在先，就继续做下去吧。此后，石宏先生每天花费七八个小时，努力工作了一年，终告完成。

除了记录文字外，石先生还做了初步的整理工作，以及资料的校对等，现趁此出版之际，对石宏先生的热心与辛劳，特别致上深切的感谢之忱。

有人说，读懂了些许《维摩诘经》，心量不自觉地扩大了，不再局限在我们生活的这个娑婆世界，也不会局限于向往的净土世界，而扩展到了无限的空间。

也有人说，这本经典包含了一切，当你学佛不知道该怎么做时，本经有答案给你；当你事理不明白时，本经也有答案给你。

举例来说，学佛的人常常疑惑，为什么女儿身不能成佛，而要先转成男身才有可能？在这部经典中，对这个问题就有极超越的讨论与答案。所以，这是一本包括一切见地修行的经典，太伟大了。

但是，对现代的人来说，原典经文似觉太过古老，现在这本南师的讲解记录，用的是简单明了的话语，相信读者们借本书了解《维摩诘经》时，一定容易很多。

这本书虽未经南师亲自校阅，但是在出版的过程中，曾经过不少参加听讲者的校对，如宏忍尼法师、古国治、谢锦扬、欧阳哲等。有关经典校正的工作，宏忍尼法师投入时间和精神最深久，在资料查核方面，杭纪东教授尽力最多，而书名则是周梦蝶居士的灵感，在此一并向他们致谢。

本书所采用经典，是佛教出版社版本，由古国治居士重新标点，书中小标题为编者所加。

刘雨虹 记
二〇〇四年十二月

目　录

出版说明　1
前言　1

开场白　1
　　东方世界的两个佛国　1
　　什么是真正的佛法　3

卷上

佛国品第一　2
　　佛菩萨的德行成就　8
　　如何修功德智慧　12
　　邪见　断见　性空　缘起　14
　　为人师应具备的能力　18
　　去探病的菩萨们　21
　　佛的神力　25
　　净业是什么　26

不动的第一义　28
说因缘　28
佛一音说法　36
宝积问佛净土　39
如何能生佛国　41
为什么看不见佛的佛土　55

方便品第二

有辩才　有神通　方便度人　65
六度波罗蜜成就　69
在家身　出家心　行为美　70
维摩居士成就的功德　74
居士病了　78
如何看待自己的身体　79
如何成就佛身　85

弟子品第三

舍利弗不敢探病　93
大目犍连的辩才问题　95
大迦叶乞食不平等吗　98
须菩提被骂糊涂了　102
富楼那说法的障碍　105
迦旃延生灭心说实相法　108
阿那律眼通的问题　110
优波离与犯戒比丘　114
罗睺罗说出家的功德　118

  阿难为佛乞食　　122

菩萨品第四
  弥勒菩萨——什么是菩提　　130
  光严童子——何处是道场　　145
  持世菩萨——如何修行　　160
  长者子善德——布施与供养　　190

卷中
文殊师利问疾品第五
  文殊菩萨来了　　232
  众生病　菩萨也病　　243
  空室引起的话题——空　解脱　　247
  维摩居士的侍者　　250
  如何对待病和病人　　252
  念与解脱　　264
  如何调伏　除病　　270
  念病非真非有　　273
  缚与解缚　　279
  有病菩萨该如何　　286
  有病菩萨如何调心　　293
  什么是菩萨行　　297
  三十七道品与菩萨行　　310
  止观到涅槃的菩萨行　　315

不思议品第六

如何求法　325

什么不是求法　335

师子之座　345

解脱——不可思议　356

住解脱法门菩萨——空间　359

住解脱法门菩萨——时间　365

住不可思议解脱菩萨所能　367

风　火　音声　370

魔王　大菩萨　解脱　376

开场白

我们今天讲的《维摩诘经》，是与整个佛法、佛教、东方文化，尤其是中国的文化关系最大、影响最深、历史最久的一本经。

如果把《维摩诘经》只当作是在家居士所说的一本经，这个观念就不对了！《维摩诘经》所代表的精神，是佛法在世间，不离世间本位而解脱成佛的法门，也指出了十方三世诸佛如何证道，如何得到解脱，如何证得菩提之路。

一般人都以为中国的禅宗是达摩祖师来了之后才传开的，殊不知在达摩祖师以前，由鸠摩罗什法师所翻译的《维摩诘经》和《法华经》影响最大，而成为中国文化禅宗的根本经典。

东方世界的两个佛国

这本经的分量有如此之重，但因为文字易懂，流畅优美，人们很轻易地读过去了，认为已经懂了，实际上非常难懂。我们这一次把《维摩诘经》和《药师经》连起来讲，因为它们是一个系统的。为什么说是一个系统的呢？我们一般都晓得，佛介绍给我们西方极乐世界的阿弥陀佛，这是为了方便，让我们末世智慧及福德不够的众生，能够修往生法门。而佛法真正的即生成就，这个成佛的大业与大道，却在《药师经》和《维摩诘经》所表征的东方世界两个佛国。一个是阿閦佛国，就是维摩居士化身成为在家佛所依附的东方妙喜不动世界。

这个东方的阿閦佛国和另一个东方佛国，药师琉璃光佛土相衔接。

东方世界和西方阿弥陀佛的极乐世界相辉映，像是一个太阳系统的昼和夜。当太阳西斜下山的时候，到了西方极乐世界；太阳出来生生不已的时候，又到了东方阿閦佛国土和东方琉璃光佛土。这是佛法中的一大秘密，是真正的密宗。

所以真正了解佛法以后就知道，一切显教的经典中明显告诉你的，你不懂，就成为大密宗。倒是一切密宗修持的方法，反而很是显教，因为它的密义，你若能深入参究，就明白了，就通了。显教告诉你真正的佛法奥秘，你再参究也不通，除非你福德成就、大智慧成就，才会通了。

所以，这次讲经的因缘是把真正即生成就，佛法的大秘密告诉你，让你好好修持参学。不要以为打坐就是学佛。

现在先翻到《维摩诘经》第十二品，《见阿閦佛品》，阿閦佛是东方妙喜如来不动国土的佛，也就是我们讲《药师经》时，所引到《法华经》当中的大通智胜佛的十六个佛子之一，连阿弥陀佛也是大通智胜佛的儿子。《维摩诘经》经文再下一品是《法供养品》，就提到药王如来，我们要了生死成佛超出三界，必须深切亲证到药王如来所开示的不死之法，不生也不灭。千古以来，都无人把佛法中的《药师经》《维摩诘经》《法华经》当作秘密法门，只把它们作为显教的经文来诵读参学，自然不会明白修法的意义与关键所在，因此毫无成就。

整本《维摩诘经》里面最重点的重点，是告诉我们：佛法就在这个世间，我们就在自己的身心上自了。如果求他方世界依赖别人，想了生死，想成佛道，是不可能的。因为外力仅是方便法门，非究竟法门。所以，究竟法门必须要自度自了。

再讲个插曲，例如四川的文殊院有副非常好的对子：

见了就作　作了便放下　了了有何不了

慧生于觉　觉生于自在　生生本是无生

像这些佛教文学，禅的精神，灵性智慧的渊源，都与《维摩诘经》有密切的关系。

现在的《维摩诘经》中文版本，是在中国历史上动荡的南北朝时期，由西域请来的胡僧鸠摩罗什所翻译的。最初是前秦的苻坚发兵去请鸠摩罗什，但鸠摩罗什还没走到中国，苻坚的前秦就亡国了。后来就由姚兴在今天陕西地区所建的后秦国，出兵请到鸠摩罗什来中原。为了请来这一位学者，发兵几十万，灭了扣住鸠摩罗什的三个西域小国家，大概也只有中国南北朝这些野蛮的皇帝们才做得出来。

这本经的文字之好，令人不由得要敬佩鸠摩罗什的才华。当然，他在中国所收的几位杰出大弟子，像僧肇、僧睿等，都是一流文学天才，自然也是本经文字优美的原因。因为有《维摩诘经》，中国此后两千年的文学、文化都为之丰富了。例如，唐代文人的唐诗，几乎无不受《维摩诘经》的影响，从唐代就把《维摩诘经》编成戏剧上演，今日昆曲的《天女散花》就出自《维摩诘经》。这本宗教的经典已经深入民间的戏剧、歌曲、舞蹈，对中国文化、文学的影响之大，可以说无与伦比。但是，近代一般的中国文化史、文学史和哲学史的学者，因为佛学涉猎不深，就看不通这一点。而近代佛教界人士，却不精历史，或文学根基不深，也同样摸不到这样的观点。

什么是真正的佛法

本经的经题是"维摩诘所说经"，后来也有题为"佛说维摩诘所说经"，那是后世因为尊崇释迦牟尼佛而加上的，实际上原经的翻译不用"佛说"二字，只是维摩诘居士所说的经，因为这本经的中心佛法是由维摩诘居士所说的。也有把经题翻译成"不可思议解脱经"，这是因为我们学佛的目的是为了要解脱三界，跳出六道轮回，还我们本来面目而成佛。众生原本是佛,自己迷失了原路,不知父母未生之前自己为何,找不到这个根源,因此就在三界六道中生死轮回。又因为受到物质世界环境影响,而有身心烦恼痛苦,生老病死等等。修持就是要解脱物质世界的束缚,解脱身心的烦恼,追溯回身心根源,自性清净。

学佛目的在求解脱,如何解脱呢?维摩诘居士所说经告诉我们,真正的佛法就在我们这个世间求解脱。

顺便提到,佛法所说不可思议,是说在修证上不可以用普通意识思想去猜测解释,不可以用凡夫的智慧知识来讨论研究。你只能用一个信的方法来修持。或者是信净土念佛法门,或者是信四念住、八正道、三十七菩提道品的法门。坚定专一地去求证,在求证的过程中,不可以用人世间的知识或习惯性的意识随便解释,所以说是不可思议,并不是说不能思议。如果是不能思议,那么这一部经就是因思议所生,岂不自我矛盾?究竟不可思议与思议的分别何在,这是佛法中的秘密,《维摩诘经》本身也给了你答案。现在进入《维摩诘经》的本文。

卷上

- 佛国品第一
- 方便品第二
- 弟子品第三
- 菩萨品第四

佛国品第一

如是我闻。一时,佛在毗耶离庵罗树园,与大比丘众八千人俱,菩萨三万二千,众所知识。大智本行,皆悉成就。诸佛威神之所建立。为护法城,受持正法。能师子吼,名闻十方。众人不请,友而安之。绍隆三宝,能使不绝。降伏魔怨,制诸外道。悉已清净,永离盖缠;心常安住,无碍解脱。念、定、总持,辩才不断。布施、持戒、忍辱、精进、禅定、智慧及方便力,无不具足。逮无所得,不起法忍。已能随顺,转不退轮。善解法相,知众生根。盖诸大众,得无所畏。功德智慧,以修其心。相好严身,色像第一,舍诸世间所有饰好。名称高远,逾于须弥。深信坚固,犹若金刚。法宝普照,而雨甘露。于众言音,微妙第一。深入缘起,断诸邪见。有无二边,无复余习。演法无畏,犹师子吼。其所讲说,乃如雷震。无有量,已过量。集众法宝,如海导师,了达诸法深妙之义,善知众生往来所趣,及心所行。近无等等佛自在慧、十力、无畏、十八不共。关闭一切诸恶趣门,而生五道以现其身。为大医王,善疗众病,应病与药,令得服行。无量功德皆成就,无量佛土皆严净。其见闻者,无不蒙益。诸有所作,亦不唐捐。如是一切功德,皆悉具足,其名曰:等观菩萨,不等观菩萨,等不等观菩萨,定自在王菩萨,法自在王菩萨,法相菩萨,光相菩萨,光严菩萨,大严菩萨,宝积菩萨,辩积菩萨,宝手菩萨,宝印手菩萨,常举手菩萨,常下手菩萨,常惨菩萨,喜根菩萨,喜王菩萨,辩音菩萨,虚空藏菩萨,执宝炬菩萨,宝勇菩萨,宝见菩萨,帝网菩萨,明网菩萨，无缘观菩萨，慧积菩萨，宝胜菩萨，天王菩萨，坏魔菩萨，电德菩萨，自在王菩萨，功德相严菩萨，师子吼菩萨，雷音菩萨，山相击音菩萨，香象菩萨，白香象菩萨，常精进菩萨，不休息菩萨，妙生菩萨，华严菩萨，观世音菩萨，得大势菩萨，梵网菩萨，宝杖菩萨，无胜菩萨，严土菩萨，金髻菩萨，珠髻菩萨，弥勒菩萨，文殊师利法王子菩萨。如是等三万二千人。

复有万梵天王尸弃等，从余四天下，来诣佛所，而为听法。复有万二千天帝，亦从余四天下，来在会坐。并余大威力诸天、龙神、夜叉、乾闼婆、阿修罗、迦楼罗、紧那罗、摩睺罗伽等，悉来会坐。诸比丘比丘尼，优婆塞优婆夷，俱来会坐。彼时佛与无量百千之众，恭敬围绕，而为说法。譬如须弥山王，显于大海。安处众宝师子之座，蔽于一切诸来大众。

尔时毗耶离城，有长者子，名曰宝积，与五百长者子，俱持七宝盖，来诣佛所，头面礼足，各以其盖，共供养佛。佛之威神，令诸宝盖合成一盖，遍覆三千大千世界。而此世界广长之相，悉于中现。又此三千大千世界，诸须弥山，雪山，目真邻陀山，摩诃目真邻陀山，香山，黑山，铁围山，大铁围山，大海江河，川流泉源，及日月星辰，天宫龙宫，诸尊神宫，悉现于宝盖中。又十方诸佛，诸佛说法，亦现于宝盖中。尔时一切大众，睹佛神力，叹未曾有，合掌礼佛，瞻仰尊颜，目不暂舍。长者子宝积，即于佛前，以偈颂曰：

目净修广如青莲　心净已度诸禅定
久积净业称无量　导众以寂故稽首
既见大圣以神变　普现十方无量土
其中诸佛演说法　于是一切悉见闻
法王法力超群生　常以法财施一切

能善分别诸法相
已于诸法得自在
说法不有亦不无
无我无造无受者
始在佛树力降魔
已无心意无受行
三转法轮于大千
天人得道此为证
以斯妙法济群生
度老病死大医王
毁誉不动如须弥
心行平等如虚空
今奉世尊此微盖
诸天龙神所居宫
悉见世间诸所有
众睹希有皆叹佛
大圣法王众所归
各见世尊在其前
佛以一音演说法
皆谓世尊同其语
佛以一音演说法
普得受行获其利
佛以一音演说法
或生厌离或断疑
稽首十力大精进
稽首住于不共法

于第一义而不动
是故稽首此法王
以因缘故诸法生
善恶之业亦不亡
得甘露灭觉道成
而悉摧伏诸外道
其轮本来常清净
三宝于是现世间
一受不退常寂然
当礼法海德无边
于善不善等以慈
孰闻人宝不敬承
于中现我三千界
乾闼婆等及夜叉
十力哀现是化变
今我稽首三界尊
净心观佛靡不欣
斯则神力不共法
众生随类各得解
斯则神力不共法
众生各各随所解
斯则神力不共法
或有恐畏或欢喜
斯则神力不共法
稽首已得无所畏
稽首一切大导师

稽首能断众结缚　稽首已到于彼岸
稽首能度诸世间　稽首永离生死道
悉知众生来去相　善于诸法得解脱
不着世间如莲华　常善入于空寂行
达诸法相无罣碍　稽首如空无所依

尔时长者子宝积，说此偈已，白佛言：世尊！是五百长者子，皆已发阿耨多罗三藐三菩提心，愿闻得佛国土清净，唯愿世尊，说诸菩萨净土之行。佛言：善哉！宝积！乃能为诸菩萨，问于如来净土之行。谛听！谛听！善思念之，当为汝说。于是宝积，及五百长者子，受教而听。佛言：宝积！众生之类，是菩萨佛土。所以者何？菩萨随所化众生而取佛土，随所调伏众生而取佛土，随诸众生，应以何国入佛智慧而取佛土，随诸众生，应以何国起菩萨根而取佛土。所以者何？菩萨取于净国，皆为饶益诸众生故。譬如有人，欲于空地造立宫室，随意无碍，若于虚空，终不能成。菩萨如是，为成就众生故，愿取佛国，愿取佛国者，非于空也。宝积！当知！直心是菩萨净土，菩萨成佛时，不谄众生来生其国。深心是菩萨净土，菩萨成佛时，具足功德众生来生其国。菩提心是菩萨净土，菩萨成佛时，大乘众生来生其国。布施是菩萨净土，菩萨成佛时，一切能舍众生来生其国。持戒是菩萨净土，菩萨成佛时，行十善道满愿众生来生其国。忍辱是菩萨净土，菩萨成佛时，三十二相庄严众生来生其国。精进是菩萨净土，菩萨成佛时，勤修一切功德众生来生其国。禅定是菩萨净土，菩萨成佛时，摄心不乱众生来生其国。智慧是菩萨净土，菩萨成佛时，正定众生来生其国。四无量心是菩萨净土，菩萨成佛时，成就慈悲喜舍众生来生其国。四摄法是菩萨净土，菩萨成佛时，解脱所摄众生来生其国。方便是菩萨净土，菩萨成佛时，于一切法方便无碍众生来生其国。三十七道品是菩萨净土，菩萨成佛时，念处、正勤、神足、根、力、觉、道众生来生其国。回向心是菩萨净土，菩萨成佛时，得一切具足功德国土。说除八难是菩萨净土，菩萨成佛时，国土无有三恶八难。自守戒行，不讥彼阙，是菩萨净土，菩萨成佛时，国土无有犯禁之名。十善是菩萨净土，菩萨成佛时，命不中夭，大富梵行，所言诚谛，常以软语，眷属不离，善和诤讼，言必饶益，不嫉不恚，正见众生来生其国。如是！宝积！菩萨随其直心，则能发行；随其发行，则得深心；随其深心，则意调伏；随意调伏，则如说行；随如说行，则能回向；随其回向，则有方便；随其方便，则成就众生；随成就众生，则佛土净；随佛土净，则说法净；随说法净，则智慧净；随智慧净，则其心净；随其心净，则一切功德净。是故，宝积！若菩萨欲得净土，当净其心，随其心净，则佛土净。

尔时舍利弗，承佛威神，作是念：若菩萨心净，则佛土净者，我世尊本为菩萨时，意岂不净？而是佛土不净若此？佛知其念，即告之言：于意云何？日月岂不净耶？而盲者不见。对曰：不也，世尊！是盲者过，非日月咎。舍利弗！众生罪故，不见如来国土严净，非如来咎。舍利弗！我此土净，而汝不见。尔时，螺髻梵王语舍利弗：勿作是念，谓此佛土以为不净。所以者何？我见释迦牟尼佛土清净，譬如自在天宫。舍利弗言：我见此土，丘陵坑坎，荆棘沙砾，土石诸山，秽恶充满。螺髻梵王言：仁者心有高下，不依佛慧，故见此土为不净耳。舍利弗！菩萨于一切众生悉皆平等，深心清净，依佛智慧，则能见此佛土清净。于是佛以足指按地，即时三千大千世界若干百千珍宝严饰，譬如宝庄严佛，无量功德宝庄严土，一切大众，叹未曾有，而皆自见坐宝莲华。佛告舍利弗：汝且观是佛土严净？舍利弗言：唯然！世尊！本所不见，本所不闻，今佛国土严净悉现。佛告舍利弗：我佛国土，常净若此，为欲度斯下劣人故，示是众恶不净土耳。譬如诸天，共宝器食，随其福德，饭色有异。如是！舍利弗！若人心净，便见此土功德庄严。当佛现此国土严净之时，宝积所将五百长者子，皆得无生法忍，八万四千人，皆发阿耨多罗三藐三菩提心。佛摄神足，于是世界还复如故。求声闻乘者，三万二千诸天及人，知有为法皆悉无常，远尘离垢，得法眼净。八千比丘，不受诸法，漏尽意解。

佛经翻译时，为了要与中国固有文化稍有差别，就不用"篇""章"而用"品"来表段落。只有汉朝时所翻的《四十二章经》是例外。

《佛国品》标题的意思就是先让我们认识什么是佛的国土，这国不是现代的国家，而是佛的境界，如何才可称作佛。

"如是我闻"的详细意义就不多说了，是记载经文者负责任的表示。

"一时"是那个时候的意思，印度古人对历史时间比较不重视，和中国极大不同。但是，所有的佛经开头都是"一时"，却也有深刻的意义，因为时间是人为假定的，宇宙是没有分方向，没有分现在、过去、未来的。一万年有如一弹指，不要被人为的时间观念所限制。现代科学也证明，地球时间与月球时间，以及其他星球的时间都不同，时间是相对的概念。佛经说"一时"，就是没有时间，那时就是这时。

"佛在毗耶离庵罗树园"，是地点，"毗耶离"是维摩居士所在地，中文是"广严城"，是广大庄严之地，也就是佛说《药师经》的地方，要注意这个关联细节！

"与大比丘众八千人俱，菩萨三万二千"，是记载当时听法的人数。《药师经》与《维摩诘经》所记载佛的出家众弟子的数字都是八千人，跟《金刚经》《阿弥陀经》所记载一千二百五十人不同。而听此经的菩萨有三万二千，在《药师经》中却是三万六千菩萨。这些数字不是随意说的，跟易经的象数学问是一样的，与我们的修持有关，必须要去参究这个奥秘。

说到菩萨，我们都是菩萨，不过我们只是因位上的菩萨，也就是具有菩萨候选人的资格，能否最终成为果位上的菩萨，就看自己的修行了。

佛菩萨的德行成就

下面的经文都是在说明菩萨的各种德行成就，要想学佛的人就要学这些大乘菩萨道。

"众所知识"，菩萨的学问道德成就为众人所知、所景仰，因为"大智本行，皆悉成就"，具大智慧成就般若的解脱，不是迷信，更不是死板功夫，是如珠走盘，活活泼泼的。

"诸佛威神之所建立"，受十方三世一切佛的威德、精神所加庇。

"为护法城，受持正法。"有如城墙般的护法，能住持正法，承先启后。我们学佛，不但要通达佛经，连世间的一切知识技能也要通，在家是好子女、好父母，在社会是真正有贡献的人，这样才可以算学佛。

"能师子吼"，能说法像狮子吼，因为菩萨有了这样的成就，百兽妖邪听而脑裂。

"名闻十方"，就是名声远播。世人都求名和利，所以说："名利本为浮世重，世间能有几人抛？"但名利往往难两全，得此失彼，这是世间法本来如此。五千年来多少人求名，今天诸位能记得几位宰相？求利的就更不用说了，诸位能数得出几个历史上的富人？但是菩萨为何要名呢？这就要参了。这个名不是菩萨去追求得来的，而是多生累积福报来的，都是因果。大菩萨所以能名闻十方，是因为他们济世之心，勇猛到了近似于疯狂的程度，绝无畏苦推卸的心态，我们做得到吗？

"众人不请，友而安之。"你不去找他帮忙，他却自己献身于众生，更难的是能友而安之，我们连自己家人不彼此讨厌都很难了，不要说做到与朋友众生能够安然相处，不生厌恶之情。为什么我们会让人讨厌呢？因为自己心性修养的德行不够，所以要深切反省。如果心里的烦恼成天挂在脸上，怎能与人"友而安之"？所以，读佛经一定要仔细，要用心，要反思，这才是真念经。

"绍隆三宝，能使不绝。"有如此修养的菩萨，才能挑起佛法僧三宝的重担，不使佛法断绝。

"降伏魔怨，制诸外道。"这一句文字易懂，但意义深刻。魔有四种：烦恼魔（欲魔）、身魔（五阴魔）、死魔、天魔，把这四种魔都降伏了，才是修道。你们以为打坐是修道，实际上不是在烦恼魔中，就是在身魔的各种感受中。禅宗祖师说：起心动念是天魔，不起心动念也是五阴魔；或起不起是烦恼魔，根本无明也是烦恼魔。这些魔，诸位能降伏吗？《金刚经》中说"如是降伏其心"，就是降伏心念的魔业，贪、嗔、痴、慢、疑都是。佛在世时有九十六种外道，像婆罗门、瑜伽、拜火教做各种功夫的，现在都还有。心外求法，在自己内心之外求法就是外道。学佛的人对外道也应该懂，才能分辨错误之处。释迦牟尼佛当初就学遍了各种外道，他都懂。各位发愿"法门无量誓愿学"，学了几种呢？

"悉已清净，永离盖缠；心常安住，无碍解脱。"修行的菩萨已经永远离开了五盖十缠（贪欲、嗔恚、疑、掉悔、昏眠，共为五盖；无惭、无愧、嫉、悭、悔、眠、掉举、昏沉、忿、覆，共为十缠），心才能安，还要能常住，这更超越了定的境界。把自性的灵光遮盖了谓之盖，要七地以上的菩萨才能真正地永离盖缠，偶尔的清净是算不了数的。禅宗二祖当初修行功夫那样深，还要对达摩祖师说此心不安，可见心安实在难啊！心常安住才可以烦恼无碍，欲无碍，身无碍，生死无碍，才能从各种盖缠中解脱自在。这些高深的修持途径，往往被本经优美而平易的文字所带过，大家一定要留心。

"念、定、总持，辩才不断。"这一段要这样断句才通。大家对于这个"念"，究竟有没有正确的了解？有许多人基于对禅宗不正确的认识，引述六祖所说"无念为宗"，就以为禅宗目的在求无念；又以为打坐时，什么都不知道就是入定了，其实那是大昏沉现象。这样子的误解不但严重，而且危险！六祖在《坛经》中明白说过，"无者无妄想"，等于是教理说的无分别心；"念者念真如"。六祖所讲的无念绝不是昏沉！前面说过，到了无碍境界之时，好像都感觉不到身体了，大家可千万不要以为是像睡着一样的，后者是昏沉。打坐时觉得昏昏沉沉似睡非睡，不要以为这是清净，小心这样坐久了以后脑子就退化了，记性、悟力越来越差，还可能有堕入畜生道的悲惨果报。这都是搞不清楚定、无念的真义，如此程度连外道魔道都当不上。

佛法处处讲念，例如三十七菩提道品第一就讲四念住，再如净土讲念佛，所以对念一定要有正确认识。念是意识上的念，不是用嘴念。菩萨境界的念住不是念头断灭，而是不起思维分别，念念常住清净自在，永远在定中。定不等于是打坐，打坐不过是初步练习学定的方法。念清净以后，才可以谈得定。

平常人修行打坐为何不能得定？因为：第一，对念没有正确认识；第二，念不能定，净念认不到，因此杂念纷飞。各位自己反省，当你坐不住的时候，究竟是身体坐不住，还是心坐不住呢？你认为是身体的感觉熬不下去了，其实讲到底还是心坐不住，就是念的问题。不信，如果用支枪指着你，坐不住就杀了你，保证你就坐得住。

所以，一定要净念得定以后，才能得总持法门，也就是密宗所讲的陀罗尼；总是"所有"的意思，持是"保有"。第一个总持是闻总持，听闻、见闻过了就不忘，如阿难得总持法门，三藏十二部经典都是他记住，后来才补写出来。大家上课听经往往听过了就忘了，这就是不懂念、定、总持，修万劫仍是罔然。有天才能过目不忘，博闻强记，这是因为过去生修念、定稍有成就。念经时如果只是有嘴无心，那是自欺欺人，毫无功德可言。嘴念时心还要注意在经文上，多念一次，记诵就熟练一次，才是真修行。第二个总持是知总持，所知道的没有忘失。第三个总持是遇有任何疑难，自己会参透解决。这样定力坚固、慧力坚固，才可以得总持法门；世间出世间、大乘小乘、显教密教无不成就，才算总持。

如此得无碍的辩才，不是强辩，因为对一切世间出世间的学问智慧，无不了彻，智慧如珠走盘，灵光照耀，才能使佛法正法不断。菩萨必须具备念、定、总持，修到了远行地，才能辩才无碍。

"布施、持戒、忍辱、精进、禅定、智慧及方便力，无不具足。"这六度波罗蜜大家好像都懂，但是真做到了多少？如果连举手之劳都不肯帮人，就不用学佛了。佛法讲愿、行，很多人初发心学佛时都还好，久了连做人的影子也不见了，真是可悲。六度中不论由哪一门专修有所成就时，其他门也都会贯通了，真有成就就变成力量，譬如布施之力、持戒之力、忍辱之力等。我们学佛打坐念佛拜佛没有成就，就是因为无法形成力量，换言之是修行的善念的念力没有形成，还随时被自己此生或过去生的各种善恶的业力习气所牵引。修行有成就的菩萨，因为有了方便力，随时随地都在行六度，可是外表却不显示出来，这就是方便力。所以，菩萨到达六度及成就方便之力，无不具足，没有哪一样不圆满具备。

"逮无所得，不起法忍。已能随顺，转不退轮。"七地以上的菩萨无功用行，无时无地不在修行，不用特别去做打坐念佛等修行功夫，这就是逮无所得，无生法忍，生而不生，不生而生。一切烦恼妄念顿断不生，有如截断忍住般，所以叫它不起法忍，一切妄念不起不生，截流而断。到了无生法忍境界，并不是死板地定在那儿，而是随顺世间法起用，入众生世间转法轮，虽然入世间，但不退转，这就是到了八地的菩萨境界了。不到八地的菩萨境界，还是有退转的可能，过了八地菩萨不动地，才有希望说不退转，在任何境界、任何情况下都是在无生法忍中。

"善解法相，知众生根。"这些菩萨们善于解释一切世间出世间法相，能为人解答一切问题。注意，这里法相不单是指唯识的学问而已，又要能够知道众生的根器不同，人的天生根器非大修行人积功累德是不可能转变的，这是业和果报的问题。

"盖诸大众，得无所畏。"覆盖住众生，得四无畏，心不生怯。第一，法无不通达，无所畏。第二，说了就能做到，也是无畏。凡夫遇事推诿，因为怕这样，顾忌那样，就是有所畏（菩萨的四无畏：总持不忘，说法无畏；尽知法药及众生根性，而说法无畏；善于问答，说法无畏；能断物疑，说法无畏）。

如何修功德智慧

"功德智慧，以修其心。"这八个字看起来容易，想想看可真难了。这里要注意了！《维摩诘经》讲学佛修菩萨道的重心，由这八个字点出来了。修行就是修功德修智慧，也就是修心。功德是一点一点累积而来的，所以说积功累德，要身口意随时都在行一切善。功德包括一切，要有功才有德。再说，即使做了功，若因而心生一丝骄慢，这个功也没有了。这积功累德太难了，更不见有人能一贯到底做下去。

我们学佛讲功德和福德成就，没有功德哪有福报？智慧更难修了，智慧不够，头脑就不清。要怎样修呢？靠定慧止观，不是靠打坐，愈打坐愈糊涂的人很多。止是止一切妄念杂想，止于至善，一念在净念上，然后要起观，参究一切的佛，这才是打坐静修的道理，不是在那里玩弄气感！要多研究《瑜伽师地论》的止观，智慧是要学来的、修来的。我们学佛就两条大路：一条修福德，行一切善，去一切恶；另一边修智慧。福德圆满、智慧圆满，才能成功。

"相好严身，色像第一，舍诸世间所有饰好。"因为功德智慧成就所得的果报，心能转物所致，色身气脉自然转变。这里经文又隐藏着密教噢！不信你试试看，若做了件大善事，不用打坐气脉就会变，就是这个道理，立竿见影。有多少修行功夫，色相就会有多少变化，丝毫不爽。修善根结善缘的人，即使是容貌不美，仍然会让人觉得可爱而想亲近；长得虽好看而人缘不佳，就是不修善业的结果，大家要多自反省。未成佛要先结人缘，你一个人大彻大悟，不能度众生，因为功德不成就，充其量是个辟支佛。

"名称高远，逾于须弥。"这时不是世间小声名而已，是因智慧功德成就而能名声普闻三界。譬如历代圣贤，他们的成就、他们的功德、他们的作为永远流传，高超三界，不受时代、时间的影响，他们的崇高与伟大超越了须弥山。

"深信坚固，犹若金刚。"我们自以为深信佛法，其实靠不住，而迷信的居多，算不上是正信。譬如说空，要真证到了空，有了实证，才是正信。这样还不够，还要深信，例如禅宗祖师说要大悟三十六回、小悟无数次的境地。但即使深信到了十信、十住、十行、十回向，仍不坚固，修行人仍会退转，因为见地偏差，功德不圆满，都会造成退转。要到了八地菩萨以上，才不退转，才称得上深信坚固，犹若金刚。

我们现在仍然在讲《维摩诘经》的序品，这序品在叙说赞叹成佛的境界，也就是代表了学佛要求证、要到达的境界，这境界也就是佛土。从修持的因上来讲，叫做境界；从修持的果上来讲，称为佛土。

"法宝普照，而雨甘露。"这些菩萨的境界已到第十地法云地，形容解脱成就之法宝普照世间，慈云法雨，说法如云如雨，普惠众生。

"于众言音，微妙第一。"所发的声音使人能得到利益，这是种最微妙的境界。佛以一音说法，众生随类各得解。很多经典都赞叹音声法门，众生心地清净，能正思维起修，才可感应菩萨言音的微妙。这是信、解、行、证的道理。此处的解不同于世间做学问的理解，是要有止观的因，得定慧的果，中文勉强称之为解，是要用证的，能证到了，自然可以听到菩萨的言音，微妙第一。这其中的道理要向观音法门去体证，必须做到返闻闻自性，性成无上道。能听到菩萨的言音微妙第一的人，即使听世间一切噪音，都成清净的音声；否则，即使是松风或是潺潺溪流，都会成为烦恼的音声。

邪见　断见　性空　缘起

"深入缘起，断诸邪见。"我们都知道佛法讲缘起，一切都是缘起。小乘法门注重十二因缘的缘起，以十二因缘概括了三世因果，三世皆从无明而起。以境界上讲，无明就是起心动念，就是不知道生来死去，睡眠也是无明。在理上讲，宇宙如何开始，第一个人如何生出等等问题，不知答案，也是无明。总而言之，不论是境界上或是道理上，这两种无明都是因为没有修持，没有悟道而有。境界上的无明必须用定力来破除，真得如来大定的人昼夜长明，随时随地都在自性光明定中。但是，纵然到了这样的境地，仍然没有解脱。解脱是靠智慧，但是真正的慧还是要从定而生，没有定的慧是狂慧，或称作乾慧。

小乘讲因缘法都从十二因缘的无明一念而起，但无明又是怎么起的？在《楞严经》中富楼那就拿这个问题替我们问佛，因为佛既然说一切皆空，他问如果一切自性本来是空，为何忽然生出山河大地？也就是问：这世界怎么来的，第一念怎么来的，无明怎么来的？这个问题就是大小乘佛法最基本的问题。所有宗教对这个问题的处理就是挂块"谢绝参观"的牌子，因为到这里问不下去了，教你只要信就好了。但是，富楼那一定要问第一念无明怎么来的，佛回答他无明是从明来的，"觉明为咎"。这个回答好像没有回答，难怪许多后人认为《楞严经》是外道或是伪经。其实，佛说得没有错，无明是因觉明为咎而生，一念灵知，觉性常明，久之复生无明。佛没有再交待，富楼那也不再问了。

要知道佛是以修证功夫的境界来答的。当然，现在能修定慧功夫的人少了，若真修定慧，进入光明定中停留，就走偏了，不得解脱，千万注意！若说不要修光明定，那又绝对是个凡夫。既然得了自性光明定，为什么不得解脱呢？这就是见地的偏差，是见取见，修行到了某一个境界执著了，不知道再进一层解脱，所以是见取见。

小乘容易落入这些毛病，那大乘怎么讲缘起呢？问题很严重了！近代绝大多数都落入了断见！都说"缘起性空，性空缘起"，都知道这是佛法的中观正见，实际上一点修证修持功夫都没有，所以始终不能摆脱生老病死的痛苦，甚至可以说是因为学了佛，生老病死变得更严重。何以如此？因为自己的著作、言论、说法犯了更错的因果，断了人家慧命；认为一切法缘起性空，空就是没有。假如空就是没有的话，我们也不用学佛，去研究西方唯物学派哲学好了。

佛学的中心是修证，但是现代全世界都把它当成一种思想学问，几乎与唯物论不分，严重曲解了缘起性空，认为空就是什么都没有。没有可不是空噢！没有是断见！佛说一切法皆从因缘所生，这当然没有错，但要注意，因缘所生讲体相起用，现象界的东西、应用的东西都是缘起，是因缘所生。但是，自性功能并非缘起的，这一点千万要注意！不过，我们说自性功能是用现代的语言来讲，可不要又执著一个自性、执著一个功能，因为凡有所执著就不对了。

所以，缘起性空这个道理非常深，《楞严经》有段话非常重要："如来藏中，性色真空，性空真色，清净本然，周遍法界。随众生心，应所知量，循业发现。世间无知，惑为因缘，及自然性，皆是识心，分别计度。但有言说，都无实义。"在这段话之前，佛一路讲唯物的地、水、火、风，一切物质是缘起性空的。由四大的地水火风，说到五大的地水火风空、六大的地水火风空觉乃至到识大，最后说到"非因缘，非自然性"。这是讲物质的最高理论物理，现代的理论物理已经快走到这个边缘了。一切法非因缘，非自然性。关于这一点，有一次打禅七时，曾经有几位老参们还议论纷纷，认为是我说错了。我可没说是我说的，这是佛经上写的，要问去问佛吧！

佛说非因缘，非自然性，是指本体而言，是法身境界。性空的空，可不是因缘空得了，也不是自然空，自然空就成了自然外道了。所以，讲本体而言，是非因缘，非自然性；讲起用而言，世间一切法都是因缘所生，并非自然生，也无主宰，因为它是性空缘起。所以，讲缘起之理，这还没讲修证，要能深入缘起，才能断诸邪见。换言之，如果你没有证悟到缘起性空的境界，你即使学佛，许多的知见仍然还是邪见，因为没有证道。

现在流行参禅，从古以来许多禅宗的祖师都是从缘起上悟道的，不是理上悟入。有丢一块石子开悟的，有看到花开悟了，就是由缘起而悟入。如香严禅师，因为击竹开悟。这类的例子很多，不是全体。沩山祖师说："从缘悟达，永无退失"，从因缘上悟道才不会退掉，光是从定力上参出来还不对。这是一种说法，可是我反对这个说法，从缘入者，反而容易退失，偶尔瞎猫碰着死老鼠身心一下空了，进入空性，虽然定在空性，若这个色身、业力、习气一切都还没有转，还是要退转的。所以，赵州和尚八十仍行脚天下参善知识，因为此心不稳。大乘的缘起性空，性空缘起，如果没有真修实证，尽管理论上讲得缘起性空，性空缘起，中观正见，那只是口头佛法，甚至是邪见。所以，经文说一切菩萨要"深入缘起，断诸邪见"。

"有无二边，无复余习。"什么是邪见呢？有无二边就是。有，就是有法可见；无，就是空。世界上一切宗教、哲学，乃至学佛人的见解，不是落入空，就是落入有。一般人学佛、打坐、修法门，都是以有所得之心，求无所得之法，背道而驰，都落入"有"见。相反的则是落入"空"见的人，什么都没有，"空"了，结果什么都没学好，成了懒汉、白痴。各位打坐时要自省，是落在哪一边？要知道不单是我们凡夫落在空有二边的见解，没有到达八地以上的菩萨，照样落在二边，所以他们只是菩萨，不是佛。

余习又叫积习，《维摩诘经》后面讲到维摩居士说法，天女散花，花落在大阿罗汉身上就黏住了，大菩萨身上一瓣花都不黏。什么道理？这些大阿罗汉虽然成就很大，但积习未断，所以天花着身。他们虽然空了，不动念了，阿赖耶识里爱花爱漂亮的影子还在，积习未断。

"演法无畏，犹师子吼。其所讲说，乃如雷震。"此处是师而不是狮，是大师，是佛的意思。大菩萨们，说法无畏，犹如佛在说法，其声如雷，众魔为之脑裂。照佛经上讲，十方三世诸佛，一切大菩萨，昼夜六时都在说法，但是为什么我们听不见呢？可以用《老子》一句话形容："大音希声。"讲到这里，有些同学们很用功，在打坐或睡眠时会听到音声，听到人说法，有时这些音声还会答复你遇到的问题。大家千万注意！不要着相，很多人一着相就进入了魔境。还有人执著咒语的音声，也是不对。

执著这些音声咒语会走入魔道；不执著呢？又落入邪见，是断灭空。你说念这些咒子容易得定，其实是你自己的关系，与咒子无关，你念个咒子不懂它的意思，但是信了。如果教你念个懂得的咒子，南无阿弥陀佛，你反而不用。佛说一切音声皆是陀罗尼，就是咒语。但一切音声皆是无常，你执著这个咒语或念佛号的音声，认为能修有为法而成道，终究一事无成。因为一切音声皆是无常的，所以你在定中或睡眠中听到的音声，不要理它。但是不理也只对了一边，不理就落空。执著理或不理就落二边邪见。《楞严经》告诉我们修持方面特别注意："不作圣心，名善境界"，不要认为这些祥瑞、感应是好事，就会进步，所以你听了等于不听。"若作圣解，即受群邪。"千万要注意！

为何现代人用起功来容易听到声音呢？因为人的视觉和听觉神经在后脑是连着的，现代年轻人眼睛不行，近视的多，用起功来稍稍有些进步时，头脑神经起了变化、声音来了。这个问题就讲到这里，否则离题太远了。

上面讲到"大音希声"，现代科学研究，太空中许多声音大到仪器测得出，我们却听不到，因为太大声了所以我们听不到。有的昆虫所发声音如蚂蚁，频率高到人耳听不见，但入定的人却听得像雷鸣。有定力修持的人听到一切的音声，能了解一切音声皆是陀罗尼，能知道不同的咒语有什么特别的用处。

"无有量，已过量"，这是接着说菩萨说法音声大到什么程度。这里文字的用法很特别，你可能觉得为何不直接翻译成"无量无边"呢？这就是庄子所形容的"大而无外，小而无内"。虚空算大吗？一讲虚空，观念上已经有个边际了，既然有边际的东西就不算大；大到无外，没得边际了才算大，那个大到什么？大到极点就是最小。什么叫小？小到分析到分子、原子、电子、核子、质子，到了最后是空，所以小而无内。小到极点就是大，大到极点就是小。这个是逻辑的道理，也就是佛法真修实证的道理。有亲证定慧功夫的人就能了解到"无有量，已过量"的道理。

为人师应具备的能力

"集众法宝，如海导师，了达诸法深妙之义，善知众生往来所趣，及心所行。"菩萨对一切的法门都完全了解透彻，能领导众生渡过凶险的大海，好像领航员在导航一样。好为人师的人要注意了，你要能够"集众法宝"，学了无量法门，了解一切众生前世的因果和根器的不同，明白众生的心理，对众生的起心动念都知道；有了这样的菩萨境界，才能够"如海导师"。《维摩诘经》这里每一句话，都像是条鞭子抽在我们身上！

"近无等等佛自在慧"，这些菩萨近乎于佛，等同于佛的无等，但到底还不是佛，没有过十地，没有超过等妙二觉而证佛果，所以是近无等等佛的大自在慧。

"十力、无畏、十八不共"，佛的自在慧具备了十力、四无畏、十八不共法，这里不一一解释这些名词了，详细解释下来，佛法就全包括在其中了（佛十力：知是处非处智力、知三世业报智力、知诸禅解脱三昧智力、知诸根胜劣智力、知种种解智力、知种种界智力、知一切至处道智力、知天眼无碍智力、知宿命无漏智力、知永断习气智力。佛四无畏：一切智无所畏、漏尽无所畏、说障道无所畏、说尽苦道无所畏。佛十八不共法：身无失、口无失、念无失、无异想、无不定心、无不知已舍、欲无减、精进无减、念无减、慧无减、解脱无减、解脱知见无减、一切身业随智慧行、一切口业随智慧行、一切意业随智慧行、智慧知过去世无碍、智慧知未来世无碍、智慧知现在世无碍）。

"关闭一切诸恶趣门"，菩萨因为近于佛的自在慧、十力、四无畏、十八不共法，所以已经生生世世不会堕入畜生、饿鬼、地狱三恶趣道。但是还不算是究竟。

"而生五道以现其身"，所以近于佛的大菩萨才能任意出入天、人及三恶趣的五道中，为度一切众生。

"为大医王，善疗众病，应病与药，令得服行。"我再三强调，《维摩诘经》同《法华经》《药师经》《地藏经》有密切的关系，但是《维摩诘经》高如阳春白雪,《地藏经》有人不愿意看，认为是迷信老太婆看的。可是《地藏经》最难懂，所以《楞严大义今释》没翻译经中关于地狱的一段，因为怕众生难以相信。如果彻底了解地狱，真可以修行了。在座诸位学佛的，自问真的相信三世因果吗？不要自欺，有时不大信吧！你真的相信地狱吗？佛法不管大小乘的基础都是建立在三世因果、六道轮回上，一般人勉强信了，但求证很难，除非到了三禅以上，在定中才看得清楚，那才差不多会真相信。

《维摩诘经》这里说，唯有真正大菩萨才是大医王，善于治疗众生一切的病，生什么病给什么药，物质的精神的药都有，让众生照方子吃药，得到解脱。

"无量功德皆成就，无量佛土皆严净。"这里都是打雷的声音，有如雷震，但众生听不见。学佛想证道千万要抓住这两句话！没有修福德资粮就不要妄想成就，怎么样开始修福德？诸恶莫作，众善奉行。也就是莫以善小而不为，莫以恶小而为之。没有功德成就的话处处是障碍，身心都会是魔障，内外环境都是障碍。无量功德成就是修福报，无量佛土皆严净是修智慧的成就。怎么会无量佛土皆严净呢？心净国土净，要念念清净。一呼一吸是一念，众生一念之间有八万四千个烦恼，所以念念清净才能够证到无量佛土皆严净。

"其见闻者，无不蒙益。诸有所作，亦不唐捐。"见到听到这样菩萨的众生，没有不得到益处的。一切所作所为没有徒然而作，不是空作的。

"如是一切功德，皆悉具足"，修到这个地步，有了福德成就和智慧成就的功德，圆满具备充足。经文到此都是赞叹菩萨们的功德。下面是在场每一位菩萨的名号，如果要一一详细介绍每位菩萨的功德和事迹，是一两个月也说不完的，那我们本经的主角维摩诘居士，就老登不了场，所以我们只能念一次菩萨们的名号。

去探病的菩萨们

"其名曰：等观菩萨，不等观菩萨，等不等观菩萨，定自在王菩萨，法自在王菩萨，法相菩萨，光相菩萨，光严菩萨，大严菩萨，宝积菩萨，辩积菩萨，宝手菩萨，宝印手菩萨，常举手菩萨，常下手菩萨，常惨菩萨，喜根菩萨，喜王菩萨，辩音菩萨，虚空藏菩萨，执宝炬菩萨，宝勇菩萨，宝见菩萨，帝网菩萨，明网菩萨，无缘观菩萨，慧积菩萨，宝胜菩萨，天王菩萨，坏魔菩萨，电德菩萨，自在王菩萨，功德相严菩萨，师子吼菩萨，雷音菩萨，山相击音菩萨，香象菩萨，白香象菩萨，常精进菩萨，不休息菩萨，妙生菩萨，华严菩萨，观世音菩萨，得大势菩萨，梵网菩萨，宝杖菩萨，无胜菩萨，严土菩萨，金髻菩萨，珠髻菩萨，弥勒菩萨，文殊师利法王子菩萨，如是等三万二千人。"文殊师利是领班的，这个数字是大秘密，不要等闲看过去。

"复有万梵天王尸弃等，从余四天下，来诣佛所，而为听法。"这里要提一下佛学中的佛土宇宙观念，是佛学的基本常识。一佛国土有三千个大千世界，一万亿个四天下。一个太阳系是一个天下，一千个太阳系是一个小千世界，一千个小千世界是一个中千世界，一千个中千世界是一个大千世界。这个数字之大和现代天文学的研究不谋而合，科学研究认为整个宇宙之中有不可知、不可数的太阳系，佛在两三千年前就已经提出来如此的宇宙观了。

佛教经典中所说的三界，合共有二十八层天，由底层的欲界到色界到无色界。欲界是太阳系的内外上下，一切欲界的众生因为有了两性淫欲的念而有生命。人在欲界的中间，人做善事或修行升天仍然是在欲界天，在那里还是会有色、声、香、味、触这五欲，一样有饮食男女的欲望，不过寿命比人世长，福报大，生存的环境也比我们好。我们在庙子见到的四大天王,就是欲界天的护法天神。欲界天中有个三十三天,其中的天主叫帝释天释提桓因,就是中国人所讲的玉皇大帝。

欲界天之上是色界天,这已不是科学上看到的天体了。最高天是有顶天,从那儿抛一块石头要六万五千五百三十五年才到地球。有顶天的天主是大自在天,穿白衣,三眼,是大菩萨化生,是三千大千世界之主。释迦牟尼佛所教化的大梵天天主名尸弃,也有翻成不同名字的。色界天有许多梵天王,所以说万梵天王。

若这一生压制欲望持戒修行,如果没有开悟,果报最多不过往生欲界天,何况到了欲界天那里物质环境的欲望更大,生了天人再破戒就严重了。天人境界要研究好,不要好高骛远,动辄讲《金刚经》,性空缘起,其实佛法建立在三世因果,修了半天以为往生了,其实还落到欲界天,也可能人身再来。佛在世时有九十六种外道,现在世界上有一两百种宗教,都是讲修道的,充其量修到色界天的不还果位,不会回到这个欲界来,这已经很难了。否则,修到其他天人境界照样还在生死轮回中。

"复有万二千天帝,亦从余四天下,来在会坐。"刚才前面一段是讲大梵天,这一段是讲这个世界之外的他方世界,有万二千天帝,率众来听法。

"并余大威力诸天、龙神、夜叉、乾闼婆、阿修罗、迦楼罗、紧那罗、摩睺罗伽等,悉来会坐。"还有称为天龙八部的护法天人也来参加法会。大威力诸天是其中一部,是欲界天的天人,比帝释天的层次低一级,比梵天更低一层,这些有如中外各民族都有的星座神话。龙神也是八部之一,守护天宫、注雨。夜叉是译音,也翻成药叉,一般皆以为夜叉是指魔鬼,这可不一定,夜叉又分天夜叉、地夜叉、虚空夜叉,都是非人。也译为轻捷、勇健、秘密,具大威力,很多是大菩萨化身。乾闼婆,乾读如乾坤的乾,是虚空中的音乐神,为欲界天色界天的天人奏乐。如果住在高山顶上，有时入定就听到虚空中的天乐声，这种天乐不属于银河系统，不知是否庄子所讲的天籁。阿修罗也不一定是魔鬼，阿修罗已经超出了鬼道。三界天人中都有阿修罗，是神中的恶人，吃素，不饮酒，脾气大，个性坏，但有修持，没有相当的福报还成不了阿修罗。阿修罗与天人是平等的，力量不相上下，等于西方文化中的上帝与魔鬼的对立。男性的阿修罗非常丑陋，女性的却非常漂亮，中国文学常把美女写成可怕的阿修罗化身。

迦楼罗是大鹏金翅鸟，以龙为食物，被佛度了就戒它不许再食龙，以致在庙子里，到了中午会将供佛的食物挑些出来，盛入盘子念个咒子，拿到外面去供迦楼罗。这些你当作是神话故事也可以，但有一点是确实的，我们的地球世界乃至天人，一切生命为了生存，都会伤害别的生命。从这个观点来看，这个世界是丑陋的，都是将自己的幸福建立在别人的痛苦上。

紧那罗是非人，有时让你看见有时不让你看见。中国云贵山区传说的山魈就是这一类，留在地上的脚印足跟朝前，足趾向后，看起来好像是倒退着走路的，他们偶尔会与人类接触，男的很丑，女的很漂亮，都能歌舞。摩睺罗伽则是大蟒神。

"诸比丘比丘尼，优婆塞优婆夷，俱来会坐。"这是参加法会佛在人世的弟子们。比丘的原义是乞士，上乞法于佛，下乞食于人。和尚是大师，人天之师之意，是种尊称，一个庙子只有住持大方丈才可称是和尚，有如西藏人称活佛。比丘尼是女性出家人，尼是女的意思，后来尊称出家的女尼为阿姑，因此连起来就称尼姑。原来是尊称，到现在称人和尚或尼姑反而有贬义。优婆塞是男居士，优婆夷是女居士，是在家学佛的人。

"彼时佛与无量百千之众，恭敬围绕，而为说法。譬如须弥山王，显于大海。"接到上文介绍了来参加这次法会的诸佛、菩萨、天人、众人，这时，有无量、数不清的大众非常恭敬地围绕着佛，听他说法。经文描述的手法极高明，形容佛站在无量大众之中，像是最高的须弥大山耸立于大海之中，这是一个何其庄严壮观的场面呀！想象一下一个道德学问受万人景仰的人，走到哪里都受众人拥戴，并不是神话的场面。如今所谓的明星可能做得到，权位高的人也做得到；但是，包围明星的群众是受狂热欲望所驱使，包围权位高者的群众是被权力所摄，甚至是被强迫的。

"安处众宝师子之座，蔽于一切诸来大众。"佛被大众恭奉到为他而设的宝座，安详地坐下。这座位是用一切宝物来做成的，只有足以为人天师表的大师才够资格坐，所以叫师子座。这里文字用"蔽"形容佛上了座，他的威德庄严光芒像棵大树般，遮蔽了一切到会的大众。以上是讲佛到会时的情形，下面另起一段。

"尔时毗耶离城，有长者子，名曰宝积，与五百长者子，俱持七宝盖，来诣佛所，头面礼足，各以其盖，共供养佛。"毗耶离城是当时中印度的名都。称长者是年高德劭、学问道德有所成就之人，长者子就是当地有高度文化教养家族的子弟，为首的长者子名叫宝积。宝积这名字在佛经印度文化中好几次出现，尤其是在《大宝积经》中是以他为主体，他提出了很多的重要问题来请佛开示。当时印度同我们春秋战国时一样，是个分封诸侯的地方，有两三百个国家。毗耶离城是当时一个民主自由的国家，是用道德自治，维摩居士的地位在城中好比是一位最高的主席。这次他并没有到会，由宝积带领了五百世家大族的世子来到法会，每人拿着一个镶满七种珠宝的宝盖，是像雨伞一样的东西，晴天可遮阳，雨天可挡雨。中国秦汉之后的帝王出巡时，后面有执宝盖的，就是外头传来的。他们前来参见佛，依印度礼俗向佛叩拜。头面礼足，就像我们今日拜佛，双手向上摊开接住佛的双足，头向下叩佛的脚面，这是最高的礼貌。礼拜之后，每人都将自己的宝盖献给佛，右绕而转。

佛的神力

"佛之威神,令诸宝盖合成一盖,遍覆三千大千世界。而此世界广长之相,悉于中现。"要注意这一次法会讲学的开始,不是以出家人为主,而是以在家人为主,就是这五百个长者子。佛运用神通把五百个宝盖合拢为一个盖子,这盖子就升空了,盖住了整个虚空,遍覆三千大千世界。这三千大千世界的概念前面已经解释过了,是一佛国土,是佛的威力所及。这个世界空间有多广大,时间有多长,都没有妨碍,都盖住了。看来像是神话,如果我们站在地平面上仰头看,整个天体就是个宝盖。站在世界上不同的地方,看到自己头上的天顶都不一样,和个人立场不同的天顶变成一个宇宙的观念,本来如此,不是神话,就是说明宇宙就是一个圆盖形的。

"又此三千大千世界,诸须弥山、雪山、目真邻陀山、摩诃目真邻陀山、香山、黑山、铁围山、大铁围山、大海江河、川流泉源,及日月星辰、天宫龙宫、诸尊神宫,悉现于宝盖中。又十方诸佛,诸佛说法,亦现于宝盖中。"根据佛经,我们这个世界的中心是须弥山,世界的边缘有七金山,藏有无尽的宝藏,镇住世界的边缘,使之不裂开。这段是描写在此宝盖之下,我们这个世界的山、海、河川、日月星辰等都在其中。同时又呈现了这个世界以外的一切诸佛,都同时在讲经。佛教并没有一尊的观念,宇宙没有个绝对的主宰。甚至,佛教主张所有众生本来就是佛,一切众生是平等的,众生只不过迷失了本性,这与其他宗教是不同的。

"尔时一切大众,睹佛神力,叹未曾有,合掌礼佛,瞻仰尊颜,目不暂舍。"当时在场的大众看见了佛的神通威力,感叹从未见过如此场面。"叹未曾有"这四个字用得太好了,我们今日用得很平常,但是当初创作是非常不容易的。大众赞叹不已,就合掌敬礼。合掌是表示恭敬,将自己的散心收拢起来,同中国人的拱手一样。大众将眼睛瞪起来看着佛,眼光没有一刻离开,好像所有照相机的镜头都对着佛。

"长者子宝积,即于佛前,以偈颂曰:"这是印度礼貌,见到长辈用唱诵表示尊敬,歌词就是偈颂。宝积唱的这一篇偈颂不是普通的歌,是描写成为人天师表的学问道德境界,同诗一样,但是没有办法把有押韵的原文翻成中国的诗歌体,而不失其神韵,这在文学翻译上是非常困难的。不要说外文诗歌很难翻成中文,就连中文的古诗一翻成白话就走样了。偈颂成为中国一种特殊的佛经文学体,同诗词一样的长短句,可是没有办法配合音韵。

"目净修广如青莲",形容佛的面相,双眼大而长,黑白分明。好像古书所说,功夫到了一定境界就会"碧眼方瞳",不是西洋人的蓝眼,而是讲眼睛有神,眼白清澈无瑕。

"心净已度诸禅定",佛的境界是内心达到了绝对的干净,超过了禅定的境界,无所谓定与不定,不再需要借助禅定的功夫达到净的境界。注意,打坐禅定和后世禅宗不同,不要混为一谈。

净业是什么

"久积净业称无量",多生累积的修持,到达无量成就境界而成为佛。净业不是善业,善与恶像是一阴一阳,是相对的。没有恶业仅有善业还不能算是净业,净业是善恶二边都不着,无着无依,非有非空,连空也空。佛境界是净业,十方三世诸佛国土皆是净土,因为心净所以国土净。

"导众以寂故稽首",作为导师领导一切众生进入寂灭涅槃,因此向佛叩头礼拜。寂或涅槃不是死亡,超过了清净安详,是在无比混浊、无比动乱中的清净自然。好比你去到高峰顶上,在没有风没有任何声音的时候，就接近了寂的境界。不过你到了那里，或在打坐中进入这个境界，可能反而会觉得可怕。

"既见大圣以神变，普现十方无量土"，看到一切佛展现的神通，普遍地呈现在十方无量无边的国土，无所不在。一提到神通，大家就想到稀奇古怪的东西。中文翻译得很好，是我们自己误解了。神通是人神而通之，是人修到了精神超越物质、超越肉体时，他的精神与天地宇宙法界的观念相通了，自然就起各种变化。所以，不应该以凡夫境界的意识妄想，随便妄求神通。如果佛的神通无所不在，为何我们看不到呢？譬如太阳永远在天顶，我们在夜里看不见，并不是太阳不照地球，而是我们所处的地方转到背对太阳的缘故。所以，我们看不到佛的神通，见不到我们的自性，是由于自我的妄想、烦恼、业力阻碍住了。

大家继续听我讲，但要看着经文，我发现有些人只听经不看经，自以为记得住，所以文字般若始终不开。文字智慧一定是从读经来的，光靠玩弄聪明，以为耳朵听了就理解了，文字智慧是开不了的。

"其中诸佛演说法，于是一切悉见闻"，在十方无量国土中，一切佛任何时间都在说法，众生法眼清净、自心清净了才能见到、听到，这就回到前面头两句：能到达"目净修广如青莲，心净已度诸禅定"，自然能见闻十方佛在说法。"于是"二字是行文的虚字。

中国的大乘佛法中心的禅宗，是以《维摩诘经》为最重要的根据，下面要讲到非常重要的中心：

"法王法力超群生，常以法财施一切"，法王是佛的别称，成了佛是一切世间法出世法之王，这个法不要认为是结手印、念咒子、敲木鱼或者心里面作些古怪的观想；真正的法缘起性空，就在目前而不能见，是大秘密法。佛的法力超越一切众生，不是众生所能想象的。佛法永恒不变，不论肉身佛是否在世，一切善知识诸佛菩萨都常以法财作布施，注意这个"常"字。

不动的第一义

下面来的就是佛布施我们真正的大法："能善分别诸法相，于第一义而不动"，这就是我们要证的菩提道果。大家持戒修定都是想做到没有妄念，没有烦恼，但是自己为什么做不到？这个问题大家要仔细参究。下一个问题，成了佛还动不动念呢？

大家注意这里"能善分别"，是有分别，不是无分别，佛能善于分别一切法相。凡夫的分别作意，不落善念就落恶念，或落于不善不恶的无记念。唯有证道成佛，才能善分别一切法相，虽作意而不着。所以说空、无相、无作（或无愿）为三解脱门。能善分别，当下就性空一切的法相。第一义就是第一义，佛学的解释是真谛或形而上之道体，现代的哲学解释是本体，"于第一义而不动"，在这上面没有动过。

比方大家从上课以来虽然每一句话都听见了，每一句话都已经不存在了，但是你那能听的有动过吗？要在这个地方参究一下"能善分别诸法相，于第一义而不动"，我们从凡夫心意识的境界，好好在这里去用功参究，慢慢可以达到"心净已度诸禅定"。例如我们对于昨天、今天、明天，去年、今年、明年，上一秒、现在、下一秒钟，这些差别的境界都不可得不存在，但是那个知道过去、现在、未来的，"于第一义而不动"。

"已于诸法得自在"，因为"能善分别诸法相，于第一义而不动"之后，才能达到佛境界，自在而不执著，所以"是故稽首此法王"。

说因缘

"说法不有亦不无，以因缘故诸法生"，佛说一切法，不论是大乘、小乘，显教、密教，三藏十二分教，一切不着于有，也不着于空。不有就是空，不无就是有，既然如此，为什么要用不有和不无呢？不有，不是有，没有告诉你绝对是空；不无，不是没有，没有告诉你绝对是有。

佛说一切法，世界一切万有现象，乃至我们凡夫起心动念，皆是因缘生法。因缘生法就是中国大乘所讲的缘生性空，也叫缘起性空。这里用的因缘二字，不是十二因缘的因缘，非常难了解。因缘在中国文字上来讲，因是动因，缘是攀缘。"缘"是与动因一动所连带的连续关系。譬如我们讲话，前一句是因，后一句接续前一句的意义是缘。因缘像是一个圆圈，无始无终，永远连续不断。譬如手中这个烟灰缸，由化学品、玻璃作原料，加上热能、人工，放入模子中压制出来，是因缘所生，无物质自性，因缘聚了，就构成这个东西；打破了，因缘散了，也就不成这个东西了。如果当初不叫它作烟灰缸，现在就叫了别的名字了，名词也无自性。我们大家相聚在这里，也是一样。所以，因缘的两个道理就是缘起和性空：一切皆是因缘所生；一切皆无自性，没有单独自动存在的可能和性质。换言之，一切事物的开动，那强有力的是因；由之发展出来连续的作用是缘。

后世把因缘的法相加以分析，就成了唯识法相学，有四缘。因缘本身是一个因素，例如这次讲经，我要讲就是因，诸位来听是缘，但这个因缘本身，叫亲因缘。又如，生命是中阴的业力到了该去投胎，加上父亲的精和母亲的卵，三缘和合，成为一个人，就是亲因缘。第二因素是增上缘，如泥土之于植物种子。又如，父母的身心遗传特质、家庭、社会的环境，都是种子的增上缘。如果这个种子是善的，所有的外缘不管是善恶都会培养它向善路上走；如果这个种子是恶缘所感，所有的遭遇都是恶缘。

再用刚才讲经的比方，我一念一动：给他们讲《维摩诘经》吧！这是"亲因缘"。有这样一个强有力的动念，发出通知，大家有缘的凑在一起，就在这里了。这个地方要有灯光、电力、设备等，促成这次讲经，就是"增上缘"。在座听经的道友们，有人因为听了经，自己明心见性，悟了道，这个环境就是他的增上缘。他悟了道不是佛给他，也不是老师给他，是他自己的自性种性爆发，碰到善知识，碰到佛菩萨，这么一个增上因缘促成他明心见性。譬如我们由亲因缘出生，其后有父母遗传、家庭、社会、国家、时代等增上缘影响，这个人由此因缘出发，或者去弘法，或者去造恶业，像一个个连续不断的圈子滚下去。前缘变成后因，后因又变成了前缘，所缘之缘连锁不断，就是"所缘缘"。由这个关系，在六道轮回里，有三世因果，像转圆圈一样永远不断地滚下去，前生如有善根智慧，这一生碰到增上缘变得更好，因此连续下去所缘之缘，他又去弘扬佛法布施功德。这个所缘之缘又经三缘和合，带到他生来世的善根增长，是"等无间缘"，等是平等的轮转，无间是因缘无间隙。

凡夫众生的善恶因缘累积了很多，成佛之后这因缘还不会断，甚至过去结的冤家仇人都成了这一世的眷属善缘。有句话说："未曾成佛，先结人缘。"你得了道要度众生，如果功德、法缘不够，还是无法度人。我们要学佛的人也一样，如果法缘不够，功德不到，就碰不到善知识。就算碰到了，自然也会离开，或是有阻碍。所以，因缘要自己去培养。

我们解释了因缘的道理，了解一切法皆从因缘而生，无主宰，没有一个上帝或命运来主宰，八字命运事实上就是因缘法。宗教家都讲生命有个主宰，有个管你的。有许多迷信的人常说，因为不拜某个菩萨就被降罪了，不拜某个鬼就被附身了，这些不是佛法，因为让神鬼做了你的主宰。菩萨无论有缘无缘都要度，对坏人更要教化，怎么会因为不拜他就罚你？这哪算是菩萨？不要说是超人的主宰了，即使是一个年纪大的人，或有道德修养的人，都会包容别人，难道菩萨连这样的胸襟都比不上吗？一切法无主宰，那么是自然来的吗？如果说是自然来的，就成了唯物思想。所以一切法无主宰，也非自然，是因缘所生。因缘道理是全部佛法的基础。

"无我无造无受者"，一切法缘生性空，所以一切法中无我。宇宙万有皆是因缘所生，无造者，也无受者。无我、无造、无受是佛法讲性空的最重要的三个要点。让我们用自己的生命来参究，现在大家坐在这儿，如果讲无我，大概只是说说的，明明觉得有我坐在这儿，怎么说无我？大家所学各种五花八门的功夫，你打坐时能做得到无我吗？功夫做得愈好，恐怕这个我反而愈牢固了，都认为"我"最了不起。为什么做不到无我呢？因为犯了三个错误：有我者、有造者、有受者。一打起坐或一念起佛，你下意识就有"我"在做功夫的念头。做功夫的时候，不论你观想、持咒、练气、念佛，都是自己在那里造作。最大的错误是有受者，把自己的感受状态放大，自以为是在做功夫。所以，大家上座也好，不上座也好，要随时参究无我者，我者究竟是什么？是这肉体吗？肉体不过是个壳子，是暂时借用的，"我"不在这里面，要真正参究我在哪里。

一切法皆是因缘所生，身上觉得气脉动了也不是我，可能是今天吃对了或吃错了东西，再不然可能有轻微的感冒，头有点微胀就自以为是气冲动，这都是自我在造作。众生本来无我，妄认有我，这才是真正的大妄念，并不是打坐时思想不停叫妄念，那是小玩意儿而已。你平时不知道打多大的妄想，总以为有我的存在。明明没有一个造作的、没有一个主宰你的，你自己却有意或无意地，总觉得有一个力量值得信任、值得依赖，是佛菩萨也好，上帝也好，或是自己的命运；再不然就依赖自我，相信自我不会错，这是愚痴到了极点。

自己想想，是不是如此？你说坐了一上午，精神很好，这当然，你坐在那儿什么活儿都不干就像是休息，精神当然好。你说这是功夫，这不是自欺欺人吗？无造者，自己却在乱造境界！无受者，可是偏偏自己玩弄感觉。你昨天打坐觉得境界很好，今天再坐，那个境界怎么失掉了。你能修得成，它就能坏得掉。天地万物万事凡是靠修造来的，不修就一定坏。房子造好的那一天就是房子毁坏开始的那一天，也就是庄子所说的："方生方死。"你在这儿做点功夫都是因缘，有这样的场地，你是个有闲人，有人帮忙弄饭，你有个垫子坐着，有空调开着……记着，此中无我无造无受者啊！

一切因缘生，缘起性空。既然性空，我何必学佛呢？有一样东西也不空也不有："善恶之业亦不亡。"既然无我无造无受者，那你说：我不妨作恶吧？不是教条禁止你，是业力不失！你说：空了还有什么业力？有空的业！空就是因缘，就是因果；空为因，所得的果报是清净。同样，善恶的业果不会丧失。我们懂了这些道理，就懂了"能善分别诸法相，于第一义而不动"。

"始在佛树力降魔，得甘露灭觉道成"，这是赞叹释迦牟尼的成佛经历。"始在佛树力降魔"，佛于三十二岁在菩提树下，以智慧之力降伏了一切魔。什么是魔？烦恼魔、死魔、五阴魔、天魔，这些在前面说过了。"得甘露灭觉道成"，打坐的人，头顶发生清凉，脑下垂体分泌液体流到嘴中，觉得香甜不绝，叫甘露灌顶。这还不算得定，要慢慢一步步修去，也许才可以得定。如果连这甘露都没有，嘴里干干的，甚至发苦或一身燥，那就不用说了。《维摩诘经》这里所讲的甘露，不是这种有形的甘露，是形容智慧的甘露。得寂灭之道，也就是得涅槃之道，才叫作证得甘露。得甘露灭，是灭掉一切烦恼一切生死，就是觉道成。

"已无心意无受行"，佛学中的心、意、识是三样不同的东西。想是心，譬如你出门时脑子里想了不知多少事，那是心。念念不忘叫意，念就是意，就是不用再提起思想的。你出门时放一百元在口袋里，你没有去想它，可是你知道身上有一百元，这叫意。识用现代的话说，是心理状态。在本经中，意也包括了识。真开悟的人无心也无意识，但不是变成白痴，也不是死亡，他的智慧真正开发了，比凡夫高明太多了，而且心意识到达了缘起性空。

感觉状态不是心意识，医学上可实验的。比如，人到了绝对昏迷或刚刚死亡一刹那，你碰他一下，他还是会有反应，这是感觉，是受阴境界。又如，斩断蚯蚓，两截都会动，它的意识状态分散了，动的余力是受阴境界的感觉本能。行阴是生命的动力，生命的本能，永远在动。行阴静止了才叫得定。比如，我们静坐时偶然可以得到心意识短暂的清静，也可以短暂忘却了生理上的感觉，但是你的血液还在循环流动，你的呼吸仍然不停，就是行阴还在，不是真正的定。所以，证得菩提道果的人没有心意识，也没有受，也没有行。

"而悉摧伏诸外道"，因此能够摧伏一切的外道。心外求法叫外道，道在你自己心里，不在上帝、不在佛、不在境界上气脉上，气功咒语都不是。

"三转法轮于大千，其轮本来常清净，天人得道此为证，三宝于是现世间"，这是继续赞叹佛。佛说法那么多年，严格算来只有三转法轮，就是小乘道讲苦、集、灭、道四谛法门，中乘缘觉道讲十二因缘所生法，大乘道讲六度万行。也有认为三转法轮都是在讲四谛法门，不过每次讲的境界不同。轮是形容词，表示周圆旋转的力量，像个轮。大千是这个大千世界。法轮一向是清净的。一切世间天、人都因佛法而得道，可以做证明。佛、法、僧三宝，因而呈现在世间。

"以斯妙法济群生，一受不退常寂然，度老病死大医王，当礼法海德无边"，佛用妙法度众生，真正开悟了，只受这一生果报，从此不再退堕，恒常在涅槃清净中，是度脱了老、病、死的大医王。因此，赞叹佛法广大渊博，浩如大海无量无边。

佛在世时有九十六种外道，你可不要轻视外道，外道都很讲究做功夫，都真实吃素，都戒饮酒，他们的行持可能比你自称佛弟子的还要彻底。外道修持最高可以往生无色界天，超过了色界天，很了不起哟！但是，外道是靠修持造作，一旦不修持造作，就会退转，照样在六道中轮回。真正佛法一悟千悟，永不退失。大乘菩萨到了第八地以上的果位，才可以说一受不退。

"毁誉不动如须弥，于善不善等以慈，心行平等如虚空，孰闻人宝不敬承"，对世间的诋毁或是称誉全不动心，像须弥山一样不动摇。对于善人和恶人、佛徒和外道，均能够平等地以慈悲心对待。心理和行为、起心和动念，都是平等如虚空一样，无不包容，是人中之宝，谁不尊敬！

"今奉世尊此微盖，于中现我三千界，诸天龙神所居宫，乾闼婆等及夜叉"，这个宝盖能遍覆三千大千世界，但究竟是什么东西？如果照佛经直讲，就是神通所变化的。你如果正信佛法，它就不是神话故事，而是个事实。我们要好好从实证的立场来研究一下，这个世界是一个宝盖，我们的身体也是个盖，却是个坏盖，但也可以转成宝盖。我们现在是在佛的宝盖之内，但也是在自己业力的盖覆之内，被遮住了。你人坐在这里，心可以去到外太空，但是身子动不了，被盖住了。要转化这业力之盖，就要有真正的修证功夫。

宝积这里赞叹说，我们每人今天将这小小的盖奉献给佛，在这小小的盖子中，现出了我们的三千大千世界。这个问题要参，不能看过文字就过去了。我们这一心遍覆三千大千世界，大而无外，小而无内。但我们虽然在宝盖中，却找不到它。现在借用神通的情节说明，我们此心与宝积所奉献的宝盖是同一功能。在这盖中，一切天人龙神，天龙八部等所住的宫殿，都在其中显现。

假使有人说你要落入畜生道，你一定会不高兴；事实上我们每一个人的人性中就有兽性，人有时的言论思想就是禽兽的行为；但有时又是圣人的思想行为，有时一念就在地狱中。六道轮回天龙八部都在这一盖，这一念之间，也反映在我们的生理、心理、动作、相貌、言语上。所以，一心能盖万法，我们的心性自体，就是同这个宝盖的作用一样。

"悉见世间诸所有，十力哀现是化变"，在宝盖中看见世间万有，佛哀怜慈悲众生，用十力呈现这个变化。"佛十力"就是：

（一）知是处非处智力：佛于一切因缘果报审实能知，知作善业定得乐报，称知是处；作恶业、得受乐报无有是处，称为知非处，如是种种皆悉遍知。

（二）知三世业报智力：知一切众生三世因果业报之智力。

（三）知诸禅解脱三昧智力：只有佛知道一切禅定是求解脱，不是在玩弄色身或意识境界，而且知道用哪一种禅定来教导哪一种人。这里的禅是禅定，不是禅宗。

（四）知诸根胜劣智力：人的根器不同，但只有佛有此智力，知道如何使人真正开悟，怎么样则不能开悟，怎么是证悟，怎么不是证悟。

（五）知种种解智力：知一切众生种种知解之智力。

（六）知种种界智力：大的三千世界、三界，小的十八界，这些界在哪里？你理论上知道，实证上证不到。例如，眼是根，色是尘，这根与尘之间就是界，是色界。如用现代高倍显微镜，可以看见微末物之间的空隙，但没有显微镜就看不见。所以，十八界各个界限之间的间隙，只有佛的智慧神通才看得见。

（七）知一切至处道智力：知五戒十善之行至人间天上，行八正道至涅槃，也知道一切外道魔道。

（八）知天眼无碍智力：以天眼见众生生死及善恶业缘无障碍之智。

（九）知宿命无漏智力：知众生宿命又知无漏涅槃智力。

（十）知永断习气智力：罗汉甚至菩萨可以修到断除习气，但是习气的根还在，余习未断，只有佛能彻底断掉习气。

"众睹希有皆叹佛，今我稽首三界尊"，大家看到了难得一见的现象,都赞叹佛是欲界、色界、无色界的三界天人之尊,并且向佛顶礼。

"大圣法王众所归,净心观佛靡不欣,各见世尊在其前,斯则神力不共法",在中国文化中,成道之人就可以称为大圣。法王也是佛,为法中之王,于法自在。也可以称佛是空王,等于中国称孔子为素王。法王是大众所归依。心要绝对干净了,佛境界就现前。你说自己的心很清净了,祈求能见到佛,只此一念,你的心已经不干净了。净土法门也就是这个净。我们修持真做到持心于净,做到一念不生时,不是压制,不是勉强,既不思恶也不思善,此心本净,既不看有也不看无,也不观空。到了这样的净心来观佛,无处不让你欢欣,世尊就在你眼前,眼前都太远了,应该说佛就在你心中,净心就是佛。懂了这个,才晓得佛永远具神通的能力,不是一切外道所共有的。

心外求法叫外道,即使你是学佛的,你在净心上面动了一念,另求一个效果,求一个法,不是增就是减。你想空掉的一念,就是减法;你想见佛看光,那就是增法。不增不减、不垢不净、不生不灭才是净心。假使做不到净心,就与佛境界不相应。不论是增是减,是垢是净,是生是灭,都是心外求法,就不对了。

所以真正佛法只有一个,就是净心,也就是净土。再进一步,连这一个名称都没有了,有一个心,有一个清净,有一个净土,有一个清净境界现前,都不是了。要在这个地方懂了,才懂了大乘佛法。

佛一音说法

"佛以一音演说法,众生随类各得解",这里大问题来了,依照普通的理解,这句偈文的意思是,佛只用一个声音说法,所有众生,不论印度人、中国人,连牛、马、猫、狗等,统统听懂了,而且都认为佛说的是自己的语言,这是佛的神通不共法。那我要反问,照这样理解,佛当时讲经我们中国应该也听见了,为什么还要翻译佛经?不要讲中国了,佛在世时,印度当地就有许许多多的方言,是不是听佛讲经都不要翻译了?小乘经典记载,许多人见了佛当场决定出家,"须发自落",是头发自动落下吗?那岂不是患了脱毛症?连佛的塑像都是有头发的,一粒粒右旋的发窝。自落是讲那些人自己剃去了须发,不要照字面死板理解佛经。比如,这个保温热水壶的盖子松了,夜深人静的时候发出嘶嘶的声音,有人听了知道是水壶发出的,有人听了可能以为是鬼,"众生随类各得解",就是这个道理,就这么简单。

同一个老师上课,下面一千个学生就有一千种不同的理解。同样一句话讲出来,就会有人误解。比如,佛说过:"若人生百岁,不解生灭法,不如生一日,而得解了之。"后来竟然被有的弟子转诵成:"若人生百岁,不见水老鹤,不如生一日,而得睹见之。"这就是"佛以一音演说法,众生随类各得解"的道理。还有,释迦牟尼佛虽然已经过世了,可是根据佛法是十方三世都有佛在说法的,那么现在应该也有佛在说法,在哪里呢?唐代有个和尚问禅师:"佛在说法,一切山河大地,一切无情,在不在说法?"有情是众生,无情是石头、树木、山、水等,因为它们没有知性感受。当然,现在也有研究生物的人认为植物是有感受的,事实上反应同感受是两回事。这位禅师回答:"无情当然说法。"谁听到了呢?"有情听到。"历史上有些禅宗祖师因为风吹草动或瓦片碰到竹子而悟道,就是无情说法。众生何以听不见呢?是被自己的业力挡住了。

"皆谓世尊同其语,斯则神力不共法",是说众生根据自己理解的不同,认为老师说的就是我这个意思,这是佛的神力不共法。

"佛以一音演说法,众生各各随所解,普得受行获其利,斯则神力不共法",佛法只有一个音声在说法,三藏十二部讲了那么多,都是空话,只有一句话,你懂了就悟道了,特别注意听!(师不语数秒)听到了吗？你太注意就听不见了，只有这一法，这一法你悟进去了就万法皆通了。在你没有注意之前的那一刹那，佛已经说了。所以，佛只以一音演说法，众生随自己的程度深浅而解释佛法；不管他们解释的对或错，都会有点好处，都会得到佛法的利益，这是佛的神力不共法。

"佛以一音演说法，或有恐畏或欢喜，或生厌离或断疑，斯则神力不共法"，佛法只有一个音声在说法，有些人听到了害怕，有些人听到了无比的欢喜。有人听了就起厌离心，讨厌世间一切。初学佛的人如果没有生起厌离心，是无法学佛的，不能跳离三界。也有人听了佛法就断绝了怀疑心，生出真正的信心。这就是佛的智慧神力不共法。

这一篇赞叹之辞，重复三次提到佛以一音演说法，众生得到那么大的好处。我们由此领会到《楞严经》中文殊菩萨赞叹观音法门所说的"此方真教体，清净在音闻"，这个世界上真正教化的体系，是在听音声的清净功能，也就是耳根圆通法门。用耳朵听声音的方法，最容易成道。为什么？例如，眼睛只能看前方，若有东西挡住视线就看不见了，所以用眼根修，不圆满。用鼻修数息止观，也不圆满。五根当中只有耳朵不受限制，能同时感受到十方来的声音，容易修得圆满。

观音菩萨传我们这个耳根圆通法门，要"反闻闻自性，性成无上道"，修这法门时，耳朵不向外头听了，回转来听自己的心声而成道，听什么呢？听自己的思想，这思想就是没有说出来的语言，说话是发出声来的思想。当然，有人打坐听到别人在对他讲话，那是魔境界。音声是现象，你要听自己没说话，念头没有来之前的净心。比如，你心中念佛，念南无阿弥陀佛也可以，一个字一个字慢慢地念，耳朵不要听外面，回转来听自己念佛声音，一字字把它距离远一点，自己听自己念。前一字过去，后一字还没有来，就空了嘛。有杂念来了你就念一句，没有杂念了，你也不念。这样反闻闻自性，是观世音菩萨所说的，"初于闻中，入流亡所"，慢慢回转来听自己的心声念佛，慢慢、慢慢进入自己法性之流，自性清净。亡所，就把念佛的声音、杂念都空掉了，净性现前，亡其所念。这是第一步。"所入既寂"是第二步，你那个念的声音慢慢更空了，寂是寂灭。下面你们自己去研究了。

你们以为佛法有什么秘密法门，一定要找个老师磕头灌顶吗？真灌顶是智慧灌顶，自己得到智慧，心里了解了是真灌顶，十方诸佛一切众生都可以灌顶。你赶紧去研究《楞严经》这一段。《维摩诘经》说佛以一音演说法，你怎么听得到呢？就是依观音菩萨净心反闻自观，你就达到那个境界，"初于闻中，入流亡所"，那个时候你就真清净了。这就是佛法，难道需要磕头才传给你吗？

宝积问佛净土

"稽首十力大精进"，这些都是宝积赞叹佛的话，世上哪一个人最精进？只有佛。学佛的人不论在什么环境，什么地方，快乐中，烦恼中，昼夜时中，只有一条路向前修，这是大精进。成了佛还修不修？我可以告诉你，永远是在修，虚空有尽我愿无穷啊！学佛的人要对自己不姑息、不马虎，才是学佛根器，大精进之人。

"稽首已得无所畏"，只有成了佛才无所畏，生死无累，世上还有什么可怕的？生死是最大的魔障，你检查自己为什么怕鬼，就是怕被鬼弄死嘛！如果不怕生死还会怕鬼吗？其实，世上最可怕的是人，魔鬼都怕人的。人可怕在人心，自己的心最可怕，因为根本把握不住自己的心。

"稽首住于不共法"，佛法是不共法，世间一切的方法，外道与佛法共有的，叫共法。比如打坐禅定，是共法，连天主教都有，只是不盘腿而已。以前我在成都认识一位法国神父，他在一间像电话亭那么大的地方静坐，二十分钟就下座。他打坐的时候会悬空，但是他说只要一动念，知道自己在悬空，咚，就掉下来了。佛法的不共法是智慧，是般若。

"稽首一切大导师"，佛是世上一切众生人天大导师。

"稽首能断众结缚"，我们能把心中千万个结使、束缚，都解脱了，就是佛。生死、习气都是结使。叫它结使是因为这个结，才使你苦恼、轮回。

"稽首已到于彼岸，稽首能度诸世间，稽首永离生死道"，只有成了佛才是真正到彼岸，才跳出这个世界，才真正永远了生死。你们可能以为了了生死就不来这个世界了，错了。因为佛了了生死，个个都到这个世界来度众生，已经不畏生死了，不受生死所拘束，来去自如。你觉得怕这个世界，想了生死就不来了，这是外道之见，何况自己还不能了生死。如果这样发心的话，就永远不能了生死，因为见地不正，连小乘道都谈不上。我们学佛就要先学会《普贤行愿品》的十大愿，生生世世度一切众生，而且要去苦难最多的地方，乃至地狱都敢去，这才是佛的精神。如果为逃避这个世界，哪是学佛？

"悉知众生来去相，善于诸法得解脱，不着世间如莲华，常善入于空寂行，达诸法相无罣碍，稽首如空无所依。"佛了了生死，把众生来去六道之相看得很清楚。佛于一切世间出世间法都得了解脱，乃至外道魔法无所不知。佛法在哪里？佛法在世间，真正的净土就在你心中，不要外求。佛法的标记是莲花，是生长在最脏的污泥中才开花的，如果是干净的土中，反而生不出莲花，这就是学佛的精神。要在愈苦难的地方修持才会愈有成就，你要逃避世界，一个人去到清净地方修持，是不会成功的。这是正统的佛法。

所以，佛能善于入到空的境界，入到寂灭涅槃；并且深深悟到一切法一切相无罣碍，所以空无所依。你说空了所以不来了，这是空而不灵活。空能包容一切法，善法恶法都是。如果心中认为空是对的，不空是错的，那你还有罣碍，不是真的空。最重要的是，空还要无所依。打坐禅定要不依身，不依心，不依也不依，你坐坐看。坐着觉得热，想打开冷气，已经有所依了。你说什么都没有，空了，还是依了个空，空的境界是心里出来的。

"尔时长者子宝积，说此偈已，白佛言：世尊！是五百长者子，皆已发阿耨多罗三藐三菩提心，愿闻得佛国土清净，唯愿世尊，说诸菩萨净土之行。"长者子宝积说了上面这一段赞叹之辞，就对佛说，他们这五百位长者子都发了无上正等正觉的心。阿耨多罗是无上的意思，三是正的意思，藐是等的意思，菩提是觉的意思。阿耨多罗三藐三菩提不容易翻译，所以就用了原文的音，勉强地讲等于是中国人说的"大彻大悟"。但大彻大悟还不能完全包括，因为阿耨多罗三藐三菩提还有大慈悲、大智慧、大愿力的意义。学佛第一要发心就是发这个心，如果只是为自己逃避现实，图个清净，那叫阿耨多罗自私自利心。这些长者子们发了心只是动机，还没得到成果，所以现在希望能听闻到世尊说明佛的果位，也就是佛国土的清净境界，以及诸大菩萨们怎么修行净土。宝积在这里问了两个问题。

"佛言：善哉！宝积！乃能为诸菩萨，问于如来净土之行。谛听！谛听！善思念之，当为汝说。于是宝积，及五百长者子，受教而听。"佛称赞了宝积能为自己和诸位菩萨们提问怎么是成佛之路，要他们仔细地听，好好地思维，佛将为他们说。在这里，佛将宝积提的问题二合为一，因为菩萨是未到地的佛，佛是已到果位的菩萨，所以就为他讲成佛之路，也就是我们要学习修持的。

如何能生佛国

下面就开始讲净土之行。大家看到净土就很容易联想到流行的净土宗，念佛法门。道理是相同，可是原则不同。一切佛法都是在修净土，但是不要把净土看成是一个土地或是世界或是国家,大乘佛法中净土的观念要搞清楚。什么是净土,什么是佛国,不要被文字的土和国两个字带引走到了形相的观念,那就是埋没了佛法的精神。

"佛言:宝积!众生之类,是菩萨佛土。所以者何?菩萨随所化众生而取佛土",十方三世一切的佛都有佛土,我们很容易把它想象成一个帝王统治国土的观念。佛土、净土换一个名词来讲,就是成了佛的境界。佛说,一切众生就是菩萨的佛土。众生与菩萨是相对的,众生是没有悟道,还没有找到自己生命的根源,还没有明心见性,是因地上的菩萨。菩萨是已经明心见性,正在修持而还没有完全到家的众生。比如,我们今天精神很好,身体没有病痛,感情思想也很清净,自己觉得平安幸福。但这平安幸福是相对于身心不健康,不平安不幸福的日子来讲的。所以,转众生境界就是佛菩萨境界,佛菩萨境界的根在于一切众生。如果没有了众生,就没有成佛的事,也不需要成佛。没有烦恼也就不需要求解脱。众生有贪嗔痴慢疑,有聪明的,有笨的,各式各样根器不同,而一切菩萨根据众生的根性不同而成立他的佛土。比如,众生与阿弥陀佛所持的愿力、形相、作用的根性相近,因缘相契而随缘往生西方极乐世界。但是,也有众生与阿弥陀佛所持的愿力不相近,因缘不相契,可能会选择东方琉璃光佛土。一切众生根性不同,诸佛菩萨教化的方式也不同,佛土的境界也就不同。

"随所调伏众生而取佛土",一切菩萨自己成就的境界是无执著、无主观、无成见、绝对无我的。随着众生根器的不同,降伏他的妄心的方式不同,而成立的佛土境界也不同。调伏是调教降伏,是佛法的教育手段,用到各种各样的方式,喜、笑、怒、骂等都是。

"随诸众生,应以何国入佛智慧而取佛土",看众生该入哪一种佛国的境界,而引导他、教化他进入佛的智慧成就。入佛智慧是实证功夫。《法华经》讲开、示、悟、入四法门,是"开佛知见,示佛知见,悟佛知见，入佛知见"四个不同的修持手段，但是有没有哪个先哪个后呢？我认为都不是问题，但是历来都有佛学的学者们，就先后次序起争论，把佛法修持搞成思维的学问了。这句经文等于是《楞严经》说的"随众生心，应所知量"，我们的自性清净本然，周遍法界，本无方所。一切众生业力不同，知见不同，形成了众生种种的思想、情感、个性、根器不同，本体是一样的，所有的差别都是众生自我的差别。等于一桶水，有人拿一勺去做酒，有人拿一勺去做醋，有人拿一勺去做冰淇淋，但水性都是一样的。因为众生有这些差别，所以佛法的教化要"随诸众生应以何国入佛智慧"，佛随他的方便"而取佛土"。所以西方极乐世界是阿弥陀佛观世音菩萨等的方便波罗蜜成就的佛土，不是为了他们自己，是为了有缘的众生该往生那里而成立的佛土。东方药师如来世界，是药师如来为了根器相应的众生，"随众生心，应所知量"而成立的佛土。

"随诸众生，应以何国起菩萨根而取佛土"，同样的道理，诸佛菩萨在这个世界上教化众生也是"随众生心"，根据你所知的量。有些人量小根小，等于一株小草，碰上大雨，不但草不能活，连根都漂掉，受不了大法。大树的根器大，狂风大雨之下巍然不动，反而受滋润后枝叶更茂盛。所以，一切众生根器不同，"应以何国"，以什么佛土的境界，教化培养他的善根，生起菩萨的根，而取佛土。教化众生是非常苦的，有些众生是显教的根器，就只限于显教，不能受密教；有的是密教的根器，跟他说显教他听都不愿听；小乘根器的，不能受大乘；外道根器的，无法信入佛法，必须用外道来诱惑。教育就是诱导，使他培养善根，让他在外道里转回来。这就是菩萨教化的方便，难怪诸佛见面都彼此问候："少病少恼否？众生易度否？"

我们学佛修持，要从哪里下手，从哪里立根，从哪里找净土呢？要想成佛，离不开一切众生，所以要先学会做人。与人都处不好，还想度众生？自己想成佛，看到人都是冤家，嫉妒人家，这是种善根吗？简直是魔道了。你说自己嗔心大是阿修罗，你有阿修罗的本事和功德吗？你能一怒而安天下吗？

佛在《维摩诘经》说的这一段经文，看起来经意很明显，其实是密教，秘密在其中，我们再读一次："佛言：宝积，众生之类，是菩萨佛土。"所以，学佛是离不开众生的，一个众生也不能舍离。"所以者何？菩萨随所化众生而取佛土。"你不要说众生没有随你之所化，是你连化缘——教化的因缘，都结不上，因为你自己与众生隔离了。造隔离之业，甚至于造仇恨之业，就是在造地狱饿鬼畜生三恶道的业。恶言刺众生，恶语伤众生，尤其是四种口业：恶口、两舌、妄语、绮语。还有心中的贪嗔痴意业，你说，怎么结化缘？当然得不到成果。

所以，一切菩萨"随所调伏众生而取佛土"，自己心中的众生更要调伏，众生就是心中的念。"随诸众生，应以何国入佛智慧而取佛土，随诸众生，应以何国起菩萨根而取佛土"，这一层道理是大乘佛法，注意！不是谈空，是说有，是"而取佛土"。所以发了愿就要执著你的愿，要你不执著，是开佛知见，开示你先能够了"妄念空"的一面，然后再起而修"胜义有"的一面，毕竟是有的，不是空。但是这个有是妙有，不是凡夫的执著假有。没有真愿力，就不能成就真佛土。比如一个人做学问、做事业，就得真发心，昼夜孜孜为此，才能有成就。就连写毛笔字，如果没有几十年苦功夫练字，绝成不了书法家。所以要成佛就要发愿，而且是发利他的愿，否则不能成就，千万记住。

"所以者何？菩萨取于净国，皆为饶益诸众生故。譬如有人，欲于空地造立宫室，随意无碍，若于虚空，终不能成。菩萨如是，为成就众生故，愿取佛国，愿取佛国者，非于空也。"这是大乘佛法的要义。诸佛菩萨皆为一件大事因缘出世，就是为利益一切众生而出世，示现了脱自己的生死，这是佛法的真精神。我们学佛都是为别人而学，不是为自己。没有这个认识，就不算佛子。标准的凡夫，标准的轮回众生，统统在为自己打算，在为自己要求，一点菩萨的气息都没有。

比方，有一个人要在空地上建造一座宫殿，这是容易做得到的。如果没有土地，想悬空盖宫殿，是不可能的。这里第一个秘密是，自己功德善根心地没有修好，免谈佛法。本钱都没有，根基都没有，想成佛不是大妄想吗？白居易的诗：

　　空花岂得兼求果　　阳焰如何更觅鱼
　　摄动是禅禅是动　　不禅不动即如如

就是这个道理。所以，我们要检讨自己，根基何在啊！

一切诸佛菩萨发愿成就佛土净境，不是光讲空。空是前行的方便而已！你如果不能先证到自性空，是不能谈修行的。所以，必须先修证到性空，然后才能修缘起妙有。比方说，这有一块地，上面盖了栋千万亿年的老房子，房子里面有毒蛇猛兽，还有粪便，各种尘垢都有。你必须先清理干净，甚至把房子全部铲平，重新盖个房子，也就是要先空了，才能成就生命的有。但是，只讲空，就是边见、顽空。讲实际的道理，我们凡夫众生初步是空其念，空第六意识的妄念、业力的习气。慢慢影响，才空掉第七意识我执，人空我空。最后是无始以来，第八阿赖耶识的习气也空也清净了，空与清净是一体的两面。

诸佛菩萨虽已证到空，也修成有的国土，自心还是了不可得的，不取不着，依然入空。所以，佛经也称空为如如，真妙不可言，你说它空，它又不空，你说有，它又不有。随众生心，应所知量，诸佛菩萨而建立他佛土境界，如此而已。佛在这里就把佛法修持最高的要点告诉了我们。

"宝积！当知！直心是菩萨净土，菩萨成佛时，不谄众生来生其国。"一切菩萨起心动念是直心的，什么是直心呢？是心直口快吗？不是的，直心是无谄曲之心。你们学佛要研究众生心理学，《百法明门论》非研究不可。一切众生起心动念都是谄曲心，谄是谄媚拍马屁的意思。

例如，我们日常穿衣服就有谄曲心，怕难看，拍众生马屁，化妆也是为了让别人觉得好看。你说你不化妆，不洗脸了，还正是在谄曲你自己，将就自己。所以，我们处处都有谄曲心，除非悟了道，明心见性了，才是直心。

直心就如《易经》讲坤卦的三个字：直、方、大。《华严经》的全名是《大方广佛华严经》，大方广三个字就是直心，是大心，胸襟广大，包容一切众生，成就一切众生，不为自己。佛说直心是菩萨净土，心地真正清净了，修戒、修定、修慧就是为了达到直心，达到菩萨净土。因为菩萨在因地修直心成就了心意识的净土，所以每一位菩萨成佛时，不会妄语，不会谄曲众生来生其国。佛是不会做广告的，看你自己发心有缘，如果无此缘他也不要你来，其实不是不要你来，是你自己不要来。净土宗讲阿弥陀佛如父母忆念子女般地希望众生来归，可是啊！子女偏要远走他方，不念父母。父母想念儿女是无限的，佛经教我们用父母忆念子女般的心来念佛，那样没有不往生的。

"深心是菩萨净土，菩萨成佛时，具足功德众生来生其国。"深心与浅心相对。一个穷人如果在路上捡了三十万元，当天晚上一定乐得睡不着。有钱的人，一笔生意赚了一亿元，可能只笑笑说还可以，这是心量深浅的问题。大家打坐有一点点境界就很高兴了，想自己快成佛了，明天打坐怕境界飞掉了，这就是心浅。你们做早晚功课要念《楞严经》中阿难作的偈子：

　　将此深心奉尘刹

　　是则名为报佛恩

什么是深心呢？深心是菩萨净土，一切功德，万善庄严，没有哪一点不修的，"诸恶莫作，众善奉行"。今天叫你做件小事，马上就想为什么找我，为什么不找别人？这样子怎么成就功德？什么是"具足功德"？就是万善庄严。大家喜欢讲禅，什么青蛙跳水噗通一声，荷花开了,真是发疯了。什么是禅?禅宗祖师们说过:"实际理地不受一尘,万行门中不舍一法。"你修得到吗?"实际理地不受一尘",就是把生生世世的业力习气烦恼一概丢尽,实际理地是实相般若,不受一尘。一起心动念就是行,修行万行门中不舍一法,就是万善庄严。所以,我常常看到同学们的行为动辄为己,自私心重,不发心,成了杨朱的徒弟,拔一毛利天下而不为也。如果这样能够成就,那我的佛法就白学了,我不是上当了吗?佛法绝不是这样的!

我再读一次,"深心是菩萨净土,菩萨成佛时,具足功德众生来生其国。"心要深,要厚道,包容,善心,那么深,菩萨成立佛土的时候,要具足一切功德的众生才能往生佛国啊!你们修药师和净土法门的要特别注意了,不要以为光叫几声佛名就可以往生的,你念佛要像父母忆子女那样的念。这只是修的功而已,你还要有"具足功德"的德。《净土经》上告诉你,往生西方极乐世界的众生都是阿鞞跋致,就是八地以上不退转的菩萨,那已经深心具足一切功德,岂有不往生之理,这就是它的秘密。所以,凡夫众生,以贪求妄想之念,要想往生佛国,是何其狂妄而愚痴啊!

"菩提心是菩萨净土,菩萨成佛时,大乘众生来生其国。"菩提心的行为是大慈大悲、大喜大舍,真正的大彻大悟。明心见性是菩提心,真正禅宗明心见性的人,没有不发慈悲喜舍心的。如果慈悲喜舍发不出来,般若智慧发不出来,愿力发不出来,敢说自己已经明心见性,是绝无是处的。这个话我可以负责,讲错了下地狱,永不翻身。你以为坐起来得一点点清净,了解了某一点道理就是禅,规矩戒律都守不住,狂妄无知,那不是开悟,那是地狱种子。

菩提心是彻悟之心,发了菩提心的人,必然是慈悲的。开悟的人还是那个人,但是他的起心动念,做人做事同以前是完全不同了,平常心量狭小的人变宽大了,窝囊的人变顶天立地了,习气结使全改了。有些年轻人找上我，姓名也不先说，要跟我谈禅，还要我给他印证，狂妄之极。唉！我只好说我不懂禅。要学禅，先读好《维摩诘经》《般若经》《法华经》《楞伽经》《楞严经》再来吧！先从行下手啊！菩提心是菩萨净土，所以菩萨成佛时，大乘众生来生其国。大乘众生没有不发慈悲行愿的，真大乘必有菩提心，所以大乘众生才来生佛国净土。

"布施是菩萨净土，菩萨成佛时，一切能舍众生来生其国。"真能布施是菩萨的净土，一切能舍的众生才有资格往生佛土。我们虽然口口声声讲布施，都希望人家布施给自己，法布施、财布施、无畏布施，哪一点给人家了？"一切能舍"不是光把钱布施了就是布施，这是外布施；还有内布施，要把一切烦恼妄想乃至身心皆空。一切能舍的众生，是绝对无我，是人无我，法无我的菩萨，才能做到一切能舍，才有资格来生佛国。

"持戒是菩萨净土，菩萨成佛时，行十善道满愿众生来生其国。"真正戒行清净了，就是菩萨的净土。讲到戒行多可怕，三皈五戒、居士戒、沙弥戒、比丘戒、比丘尼戒、菩萨戒，有多少？《维摩诘经》没有讲得这么可怕，你只把十善业道做到，一切戒行早圆满了。身三业：杀、盗、淫；意三业：贪、嗔、痴；口四业：妄语、两舌、恶口、绮语。这十个修行圆满了，戒行自然清净。我们晓得佛法细分不只三乘，有五乘：人乘、天乘、声闻乘、缘觉乘、菩萨乘。学佛第一步把人乘做好，人都没做好，基础是没有的。人没做好，升天的资格都没有，还想做到阿罗汉、得菩萨果？人乘的基础，甚至全部五乘的基础，都建立在十善业道。能做到十善业道，然后以善果回向一切众生，才是持戒成就的标准，然后可以往生佛国。

"忍辱是菩萨净土，菩萨成佛时，三十二相庄严众生来生其国。"大家看到忍辱就以为是受人打骂，那只是表面文字，是不相干的。真正的忍辱是八个字："难行能行，难忍能忍。"我们这个世界翻译叫做娑婆世界,娑婆的意思是能忍、堪忍。这个世界上的人,忍受一切物质环境痛苦的能力特别强,因为世界并不圆满。夏天那么热,像我现在就在修忍辱,张口讲课冷气吃进去喉咙干燥,背上在流汗,并不舒服。只有一个愿力,就是把自己所知所见的告诉别人,听不听是你们的事,这是忍辱行之一。昼夜那么多事情,不为自己在做,也是忍辱。

菩萨在世界上都是在修忍辱苦行。《金刚经》上说过,佛昔为歌利王割截身体,遭到一刀一刀慢慢地割,还是能忍受下去,所以成就了。不是要你像佛一样被人割肉,我们在这个世界上都是慢慢被割肉,发心的菩萨都是牺牲自己。忍辱是担负一切,担负不起来的还是要担负;做不到的,还是在做。我们到佛堂念佛还要找个好地方坐下,还要争取这样那样的,这样的心性就成问题了。忍辱是一切菩萨的净土,成了佛有三十二相,八十种好,相好庄严是怎么来的?是忍辱功德成就来的,不是像有人讲的,供花给佛,来生就长得漂亮,那样就变成做生意了。

"精进是菩萨净土,菩萨成佛时,勤修一切功德众生来生其国。"什么是真精进?一句话概括,就是勤修一切功德。所以一切经典皆是戒律。我们看《维摩诘经》,戒律都在里面了,每一条都是戒条,我们做到哪一条?我们学佛一天二十四小时中,有几分钟、几小时在勤修一切功德?除了自己贪舒服,养自己这几十斤大肉之外,并没有勤修一切功德。这样怎么是佛法的行?这些经文都很明白很容易懂的,为什么我要说得这样严重呢?要大家不要以为容易懂,其实统统没有懂进去。那不是在念经,是在造业,造无记业,得什么果报?白痴!得愚痴的果报。你没有闻思修,果报是很严重的。所以,我处处提醒你们注意,每一句一字都要好学而深思之。

《维摩诘经》所讲的净土,包括了十方三世一切诸佛所有的净土,不像阿弥陀经专指西方极乐世界的净土,所不同的只是这一点,但原理原则都是相同的。

"禅定是菩萨净土,菩萨成佛时,摄心不乱众生来生其国。"这里很明白地告诉我们,禅定的原则就是"摄心不乱"四个字,也就是制心一处,把杂念、妄想制于一处。比如,修净土念南无阿弥陀佛一心不乱,就是摄心一处,摄心在南无阿弥陀佛这一句上。比方修白骨观,这一念就止在白骨上面。摄心不乱是修定的一个原则,我们打坐贪图一个清净舒服安详,看起来是定,其实没有一念专一,不算是真修定。真修定初步是有心定,不是无心定。一般人好高骛远,上来就想空,什么都不管,坐着很舒服,以为这就是修定。这是细昏沉,不是定啊!愈修脑子愈空白,愈修身体愈不好。

你可能会问,有些禅师不是教人一切不用心吗?这里不用心是要你不用妄心,没有要你舍去正念。他讲了前半句,后半句你要参啊!如果什么心都不用,那去学死好了,何必学禅呢?再不然学睡觉吧!所以,真正禅定要摄心不乱,摄是收摄,一切妄心杂念要收回。

有些人说,那我只管心念收回就好了,身体不用管了,那又完全错了。四大的身体和思想的念头,身心合起来是一心,一心不乱,要身也不乱,不用谈气脉而气脉自然调和。我经常要你们注意,隋唐以前的佛像是对的,得定的人坐像就是如此了,还是细腰身,没有肚子,尤其胃没有凸出来,更不是弯腰驼背的。

真的制心一处,或者念佛的一念专一,这个时候身自然也专一,这个叫做摄心不乱,初步得定。这种禅定的因,是菩萨净土,这是讲初步。那你可以问,成了佛果就可以不要摄心吗?当然不要摄心了,成了佛果是无功用道以后的事,不要用心去摄心不乱而自然不乱了,还是一心不乱。所以,禅定是一切大小乘学佛的基础,这里说禅定是菩萨净土就是这个道理,这些有定力的众生才能够来生佛国。

"智慧是菩萨净土,菩萨成佛时,正定众生来生其国。"智慧就是般若,般若的智慧不是聪明,世间的人有学问,头脑聪明,有思想,不一定是智慧，而是散乱。真智慧必定是得一切三昧的正定，由摄心不乱开始，到不需要摄心，无往而不定，无时而不定，定中有菩提心，有觉心，这是正定。所以说智慧是菩萨的净土，因为一切菩萨成佛的时候，都靠定慧等持才能够往生佛国。修智慧修定就是修净土法门，修这个法门的菩萨，自己成佛的时候，因为智慧的力量来化生他的佛国。来生佛国不单是指众生往生佛国，也指菩萨自己化生佛国，这里特别交待清楚。

"四无量心是菩萨净土，菩萨成佛时，成就慈悲喜舍众生来生其国。"学佛的人第一步发心要发四无量心，尤其年轻同学特别要注意培养这一种胸襟，这种心地就是慈悲喜舍。初步学佛的人做不到全部，就一个个来，先培养慈心或者悲心。这两个心有什么分别？慈心用中西文化混合来讲，是爱心，爱一切人、众生、万物。慈心是带阳性的，像父亲爱子女的心。悲心是阴性母性的，等于母亲爱儿女心情的扩大。

我们学佛的人口口声声讲慈悲，真正慈悲的行为很少见，都以自己为中心。比如，我一直有个理想要办个养老院，收容各色人等，有各种教堂，可以让老年人做些零活，能绝对自由生活到终了。跟几个都是学佛的老朋友在谈到这个理想的时候，就讲到工作人员怎么来，最后大家都同意，恐怕只有天主教的修女最合适。人家硬是在行的功夫上做得比我们佛教徒实在，有服务的精神，组织的能力也比我们强，学佛的却只是求自己清净，利他的精神不够，组织散乱，讲到这里心情实在很沉重，这是个大问题。

再讲到四无量心中的喜心，我们的年轻师父们将来要去弘法的，但是一点基本的演讲技巧都没有，脸又绷得死紧，毫无喜悦感觉。不像天主教基督教的神父牧师的演讲技巧好，又面带笑容，让人想亲近。我们这样子怎么与众生结缘呢？能舍得掉自己的时间、意见、身心吗？学佛不是光搞打坐，你们千万注意啊！要先学建立这四种心理，而且要注意是无量的心理,慈悲喜舍都是没有限量的。你能够这样修,成就了才可以往生佛国。

"四摄法是菩萨净土,菩萨成佛时,解脱所摄众生来生其国。"四摄法是菩萨道,上面讲的慈悲喜舍是学佛人心理上要建立的第一步,四摄法是行为上要建立的第一步,包括了布施、爱语、利行、同事。布施是以布施道来摄化众生,有内布施、外布施、无畏布施三种,布施就是奉献。爱语,不是不理人家,是用慈悲性的爱语招呼人。利行是做任何事都对人家有利,交朋友一定要朋友能受到你的好处,乃至骂人打人是为了帮助他人而做。做到同事菩萨很难,比如你爱打牌我就陪你打,打厌了,我们一起学佛去。所以,菩萨道没有哪一样不会的,吃喝嫖赌都来,为的是度人。菩萨行四摄法,但是不执著,懂得解脱,四摄法做到了,使一切人解除苦恼痛苦,自己在行功德而不自觉,是解脱法门,所以解脱所摄众生来生其国。

"方便是菩萨净土,菩萨成佛时,于一切法方便无碍众生来生其国。"方是方法,便是利便,你有很多方法便利大家成就叫做方便。佛家以慈悲为本,方便为门。方便不是随便,不是马虎,但也有随便也有马虎的意思。怎么说呢?什么是真正的方便?是于一切法方便无碍,任何魔法、邪法、外道法,到了真正菩萨手中,都可以用来让人走入正道的佛法,这就叫方便净土。

"三十七道品是菩萨净土,菩萨成佛时,念处、正勤、神足、根、力、觉、道众生来生其国。"三十七道品是四念处、四正勤、四神足、五根、五力、七觉支、八正道。要学佛,这三十七个学佛的因素一样一样必须去实习过、修持过,这是学佛的正道。三十七道品的内容就不在这里细说了。

"回向心是菩萨净土,菩萨成佛时,得一切具足功德国土。"大家做了善事或者念了经就说回向给什么人,但什么叫回向?大家有没有仔细想过它的意义？回向是梵文翻译成中文的名词，回是回转，向是方向。天地间的事物都是回向的，宇宙是回转的，轮回是旋转的，回向也是这个道理。一切心念自然会回向的，你念经要回向给谁，只要这个念头一动就已经回向了，不须拼命去想或者特地说出来。你心念专一了，心波放射的力就愈大，就能起影响。心念不能定，不能专一，就不能影响。一切因果，种善因得善果，种恶因得恶果，也是回向。

"说除八难是菩萨净土，菩萨成佛时，国土无有三恶八难。"贪嗔痴是人心理上的劣根性，佛学上叫"三毒"。贪心起因，所遭遇的恶果是水灾、饥荒、饿鬼道。嗔心的果报是火灾、刀兵、地狱道。痴心的果报是风灾、瘟疫、畜生道。人在世遭逢到不好的果报，是多生累积的贪嗔痴三毒引来的。

"八难"是八种苦难：地狱、饿鬼、畜生、长寿天（长寿天是灾难噢！因为生在那儿的人不会想学佛）、北拘卢洲（是四大洲之一，那儿的福报好，没有灾痛，生在那儿的人也不会想学佛）、聋盲喑哑、世智辩聪（世间的智慧很高，嘴巴又能辩，但一学佛就不懂了，而且也不会相信）、佛前佛后（比如我们这个时代）。你觉得我们现在没有在八难里，其实四面八方都是八难。我们自己有地狱种性，因为嗔心大。我们自己有畜生种性，因为痴心大。我们自己有饿鬼种性，因为贪心大。能在今天这个时代享受，把你放到极贫苦的山区，你一定受不了。你在享受就等于是在北拘卢洲了。我们可能耳朵能听，眼睛能看，但是却做了知识上的聋子和瞎子。世智辩聪就更不用提了，大家都自以为聪明，有的人你刚要说他，他就跟你辩起来了，看到这种人我的嗔心就来了。我们都生在佛后，这是第八种难，是我们大家共有的。所以，我们学佛修持要除去心地上这八难的根根，佛的国土是没有三恶八难的。

"自守戒行，不讥彼阙，是菩萨净土，菩萨成佛时，国土无有犯禁之名。"学佛要守戒，《维摩诘经》讲得很清楚，要内心自动自发地守戒，不是靠外在环境逼你，或者别人勉强你而守戒的。看到别人的行为不正，不讥笑他，不批评他，不宣传他的缺点，就是不讥彼阙，是菩萨净土，是菩萨道。佛国没有所谓犯不犯戒，因为那里人的行为自然都在道德中。

"十善是菩萨净土，菩萨成佛时，命不中夭，大富梵行，所言诚谛，常以软语，眷属不离，善和诤讼，言必饶益，不嫉不恚，正见众生来生其国。"学佛的基础讲戒，先要修十善业道。就是杀、盗、淫、贪、嗔、痴、妄语、恶口、两舌、绮语，能够把身口意容易犯的这十种过错改过来，就是十善业道。前面已经讲过了。

能修十善业道是菩萨净土，为什么学佛先要学做人？人道没有修好就想证果是没有可能的。人道怎么修呢？就是修十善业道，修好了就是人道的成就。菩萨成佛时，"命不中夭"，不会中年幼年就死去；"大富梵行"，就是虽富有，同时也肯修行，这就不是我们常说的"贫穷布施难，富贵发心难"了；"所言诚谛"是所讲的话言而有信；"常以软语"就是不会粗暴地与人讲话，不像我常大声吼你们；"眷属不离"，父母兄弟姊妹等六亲眷属不会分离；"善和诤讼"，能调和别人的诤讼；"言必饶益"，总是讲有益于人的话，不讲无益之言；"不嫉不恚"，不嫉妒不怨恨别人。读了这一段，我们再用每一条来对照自己今生的遭遇和言行，就知道自己前生有没有修十善业道了。

"如是！宝积！菩萨随其直心，则能发行；随其发行，则得深心；随其深心，则意调伏；随其调伏，则如说行；随如说行，则能回向；随其回向，则有方便；随其方便，则成就众生；随成就众生，则佛土净；随佛土净，则说法净；随说法净，则智慧净；随智慧净，则其心净；随其心净，则一切功德净。"这一路连下来，就是净土法门，学佛做功夫的程式就在这里了。佛说第一步是直心，不走谄曲心。因为真正修直心才能发行，发什么行？发心行愿，真能修行。然后慢慢就得到了深心，修持智慧功德心愈来愈深。得到了深心，你的妄念意识自然得到调伏清净，你打坐时妄念降伏不了，因为没有得深心。

佛在《金刚经》中说"应如是降伏其心"，照《维摩诘经》的道理来说，要直心、发行、深心自然能调伏妄心。调伏了妄心，你才做到言行一致，说得到就做得到，做得到的当然说得出来。因为做到"如说行"，才有资格回向一切众生。能回向，你的智慧才能方便度人，成就众生。能成就众生，你的佛土就是净土了。你的佛土清净了，自然开口所说一切都是净法。因为说的是净法，自然智慧清净。因为智慧清净，你心就清净，就是净土了，唯心净土。也用不着往生哪一个净土了，到了心就是净土时，则一切功德庄严清净。佛在这里说得清清楚楚，修行的方法就在这里了。

"是故，宝积！若菩萨欲得净土，当净其心，随其心净，则佛土净。"随便你修哪一种净土，西方极乐净土也好，东方药师琉璃光净土也好，上方香积净土也好，北方不空如来净土也好，南方宝生如来净土等等，要注意重点的这四句话："若菩萨欲得净土，当净其心，随其心净，则佛土净。"你心不清净，念佛、念法、念僧只能算暂时种一点点善根罢了！什么是心，这问题大了，不是大家现在用的知觉感觉第六意识的妄想心，而是包括身心内外，心物一元的全体真心。至于怎么净，要先从妄念开始清净，渐渐地使意识净，然后是身净，然后进入到身心内外心物一元完全的清净。这样才是真正的心净，真正的净土，真正的佛法，大家要把握到。这里是《维摩诘经》的第一个要点。

为什么看不见佛的佛土

"尔时舍利弗，承佛威神，作是念：若菩萨心净，则佛土净者，我世尊本为菩萨时，意岂不净？而是佛土不净若此？"这是很有戏剧性的一幕。舍利弗就是《心经》上的舍利子，翻译的名字不同，他是佛出家弟子中智慧第一，很多经典都是因他起来向佛请示而由佛开示的，也是经常跟随在佛身边的弟子。这时"舍利弗承佛威神，作是念"，是声明舍利弗并不是不知道这个问题，他虽现出家的小乘罗汉相，但他本是大乘菩萨，不会不懂，而是装不懂，好像是跟佛二人在唱双簧。佛用心念的威力感通他，叫他提问，是佛与弟子间心念彼此感应道交。于是，舍利弗就心中产生一个思想，假如菩萨心净了，那么成佛时他的佛土就是净土；如此说来，难道我们的老师释迦牟尼佛多生累世做菩萨时心不太干净吗？否则，为什么要在这个不干净的世界成佛呢？

"佛知其念，即告之言：于意云何？日月岂不净耶？而盲者不见。"佛感应到了舍利弗的心念，就对他说，你的意思怎么看，日月难道不干净吗？为什么瞎眼的人看不见光明？佛这个道理是说，清净光明无所不在，为什么不能清净呢？是因为人自己心念的罪障的缘故。

"对曰：不也，世尊！是盲者过，非日月咎。"舍利弗回答，看不见日月的清净光明，与日月本身没有关系。日月永远是发光的，是瞎眼的人自己看不见日月的光明。这里用了"过"字，是代表多生累积的业报因缘，所以眼睛不能见光明。

"舍利弗！众生罪故，不见如来国土严净，非如来咎。"佛就告诉舍利弗，你讲得对，一切世界国土没有不净的，众生因为自己罪孽的缘故，所以看不见国土的庄严清净。这不是佛不来感应你，是你自己没有办法受感应。比如，太阳永远是照着大地，可是你躲在房子里，以房子为自己的天地，自然看不见太阳。一切佛菩萨善知识，都想把自己的智慧光明灌输给众生，而众生却自己挡住不接受，自以为是。

"舍利弗！我此土净，而汝不见。"佛再告诉舍利弗，这世界就是佛国净土，只是你们看不见，只见到脏的一面。讲到这里，我举个例证，你们参一下。各位坐在这房中，环境很干净吧！这墙壁是水泥和砖头做的，可是水泥和砖头的本质是泥土，如果把泥土放在房中，你就嫌脏了。墙上糊的有壁纸，你们去纸厂看过就知道纸浆是又臭又脏。没有一样东西本来是干净的，可是经过人工制造，现在都好像变得干净了。你去餐厅的厨房看看，都很脏，可是做出来的菜色香味俱全。所以，《心经》上告诉你不垢不净是高一层的道理，是法身上的道理，本体的道理。这里也是讲本体的道理，但又讲现象的道理。一切物质世界的现象，净与不净是你智慧功德的能力，唯心所造。这个世界娑婆国土，只是佛的三千大千世界国土的一部分，佛告诉舍利弗，我这个娑婆国土其实非常干净，可惜你看不见。好像我们这一辈人比舍利弗运气好一点，看见点影子。你看那太空人在外太空拍的相片，这个地球多美丽啊！很严净啊！这个道理很深，要参究。

"尔时，螺髻梵王语舍利弗：勿作是念，谓此佛土以为不净。所以者何？我见释迦牟尼佛土清净，譬如自在天宫。"这时听众当中有一位大梵天天王螺髻梵王，他头发是右卷的，他告诉舍利弗，你的想法错了，你认为这个世界不干净，但从我们色界天天人的眼光看来，这个世界清净庄严极了，同我们的自在天宫一样美丽。

"舍利弗言：我见此土，丘陵坑坎，荆棘沙砾，土石诸山，秽恶充满。"舍利弗说，可是以我们人的眼光来看，这个世界有山有坑，有刺人的荆棘，有土有石块，充满了又脏又臭的东西。舍利弗跟螺髻梵王都是老实地把自己看到的说出来，这是个大问题。

"螺髻梵王言：仁者心有高下，不依佛慧，故见此土为不净耳。"螺髻梵王称舍利弗"仁者"，这是佛教对平辈的出家人或在家人的尊敬称呼，是由《维摩诘经》翻译过来才开始使用的。中国习惯则是称仁兄或贤弟，仁与贤都是代表道德高尚的意思。螺髻梵王对舍利弗说，因为你的心有高下，就是有分别心，万事计较的意思。换句话说，也就是心不平。

如果心平了，看一切众生如诸佛菩萨，也就是等，合起来叫平等心。平等心这个观念，在人类文化中首次出现是来自佛法。心不平等，所以看这个世界就有缺陷。而心所以不平等，是因为不依佛的智慧眼光的缘故。要得佛慧得先修佛眼，佛眼永远是以慈眼看一切众生。人看人则是用斜眼、怒眼、谄媚眼看人的。记得我小时候跟着妈妈上庙子，看到菩萨的像就问妈妈，为什么菩萨的眼睛好像没睡醒似的。她随口答我说，菩萨要是全睁开眼，世界上看不到一个好人，只好半闭着眼了。当时就这样听了，等到以后年纪大了，也学佛了，才觉得妈妈讲得真有道理，不知道她是怎么冒出这句话来的。

佛慧是什么呢？一切毕竟空，了无一切可得，所以依佛慧看世界，自然是心无高下，一切空嘛！不垢不净，自然看到的是净土了。

"舍利弗！菩萨于一切众生悉皆平等，深心清净，依佛智慧，则能见此佛土清净。"我们号称学大乘菩萨道的人，读起经典来真令人脸红，这里讲的，我们哪一点做得到啊？螺髻梵王继续向舍利弗说，因为菩萨看一切众生平等，如此慢慢修持，就能够深心清净，不只是表面的。依唯识的道理来讲，我们的思想意念清净了还不算是深心，只是第六意识的清净，第七第八识还没清净。要把第八阿赖耶识清净了，才算是深心清净，到了这个境界才是真正依佛智慧，那时看这个世界就是佛土清净。所以，唯识说把第八阿赖耶识转成大圆镜智，不只是意识心念转了，而是种子心念转清净了，习气种子都转了，然后再看这个世界，哪里不清净呢？

"于是佛以足指按地，即时三千大千世界若干百千珍宝严饰，譬如宝庄严佛，无量功德宝庄严土，一切大众，叹未曾有，而皆自见坐宝莲华。"佛见螺髻梵王和舍利弗讨论个没完，就显神通，用脚趾按在地面，当时所有三千大千世界百千万种的珠宝都呈现出来。讲到这里，想起世人颠倒，都爱珠宝钻石，其实都是泥巴变的，有什么好？钻石同煤炭的分子一样，只是排列方式不同。一个夏朝的陶碗，价值连城，还不过是泥巴烧出来的，我在街上买个新的碗，又美又实用。所以，好与不好都是唯心所变。这里佛以唯心神通智慧的力量，把这世界另一个面目呈现了，譬如宝庄严佛，有着不可计算功德的宝庄严佛土。在座的所有人看见了，都赞叹从没见过如此场面，不只如此，所有人还看见自己坐在珠宝做成的莲花上。

"佛告舍利弗：汝且观是佛土严净？"佛就问舍利弗，这样的佛土是不是庄严清净呢？

"舍利弗言：唯然！世尊！本所不见，本所不闻，今佛国土严净悉现。"舍利弗答说，唉！是的，从来没有见过，从来没有听过，这个世界有这么漂亮，现在亲眼看见庄严清净的佛国土呈现在面前。

"佛告舍利弗：我佛国土，常净若此，为欲度斯下劣人故，示是众恶不净土耳。"佛告诉舍利弗一个秘密，佛的国土经常是这么样的清净，但是为了适应这个世界上根器下劣众生的关系，所以呈现的物质世界是如此的不干净。

"譬如诸天，共宝器食，随其福德，饭色有异。"天人吃饭不是每一个人拿个碗和盘子来吃，是共同用一个大的容器来吃，可是同样的饭，每个天人吃到嘴里的感受不一样。福报大的天人，味道就好；福报小的，味道就差一些。其实不只是天人，我们也一样，有胃病的人吃起来什么都不对，没有胃病的人却觉得好吃。当年有几个同乡从老远的乡下来找我，我拿巧克力糖招待他们，哪晓得他们一点都不觉得好吃。又像有一次，朋友招待我吃最好的榴莲，那个味道真难闻，我的福报不够，真难以下咽。有的人能把高丽参当萝卜干吃，但我只要吃一小片就会流鼻血，补不得。所以，福德不好的人，吃什么都不美味。

"如是！舍利弗！若人心净，便见此土功德庄严。"佛做了个结论，假如这个人自心清净，自然看到这个佛土的功德庄严。这是事实，不是理论。例如，你们真正修到禅定的人，在静坐中会觉得身体内外一片光明，这不是用眼睛看见的。不过，有时眼睛发炎也会见到光明，那个不是的。得定时，身体内外一片光明，身体已经没有感觉了，没有身子了，也没有一点妄念，是绝对无分别，清净庄严。这个光明是自性光明，昼夜不分，动中静中都在一片光明中，也就是密宗所讲的，虹光之身。这我平常不跟你们讲，怕你们听了着相，天天求光明，最后非神经不可。

现在告诉你们两个原则，一是心理上没有一丝杂念，二是生理上没有身体的感受了。你们坐在这里听课，身体有感觉吗？感觉到自己的手脚身子吗？是痛还是乐？在这个境界如果看到光明都不是好事噢！能够不理它，倒还马马虎虎；听过我讲内外一片光明，自以为是放光了，那是疯光。不要乱来！很多人在这个里面看到东西，就说是发了眼通，其实是发了神经。

到了内外一片光明的境界，不论在定出定，看这个物质世界都是清净庄严。这样修持的人本身的气象也会改变，脸色好看，放虹霓之光。有许多人自觉打坐放光，但是看他那满脸的病相、死相，比煤炭还要脏。这些都是事实，不是理论。我看同学们打坐的样子，念头没有一个是清净过的，我一看就知道了。你有过一刹那的念头清净，你那神气就不同了，走两步路也不同了。不要以为打坐就是入定，心不清净，搞了半天都白搞了。

"当佛现此国土严净之时，宝积所将五百长者子，皆得无生法忍，八万四千人，皆发阿耨多罗三藐三菩提心。"当年我们学佛，读到这里，大家就想，佛是右足还是左足按地，是用大足趾还是小足趾呢？佛是怎么坐的？为什么不用手按地？这些都是话头。你们倒好，不起分别心，读了就放过去了。你参参看，这些经文绝不是偶然说的。例如，《楞严经》讲到阿难出了问题，佛从头顶放光，有化身佛在其中，传一个咒子，教给文殊菩萨去救阿难。为什么要从头顶放光？为什么另一个场合又是从心口放光？还有从眉间放光的，什么理由？如果佛经都是神话假话，那就不用研究也不用学佛了。如果真有事实，为什么放光的部位不同？这就是研究佛学的精神，也是实修，同打坐做功夫都有关系的。国土，心田是心土，在生理上，胃是五行中的土，这些资料给你们，你们去参，参出来可以学佛，否则是学馋，不是禅。这是我提出《维摩诘经》里的话头要你们去参。

这里讲到当佛现出国土严净的时候，宝积所带领来的五百世家公子，当场就得了无生法忍。在座的八万四千人，统统发了大乘心。发心是发明心地，就是禅宗讲的明心。

"佛摄神足，于是世界还复如故。求声闻乘者，三万二千诸天及人，知有为法皆悉无常，远尘离垢，得法眼净。八千比丘，不受诸法，漏尽意解。"佛学上讲神足通，一般研究教理的把这足字解释作满足的足，是充满的意思。讲修证功夫的，神足通的足是脚，真有神足通功夫的人是可以飞天的。

经文说，佛把脚收回来，腿盘起来，这时众人看见世界恢复原状。这里又要参，为什么佛要等到五百长者子得到无生法忍，八万四千人发了大乘心之后就把脚收回来？而这时，小里小气，计较心又大的，求声闻的三万二千诸天和人，总算悟道了，晓得一切有为法是无常的，晓得一点空的道理了，怕了这个尘世的牵累，得了一点法眼清净而已。

你看，佛他老人家看出来，大乘根器的境界现完了，把脚拿上来。因为对小乘根器的人没办法，只好把脚收回来。好吧，该你们来吧，结果小乘根器的人也证道了。跟着有八千比丘"不受诸法，漏尽意解"，注意喔！不管你是天台、密宗、净土、禅，哪一个法门的，能做到这八个字才是真正比丘、比丘尼、沙弥、沙弥尼。我们众生的烦恼和病痛，都从心中结使来，都解不开，如果意结一解开，八十八结使自然清净，自然可以达到漏尽通的境界，才可算是比丘的阿罗汉，才可以做到不受诸法，空也不受，一切皆不受。

　　比如，今天有个朋友，一定要介绍一位从美国回来开会的教授来看我，他长期睡不着觉，一身是病，人变得很悲观。我跟他谈了一下，没法子同他深讲。他根本的问题就是意结太多，唯心所造，影响到生理的健康。意解心开就是道，禅宗开悟的第一步就是这个。拿密宗来讲，开悟第一步是脉解心开，心脉打开了。我们的心脏好像是八瓣莲花，定力到了，真悟道了，心脉就打开了，就是意解心开。那是事实，没有办法冒充的，心脉打开有心脉开的象征。有年轻人来找我印证，就凭这一念就不行了。修持要实实在在，不要自欺欺人，自以为懂了一个道理就到家了。真到了有所心得的时候，一定是意解心开，脉解心开。《维摩诘经》第一品就讲到这里。

方便品第二

尔时，毗耶离大城中有长者，名维摩诘。已曾供养无量诸佛，深殖善本；得无生忍，辩才无碍；游戏神通，逮诸总持；获无所畏，降魔劳怨；入深法门，善于智度；通达方便，大愿成就；明了众生心之所趣，又能分别诸根利钝；久于佛道，心已纯淑，决定大乘；诸有所作，能善思量，住佛威仪，心大如海，诸佛咨嗟，弟子、释、梵、世主所敬。欲度人故，以善方便居毗耶离。资财无量，摄诸贫民；奉戒清净，摄诸毁禁；以忍调行，摄诸恚怒；以大精进，摄诸懈怠；一心禅寂，摄诸乱意；以决定慧，摄诸无智。虽为白衣，奉持沙门清净律行；虽处居家，不著三界；示有妻子，常修梵行；现有眷属，常乐远离；虽服宝饰，而以相好严身；虽复饮食，而以禅悦为味；若至博弈戏处，辄以度人；受诸异道，不毁正信。虽明世典，常乐佛法；一切见敬，为供养中最；执持正法，摄诸长幼；一切治生谐偶，虽获俗利，不以喜悦；游诸四衢，饶益众生；入治正法，救护一切；入讲论处，导以大乘；入诸学堂，诱开童蒙；入诸淫舍，示欲之过；入诸酒肆，能立其志。若在长者，长者中尊，为说胜法。若在居士，居士中尊，断其贪著。若在刹利，刹利中尊，教以忍辱。若在婆罗门，婆罗门中尊，除其我慢。若在大臣，大臣中尊，教以正法。若在王子，王子中尊，示以忠孝。若在内官，内官中尊，化正宫女。若在庶民，庶民中尊，令兴福力。若在梵天，梵天中尊，诲以胜慧。若在帝释，帝释中尊，示现无常。若在护世，护世中尊，护诸众生。长者维摩诘，以如是等无量方便，饶益众生。其以方便，现身有疾。以其疾故，国王大臣，长者居士，婆罗门等，及诸王子，并余官属，无数千人，皆往问疾。其往者，维摩诘因以身疾，广为说法。

诸仁者！是身无常，无强无力无坚，速朽之法，不可信也。为苦为恼，众病所集。诸仁者！如此身，明智者所不怙。是身如聚沫，不可撮摩。是身如泡，不得久立。是身如焰，从渴爱生。是身如芭蕉，中无有坚。是身如幻，从颠倒起。是身如梦，为虚妄见。是身影，从业缘现。是身如响，属诸因缘。是身如浮云，须臾变灭。是身如电，念念不住。是身无主，为如地。是身无我，为如火。是身无寿，为如风。是身无人，为如水。是身不实，四大为家。是身为空，离我我所。是身无知，如草木瓦砾。是身无作，风力所转。是身不净，秽恶充满。是身为虚伪，虽假以澡浴衣食，必归磨灭。是身为灾，百一病恼。是身如丘井，为老所逼。是身无定，为要当死。是身如毒蛇，如怨贼，如空聚，阴界诸入所共合成。诸仁者！此可患厌，当乐佛身。所以者何？佛身者，即法身也。从无量功德智慧生。从戒、定、慧、解脱、解脱知见生。从慈、悲、喜、舍生。从布施、持戒、忍辱、柔和、勤行精进、禅定、解脱、三昧、多闻、智慧，诸波罗蜜生。从方便生。从六通生。从三明生。从三十七道便品生。从止观生。从十力、四无所畏、十八不共法生。从断一切不善法，集一切善法生。从真实生。从不放逸生。从如是无量清净法，生如来身。诸仁者！欲得佛身，断一切众生病者，当发阿耨多罗三藐三菩提心。如是，长者维摩诘，为诸问病者如应说法，令无数千人，皆发阿耨多罗三藐三菩提心。

"方便"这两个字不要随便看过去了，你们学佛的同学答一下：方便波罗蜜是十波罗蜜中的第几波罗蜜？是第七波罗蜜！这就是打你们一香板，连这个佛学基础知识都没有。所以，方便是修菩萨道的一个法门，是但登彼岸的一个法门，不是要你让让路的方便。方便是一个大法门，十波罗蜜中的一条大路。现在《维摩诘经》告诉你方便波罗蜜，你看这一品中包含着什么，你就了解方便波罗蜜，这就是话头了。普通看经以为文字都懂了，其实一点都不懂。

前面是由释迦牟尼佛演出的序幕，这一场戏的真正主角是在家佛维摩居士。佛是教主，必须现出家身。在家的也可以成佛，这就是佛法的方便法门。这一品是《维摩诘经》全经的关键所在。现在方便品正式推出，维摩居士出场了。

有辩才　有神通　方便度人

"尔时，毗耶离大城中有长者，名维摩诘。已曾供养无量诸佛"，这里赞叹形容维摩居士的每一句话都要注意，都是我们学佛的方法，都是方便波罗蜜。维摩居士，"已曾供养无量诸佛"，在过去生乃至当时，已曾经供养不晓得多少佛。

"深殖善本"，这里用的是繁殖的殖，而不是种植的植，是说维摩居士多生多世做善事，深深地繁殖，不是只做一件，否则就该用木字边的植了。

"得益生忍"，悟了无生法忍，是八地以上的菩萨。

"辩才无碍"，不是说人很会讲话会强辩，而是什么问题都解答得了。为什么他能辩才无碍呢？因为多生多世修得口业清净。其实他的口业修法正如禅宗祖师讲的："言满天下无口过。"即使骂人也是功德，不是过错，因为出发点是慈悲喜舍。同样的话，他说的人家会信；同样的话，他说的就有分量；同样的事，他说了就可以定案。如果这一生没有辩才无碍,要深自反省,是生生世世没有口业清净,老是批评人家,刺激别人,不讲好话,怎么会有好果报?更不要说辩才无碍了,以世间法来说,要找有演讲天才的学生都没有。现在的歌星或是播音员,他的声音悦耳都是前生的善因得的善果。有人相貌虽不是很好,但是声音好就盖过了一切外相的不足。

"游戏神通",神通已经很难了,他能游戏神通。什么是游戏神通呢?六神通的前五通(天眼通、天耳通、神足通、他心通、宿命通)是共法,魔道外道都有的。第六通的漏尽通是佛法的不共法,是魔道外道所没有的。游戏神通,是具足所有的大小乘魔道外道神通,可以游戏自在。游戏神通第二个意义是,这位大菩萨活在这个世界是来玩玩的,随时可以走。

"逮诸总持",佛经讲咒语也叫总持,因为咒语包含了一切意义。总持的真正意义是一切的总纲,总是涵盖一切的意思,维摩居士已经成就了一切总持。

"获无所畏,降魔劳怨",比丘有怖魔之意,破掉烦恼、生死等魔,证得无所畏的阿罗汉果。有些比丘说法不能圆融,而大阿罗汉、大菩萨,因为生死烦恼之魔已经破除了,说一切佛法得无所畏,大小乘佛法、所谓经律论三藏十二部、世法出世法、外道法、魔法,无所不通。所以在魔道外道中说法无所畏,能够降伏世间的尘劳烦恼魔。你觉得做人做得很累,因为没有到达菩萨境界,不能降伏尘劳。自觉对人万分慈悲,却换来以怨报德,而生恼怒。菩萨若不能降魔劳怨,就不能停留在这个世界上游戏。到这里有个问题你们参一下,维摩居士能够降魔劳怨,为什么不能降伏病魔?

"入深法门,善于智度",大乘佛法的不共法注重的是智慧的成就,就是智度,不是普通人所追求的神通或者是禅定。世人以为佛法的究竟是共法的神通,那是绝对错误的。要得到智慧的成就,就要懂得入深法门,不是浅薄地懂了几个佛学名词,看懂了一些经典的文字,就可以了,而是要拿身心来求证,深入又深入。入深法门与善于智度是互为因果的。

"通达方便,大愿成就",我们学佛都晓得先要发大愿,惯用的第一个大愿是慈悲,可是不但普通人很少有慈悲的,就是学佛的人也很少有真慈悲的,都只是有限度的,以自我为主的一点轻微的同情心而已,而且时间也是很短暂的。真正能有大慈大悲心的愿和行的人,他不成就也已到了成就的边缘。我们观察不只是佛教界,任何宗教或学术界,有了地位或学问的人,他的行为跟他的思想往往差得很远,乃至成为一个令人讨厌的人。这原因就在于不能通达方便,没有方法,不学无术。

话说回来,我们年纪大了,看的各种人多了,就了解这很不容易。宋朝有位大臣寇准,权倾一时,官拜宰相,有次问一位好朋友对自己的评价,朋友劝寇准回去读《汉书》的霍光传,他回去翻《汉书》,原来史书对霍光的评语是不学无术,寇准才知道被朋友骂了。不学无术的术,就是方便。我们年轻时常爱批评别人是不学无术,现在年纪大了,觉得不学无术的人固然可怕,但更可怕的是不学而有术的人,这是我几十年的经验。有人自己没有能力,做事没有条理,一朝当权或做一件事情,耽误别人更大,你说不可怕吗?佛家有句话说:"慈悲生祸害,方便出下流",一味的讲求慈悲和方便,如果没有智慧,就反而出问题。通达方便,大愿成就是非常难的。这两句话也是互为因果的。

"明了众生心之所趣",除了已经成佛得他心通的人外,一般人不能明白众生心里的思想和方向。但是就算你能明白,也不能度了每一个,有些众生心中业力的关系,绝不是这一生能成就的。这一生能让他种一些善根已经很了不起了,要想即生成就,谈何容易。所以,要度人首先要能明了众生心之所趣。

"又能分别诸根利钝",有利根器的人是多生累积修持功德来的,这种人反应敏捷,看到烟就晓得有火,就是禅宗祖师讲的:"良马见鞭影而驰。"众生根器利钝的差别与心理的趣向一样,利根的人心理趣向非常坚决,反应灵敏。孔子再三赞叹他的学生颜回,《论语》记载,有一次孔子问另一个高足子贡,要他自己同颜回比较,子贡回答说无法比,颜回闻一而知十,自己闻一而知二,孔子听了就说,不只你不如他,连我也不如他啊!从这里可以看见,众生根器的利钝可以差得很远。历史上的张良,所以辅助刘邦而不去帮项羽,就是因为他看出刘邦是利根,脚在桌子下一碰他,刘邦马上就会意了。今天讲教育,真的教育家必须看出学生能领受的程度,甚至于他的性向所趣。现在西方教育很注重小孩子的性向,其实中国三千年前已经知道了。

"久于佛道,心已纯淑",这里说维摩居士实际上早已悟道成佛,久远以来对于佛的菩提大道早已经纯熟了,因此"决定大乘",决定走大乘道路线。我常跟与我平辈的和尚说笑,不要和居士争,他们听了都笑,心里明白,你看,每天拜的诸位菩萨都是居士身,观音、文殊、普贤、弥勒都是。弥勒的本像不是大肚子的,那是中国塑的布袋和尚像,是弥勒的化身。只有地藏王菩萨一位是出家菩萨。大乘道是不限于出家在家的。大乘的菩萨道简单的说有八个字,永远都做不到的"难忍能忍,难行能行",忍人所不能忍,行人所不能行。能做到了就是决定大乘,绝不退转的。

现在演绎什么是大乘道的基本道理,就是"诸有所作,能善思量,住佛威仪,心大如海,诸佛咨嗟,弟子、释、梵、世主所敬。欲度人故,以善方便居毗耶离"。大乘道做所有事情要再三思量,这是大乘与小乘不一样的地方,小乘人动辄想无念,求空,不求思量,万事怕啰嗦,山里头打坐最好,不敢用思想;大智度的成就是能善分别一切法,于第一义而不动,一切用心而菩提正道没有动过妄念,这是智慧成就的境界。所以,走大乘道的人能善思量,不是情感的冲动,喜怒哀乐都自智慧发出。但是,他的内心是"住佛威仪,心大如海",就是佛境界，就是现生的佛，他的心量之大，包容万象。而且，十方诸佛都向他求教，他的学生，如欲界天的天主帝释天、色界初禅天的天主大梵天、人世间的帝王领袖，以及三界天人都尊敬他。因为要度人，以变化神通的方便，现普通人一样的身像，不是从石头里跳出来或者是莲花里生出来，为的是与众生亲近，否则众生不会修道了，以为成佛的人必须是天生的。所以，维摩居士以善方便居住在毗耶离。

（此时南师忽对某同学说：某某人，你在干什么？不要装模作样，放松！休息！很轻松地学佛做人就好了。听到没有？对了，笑了就好了，一个人每天笑几次多好！不信试试看，躺下来休息，躺下来听，不要打坐了，知道吗？去后面躺下来。）

六度波罗蜜成就

"资财无量，摄诸贫民"，维摩居士"资财无量"，财富多得不得了，没有限度，像是有个中国的聚宝盆似的。明朝初年首富沈万三，据说就有个聚宝盆，朱元璋建都南京，沈万三财富的力量很大，出钱修了三分之一的城。后来朱元璋要杀他，他被佛教人士称为马如来的马皇后所救，财产没收，流放边疆。朱元璋的脾气真坏，我现在发现很多学佛的人脾气坏，包括我在内。马皇后死后朱元璋变本加厉，不知杀了多少人！讲到维摩居士"资财无量，摄诸贫民"，一切的穷人都救济，这是他布施的功德。

"奉戒清净，摄诸毁禁"，维摩居士虽然是在家人，但是他奉守一切在家出家戒律，不会犯戒。

"以忍调行，摄诸恚怒"，以最高的忍辱修养，调伏自己的心理和行为。忍辱而没有嗔恨心，轻微的怒是恚，再重的就是发怒，真正重的就是嗔，也就是恨心了。有嗔恨心的人可能会堕入畜生道，因为他所有的神经肌肉都带一种恨意，很严重的。

"以大精进，摄诸懈怠"，我们学佛的榜样就是如此，昼夜都在大精进，随时都在努力，对自己不松懈，没有懒惰怠慢。

"一心禅寂，摄诸乱意"，他的心永远在禅定的境界中，寂灭清净，在任何的情况下都不乱。

"以决定慧，摄诸无智"，这是般若智慧的成就，他智慧力之高，对无量法门有决定性的判断力，无智的人到了他这里都变得有智慧了。

上面这一路经文讲的就是六波罗蜜门，原文说："资财无量，摄诸贫民"，就是布施的意思。因为经典讲究文学的境界，两句一对排下来，很美。所以，看《维摩诘经》，文字好像都懂了，观念都没搞清楚，中文程度不好，佛经禅学都看不懂。如果加一句，成为"资财无量，摄诸贫民，是布施也"，就清楚明白了。

大乘道为什么讲六波罗蜜？是为了这六个大方向的成就。因为布施，可以摄诸穷苦的人，免除他们穷困的痛苦，这就是度人。因为维摩居士资财无量，可以救助世上的穷苦人；因为他持戒的成就，影响了旁人不犯罪；因为他能忍辱，不会发脾气生嗔恨心；因为他修精进，就不懈怠不马虎；因为修禅定，心没有散乱；因为修般若成就，对天上天下一切事无所不知。学佛学六度，为的就是这个，不是空口说白话。下面是我们在家居士要学的榜样。

在家身　出家心　行为美

"虽为白衣，奉持沙门清净律行"，白衣是代表平民的意思，是相对于做官或出家的人而言，中国的出家人穿缁衣，是染了不漂亮颜色的布。我有时写信给出家人，具名的地方就写白衣，就代表我是在家俗人，因为我也不好自称是他的弟子。维摩居士虽然是在家人，但能够奉守出家人的一切戒律的行为,心是出家的。

"虽处居家,不着三界",虽然表现是在家人,心已经跳出欲界、色界、无色界三界,一切不执著。

"示有妻子,常修梵行",虽然与在家人一样,有太太和孩子,可是一直修的是清净行。

"现有眷属,常乐远离",本身有许多眷属围绕,像是父母、妻子、朋友、学生等等都算,可是他的修行境界是不会留恋这些的,已经超越了。好像我跟老朋友说,儿女大了,就不要再牵挂了,互不相欠,也不要指望儿女回报,否则你下辈子可能变成儿女的儿女来还债。也有朋友为儿女不肖而愁,我便劝他们看开些,社会上年轻人一定有好有坏,不可能个个都好,也不要要求自己的子女一定全都是好的,总要分担一些吧!自己家里样样都要好的,不是菩萨道。别人的苦难我们挑一些,这也是回向。

"虽服宝饰,而以相好严身",常有些人向我说某某女士已经学佛了还打扮那么浓。我就说,这有什么奇怪?难道学了佛就不顾形象,使一切众生不愿亲近你吗?你看观世音菩萨打扮得多好看,头上挂的,手上拿的,都满了。菩萨要相好严身,不要使人讨厌,并不是为了漂亮。维摩居士也带珠宝,不是为了诱惑人,是要庄严这个色身。我们人的色身太脏了,把皮剥下来里面又脏又臭!要庄严色身,但是心里不要执著。

普通凡夫打扮都是为别人看的,汉武帝有一个爱妃生重病,武帝去看她,这妃子硬是把脸遮起来不给武帝看,侍女问这妃子为什么,她就说皇上宠爱自己,是因为爱自己的容貌美丽,如果把病容给皇上看了,不但自己要失宠,连自己的家人往后都会失去照顾,就是这个道理。

"虽复饮食,而以禅悦为味",在家人当然要吃要喝,但是一切的饮食营养是为了自己得道用,如果吃了反而妨碍自己学道就不吃了。

"若至博弈戏处,辄以度人",维摩居士也进出赌场,也下棋,也去娱乐场所，但是他去这些地方是为了方便教化度人，在那个场合仍然还在布施持戒。这不是你们所做的，尤其你们出家人，要懂这道理。

"受诸异道，不毁正信"，学了一切外道，同外道都有来往，但是以佛法的正信教化人。

"虽明世典，常乐佛法"，世典是世间一切学问，他没有不会的，但是他真正的中心是修佛法，是大乘道的居士行为。

"一切见敬，为供养中最"，因此维摩居士到任何场所都最受到尊敬，受人供养。另一个意思也可以说，维摩居士自己对待一切众生，都是以最尊敬的心，没有看不起任何人，都是在以法供养。

"执持正法，摄诸长幼"，他坚持走正佛法，毫不马虎，就是我常说的：宁可将身下地狱，不把佛法当人情。一讲到佛法，毫不客气，没有人情讲的，不对就是不对。同学在这里常挨我的骂，但是一旦离开这里了，偶尔回来，我会客客气气地当他是客人。不论是什么人，真是学佛法的，我尊敬你供养你，若是冒充的，绝不理你。

"一切治生谐偶，虽获俗利，不以喜悦"，维摩居士也做生意噢！一切谋生的事业都来，所以养了那么多人，像宝积菩萨这些人，不做生意，钱哪里来？谐，是描写他谈笑轻松和谐的样子。偶，是什么都来。但是赚了钱也不会高兴，都是为众生赚的。

"游诸四衢，饶益众生"，他外出游玩，随时随地都在做利益别人的事，到了哪里，哪里就沾他的光了。俗话说"龙行一步，百草沾恩"，就是这个意思。

"入治正法，救护一切"，他在所住的毗耶离城等于是当地的主席，尽量爱护犯错的人，重的罚减轻，轻的罚取消。如果居士从政或者执法的话，要有智慧，但是不能一味的慈悲，慈悲生祸害，方便出下流。

"入讲论处，导以大乘"，到了学术团体，他会用种种的方法，引导人走入佛法的大乘道。

"入诸学堂，诱开童蒙"，到了幼稚园小学，会用诱导的教育教导不懂事的孩子们。

"入诸淫舍，示欲之过"，他连妓院都去，但是他在其中说法，使人解脱淫欲。

"入诸酒肆，能立其志"，他也去饮酒场所，有酒德，喝酒心不醉乱，因自己的清醒，能使酒徒不沉迷，能自救自拔。

这篇文章我就把它标题为维摩居士行为的美，你会怎么标题呢？你不要把这一段理解成了赞叹维摩居士的德行，其实这里每一条都是我们学大乘佛法要引为榜样、引以为鉴的。不然，《维摩诘经》还是《维摩诘经》，你还是你。在家学佛戒律的榜样都在这里了，没有一点要你做个面有菜色婆婆妈妈的人。

像有些年轻人一来就要行跪拜礼，你有恭敬心一进门就看出来了，打个招呼就好了嘛！不需要来这个，害我还得跪着还礼。你规规矩矩学佛，好过跟我磕头。你成了佛我还来拜你。我一辈子不受人跪拜，因为我受八关斋戒，不坐高广大床，这都是沙弥戒、比丘戒的基本，不坐上位。我讲经白衣升座已是不应该了，所以我一定摆个佛像在前面。你们是拜佛不是拜我，这样一来有人来磕头我也不在乎了。

《维摩诘经》没有一点形式主义的味道，真正大乘道不用装起那个学道的样子，有的人一脸佛相，满口佛话，一身佛气，进了房间把空气都染污了，我最怕这种人。当然不只佛教徒如此，我看到这样的基督徒同样害怕。有一次有辆基督教的宣传车开到我家门口，讲了两个钟头还不停，我已经忍辱波罗蜜吃了好几个了，只好写张条子递出去，上面说：上帝曰不要骚扰别人的安宁。他看了只好把车开走了。人家问我递了什么条子，我说是道教张天师画的符，只有他懂我懂。所以，不要搞这么多形式，反而引人反感。

维摩居士成就的功德

上文都是在述说维摩居士的成就德行，道业是这样深。接着是说明维摩居士成就的功德。

"若在长者，长者中尊，为说胜法。"佛法所谓的长者，在过去印度是四种姓之首婆罗门阶级中，年高德劭之人称为长者。后来佛教传入中国，长者居士要具备十种德行，年高、有学、有德、有道等等，才堪称长者，我们现在有时也依佛教的习惯，写信给前辈时尊称对方为长者。维摩居士即使在众多婆罗门阶级长者众中，也受长者们尊重，为长者们开导说教更高的出世法门。

"若在居士，居士中尊，断其贪着。"这里的居士不是指长者居士，而是普通居士，是在家学佛的。维摩居士在居士众中受尊重，在家居士多半对世法、世间的因缘还有贪着，不能完全解脱。维摩居士对居士说法，可以断了居士的贪着习气。以下的叙述句子都差不多，我们就不详细讲了。

"若在刹利，刹利中尊，教以忍辱。"刹利是刹帝利，是印度的四种阶级之一，是帝王将相等人世间的统治者，仅次于婆罗门，释迦牟尼就出生于刹帝利阶级。好武功的人多半是不会忍辱的，无勇之人能忍让固然是很好的德性，但是可能只是窝囊，有勇而能忍才是真忍辱。

"若在婆罗门，婆罗门中尊，除其我慢。"婆罗门是教士阶级，至今仍然存在。

"若在大臣，大臣中尊，教以正法。若在王子，王子中尊，示以忠孝。"王子是世子，研究历史深刻了就知道，愈是帝王家庭，富贵之家，就愈没有忠孝，愈是骨肉相残，古今中外皆然。

"若在内官，内官中尊，化正宫女。"内官是太监，中国历史上也称黄门或中官,佛教戒律中也有提到黄门,是非男非女之人。看中国历史就觉得内官力量之可怕,完全是变态心理。得势的内官连皇帝的性命,挑选继位的皇子,都捏在手里,外廷的大臣大将,一点办法也没有。看了《维摩诘经》可以了解,印度历史也一样。化正宫女是使后宫能够清净。

"若在庶民,庶民中尊,令兴福力。"庶民是老百姓。

"若在梵天,梵天中尊,诲以胜慧。"梵天是色界初禅天的天主,是得了定的,已经是有大修行的天人,他们有定而无最高的慧。维摩居士还是可以教诲他们般若胜慧,因为梵天仍然贪着色界天的境界,不能得般若胜慧解脱。天人也有欲望,例如爱干净是好色,艺术家爱美是好色,爱山水是好色,爱清净庄严也是好色,都落在色界中。如何是解脱?能做到爱山林清洁同猪圈厕所一样就解脱了。从前在四川我就碰过一位出家人,神通很大,只晓得大家管他叫疯师爷,他一辈子住在过去那种茅房厕所中,不垢不净,这就是解脱三界相;但是,如果他是贪着厕所,那后果不得了,来世要变蛆虫。

"若在帝释,帝释中尊,示现无常。"帝释是欲界天的天主,就是中国所讲的玉皇大帝,不是大梵天,大梵天比玉皇大帝还要大。玉皇大帝生在欲界天中的三十三天,这不是第三十三层天的意思,而是那个天界的名称就叫做三十三天,是由三十三个区域组成的,勉强比方说等于是天上的联合国似的,玉皇大帝就是其中推举出来的天主。欲界和色界有何不同?欲界天的天人同我们一样,贪恋五欲之乐。大的五欲是色、声、香、味、触,小的五欲是笑、视、交、抱、触。欲界天人也有男女之欲,不过帝释天的孩子是由肩膀上生出来的,不像人世间孩子是向下生出来的。到了色界天,就没有欲了。据说如此,你修到那儿去求证吧!

大家做功夫,欲界这一关就过不去,精满不思淫做不到,晚上会漏丹，天人都会漏的。宋朝朱熹写给朋友有首名诗，就是讲欲：

　　十年浮海一身轻　乍睹梨涡倍有情
　　世上无如人欲险　几人到此误平生

　　梨涡，就是酒窝，指美人而言。欲，最基本的一关是男女之欲，两性关系都是荷尔蒙在作怪，你要是能化掉这荷尔蒙，也不要谈修定通气脉，就成功了一半。过了这一关，到了色界的几关就比较容易。看各位修道，都是在二界关上徘徊，像跷跷板一样，醒了就上升，不醒就再下堕。做功夫修道，到了一定程度就像站在跷跷板上，难啊！道家讲炼精化气，炼气化神，炼神还虚，的确有这样的次第。炼精化气做到了就精满不思淫，气满了就不思食，神满就不思睡，都是确实的功夫。到了这样的程度，才能说基本上破了两性欲的这一关，只是身欲。还没破眼、耳、鼻、舌四个欲关呢！看了美丽的衣裳、秀丽的山水你还喜欢吗？喜欢就着欲了。舌是食欲，比身欲还难解脱。譬如这有一杯茶，茶叶要一万块钱一两，想喝一杯吗？这一念就可以把你的欲逗起来，饮食之欲难解脱啊！

　　你能解脱欲就超越欲界天去了色界天，可是在色界天还要求解脱。这里代大家提出个问题，你说欲、色这么难解脱，可是有的人不爱漂亮，是无欲无色了吗？还有的人，自己长得体面，可是偏偏爱上众人认为不漂亮又笨拙的人，原因何在？刚才说欲界是荷尔蒙在作怪，色界不是荷尔蒙在作怪，是神经在作怪。无色界呢？是感情的情在作怪，情人眼里出西施就是情的原因。所以"乍睹梨涡倍有情"，碰到情，你一点办法没有。我积数十年之经验，很多男女同学告诉我，他们这一辈子绝不谈情。我说，这个话好像是我前几辈子发过的愿，你碰到了个冤家，他不想你，你要想他。这就印证了红楼梦的话："不是冤家不聚头，冤家聚头几时休"，这就是情。

　　欲界的天人还同我们一样有色身，到了色界的天人就没有肉身，只有光明的光身，若有若无。无色界的天人连光身都没有，但是这一念情还在。有再大的成就，父母、儿女、兄弟、男女的情不能断，是永远跳不出三界的。问题来了，既然断了情又何以称菩萨——菩提萨埵呢？萨埵就是有情，一切诸佛有情。中国有句老话，"不俗即仙骨，多情乃佛心"，佛菩萨度一切众生岂不是多情吗？他们是已经把情、欲化做慈悲。当然，从逻辑立场来讲，慈悲就是有情，但是佛菩萨的有情，是对一切众生大慈大悲的大有情。所以，诸佛菩萨都是我们的大情人，你念他们，他们就会念你，会加庇你。这个情就不是世俗的情，是真慈悲，爱一切众生。为什么要再三跟大家讲这个道理？要真求修证，根本就在这条路上，就在此处下刀子，这里病根拔除不了，解脱无望，这一点非常重要。

现在回到经文，所以维摩居士在帝释天教化天人，一切无常，不要贪恋欲。

"**若在护世，护世中尊，护诸众生。**"护世是天神，庙里的四大金刚就是护世天神，是欲界天中层的四天王天的天神，我们这个地球世界就受他们的保护。譬如韦驮菩萨，相传就是四天王中南天门毗沙门天王的一名天将，他是在中国唐朝时始为人所知。当时有位禅师在终南山上坐禅，一时陷入昏沉跌下山崖，被护法天神托住而没摔死。禅师叩谢，请求天神现身。天神现身自称是韦驮，禅师把韦驮相貌描真绘下，才流传于世。在我们这一个贤劫中，一共会有一千尊佛出世，释迦牟尼佛是第四位出世的佛。韦驮菩萨是发了愿，将会是贤劫一千尊佛当中，最后一位出世的佛。

上面说了维摩居士成就的功德，无论他处在哪里，在哪一行里，都是第一流的圣者，都能够领导他人。他是我们在家出家的人学习大乘菩萨道的榜样，也是儒家所讲的"化民成俗"，教化民众而变成社会的一股风气。维摩居士不但做到对世间人"化民成俗"，还能教化天人。我常用一句俗话来说笑，人家问我多大岁数？我说"逢人大一岁"，地位呢？是"逢官高一级"，至于做人，则是"见人矮一辈"，做到了这样，就是维摩居士了。下面开始是进入《维摩诘经》的正题了。

居士病了

"长者维摩诘，以如是等无量方便，饶益众生。"维摩居士修成功了前面所说的，以无量无数的方便法门，充分地利益一切众生。

"其以方便，现身有疾。"但是维摩居士生病了。佛为了解脱生老病死而出家，以维摩居士这样一位居士如来，虽是古佛化身，成就如此之大，结果还是有病，这佛法怎么去学？不但维摩居士，连释迦牟尼佛到八十一岁入涅槃，寒风发背，生病而死。怎么寒风发背？佛年轻的时候在雪山修苦行六年，现在要你们打坐时身上披盖好，佛当年可没有这样的设备，所以成了宿疾。佛有一次这老毛病发了，叫弟弟阿难去化缘，要酥油来熬药。阿难去到维摩居士家里化缘，被维摩居士骂了一顿，本经后面会讲到。我们众生有病，为什么诸佛菩萨也不能离开病？这是个大问题，是个话头，要去参。

我们看佛经，佛与佛见面时会彼此问讯："少病少恼否？众生易度否？"可见，成了佛在现身时免不了病，也免不了度众生的烦恼。众生不容易度是当然的，有时度得佛都要生恼。有些同学写信问候我："少病少恼否？"我看了真啼笑皆非，我又不是佛，你也不是佛。

"以其疾故，国王大臣，长者居士，婆罗门等，及诸王子，并余官属，无数千人，皆往问疾。"因为维摩居士有病，消息传来，从国王到各界人士有好几千人，都去探视。那个时候整个印度没有多少人口，这么多人去看他，那是轰动了全国。可以看到维摩居士道德学识的威风之大。

"其往者，维摩诘因以身疾，广为说法。"对前来探病的众人，维摩居士以生病做机会教育，教化大众。

如何看待自己的身体

"诸仁者！是身无常，无强无力无坚，速朽之法，不可信也。"维摩居士怎样说法呢？我们可以想象他躺在病床上，向来探病的人说，诸位，我们这个父母所生的肉身是不会永恒存在的，而且不坚固，脆弱，很快就会坏掉了，不要信赖这个身体。

由这句话我们反省一下，大家打坐修道搞气脉，求健康长寿，都是在信赖这个身体。以为是在修道，已经错了，非正见也。"速朽之法，不可信也"，看看自己年轻时的照片，那个你，三年前的你，去年的你，早就死了。我们觉得活着，其实那个你一天一天都过去了。这个肉体的我，不是真我。

"为苦为恼，众病所集。"这个身体是痛苦的根本，这个身体是烦恼的根本。我们所有一切身心的病苦，都是因为这个肉身而来。佛经上说过，我们一生当中所可能患的病，以大类算，有四百零四种，因为地、水、火、风这四大，每一大所发生的病，各有一百零一种。同样的意思，老子的表达是："吾所以有大患者，为吾有身。及吾无身，吾有何患？"

"诸仁者！如此身，明智者所不怙。"他说，诸位，真有大智慧的人，不会怜惜爱护这个身体。失掉父亲叫无怙，失掉母亲叫无恃。这不是叫你自虐身体，而是不要姑息它。我们对身体愈不姑息，它愈健康，听起来很奇怪，但确实是如此。

接下来一段话，是维摩居士讲这个身体的，文字很好，如果把它当文学境界看过去就可惜了。这每句话都是方法，是修止观修密宗的观法！观就是上面讲的"明智"，把自己观察清楚。

"是身如聚沫，不可撮摩。是身如泡，不得久立。"我们这个身体，等于水面上浮聚了一堆的泡沫，我们的细胞、血液、血球堆拢一起，外面罩上一层皮，就成个人样。这层皮剥开来，泡沫一流走就完了。所以讲聚沫是真的，不是文学上的形容。"不可撮摩"，是捏不得，抓不住的。身体像泡沫，水泡不会持久，一下子就散掉了，就像文学上说的"百年一瞬"。中国文人的文章好，多因通了佛学的缘故。你能悟到佛学的境界，虽然写白话文，照样可以写得优美。

讲到一瞬，袁世凯的二儿子袁克文，字寒云，人家比他是曹操的儿子曹植，是个才子。当时他写了首诗：

小院西风向晚晴　嚻嚻恩怨未分明
南回寒雁掩孤月　西去骄风动九城
驹隙留身争一瞬　蛩声吹梦欲三更
山泉绕屋知深浅　微念沧波感不平

"驹隙留身争一瞬，蛩声吹梦欲三更"，是讽喻父亲不要想当皇帝，不要争了，光阴似白驹过隙，人生一瞬即逝，不要再做梦了，夜都已到三更了。真是好诗，外表不像是佛法，其实里子有佛法，等于是引用了《维摩诘经》"是身如泡，不得久立"。他作了另一首意境相同的好诗：

乍著吴棉强自胜　古台荒槛一凭陵
波飞太液心无住　云起魔崖梦欲腾
偶向远林闻怨笛　独临虚室转明灯
剧怜高处多风雨　莫到琼楼最上层

唉！不要讲诗了，贪恋诗词的文学境界就堕落到了色界、无色界里。我有时作作诗，一首接一首，正在陶醉，又意识到了，马上自我警惕，不要沉迷。文学也是情，堕不得。不过你不会文学，可不要抓住这一点来解嘲，要会而能解脱。你本来不会，根本没有绑住，解脱个什么！怕是文学家，恰恰堕在色界无色界的情里。实际上情也是欲，文人当然有欲，渐渐就会好名好胜，然后就"天下文章在三江，三江文章在我乡，我乡文章属舍弟，舍弟跟我学文章"，这样我见就来了，欲望就生了。

学佛是起心动念都要检查，这是观的法门，一旦意识到自己对什么事情沉迷上瘾的时候，要即时甩掉，绝不受它拖累。当年我下功夫练字，有老前辈看了夸我将来一定成为名家。我听了从此不练字，不要成了书法家反而被这竹管子、黑墨困住了。当年于右任一天到晚为人家写字，真是辛苦，就为了书法家这三个字，我才不上这个当呢！

但是，这些你说不会也不行，要样样会，又样样解脱丢得掉，这才是佛法。样样不会，然后说自己是学空的，那是莫名其妙。

"是身如焰，从渴爱生。"看得懂吗？这都是修观法，讲身体像火焰。你看某人气色好，红光满面，就是身体放的烟火，所以精神好，身体状态好。身心不健康，就没有光泽。这是怎么来的？从爱欲来的。咦！刚才不是还在讲爱欲不可取吗？男女爱欲是荷尔蒙来的，这点荷尔蒙能转化以后，就是密宗讲修气修脉修成了，肉身变成虹霓之身，就报身成就了。佛经上说佛在说法的时候面门放光，是真的，就是虹霓之身在不同光线、不同角度下反映，由不同的众生不同的眼睛看到的色彩均不同。

所以"是身如焰，从渴爱生"是观法。如果用普通的说法，是男女爱欲暴发，成为饥渴的状态，如果用定力和智慧把渴爱转化，将所有身上的荷尔蒙精气神转成真液下来，就如醍醐灌顶似的清凉，色身就转了。

佛在世时，很多人在佛的跟前只消半天甚至片刻功夫，就证果了。到我们后世的人，因为福报不够，虽然一心专修，恐怕也要十几年才能证果，同时还得一点魔障都没有。如果碰到"十年浮海一身轻，乍睹梨涡倍有情"，嘿！那就他生再说吧！

凡夫的身体是从渴爱而生，有父母二人贪欲交合的因缘，加上我们的中阴身，三缘和合入胎。只有精虫卵子没有加入神识，是不能成胎的，纵然成胎也是死胎。我们得这个人身可难了，虽然维摩居士在本经里那样地贬低身体，但是我们还是要珍惜自己这个难得的身体。

佛说："人身难得，中土难生，明师难遇，佛法难闻"，共有四难。佛形容人身难得，如大海中的盲龟浮上海面，正巧头能钻进浮在水面上的一只车轮孔中。这个机会是如此之难！我们年轻时总觉得佛说得太夸张了，后来懂了成胎的医学道理，才大叹佛的高明。我们晓得男性一次排放精虫的数目之多，如几亿盲龟在海中，进入女体还要正巧碰上排卵。健康的卵子只有一颗，而众多精虫只有一个能与卵子结合，其他都牺牲掉了。卵子受精成胎之后还要能安度十月怀胎期，并且顺产，这人才出世。够难得了吧！我们幸而得了这个人身，又能听到像法时期的佛法，自己再不好好修，下一次的机会恐怕"百千万劫难遭遇"了！

《维摩诘经》每一句话好像都很浅近容易懂，仔细研究下去，每一句关于修持的内容有这样多。因此再一次告诉大家，看起来容易的反而艰难，看来困难的却没什么了不起，这道理在世法出世法都一样。

"是身如芭蕉，中无有坚。"芭蕉树的树干是中空的，不是实心的。

"是身如幻，从颠倒起。"我们都认为现在这个身体是存在的，你看看以前自己年轻时的照片，就会觉得如幻梦，照片中的人与你的样子已经不同了。这个身体只是暂时属于你，不能算是你永远所有，终归是要耗尽的。究竟此身是不是我？这是个大问题。其他的显教皆认为这个身体不是我，四大是假的，四大皆空。但这个空又从何而来？何以会起四大？又都是问题。

"是身如梦，为虚妄见。"认为身体存在能做一切活动，是在做白日梦，是虚妄的见解，把假的当作是真的。

"是身如影，从业缘现。"人人都有五官，但是人人就是长得不同，健康不同，肢体也许有残缺，这没什么遗憾，都不是这一生的事，是多生多世因缘业力凑合而来的，身体只是果报所显现出来的影像。此中道理很深，要在法相唯识里去解决，普通经典没有说，但《瑜伽师地论》就讲得很清楚。

"是身如响，属诸因缘。"音响音声是由因缘而来，身体也如是。

"是身如浮云，须臾变灭。"这看起来是文学境界，其实详细分析是科学的。

"是身如电，念念不住。"各位不要光用耳朵听这些句子，要拿心来听，你把这些句子听到心里面，看看清楚，是不是如此，这样听经才有用。你听经时拿耳朵听，再拿眼睛盯着文字研究，那只是搞普通文学，是白搞了，属于妄想境界。这里讲如电是一闪即逝，思想一个接一个，无法停留。大家喜欢讲空，什么是空？空是形容不住，不是你去空它，是它要空你。你打坐求空，觉得空了，清净了，都是在假造妄想，那可不是空。你不打坐呢？空就没了吗？空者是念念自性空，不是你去空它。这个道理不懂的话，你坐一万年也枉然。

"是身无主，为如地。"如同大地不是属于哪一个人的，身体也是无主的。你说买块地有所有权，那是人类社会假定的，反而人是属于大地的，人最终都归于大地。

"是身无我，为如火。是身无寿，为如风。"身体像火一样，烧完就灭了。身体无所谓寿命或时间，几十年就像一阵风吹过去了。

"是身无人，为如水。"我们看到大家每人都有个身体，人世间的观念把每个身体叫作"人"，但每具身体都是骷髅堆上血肉，外表长了五官，你称这是人，其实就像流水一样，你看到的就已经过去了，绝不回头，身体正如此。智者如孔子看流水就说："逝者如斯夫，不舍昼夜。"《三国演义》一开头也说："滚滚长江东逝水，浪花淘尽英雄。是非成败转头空，青山依旧在，几度夕阳红。"

"是身不实，四大为家。"地水火风四大房东凑起这个身体给我们住，我们也要交租金，餐餐要喂它，天天要洗它。

"是身为空，离我我所。是身无知，如草木瓦砾。"这个身体是空的，离开我，无我，也没有我的。身体自己没有知觉的，一口气不来就同草木瓦砾一样。

"是身无作，风力所转。是身不净，秽恶充满。"我们的身体会动作是因为有口气在，是风大。风大不来就不会动了。皮肤底下尽是脏的、臭的，你进开刀房去看看，或者看看受灾而死的尸首，就不会觉得身体可爱了。

"是身为虚伪，虽假以澡浴衣食，必归磨灭。是身为灾，百一病恼。"人们为身体洗浴穿衣抹香水，还给它吃喝，但它毕竟是留不住的，会消失的。身是一切灾难的根本，地水火风四大，每一大各会引发一百零一种病变，使人死亡。

"是身如丘井，为老所逼。是身无定，为要当死。"身体像是陷阱，人陷在其中，看着老死向自己逼近，终归有一天要死亡的。

"是身如毒蛇，如怨贼，如空聚，阴界诸入所共合成。"身体如此可怕，我们检讨自己的生活，都为了这个肉体的需要在忙，都是为了我们暂住的这个家伙在忙，不是为真正的自己。肉体需要吃，又拉出来，不是在整你吗？它要睡，你就得睡下去，它要起来，你也得跟着起来，不是冤家吗？空聚就是旋风旋气流，中间没有东西的。"阴界诸入所共合成"，简单地说，就是心理和生理合拢起来，假想地构成了今天这个假我。

上面是维摩居士对来探视他的人说法，把这个肉身说得一文不值。下面他做个结论。

如何成就佛身

"诸仁者！此可患厌，当乐佛身。所以者何？佛身者，即法身也。"诸位！我们的肉身极可厌，你们不要上当。我们要追求每一个人自己生命真正的身体，那就是佛身。佛身不是只有释迦牟尼佛、阿弥陀佛他们才有。一切众生本来是佛，个个都有佛身；你找到了这个身，你就成功了。禅宗所追求的所要悟的，是悟这个身，就是法身。法身不生、不灭、不垢、不净、不增、不减，是我们真正的生命，而我们都找不到。法身并没有藏起来，它就摆在你肉身上，但是和肉身没有关连，可是它又随时在这里。你找到了这个身，就证到了法身佛。这是个要点，学佛追求的也就是这个。常有年轻同学问要怎么去学禅，用维摩居士在这边讲的一段话就可以回答了，这是正统的禅宗。

"从无量功德智慧生。"接着说法身是怎么证得的。不是你小忠小信小根器表现一下就证得的，而是来自无量的功德和智慧，这是学佛的两个资本，福德资粮和智慧资粮。这是讲证得法身的原则。

"从戒、定、慧、解脱、解脱知见生。"这是求证法身的下手功夫了。修戒定慧成就了，就得解脱；解脱之后的所知所见就开发了，透彻了，法身就可以成就。光功夫还不够，下面说还要从各种做人做事的行为上着手。

"从慈、悲、喜、舍生。从布施、持戒、忍辱、柔和、勤行精进、禅定、解脱、三昧、多闻、智慧，诸波罗蜜生。"由四无量心证得法身。由各种波罗蜜证得法身。

"从方便生。从六通生。"无量法门誓愿学，遍学一切方便法门证得法身。从神通具足证得法身，就是法身成就。

"从三明生。"三明是宿命明、天眼明、漏尽明，由此证得法身。真悟道的人没有不知前生事、将来事的。虽然道不在神通上，但三明六通都是知道的。你自己有没有开悟，从这里自己可以印证。

"从三十七道品生。"是证道的三十七种资粮，即：四念处、四正勤、四如意足、五根、五力、七觉支、八正道。

"从止观生。"前边已讲了止观的道理。

"从十力、四无所畏、十八不共法生。"这些名词也不细说了。

"从断一切不善法，集一切善法生。"就是诸恶莫作，众善奉行。一切佛法不用发什么大愿，你能做到这两句话就成功了。

"从真实生。从不放逸生。从如是无量清净法，生如来身。"从上面这些无边无量的清净法门，才生如来身，得到成就。

"诸仁者！欲得佛身，断一切众生病者，当发阿耨多罗三藐三菩提心。"这是维摩居士的总结，真证得了法身就能了生老病死，否则这个肉身免不了生老病死。纵然肉身修成金刚不坏，还是有病噢！不是这一种病，是另一种病。如修禅时得的禅病，那还不是世间药治得了的。没有到大乘菩萨第八地不动地以前，小病小恼，乃至大病大恼都在所不免。所以，菩萨要具备的五明中，有一明是医方明。而要得法身，了生老病死者，要发阿耨多罗三藐三菩提心，要发大心，发无上正等正觉，追求大彻大悟的心。这才是真正的发心，发菩提心。菩提心也是慈悲心，真发了心的人，对众生一定慈悲。

"如是，长者维摩诘，为诸问病者如应说法，令无数千人，皆发阿耨多罗三藐三菩提心。"维摩居士借病说法，令无数来探病的人，都发了阿耨多罗三藐三菩提心。

弟子品第三

尔时长者维摩诘，自念寝疾于床，世尊大慈，宁不垂愍。佛知其意，即告舍利弗：汝行诣维摩诘问疾。舍利弗白佛言：世尊！我不堪任诣彼问疾。所以者何？忆念我昔，曾于林中，宴坐树下。时维摩诘来谓我言：唯！舍利弗！不必是坐，为宴坐也。夫宴坐者，不于三界现身意，是为宴坐。不起灭定而现诸威仪，是为宴坐。不舍道法而现凡夫事，是为宴坐。心不住内，亦不在外，是为宴坐。于诸见不动，而修行三十七品，是为宴坐。不断烦恼而入涅槃，是为宴坐。若能如是坐者，佛所印可。时我，世尊！闻说是语，默然而止，不能加报，故我不任诣彼问疾。

佛告大目犍连：汝行诣维摩诘问疾。目连白佛言：世尊！我不堪任诣彼问疾。所以者何？忆念我昔，入毗耶离大城，于里巷中，为诸居士说法。时维摩诘来谓我言：唯！大目连！为白衣居士说法，不当如仁者所说。夫说法者，当如法说。法无众生，离众生垢故。法无有我，离我垢故。法无寿命，离生死故。法无有人，前后际断故。法常寂然，灭诸相故。法离于相，无所缘故。法无名字，言语断故。法无有说，离觉观故。法无形相，如虚空故。法无戏论，毕竟空故。法无我所，离我所故。法无分别，离诸识故。法无有比，无相待故。法不属因，不在缘故。法同法性，入诸法故。法随于如，无所随故。法住实际，诸边不动故。法无动摇，不依六尘故。法无去来，常不住故。法顺空，随无相，应无作。法离好丑。法无增损。法无生灭。法无所归。法过眼耳鼻舌身心。法无高下。

法常住不动。法离一切观行。唯！大目连！法相如是，岂可说乎？夫说法者，无说无示。其听法者，无闻无得。譬如幻士，为幻人说法，当建是意而为说法。当了众生根有利纯，善于知见，无所罣碍。以大悲心，赞于大乘，念报佛恩，不断三宝，然后说法。维摩诘说是法时，八百居士，发阿耨多罗三藐三菩提心。我无此辩，是故不任诣彼问疾。

佛告大迦叶：汝行诣维摩诘问疾。迦叶白佛言：世尊！我不堪任诣彼问疾。所以者何？忆念我昔，于贫里而行乞。时维摩诘来谓我言：唯！大迦叶！有慈悲心而不能普，舍豪富，从贫乞。迦叶！住平等法，应次行乞食。为不食故，应行乞食。为坏和合相故，应取抟食。为不受故，应受彼食。以空聚想入于聚落，所见色与盲等，所闻声与响等，所嗅香与风等，所食味不分别。受诸触如智证。知诸法如幻相，无自性，无他性，本自不然，今则无灭。迦叶！若能不舍八邪，入八解脱，以邪相入正法。以一食施一切，供养诸佛，及众贤圣，然后可食。如是食者，非有烦恼，非离烦恼；非入定意，非起定意；非住世间，非住涅槃。其有施者，无大福无小福，不为益不为损，是为正入佛道，不依声闻。迦叶！若如是食，为不空食人之施也。时我，世尊！闻说是语，得未曾有。即于一切菩萨，深起敬心。复作是念，斯有家名，辩才智慧乃能如是。其谁不发阿耨多罗三藐三菩提心。我从是来，不复劝人以声闻辟支佛行。是故不任诣彼问疾。

佛告须菩提：汝行诣维摩诘问疾。须菩提白佛言：世尊！我不堪任诣彼问疾。所以者何？忆念我昔，入其舍从乞食。时维摩诘取我钵盛满饭，谓我言：唯！须菩提！若能于食等者，诸法亦等。诸法等者，于食亦等。如是行乞，乃可取食。若须菩提不断淫怒痴，亦不与俱；不坏于身，而随一相；不灭痴爱，起于解脱；以五逆相，而得解脱，亦不解不缚。不见四谛，非不见谛；非得果，非不得果；非凡夫，非离凡夫法；非圣人，非不圣人。虽成就一切法，而离诸法相，乃可取食。若须菩提不见佛，不闻法，彼外道六师，富兰那迦叶，末伽梨拘赊梨子，删阇夜毗罗胝子，阿耆多翅舍钦婆罗，迦罗鸠驮迦旃延，尼犍陀若提子等，是汝之师，因其出家，彼师所堕，汝亦随堕，乃可取食。若须菩提入诸邪见，不到彼岸；住于八难，不得无难；同于烦恼，离清净法；汝得无诤三昧，一切众生亦得是定。其施汝者，不名福田，供养汝者，堕三恶道，为与众魔共一手，作诸劳侣，汝与众魔，及诸尘劳，等无有异。于一切众生而有怨心。谤诸佛，毁于法，不入众数，终不得灭度。汝若如是，乃可取食。时我，世尊！闻此茫然，不识是何言，不知以何答，便置钵欲出其舍。维摩诘言：唯！须菩提！取钵勿惧。于意云何？如来所作化人，若以是事诘，宁有惧不？我言：不也。维摩诘言：一切诸法，如幻化相，汝今不应有所惧也。所以者何？一切言说，不离是相。至于智者，不着文字，故无所惧。何以故？文字性离，无有文字，是则解脱。解脱相者，则诸法也。维摩诘说是法时，二百天子，得法眼净。故我不任诣彼问疾。

佛告富楼那弥多罗尼子：汝行诣维摩诘问疾。富楼那白佛言：世尊！我不堪任诣彼问疾。所以者何？忆念我昔，于大林中，在一树下，为诸新学比丘说法。时维摩诘来谓我言：唯！富楼那！先当入定观此人心，然后说法，无以秽食置于宝器。当知是比丘心之所念，无以琉璃同彼水精；汝不能知众生根源，无得发起以小乘法；彼自无疮，勿伤之也。欲行大道，莫示小径，无以大海内于牛迹，无以日光等彼萤火。富楼那！此比丘久发大乘心，中忘此意，如何以小乘法而教导之？我观小乘智慧微浅，犹如盲人，不能分别一切众生根之利钝。时维摩诘即入三昧，令此比丘自识宿命，曾于五百佛所殖众德本,回向阿耨多罗三藐三菩提,即时豁然,还得本心。于是诸比丘,稽首礼维摩诘足。时维摩诘因为说法,于阿耨多罗三藐三菩提不复退转。我念声闻不观人根,不应说法,是故不任诣彼问疾。

佛告摩诃迦旃延:汝行诣维摩诘问疾。迦旃延白佛言:世尊!我不堪任诣彼问疾。所以者何?忆念昔者,佛为诸比丘略说法要,我即于后敷演其义,谓无常义、苦义、空义、无我义、寂灭义。时维摩诘来谓我言:唯!迦旃延!无以生灭心行,说实相法。迦旃延!诸法毕竟不生不灭,是无常义。五受阴洞达空无所起,是苦义。诸法究竟无所有,是空义。于我无我而不二,是无我义。法本不然,今则无灭,是寂灭义。说是法时,彼诸比丘心得解脱,故我不任诣彼问疾。

佛告阿那律:汝行诣维摩诘问疾。阿那律白佛言:世尊!我不堪任诣彼问疾。所以者何?忆念我昔,于一处经行。时有梵王,名曰严净,与万梵俱,放净光明,来诣我所,稽首作礼问我言:几何阿那律天眼所见?我即答言:仁者!吾见此释迦牟尼佛土,三千大千世界,如观掌中庵摩勒果。时维摩诘来谓我言:唯!阿那律!天眼所见,为作相耶?无作相耶?假使作相,则与外道五通等。若无作相,即是无为,不应有见。世尊!我时默然。彼诸梵闻其言,得未曾有,即为作礼而问曰:世孰有真天眼者?维摩诘言:有佛世尊,得真天眼,常在三昧,悉见诸佛国,不以二相。于是严净梵王,及其眷属五百梵天,皆发阿耨多罗三藐三菩提心,礼维摩诘足已,忽然不现。故我不任诣彼问疾。

佛告优波离:汝行诣维摩诘问疾。优波离白佛言:世尊!我不堪任诣彼问疾。所以者何?忆念昔者,有二比丘犯律行,以为耻,不敢问佛。来问我言:唯!优波离!我等犯律,诚以为耻,不敢问佛，愿解疑悔，得免斯咎。我即为其如法解说。时维摩诘来谓我言：唯！优波离！无重增此二比丘罪，当直除灭，勿扰其心。所以者何？彼罪性不在内，不在外，不在中间。如佛所说，心垢故众生垢，心净故众生净。心亦不在内，不在外，不在中间。如其心然，罪垢亦然，诸法亦然，不出于如如。优波离以心相得解脱时，宁有垢不？我言：不也。维摩诘言：一切众生心相无垢，亦复如是。唯！优波离！妄想是垢，无妄想是净；颠倒是垢，无颠倒是净；取我是垢，不取我是净。优波离！一切法生灭不住，如幻如电；诸法不相待，乃至一念不住；诸法皆妄见，如梦如焰，如水中月，如镜中像，以妄想生。其知此者，是名奉律。其知此者，是名善解。于是二比丘言：上智哉！是优波离所不能及，持律之上，而不能说。我答言：自舍如来，未有声闻及菩萨能制其乐说之辩，其智慧明达为若此也。时二比丘，疑悔即除，发阿耨多罗三藐三菩提心，作是愿言：令一切众生，皆得是辩。故我不任诣彼问疾。

佛告罗睺罗：汝行诣维摩诘问疾。罗睺罗白佛言：世尊！我不堪任诣彼问疾。所以者何？忆念昔时，毗耶离诸长者子，来诣我所，稽首作礼，问我言：唯！罗睺罗！汝佛之子，舍转轮王位，出家为道，其出家者，有何等利？我即如法，为说出家功德之利。时维摩诘来谓我言：唯！罗睺罗！不应说出家功德之利，所以者何？无利无功德，是为出家。有为法者，可说有利有功德。夫出家者，为无为法，无为法中，无利无功德。罗睺罗！夫出家者，无彼无此，亦无中间。离六十二见。处于涅槃，智者所受，圣所行处，降伏众魔，度五道，净五眼，得五力，立五根。不恼于彼，离众杂恶，摧诸外道，超越假名。出淤泥，无系着，无我所，无所受，无扰乱，内怀喜。护彼意，随禅定，离众过。若能如是，是真出家。

于是维摩诘语诸长者子：汝等于正法中，宜共出家，所以者何？佛世难值。诸长者子言：居士！我闻佛言，父母不听，不得出家。维摩诘言：然！汝等便发阿耨多罗三藐三菩提心，是即出家，是即具足。尔时三十二长者子，皆发阿耨多罗三藐三菩提心，故我不任诣彼问疾。

佛告阿难：汝行诣维摩诘问疾。阿难白佛言：世尊！我不堪任诣彼问疾。所以者何？忆念昔时，世尊身小有疾，当用牛乳，我即持钵，诣大婆罗门家门下立。时维摩诘来谓我言：唯！阿难！何为晨朝持钵住此？我言：居士！世尊身小有疾，当用牛乳，故来至此。维摩诘言：止！止！阿难！莫作是语。如来身者，金刚之体，诸恶已断，众善普会，当有何疾？当有何恼？默往！阿难！勿谤如来，莫使异人，闻此粗言，无令大威德诸天，及他方净土诸来菩萨，得闻斯语。阿难！转轮圣王以少福故，尚得无病，岂况如来无量福会，普胜者哉？行矣！阿难！勿使我等受斯耻也。外道梵志若闻此语，当作是念，何名为师？自疾不能救，而能救诸疾人？可密速去，勿使人闻。当知，阿难！诸如来身，即是法身，非思欲身。佛为世尊，过于三界；佛身无漏，诸漏已尽。佛身无为，不堕诸数。如此之身，当有何疾？时我，世尊！实怀惭愧，得无近佛而谬听耶？即闻空中声曰：阿难！如居士言，但为佛出五浊恶世，现行斯法，度脱众生。行矣！阿难！取乳勿惭。世尊！维摩诘智慧辩才为若此也，是故不任诣彼问疾。

如是五百大弟子，各各向佛说其本缘，称述维摩诘所言，皆曰不任诣彼问疾。

"尔时长者维摩诘，自念寝疾于床，世尊大慈，宁不垂愍。"维摩居士在病中，心生一念，为何慈悲的释迦牟尼佛没有念到我？

舍利弗不敢探病

"佛知其意，即告舍利弗：汝行诣维摩诘问疾。"佛感应到维摩居士的念头，也知道他的真正意图不在要佛去慰问。于是，佛就点名他的出家大弟子舍利弗做代表去探病。舍利弗就是舍利子，是佛弟子当中智慧第一，他讲的《阿毗达摩集异门足论》，就是讲修持的道理。

"舍利弗白佛言：世尊！我不堪任诣彼问疾。所以者何？忆念我昔，曾于林中，宴坐树下。"舍利弗回答说自己没资格，不敢去问他的病。为什么不去？因为舍利弗从前有一次，在树林中打坐，被维摩居士教训过。

"宴坐"就是打坐，清净安详谓之宴。你们打坐能清净安详吗？念头进进出出的，眉头还皱着，又觉得腿子酸。从前须菩提尊者，有一次在山中打坐入定时，空中有天花落下来，就问是哪一位天人在散花。空中有声音答自己是梵天，因为看见您长者在这里说法，所以散花供养。须菩提说自己并未说法，天人就说，尊者以不说之说，我以不闻之闻，所以供养，这是说到打坐的问题。

"时维摩诘来谓我言：唯！舍利弗！不必是坐，为宴坐也。"舍利弗说，我正在打坐时，维摩居士到来，不客气地说：喂！舍利弗！你以为这是打坐吗？

"夫宴坐者，不于三界现身意，是为宴坐。"维摩居士告诉舍利弗，不于三界现身意才是打坐。这还不是入定！要在三界里面没有身和意才行，你坐下来腿发麻，头胀，就都是现身，思想念头去不掉就是现意。

六世达赖喇嘛以活佛之尊，都老实承认过念头去不掉，他说：

　　入定修观法眼开　　祈求三宝降灵台

　　观中诸圣何曾见　　不请情人却自来

他又说：

> 动时修止静修观　历历情人挂眼前
> 肯把此心移学道　即身成佛有何难

> 曾虑多情损梵行　入山又恐负倾城
> 世间安得双全法　不负如来不负卿

六世达赖喇嘛晚上易装偷出宫门，去酒家寻欢，这种事都做过。他有六十六首情诗留下来，这些诗你们好好研究，有帮助。

回头说打坐时起这些念头，就落入欲界、色界甚至无色界，都在三界现身意了。不是意动，就是身动，这就不是宴坐。

"不起灭定而现诸威仪，是为宴坐。"没有离开灭尽定而现行、住、坐、卧四大威仪。自己随时随地在灭尽定中，不妨碍走路、讲话、吃饭、骂人，这样才是打坐。

"不舍道法而现凡夫事，是为宴坐。"凡夫该做的事都做。像第六代达赖就做凡夫的事，"肯把此心移学道，即身成佛有何难"。大家以为他没成就，清朝召他去北京问话，被逼上路，他走到青海不想去了，盘腿一坐就走了。你看他有这个本事，来去自如，不舍道法而现凡夫事。

"心不住内，亦不在外，是为宴坐。"心不在内，不在外，难道在中间？心究竟是在哪里？

"于诸见不动，而修行三十七品，是为宴坐。"于法身境界不动摇，虽然已经到达无功用不动地，但外表还是老老实实，从基本的三十七菩提道品，一步一步地修给人看。

"不断烦恼而入涅槃，是为宴坐。"本来就在涅槃中，不需要切断烦恼，你能悟到这样，才叫打坐。

"若能如是坐者，佛所印可。"维摩居士把舍利弗奚落了一大顿，告诉他，能这样打坐才是诸佛弟子。

"时我,世尊!闻说是语,默然而止,不能加报,故我不任诣彼问疾。"舍利弗说:我当时被维摩居士如此教训,只有默默领教,一句话也答不出来。所以,舍利弗说他不够资格代表佛去探病。

大目犍连的辩才问题

"佛告大目犍连:汝行诣维摩诘问疾。"此时佛就转向另一位大弟子,大目犍连,号称神通第一,《阿毗达摩法蕴足论》是他作的。

"目连白佛言:世尊!我不堪任诣彼问疾。所以者何?忆念我昔,入毗耶离大城,于里巷中,为诸居士说法。"大目犍连也不愿去。因为大目犍连有一次在城中巷内为居士们说法时,也挨过维摩居士的训斥。

"时维摩诘来谓我言:唯!大目连!为白衣居士说法,不当如仁者所说。夫说法者,当如法说。"维摩居士对大目犍连说,你不应该这样为在家的居士们说法。说法就要依据真正的佛法来说。这骂得严重了!

"法无众生,离众生垢故。"真正的佛法没有一切众生。换言之,也不需要度众生,因为众生本来是佛,何必要你来度?你以为众生有罪过,自性本来不垢不净,没有众生可以染污它的。

"法无有我,离我垢故。法无寿命,离生死故。"自性本来无我,不需要再去求个无我,也用不着你来讲无我。自性无时间空间,没有寿命,本来不生不死。

"法无有人,前后际断故。"前后际断就是前面一念已经过去了,后面一念还没生起,过去了不可得,未来的还不生,当下即空,三际托空。这一段现成是空的,你不用去求的。这是真正的佛法,你要是抓不住,三大阿僧祇劫以后再说吧!

"法常寂然,灭诸相故。法离于相,无所缘故。"一切法本来寂灭的,本来在涅槃中,本来无相的。佛法是离一切相,即一切法,所以法离于相。

"法无名字，言语断故。法无有说，离觉观故。"讲什么佛啊，五阴十八界啊，都是多余的。有这些佛学的理论东西存在，法执不脱，不能成佛。真正佛法是说不出来的，佛在《金刚经》里面就说，自己四十九年来没有法可说，真正的法身不是知觉观念可以体验表达的，所以说离觉离观。

"法无形相，如虚空故。法无戏论，毕竟空故。"真正佛法哪有形相，哪有境界？本来就虚空。一切讲空讲有的理论都是笑话。因为法毕竟是空的。

"法无我所，离我所故。法无分别，离诸识故。"佛法无所谓我，也无所谓我所的建立。我们一切起心动念是唯识的作用，你能不起分别，才能转识成般若智慧。起分别是识，不起分别是智。

"法无有比，无相待故。法不属因，不在缘故。"法不是比量，不是相对的；法是现量，当下即是，是绝对的。一切佛法不离因果，不入因果，不在因上，离一切所缘。

"法同法性，入诸法故。法随于如，无所随故。"佛法在哪里？就在这里，一切世间法就是出世间法。佛称如来，本来没有来，也没有去。

"法住实际，诸边不动故。法无动摇，不依六尘故。"真正佛法无所谓正法时代，像法时代，还是末法时代。它的真理是永恒不灭的，也是常住不动的。佛法不在色声香味触法六尘上，靠念佛找清净是依靠声尘，看到佛像庄严觉得清净是色尘。

"法无去来，常不住故。法顺空，随无相，应无作。"佛法不去不来，不生不灭，无所住而生其心。空、无相、无作是大乘的三解脱门，但只是方便法门，如果死抓住就错了。

"法离好丑。法无增损。法无生灭。法无所归。"佛法无美丑，不增不损，不生不灭，不能归纳说哪一种是佛法，哪一种不是佛法。

"法过眼耳鼻舌身心。法无高下。法常住不动。法离一切观行。"大家打坐在眼耳鼻舌身意上做功夫，统统是错的。佛法是平等没有高下；是常住不动的。观想动念都不对，都是六根在动，同清净法身不相干。

"唯！大目连！法相如是，岂可说乎？夫说法者，无说无示。其听法者，无闻无得。"喂！大目连！佛法的真相如此，你懂吗？还在这里说什么佛法！真正佛法是说不出来的，也无法表示。真正懂得听法的人，听了等于没听。嘿！跟很多同学们一样，听了就忘了，因为他们无闻无得。

"譬如幻士，为幻人说法，当建是意而为说法。当了众生根有利钝，善于知见，无所罣碍。"说法像是放录音带一样，是空的。要有如此境界，然后才能随机说法。要能晓得听法的众生是利根，还是钝根，连他们前世的业报都要能知道。所以，才晓得谁应该修止观，谁应该修净土，谁应该参禅。

"以大悲心，赞于大乘，念报佛恩，不断三宝，然后说法。"因此，弘扬佛法，要能以大慈大悲的心情，赞叹大乘的佛法，能报答佛恩，不断于三宝，然后才有资格说法。

"维摩诘说是法时，八百居士，发阿耨多罗三藐三菩提心。我无此辩，是故不任诣彼问疾。"维摩居士对大目犍连说这一番话时，当场有八百个居士悟道了，发了大乘菩提心。大目连自称辩才不够，不能代表佛去探病。

到这里已经有两个大弟子不行了。在继续讲下去之前，我们要特别注意，《维摩诘经》讲的是形而上真如法界，也就是禅宗所标榜的直指人心、顿悟成佛的法门，是最上乘的佛法，所以和一般讲渐修的法门，有许多不同的地方。每一位被维摩居士申斥的佛弟子，他们在此地所代表的是小乘佛法、渐修法门、三大阿僧祇劫才成佛的观点，与大乘佛法、顿悟法门、直指人心见性成佛的观点是相对的。这一点大家一定要先把握住，否则来听《维摩诘经》不见得有好处，反而有坏处。什么坏处？会学成狂禅，口头禅，犯了谤佛的罪！

大迦叶乞食不平等吗

"佛告大迦叶：汝行诣维摩诘问疾。迦叶白佛言：世尊！我不堪任诣彼问疾。"大迦叶就是禅宗的初祖。叶要读如"摄"。他也不敢代表佛去。

"所以者何？忆念我昔，于贫里而行乞。"因为大迦叶有一次在贫民窟里化缘，佛十大弟子个个有不同的作风，说明了每一个人成道的境界，在道体上虽然是一样的，但是做人做事起用的时候各有不同，因为这些大阿罗汉多生累积的习气不同。好像是同一父母所生的子女，尽管遗传基因大同小异，但是子女的个性却都不同。佛弟子中须菩提专门教化富人。大迦叶出身首富家庭，虽然成婚，但是和妻子一心向佛，二人谨守戒律；出家后将财产全部布施，穿粪扫衣，以修头陀行著称，喜欢与穷人结缘，与须菩提正好相反。所以，佛有次喝斥他两人心不平等。

"时维摩诘来谓我言：唯！大迦叶！有慈悲心而不能普，舍豪富，从贫乞。"维摩居士见到大迦叶在贫民窟化缘，就责备大迦叶只度贫苦的人，慈悲心应该是普遍的，不论富人还是穷人都要度。

"迦叶！住平等法，应次行乞食。"出家人不自己耕种煮饭，出来化缘应该心里行平等法，挨家挨户照次序乞食。

"为不食故，应行乞食。为坏和合相故，应取抟食。为不受故，应受彼食。"欲界中的众生，最重要两件事就是饮食和男女，孔子说过"饮食男女，人之大欲存焉"，告子也说过"食色性也"，注意！这可不是孔子说的！众生都是被这两件大事驱使。所以，修定做功夫要断五盖，财、色、名、食、睡，这是小五盖，大五盖是贪欲、嗔恚、睡眠、掉悔、疑法。因为这五盖把我们的清净心遮盖住了，所以不能得定。例如贪欲，不只是指财富或男女之欲而已，打坐学佛求健康都算是贪。又如小五盖中的食很难戒，不只是戒吃荤，想吃的念头就已经是了。但你可不要随便去断食，如果不知道正确的方法，小心被送进医院。

维摩居士这里讲的，是比丘去乞食化缘的目的，是要断除饮食男女之欲，也就是贪欲之盖。不论人家布施什么都一样地吃，就算是布施的食物中有荤的，当初的戒律也不禁止。当年大陆就经常看到出家人，专门拣人家倒弃的食物去吃，要人不要浪费食物，你在旁边看，真不知道他们怎么吃下去的。有本书叫做《金山活佛录》，写的是真人真事。当年在杭州有位师父，他不修边幅，从不洗脸，有次要传法给我，他坐在床上脏兮兮的帐子里，叫我进去，我硬着头皮掀开帐子把头凑进去，哪晓得帐子里却是一股清香味，兰花都没这么香。这事说给你们年轻人听都不相信。我当年找师父，凡是大名鼎鼎的就不碰，专找一些苦行有道的师父。

回过头来讲本经，我们的身体是四大和合而来的，肉啊、骨头、血液、神经等等凑合来的。在没有成道之前，还是需要维持身体这个机器，因此要抟食，就是用手抓着吃。又叫做段食，人类吃食有早餐、中餐、晚餐，是分段吃的。修道有成的人不吃食物也不死，他靠识食，是精神的食粮；乃至有天食，就是有天人送食。我们庙里晚餐不是正餐，叫药石，就是把吃饭当作是用药，用来维持这个和合的肉身，所以不得不吃。佛说我们有四种进食方式：段食，触食，思食，识食。这个吃饭的道理，我们留到本经后面，讲吃饭的那一段，再详细讨论。

至于什么是化缘的精神？或者说，什么是化缘的出发点呢？学佛的人只有布施别人，不接受别人的布施，这是不受。但是，即使比丘修到不用吃了，因为慈悲，还是出来化缘，是为众生种福田。

没有得道的人听了，可不要拿来作化缘的借口！有次一位比丘说，他本来不想化缘，为了给人一个布施的机会才来化缘。我在旁边听到了，瞪了他一眼，本来还要送他一笔钱，也不送了。送了怕增加他的罪过。因为他有傲慢心，还没有得道敢说这个话！过去许多高僧如虚云、太虚，守银钱戒，出家人不沾手银钱，怕起贪念，人家供养的钱送来，他看都不看，管账的向他报告，香火钱收入有多少，他答都不答，这也是不受。这一段讲的就是出家人的戒行，化缘法门。

"以空聚想入于聚落，所见色与盲等，所闻声与响等，所嗅香与风等，所食味不分别。"聚落是古时的村庄，"以空聚想"，是说比丘进入村庄城市社会，心里仍然一切皆空，不受环境影响。有的同学说都市脏乱嘈扰住不得，都市与山林有何分别？都是你自心在分别。不论在家或出家人，出入社会对所见、所听闻、所嗅、所吃的，都应该不起分别心。例如你是有道之士，见到万人向你膜拜，心里也不觉得如何。化缘时闻到菜香，跟风一样没分别。布施来的食物，不觉得好吃或难吃，都一样。这些不是理论，是实际的功夫噢！你做得到就得道了。当年我在峨眉山闭关，期满下山入城，离城市还有三四里路，就闻到空中一股股人味，跟我一起下山的，有一位武汉大学的同学，就没有闻到，他不是不起分别，因为进了城，一家小吃店正在爆回锅肉，他就觉得香，嘴馋。你看，习气是多么难断。

"受诸触如智证。"这句话更难懂了。受，是感受。触，是接触，像是接过一碗饭，或是居士向比丘顶礼，头接触到比丘的脚。种种的接触都不会妨碍比丘内心清净，因为性空缘起，不起分别。

"知诸法如幻相，无自性，无他性，本自不然，今则无灭。"出外看到的形形色色都如梦如幻，不着相，没有自性，没有他性，因为一切本空。本来没有生灭，本来不动，无去无来。空也不着，有也不着，这是中观。

大迦叶以头陀著称，维摩居士就教训他，什么是真头陀行，真出家才是头陀行,心出家才是真出家。各位在座的不论在家的或出家的,要心能出家,才是真比丘比丘尼。

"迦叶!若能不舍八邪,入八解脱,以邪相入正法。以一食施一切,供养诸佛,及众贤圣,然后可食。"我的天哪!做佛弟子要吃一餐饭还真难。维摩居士对大迦叶说,要能够不抛弃八邪见(八邪为八正道之相反:邪见、邪思维、邪语、邪业、邪命、邪方便、邪念、邪定),就是邪魔外道的见解;外表与邪魔外道一样,而证入佛法的八解脱法门,以邪法修持而证入菩提正法。虽只用一味的食物,却能够一念之间,将之化作千百万亿的善妙饮食,来供养十方一切佛、一切贤人圣人。这些名词我看就不用抄给大家,省得你们去搞名相了。

能做到这样,才够资格吃人家供养的饭。这是真正的大乘佛法,即使是外道邪见也不拒迎,正因为如此,才能方便度外道邪魔。维摩居士的外表,显示的也是邪相,却是真正证到阿耨多罗三藐三菩提,为在家佛的代表。

"如是食者,非有烦恼,非离烦恼;非入定意,非起定意;"能够有资格受供养的人,是没有烦恼的;却也不脱离烦恼,因为烦恼即菩提。真有个烦恼可离,就成了断见。托钵化缘的时候,没有离开定,但明明还在走路吃饭,所以是无定无不定,随时都在定中,是真正的大定。

"非住世间,非住涅槃。"这是大菩萨境界,因为大慈大悲,所以不入涅槃;同时,有大智慧成就,也不会为世间迷惑,是所谓悲智双运。

"其有施者,无大福无小福,不为益不为损,是为正入佛道,不依声闻。迦叶!若如是食,为不空食人之施也。"接受人家布施的时候,心中不分是哪一位施者得大福报、哪一位得小福报,谁供养得多、谁供养得少,没有功利的想法,这样才不是小乘的佛道。要这样才不辜负人家的布施。所以,中国佛门就有首偈子:"佛门一粒米,大如须弥山,今生不了道，披毛戴角还。"这碗饭不容易吃啊！

"时我，世尊！闻说是语，得未曾有。即于一切菩萨，深起敬心。复作是念，斯有家名，辩才智慧乃能如是，其谁不发阿耨多罗三藐三菩提心。我从是来，不复劝人以声闻辟支佛行。是故不任诣彼问疾。"大迦叶说，听了维摩居士一番教训，对大乘菩萨起了最深的恭敬心。想到维摩居士以一位在家人，有如此大的辩才智慧，谁听了不发大乘心呢？从此以后，就不再劝人发小乘学佛心。因此，大迦叶也不敢去探病，他是第三位推辞任务的弟子。

须菩提被骂糊涂了

"佛告须菩提：汝行诣维摩诘问疾。须菩提白佛言：世尊！我不堪任诣彼问疾。"下一位是须菩提，他也不能担任探视维摩居士的任务。

"所以者何？忆念我昔，入其舍从乞食。时维摩诘取我钵盛满饭，谓我言：唯！须菩提！若能于食等者，诸法亦等。诸法等者，于食亦等。如是行乞，乃可取食。"须菩提有一次去维摩居士家化缘。维摩居士拿了他的钵，盛满了饭，端在手里就骂了。假使你能对食物不分别好坏精粗，平等看待，你看一切法也就空了。能做到这个境界，你才有资格出来化缘，吃我供养的饭。你看，维摩居士可恶吧！

"若须菩提不断淫怒痴，亦不与俱；不坏于身，而随一相；不灭痴爱，起于解脱；以五逆相，而得解脱，亦不解不缚。不见四谛，非不见谛；非得果，非不得果；非凡夫，非离凡夫法；非圣人，非不圣人。虽成就一切法，而离诸法相，乃可取食。"要什么资格才能吃这碗饭？要没有断绝过淫怒痴，没有断男女饮食，却也没有黏过。没有离开肉身的欲望，但是在欲望中，此心是空的。同凡夫一样，有父母子女等等的痴爱，在家仍然证得解脱。虽然有最坏的五逆行为，而显金刚怒目的菩萨相，但既不解脱也没有受到习气束缚。也没有见到小乘法的苦集灭道，而是见到了真谛。得了果位也不觉得自己有果位。虽不是个凡夫，仍做凡夫的事。不是圣人，也不能说不是圣人。佛法一切法都成就了，但不着相，这样才可吃我的供养。

"若须菩提不见佛，不闻法，彼外道六师，富兰那迦叶，末伽梨拘赊梨子，删阇夜毗罗胝子，阿耆多翅舍钦婆罗，迦罗鸠驮迦旃延，尼犍陀若提子等，是汝之师，因其出家，彼师所堕，汝亦随堕，乃可取食。"维摩居士继续骂下去，假如你须菩提抛弃对佛对佛法的执著，能把六位外道的大师看成是你的老师，与佛是平等的；换言之，也把佛看成是外道大师一样。你跟着外道去出家，这些大师们堕落的话，你也陪着堕落。有这样的本事，须菩提你才够资格吃这碗饭。

讲到这里，想到道家一副对联："人间莫若修行好，世上无如吃饭难。"须菩提尊者在《金刚经》里出尽风头，谈空第一，在这本经里被维摩居士一路骂下来，这钵饭看得到吃不到了。

"若须菩提入诸邪见，不到彼岸；住于八难，不得无难；同于烦恼，离清净法；汝得无诤三昧，一切众生亦得是定。其施汝者，不名福田，供养汝者，堕三恶道，为与众魔共一手，作诸劳侣，汝与众魔，及诸尘劳，等无有异。于一切众生而有怨心，谤诸佛，毁于法，不入众数，终不得灭度。汝若如是，乃可取食。"须菩提，你能够进入邪魔外道的见解，不跳出苦海，在人世间的八种苦难中安然自在，而苦难妨碍不了你。因为你自己已经证悟了，就待在人世间的烦恼痛苦中，已不用待在清净法中！须菩提，你虽然已经得了无诤三昧，不辨是非了，可是你须要知道，一切众生本自已经到了这个地步，不用觉得你自己了不起！而且，有时布施你的人，非但不能得到福德，反而堕了地狱，做了畜生，因为他们是用功利思想供养佛法僧。如果你自己以为了不起，值得人家来供养，那就与魔同类了，成为魔的伴侣；你就与魔和世间一切尘劳中人，没有两样。你有资粮对于一切众生生怨心，有资格出来谤佛，骂法，骂一切圣贤吗？你有这个资粮，也不会要求自我涅槃了。你真的能参透到这些正反不二的道理，才真得了无诤三昧，才有资格拿走这一钵饭去吃。

"时我，世尊！闻此茫然，不识是何言，不知以何答，便置钵欲出其舍。维摩诘言：唯！须菩提！取钵勿惧。"须菩提给维摩居士骂得不知所以，不敢拿钵，正要转身就走时，被维摩居士叫住，你不要惧怕，把钵拿去吃饭吧！

"于意云何？如来所作化人，若以是事诘，宁有惧不？我言：不也。维摩诘言：一切诸法，如幻化相，汝今不应有所惧也。所以者何？一切言说，不离是相。至于智者，不着文字，故无所惧。何以故？文字性离，无有文字，是则解脱。解脱相者，则诸法也。维摩诘说是法时，二百天子，得法眼净。故我不任诣彼问疾。"维摩居士对须菩提说，假使我这样责难一个如来化身的来人，化身会怕吗？须菩提说，不会。维摩居士说，一切法都是如梦如幻，你也用不着怕！你不懂我讲的这一番话，相都是空的。大智能成就的人，不对文字语言着相，自然不会怕文字语言。文字语言只不过表达佛法，你真懂了佛法，就不用文字语言了。真能解脱，就是佛法。维摩居士对须菩提说法的时候，有二百天人彻悟佛法，得法眼净。所以，须菩提也不敢去探维摩居士的病。

这是第四位不敢去的弟子。你要注意，这几位弟子讲的，都是过去碰到维摩居士亲身经历的事，佛故意找机会，让他们去受维摩居士的教化。在佛和维摩居士这次说法的时候，他们已经大彻大悟。但他们还是在报告过去的经历，说明自己也不能代表佛去看望维摩居士的理由，同时也正代表我们一般学佛之人狭隘的见解，只能入佛，不能入魔而超然成佛。这正要请大家注意。

富楼那说法的障碍

"佛告富楼那弥多罗尼子：汝行诣维摩诘问疾。富楼那白佛言：世尊！我不堪任诣彼问疾。"富楼那是佛的高足，很多经典中都出现过，尤其是在《楞严经》中，问了佛一个我们大家要问的问题，这个我们在开头已经讲过了。在这里，富楼那也推辞，不敢去探维摩居士的病。

"所以者何？忆念我昔，于大林中，在一树下，为诸新学比丘说法。"富楼那是佛弟子中原来修习小乘声闻法的，而且差不多已经是个领袖人物了。新学出家的比丘，很多都受他的教育，比方说是大学一年级必修科目的讲师。

"时维摩诘来谓我言：唯！富楼那！先当入定观此人心，然后说法，无以秽食置于宝器。"我们学佛的人，尤其出家的，都想自度度人，如果你自己还没有证得菩提，拿什么来度人？度人要讲师道，佛祖是人天之师。韩愈写的一篇《师说》，并不算是师道，讲中国文化的师道要看《礼记》中的《学记》。师道分两种：第一是人师，以道德品性为人表率；第二是经师，讲学理的，讲四书五经传达学问。做经师容易，能做经师又兼人师的，历代以来就非常少了。有同学送一对瓶子给我，刻上"经师人师"四个字，我都不敢当，恭维太过了。中国文化中的"经师人师"，与佛教中的"人天之师"的境界差不多，要这样的人才有资格做佛法的法师，才可以教化众人，才可以度人。度人不只是说让人信了佛教，肯跪下磕头，或是肯吃素了；那是教育方法之一，没有错，但不彻底。要让人证得菩提，明心见性了，才算是彻底度人。退一步说，就算没有让人大彻大悟，至少要能够让人晓得修学菩提的正知正见，才能算是度了人。

在密宗得了金刚阿阇梨戒的人能说法，起码要有他心通与宿命通的本事；用现在的观念说，是要了解听法众人的心理、程度、性向，才能知道用哪一种教育方法比较恰当，才能够因材施教。

佛在世时，经常跟从他的弟子有一千多人，以印度当时人口比例来看，可说是声势浩大。但由他亲自剃度的弟子不多，多数是由弟子代他剃度的。有两个比丘是目犍连的弟子，一个修的是数息观，另一个修白骨观，目犍连问舍利弗，为什么两比丘修法总是不能进步。舍利弗问清楚这两个比丘没出家之前的职业，一个是银匠，修白骨观，另一个是漂布的，修数息观。舍利弗就要他二人调转过来，因为漂布的习惯看着白布在水里，修白骨观就容易；而银匠习惯做细致的活儿，修数息观更适合。换过方法之后，这两个比丘修了三天就得阿罗汉果。舍利弗就是能够"先当入定观此人心，然后说法"，能够观察学生的根基而施教。

富楼那当时正在为新学比丘说法，注意这里是用说法而不是讲经。讲经是在佛过世之后，将佛说法的记录汇集成经典，后人根据这些记录而讲学才叫讲经。但禅宗丛林制度下只有说法堂，没有讲经堂，因为大和尚就代表了现身佛，而且大和尚说法时是不带书本的。

富楼那说法时被维摩居士呵斥，因为富楼那没有观察新学比丘们的心理就说法。像是把又脏又烂的食物放进宝贵的器皿中，简直是糟蹋人家。

"当知是比丘心之所念，无以瑠璃同彼水精；汝不能知众生根源，无得发起以小乘法；彼自无疮，勿伤之也。"维摩居士骂富楼那不了解比丘心中所想的，不要把玻璃混做水晶。因为你不知道众生的三世因果，前世有什么样的修行成就，人家是大乘根器，你教些小乘佛法；人家身上本来没有疮的，你不要去挖他的肉。

禅宗有位祖师开悟之后说："我眼本明，因师故瞎"，骂他从前的老师指导无方，把他本来清明的法眼给弄瞎了。孟子说："人之患在好为人师。"无论世间法或佛法都一样，我们大家要警惕。

"欲行大道,莫示小径,无以大海内于牛迹,无以日光等彼萤火。"对于要走大路的人,不要指引他走小径,牛踏过的蹄印是容不下大海的,不要把太阳光和萤火虫相比。这段话是强调要先认识学生的根器,对小乘根器的人无法勉强教以大乘法,会害了他;反之亦然。所以你看,佛在说《法华经》的时候,有五千位追随佛很久的比丘,认为佛说错了,竟然当场退席,走了。这就是告诉我们教育之难,众生根器不同、程度不同是很大的问题。

"富楼那!此比丘久发大乘心,中忘此意,如何以小乘法而教导之?我观小乘智慧微浅,犹如盲人,不能分别一切众生根之利纯。"维摩居士告诉富楼那,在场的这一位新学比丘过去生是修大乘道的。因为菩萨都有隔阴之迷,中间转生几次把大乘道给忘了,但是那大乘道的天性还在,怎么能用小乘道来教他?小乘根器的人像是盲人,不能看清楚众生的根性。

"时维摩诘即入三昧,令此比丘自识宿命,曾于五百佛所殖众德本,回向阿耨多罗三藐三菩提,实时豁然,还得本心。"维摩居士就以身教示范,他当时进入定境,引起了那位新学比丘的宿命通,明白自己过去多生累世走的是大乘路线,亲近供养过五百尊佛,所发的大乘愿也都回向众生。这比丘为此当场开悟,明心见性。

此地只提"曾于五百佛所",而不说五百以上,就是点出这位比丘是小菩萨的果位,得宿命通只能知过去的五百生,今后五百生就不知了。若是大菩萨的神通境界,就连五百生之前的生生世世都能知道。

"于是诸比丘,稽首礼维摩诘足。时维摩诘因为说法,于阿耨多罗三藐三菩提不复退转。我念声闻不观人根,不应说法,是故不任诣彼问疾。"当时在场的新学比丘,就向维摩居士顶礼。注意!根据小乘比丘戒,比丘是不可以对居士顶礼的。但是,大乘比丘戒就没有这样的禁例,对善知识顶礼并不分出家在家的。因为维摩居士的说法,使得这些比丘进入了大乘菩萨不退转地的果位。富楼那因此非常惭愧,简直无地自容,所以现在也不敢去探视维摩居士。

我们晓得佛的这些大弟子,每一位都是有佛法的专长的。为什么碰到维摩居士这位大乘菩萨就都没用了呢?因为他们虽然专,但是不圆融不圆通,所以没用,这也是小乘与大乘的区别。后世禅宗讲求顿悟,受《维摩诘经》影响之大,是无与伦比的。

迦旃延生灭心说实相法

"佛告摩诃迦旃延:汝行诣维摩诘问疾。迦旃延白佛言:世尊!我不堪任诣彼问疾。"下一个是迦旃延,他也推辞了。迦旃延也是佛弟子当中学小乘佛法的讲师级的人物。

"所以者何?忆念昔者,佛为诸比丘略说法要,我即于后敷演其义,谓无常义、苦义、空义、无我义、寂灭义。时维摩诘来谓我言:唯!迦旃延!无以生灭心行,说实相法。"无常、苦、空、无我是根本的佛法,尤其是小乘佛法的基础所在。无常,简单地讲就是不会永恒的,会变去的。苦是说没有真正快乐,人世把轻微的痛苦当做快乐,因为受苦惯了,偶尔给你减轻一些苦的压力,就高兴了。

迦旃延回忆有一次,佛给比丘们讲了小乘法的基础,其后他就替比丘们演绎自己的心得。不料维摩居士到来,指斥迦旃延是在用凡夫的生灭心,给比丘们说法。思想、推论、学问都是生灭心,一个念头接着一个,思想生了随即又灭了。《礼记》中的《学记》也提到:"记问之学不足以为人师。"文章典故知识尽管渊博,没有真正自己悟道的见解,还不够格做人师。这里维摩居士说,迦旃延还没有悟到实相般若,也就是最高智慧。实相就是无相,所以般若无知,如果还有一个智慧境界存在,就不算。比方真正最高学问的人,常觉得自己没有学问。乃至到了文字一字不识之境，没有了文字相，如上文维摩居士对须菩提说："智者不着文字……文字性离，无有文字，是则解脱。"对目犍连说："法无名字，言语断故。"

"迦旃延！诸法毕竟不生不灭，是无常义。"小乘法说一切法皆是无常，真正大乘法刚好相反，没有无常，这是很严重的问题！释迦牟尼佛三十一岁悟道之后，先说的法是小乘的无常、苦、空、不净、无我、寂灭，度人无数，证得阿罗汉果，这些都记录在中文翻译的《四阿含经》中，有凭有据。为什么佛到了八十一岁临终前所讲的《涅槃经》，却提出常、乐、我、净？

佛学讲无常，万物不会永恒存在，是对现象而言。中国《易经》讲变化，万物万事无时无地不在变化，讲的是原则；所以，通其变者是圣人，凡夫为其所变。用我们上课做比方，所讲的每一句话，一生一灭都过去了，的确是无常。是真无常吗？我们能知之性却常在，不随时间过去苍老死亡。昨天的事是过去了，但是我今天知道昨天的事过去了的这个，是不变的。所以，维摩居士说"诸法毕竟不生不灭"，生灭只是现象，你不要拿着鸡毛当令箭。

"五受阴洞达空无所起，是苦义。"我们人生感受到的痛苦，都是由五阴来的。五阴是色受想行识，有生理的和心理的。我们讲受阴，是受感觉状态支配的。你看了一本书或懂了什么道理，这不是感觉状态。但感觉状态的舒服、高兴、快乐都是由心理引起的感受，是唯心所造，唯识所生，这个一刹那的作用其体性是空的，也是生灭作用。"洞达空无所起"，是透彻了解了五阴的作用是无所起，本来没有动过，像水上偶然起的波纹，过了也了不可得。讲苦讲乐，都是个人自己唯心所生的，本来无苦乐。

"诸法究竟无所有，是空义。"毕竟空。大家若被我骂是神经病，一定生气。其实这一句话讲过就过去了，你生气是白生气。你打坐要求空就是大傻瓜，你空得了吗？空是它来空你，你是空不了它的。你不求有也不求空才空，诸法究竟无所有嘛！

"于我无我而不二，是无我义。"好久以前我为这个题目做了一次演讲，就感叹为什么这许多人要为"我""无我"争辩不已。什么是无我？是佛的方便佛法，做人做事必须处处要有我，例如写文章无我是写不好的。有我中间就是无我，是证入形而上时，放弃了我见，才达到无我。其实无我才是个大我，这个我与无我是不二的，就是一。这个不二就是佛教文学的妙用。《金刚经》讲无我多加一个相字，无我相，要你不着相，不要被现象所骗。你把无我相、无人相、无众生相、无寿者相这个意思参通了，不二法门就懂了。

"法本不然，今则无灭，是寂灭义。"什么是涅槃？不生也不死，不来也不去，不空也不有，本来清净，所以自性本来就是涅槃。"法本不然"，一切法本来都是无生，但不说绝对，一说绝对就落入相对了，这个绝对是没有的。这是佛法的逻辑，法本不然，你不能说它是肯定还是否定。本来没有生过，所以现在也没有灭去，这样叫做寂灭。

"说是法时，彼诸比丘心得解脱，故我不任诣彼问疾。"听了维摩居士的说法，所有当场的比丘都得到解脱了。所以，迦旃延也说没资格代表佛去探病。

你看，佛所培养出来的弟子，一个个都吃了维摩居士的闷棍，实在对佛是一件不光彩的事。为什么会这样呢？这是个话头了。

阿那律眼通的问题

"佛告阿那律：汝行诣维摩诘问疾。阿那律白佛言：世尊！我不堪任诣彼问疾。所以者何？忆念我昔，于一处经行。"阿那律是佛弟子中号称天眼第一。因为他的肉眼坏了，佛要他修天眼，结果修成天眼通。

阿那律的故事有启发性，他有一次要缝衣穿针线，但因为眼睛看不见，就问有哪一位师兄可以帮忙。当时其他人都在打坐，没有人来帮他，佛听到了，就下座帮了阿那律。阿那律知道是佛，就问为何由佛来帮他？佛回答说，即使成了佛，还是要积功德，应该做的就去做。对于其他在场的弟子，佛就训斥他们，为了要打坐入定，一点善事都不肯做，这样是白修行了。我们有的人，学佛之后就一脸佛气，一嘴佛话，好像是俨然有道，实际上没有佛行，是没有用的。另外要说的是，即使阿那律得了天眼通，肉眼还是坏的，这是两回事。《金刚经》中佛讲如来有五眼，即肉眼、天眼、慧眼、法眼、佛眼，每一种眼都不同。

这里阿那律说，他不够资格去探维摩居士的病，由于有一次他在经行时，被维摩居士呵斥。根据佛制，拜完佛之后要右转围绕佛三次，是印度的礼貌。一定要右转，是顺转；左转是逆转。经行同绕佛的意义不同，禅堂规矩在坐禅下座后要散步，称作经行，也是向右走；当然不一定绕圈子。有的一个人闭关，经行就走直的，走到要回头时，就向右转身往回走。真用功的人起身经行时，连眼都不愿睁开，保持打坐的定境，就在两旁挂绳子系上竹筒，经行时就摸着竹筒走，才不会走偏。经行有大步、小步、快步、慢步。在禅堂快步经行叫跑香，是快步、大步地走，不是运动的跑步。出家人行住坐卧都要讲究威仪，就是要有生活的姿态，要随时在定中。

"时有梵王，名曰严净，与万梵俱，放净光明，来诣我所，稽首作礼问我言：几何阿那律天眼所见？我即答言：仁者！吾见此释迦牟尼佛土，三千大千世界，如观掌中庵摩勒果。"梵王是色界天的天人，已经不具肉身像，而是一团光。关于梵天梵王我们在前面讲三界天人时，已经大致介绍过了，我再补充一点。修行的心行非常重要，即使你功夫做到四禅定境界，但是如果习气没有转过来，就不会得到四禅天的果位。阿那律说，当时有一位名叫严净的梵天王，与一万个梵天一同放净光明。实际梵天人本身就会发光，故不用作意去放光，所以叫作色界，在色界中有光而已经无欲了，人修到了无欲才到光明境界。这梵天王向阿那律顶礼，然后问阿那律所得的天眼通，能看到什么程度？阿那律说，他看见佛的三千大千世界国土，就像看手掌中一粒庵摩勒果那样清楚。庵摩勒果也有翻成庵摩罗果，约橄榄那么大。

"时维摩诘来谓我言：唯！阿那律！天眼所见，为作相耶？无作相耶？假使作相，则与外道五通等。若无作相，即是无为，不应有见。"这里维摩居士所讲的，正是大家要参的，大多数人学佛都被宗教的神秘色彩，把自己的正见思维染污埋没了。你自我检查，学佛有没有求神通的心理成分？恐怕十个有五双都如此吧！有这样的动机，想证得菩提，是几乎不可能成功的。《楞严经》说："因地不真，果遭纡曲"，动机不准确，方向就不对，所以不会得果。第二点，你对神通信不信？如果这里有一个有神通的人，你不会不信他的。所以，做正信很难！

唐宣宗还是世子的时候，曾经出家做和尚，与黄檗禅师两人是同参，有次犯错，师兄毫不顾及他世子的身份，打了他。宣宗即位之后，也毫不记恨这位师兄。黄檗禅师有次去浙江天台山参访，那时开创天台宗的智者大师已过世许久了。黄檗禅师在天台山结识了一位僧人，有一次两人同行在山中遇到大雨，溪水暴涨不能渡过，僧人脱下斗笠，踏着过溪，黄檗禅师见了，就斥责僧人为自了汉，拂袖而去。僧人听了，就叹黄檗禅师真乃大乘法器。如果是各位同学见了这僧人的功夫，恐怕要大为佩服了。一般学佛的人，很难有黄檗禅师这个境界的。

常常听人说，某人有天眼通，可以替人看前世因缘，这些奇人不论是睁着眼看还是闭着眼看，通常脸会发红，就是血压上升之兆。记得抗战时，在重庆有位修东密的法师，以眼通闻名，是一位华侨，多年之后我在香港第一次遇见。他那时年事已高，在旁的有一位老居士朋友就要他帮我看一下，我当时就劝他不要再玩这个了，年纪大了高血压危险呀。

维摩居士问阿那律，你用天眼通所看见的，究竟还有没有相？是不是有作相的？是在空的境界看见呢？还是在有的境界看见呢？注意！阿那律虽然肉眼瞎了，但是能见的眼识没有坏，还是"看"得见的。即使是瞎子还是看得见，看见的是黑漆漆的相。光明是相，黑暗也是相。

维摩居士接着说，假如你阿那律是有作相的，有境界有光，在这个里面看见，你认为是天眼，其实是外道天眼，外道的天眼和五通都是作相。你们有人持咒的，有时在静坐时虽然自己嘴里没有念，耳中却听到念咒声，这就是耳识在作相了。这声音怎么来的？它不是外来，不是内发，也不是中间；不自生，不他生，是因缘会聚所生。有些是过去生听惯了，或是过去生念某个咒子惯了，就埋藏在阿赖耶识里，在心念极清净的时候，阿赖耶识中的种子暴发就听见了。还有一些是由于耳朵听觉神经震动，加上自己心念的一个非量错觉，以为听到了咒语或其他声音。

维摩居士说，如果你阿那律的眼通是不作意，不作相的，那就是无为法了，就证得涅槃。既然涅槃，就是毕竟空，那就不应该看见了。等于《金刚经》所说："若见诸相非相，即见如来。"这是指实相的道体一无所见，是不会见到光，不会有眼通，连空都不见。你们打坐闭上眼，都还在看，在看眼皮子，因为被挡住了才看不出去，看着黑洞洞的，愈看愈昏沉。眼耳鼻舌身识都没关掉，意识又在打妄想，坐在那儿玩弄境界。

"世尊！我时默然。彼诸梵闻其言，得未曾有，即为作礼而问曰：世孰有真天眼者？维摩诘言：有佛世尊，得真天眼，常在三昧，悉见诸佛国，不以二相。于是严净梵王，及其眷属五百梵天，皆发阿耨多罗三藐三菩提心，礼维摩诘足已，忽然不现。故我不任诣彼问疾。"

阿那律被维摩居士责难得答不上话，这时那些梵天天人，大赞维摩居士高明，向维摩居士顶礼，又问世界上有得真天眼通的人吗？维摩居士答，佛是得了真天眼通的人，是常在如来大定境界中，是定慧等持的三昧，不需起心动念去看什么东西，但是与所有的佛的国土是一体的，不二相，不求见而自知，这是真天眼。于是，严净梵王等天人就发了大乘菩提心，向维摩居士顶礼，然后就不见了。所以，阿那律也不能去探病。

本经中，维摩居士教训每一个弟子的毛病，原本应该是各个弟子的长处，但是在维摩居士面前都站不住脚，这些也都是我们修行上最重要的问题，学佛参禅一定要熟读《维摩诘经》。

优波离与犯戒比丘

"佛告优波离：汝行诣维摩诘问疾。优波离白佛言：世尊！我不堪任诣彼问疾。"优波离是佛弟子中戒律第一，当时佛弟子中背景复杂，有贵族世胄，有富豪，有平民。优波离出身贱民，在当时社会中，见到贵族都要跪着躲在一旁的，佛却指派他执行僧团的戒律，这除了优波离本身修持得好之外，还可见佛的教导手法不凡之处。佛要优波离去探视维摩居士，优波离也不去。

"所以者何？忆念昔者，有二比丘犯律行，以为耻，不敢问佛。来问我言：唯！优波离！我等犯律，诚以为耻，不敢问佛，愿解疑悔，得免斯咎。我即为其如法解说。"优波离回想，曾经有两个比丘犯了戒律，觉得很羞耻，不敢去问佛，就来找优波离，希望优波离能够在戒律的性地上为他们开导解释。性戒是一切众生在天性上都认为是罪过的心行，是恶业。譬如杀生，这是先天的，不是后天的观念。有些戒律是遮戒，因时因地因人而不同。对于遮戒，有时是有方便的。根据别的经典所载，这两位比丘犯的是淫戒，是性戒，也是比丘戒的第一条戒。所以，他二人深感羞耻。优波离就为他们依戒律规定说戒,让他们忏悔。

"时维摩诘来谓我言:唯!优波离!无重增此二比丘罪,当直除灭,勿扰其心。"当时维摩居士来到,对优波离说,你不要反而加重了他二人的罪业,犯了戒律要用直心来消罪业,现在你为他们解说戒律,反而扰乱他们的心,增加了心理上的痛苦。

"所以者何?彼罪性不在内,不在外,不在中间。如佛所说,心垢故众生垢,心净故众生净。心亦不在内,不在外,不在中间。如其心然,罪垢亦然,诸法亦然,不出于如如。"这里维摩居士说罪性像心一样,不在内,不在外,不在中间。换言之,也在内,也在外,也在中间,无所不在。究竟在哪里?"如其心然",心就在这里,当下就是,本性自空,所以罪性也自空。就要这样忏悔的。有心去求忏悔,那要三大阿僧祇劫才能慢慢把你的罪过洗刷干净。如果能但超直入,当下即是。所以说"心垢故众生垢",你心脏了去修善法佛法都是犯戒的。你心清净了,去修魔法外道却不妨。心、罪垢、诸法都当下即是,"不出于如如"。如者,《金刚经》讲得最清楚,为无所从来亦无所去,是名如来。佛经常说如如不动,大家要参究。如果以为心中有个不动的,你已经动了,动了那个不动的。你感觉到那个不动的境界,是第六意识所造的。如如不动好像是平静的流水,你看着它不动,实际上是流动的;要不流动就成了死水,水停百日则生蛆,就成为最脏最有罪过的所在。此心要活活泼泼的,是无所住而生的。这个心念是清净念,不思善,不思恶,连不思也不思的念。有一个不思善、不思恶的念,已经此心有尘垢了。

宋朝的朱熹晚年有首诗讲悟道境界很好:

　　半亩方塘一鉴开　　天光云影共徘徊

　　问渠那得清如许　　为有源头活水来

从禅宗来看,理学家朱熹是破了初关,有没有破重关是另一问题。他的另一首诗:

昨夜江边春水生　艨艟巨舰一毛轻

向来枉费推移力　此日中流自在行

这也是悟道境界,你们打坐不是念头去不了就是昏沉,向来枉费推移力,像一艘巨舰搁在浅滩,推也推不动。一下悟道,不用你去推了,轻如毫毛,就是此日中流自在行。

宋明理学家是儒家中的律宗,讲究律行,大家可不要轻视,不要有门户之见;而老庄则有如禅宗,讲解脱。《金刚经》说"一切贤圣皆以无为法而有差别",这是佛才有的胸襟,不问他是哪一教派,凡是有所得的,都入圣贤之流。

回过头来讲戒律,不杀、不盗、不淫、不妄语、不饮酒是戒的相,是规定,是行为的标准。戒的相很多,比如杀,除了不自杀、不自己动手杀之外,还有不教他杀、不教唆他人杀、不暗示他人杀,连看到兵器、想到怎么用,这一动念,都犯杀戒。所以,戒的相很难讲,判断起来比法律断罪还难。戒的用是让人"诸恶莫作,众善奉行"。戒的体呢?就是维摩居士告诉我们的如如不动,"不出于如如"。有的经本把句子断成"不出于如",我不同意。

"优波离以心相得解脱时,宁有垢不?我言:不也。维摩诘言:一切众生心相无垢,亦复如是。"维摩居士问优波离,真悟道解脱时,心里还有尘垢染污吗?优波离答,没有。维摩居士就说,一切众生自性本体本来没有罪,没有染污,本空嘛!前念有,后念即空;前念空,后念即有。空有念念不住,所以不垢不净。世尊第一念动是佛境界,下一念动是魔境界;佛境界不住,魔境界也不住。本自不住,不是用理去修的。你有修相,要求空,就是客尘烦恼。要这样去忏悔才是。

"唯!优波离!妄想是垢,无妄想是净;颠倒是垢,无颠倒是净;取我是垢,不取我是净。"

妄想,纷飞的思想,是尘垢;无妄想,当下就是净土;颠倒念头是垢，无颠倒就是净土；取我相是尘垢，不取我相是净土。

"优波离！一切法生灭不住，如幻如电；诸法不相待，乃至一念不住；诸法皆妄见，如梦如焰，如水中月，如镜中像，以妄想生。其知此者，是名奉律。其知此者，是名善解。"一切法包括心理、生理、宇宙万有一切法，生生灭灭不停，如幻如电，过去就过去了。以自心本体来说是没有相对的，一念不住，念念都不住；所以，一切法都是妄见，如梦如焰，如水中月，如镜中像，一切善法、恶法、无记法，都因妄想而生，由分别妄想而有。你懂了这个，才有资格说守戒。你懂了这个，才算真了解戒。

"于是二比丘言：上智哉！是优波离所不能及，持律之上而不能说。我答言：自舍如来，未有声闻及菩萨能制其乐说之辩，其智慧明达为若此也。时二比丘，疑悔即除，发阿耨多罗三藐三菩提心，作是愿言：令一切众生，皆得是辩。故我不任诣彼问疾。"这时犯戒的两个比丘，听了维摩居士这一番话，实时忏了罪，赞叹是无上智慧，是真正的佛法持戒持律，是优波离比不上的。优波离就说，除了佛之外，没有声闻或菩萨，能比得上维摩居士的智慧辩才和乐于说法。"明达"是明了通达。两个比丘立即扫除了对正法的疑悔，当时就发大乘菩提心，同时发愿，希望众生都得到大智慧成就。所以，优波离也说，他不能去探视维摩居士的病。

在这一章弟子品中，佛要派他的弟子们去向维摩诘问疾，就是代表佛去探病，可是这些弟子们都不敢去。我们晓得，这里所讲的十位佛的最有名的出家大弟子都各有所长：舍利弗是智慧第一，智慧第一的人是得道的，却被维摩居士批驳得智慧不第一了；目连尊者神通第一，经过维摩居士的训诫，神通第一没有了；大迦叶代表了出家的头陀行，苦行僧；须菩提谈空第一，见到空了，他们也都不行；接着，摩诃迦旃延论议第一，思想经义研究第一，阿那律天眼第一，优波离持戒第一，现在都变成第二了,甚至连第二都没有了,这是很严重的。

现在还剩下两个第一的,一个是佛的儿子罗睺罗,是密行第一,秘密修行第一,怎么秘密呢?谁都没有说过,佛也没有说过,不过,释迦牟尼佛涅槃前,吩咐四位大弟子留形住世,应该到现在还活着的,一个就是他儿子罗睺罗,一个是大迦叶尊者,就是禅宗第一代的祖师,一个是宾头卢尊者,一个是君屠钵叹大阿罗汉。

罗睺罗是留形住世的一位,他是佛的儿子,他的妈妈在佛陀出家之后,怀孕了六年才生下他,这是很奇怪的事。中国的老子,传说中在妈妈肚子里怀了八十一年,生下来时胡子眉毛都白了,在娘胎里就老了,所以叫老子,究竟姓什么也不知道,母亲在李树下生他,因此姓了李。相传如此,事出有因,查无实据。这些都是世界上永远无法解释的秘密,所以说罗睺罗的秘密是什么,这里面问题是很多的。

罗睺罗说出家的功德

"佛告罗睺罗:汝行诣维摩诘问疾。罗睺罗白佛言:世尊!我不堪任诣彼问疾。"现在,佛叫罗睺罗去向维摩居士探病,罗睺罗也推辞了。

"所以者何?忆念昔时,毗耶离诸长者子,来诣我所,稽首作礼,问我言:唯!罗睺罗!汝佛之子,舍转轮王位,出家为道,其出家者,有何等利?我即如法,为说出家功德之利。"他说因为有一次在毗耶离城,这就是维摩居士所居住的地方,城中的世家公子们来找他,向他磕头作礼,问他说,你是释迦牟尼佛的儿子,皇帝也不要当,要出家,究竟出家有什么利益?罗睺罗就依据佛法的道理,对他们讲出家的功德和利益。

"时维摩诘来谓我言:唯!罗睺罗!不应说出家功德之利,所以者何?无利无功德,是为出家。有为法者,可说有利有功德。夫出家者,为无为法,无为法中,无利无功德。"当时,维摩居士来对我说,我不应该为他们讲出家人有什么功德和利益。因为"无利无功德,是为出家",那么各位岂不是白出家了?实际上维摩居士的意思是,既然出家了,就应该放下一切功利思想,不计较有没有价值,不要想我将来可以得什么利益、得什么果位,不要有这个利害观念。同时,也没有功德的观念,如果心里想着"我学佛了,佛应该保佑我吧",这都是功利思想。

求道学佛应该没有利害的观念,不是为了利害出家,不是为了求功德,"有求皆苦,无欲则刚"是副很好的对子,你说出家人没有欲望,但是想求道不是很大的欲望吗?这比做生意的一本万利欲望还大呢!打一天坐,明天就想色身起变化,学三天佛就想升天,都是以功利思想来出家学佛。所以说,人家问你出家有什么利益?你应该讲没有利益,爱出家就出家,讲这样那样好处的功利主义都是不对的。

这句话还有一层道理,一个人活在世间一无所求,有求皆苦,没有利害,也无功德思想,人就是应该做好事。我不敢说跑遍天下,但是在中国去过的地方不少,在一块岩壁上看到不知是哪一位题的斗大的字:"愿天常生好人,愿人常做好事",真是好!佛法什么法都讲完了。我觉得很多名胜古迹,好多文人题的字作的诗,都是浪费功夫,都不如这位不知名人士题的字。有很多人学佛却还抱怨没有好的报应,你花这些精神去做世界上任何事都有利益的,只有学佛不同。学佛法是学空法,一切放下,连放下的观念也放下。大家如果用有所得之心去求无所得之法,那是完全背道而驰了。

维摩居士在这里说罗睺罗讲错了,因为问题本身已经问错了,问出家有什么功德和利益,你根据出家有什么功德和利益来回答,自然不对了。所以说,"有为法者,可说有利有功德",对世间法、有为法来讲,可以说有利益有功德,世间法本来如此。但是,"夫出家者,为无为法,无为法中,无利无功德",无为法是没有丝毫的利害功德观念的。什么是真出家呢？

"罗睺罗！夫出家者，无彼无此，亦无中间。"真出家了，一切放下，没有我也没有他，也没有你我之间，都没有，这是人的方面。没有世间，也没有出世间，也没有半世间半出世间的中间路线。

"离六十二见。"这麻烦了，《大品般若经》上提到有六十二见，就是六十二种思想观念。外道认为这个世界有神或没有神、有常或无常等等，讲过去的世界或未来的世界等有间、无间等等，涅槃入道了以后，还来不来这个世界，这个身体和灵魂是合一或不合一，这个生命有断有生死或没有生死，这些合共有六十二种观念，我们不详细讲了。这些观念我们大家不论出家在家都有的，自己不知道是错误的。好像有人学佛修道想下辈子不再来这个世界了，太苦了，这个属于神我的常见，是观念的偏差，落入外道了。虽然是外道也是道噢！外道是歪道，不是正道。

"处于涅槃，智者所受，圣所行处，降伏众魔。"一个出家的人将这些观念思想通通放下，因此能够"处于涅槃，智者所受"，涅槃是得道的最高境界，智者所受是大智慧成就，不是迷信，佛法是讲每一个人大智慧成就，自性自度，盲目信仰不会成就的。所以，真出家的是大智慧的高人，才能智者所受，是圣人的境界，不是普通人受了痛苦，觉得世间很麻烦而因此出家，那就不算是"圣所行处"。出家穿了这件不漂亮的坏色衣，头发胡子刮光，就是为了破世间人爱美的心理魔障，"降伏众魔"就是降伏一切魔怨，什么魔？生死魔，烦恼魔。

历史上，在宋朝时要出家可难了，还要考试，考取了，政府给个文件，拿到了才能出家，所以叫度牒。这样出家三年以后，才能受沙弥戒。如果今天仍然推行这个制度，由我这个白衣来主考的话，就要问，根据《维摩诘经》罗睺罗问答的这一段，出家人什么受、什么处、降什么魔？依原文答出来，这三句话答得出来才算合格。

"度五道，净五眼，得五力，立五根。"度就是超越，五道是地狱道、饿鬼道、畜生道、人道、天道。"净五眼，得五力，立五根"，这些名词就不再详细讲了（五眼为肉眼、天眼、慧眼、法眼、佛眼；五力为信力、精进力、念力、定力、慧力；五根为信根等五力之根）。

"不恼于彼，离众杂恶，摧诸外道，超越假名。""不恼于彼"，出家人剃了头，什么都不要了，穿了一件并不漂亮的衣服，为什么被世间人看不起？你也不要看我，我正想离开这个世界，你也少烦恼，我也免得痛苦，彼此都不要烦恼。"离众杂恶"，离开世间，一切错乱的坏事都不来，不作恶了。"摧诸外道，超越假名"，摧伏了一切外道的观念。

世间人常常为名所困，出家人放弃名字，取一个代号。小说上写乾隆皇帝下江南，遇上金山寺的当家和尚，这和尚不晓得他是皇帝，皇帝看他忙进忙出，就问这位法师怎么这样忙，和尚说："哎呀！当家忙啊！"乾隆就说："我看你还是再出一次家吧！"这个道理是说明，我们在家人为名所骗，已经算不上学佛了，如果出家更被这个假名所骗，那就违背了这个出家的原意。所以，出家人就随便起两个字作代号，什么明光，光明也可以，你爱怎么叫都可以，只是代号，出家要有这个精神。

"出淤泥，无系着，无我所，无所受，无扰乱，内怀喜。"跳出社会这个烂泥，既出了家，就没有牵挂，无系着，也无我，也无他，也无所受，苦也当成乐，一无所受，功德不受，空境界也不受，无空无不空。此心是绝对的清净，没有扰乱之处，内在永远只有喜悦。

"护彼意，随禅定，离众过。"永远照顾自己的起心动念，不动坏念头，乃至不动念，意念如如不动。我去年讲《金刚经》的时候说过：《金刚经》的精华就在三个字："善护念"。什么是善护念？就是护彼意，保护你的起心动念。心念永远不散乱，随时都在禅定的境界里，叫作"随禅定"。"离众过"，是身口意离开一切的过错。

"若能如是，是真出家。"维摩居士总结上面，从"无彼无此"到"离众过"一段话，告诉罗睺罗说，"若能如是，是真出家"，不是剃光头吃素的，那是另外一回事。

维摩居士骂了罗睺罗之后，"于是维摩诘语诸长者子：汝等于正法中，宜共出家，所以者何？佛世难值"。他说，好了，你们现在懂了，你们处在佛法的正法，立刻一起出家，为什么呢？因为现在释迦牟尼佛在世，万劫千生难得碰到肉身佛出世啊！

"诸长者子言：居士！我闻佛言，父母不听，不得出家。"他们听闻佛的戒律是，如果不先得到父母的同意，是不准出家的。"维摩诘言：然！汝等便发阿耨多罗三藐三菩提心，是即出家，是即具足。"他说，你们说得没错，但是我要你们出家，不是要你们剃光头披上僧衣，你们的心真出家了，发了大乘心了，立了大愿，这一生一定要求得菩提，大彻大悟，发了这样的无上真心真愿，就是出家，就是得了具足戒。反过来说，你们即使形式上出家了，如果没有真发了阿耨多罗三藐三菩提心，不是真出家，也不是得具足戒。这就是大乘菩萨道，大比丘的道理。在别的经典上，佛也说过，出家者是心出家。心怎么出家？就是刚才《维摩诘经》上这段话，"护彼意，随禅定，离众过"。

"尔时三十二长者子，皆发阿耨多罗三藐三菩提心，故我不任诣彼问疾。"罗睺罗告诉佛，当时有三十二个长者子听了维摩居士这话，都发了阿耨多罗三藐三菩提心，所以我没资格代表你去探病。

现在剩下最后的一位大弟子，是阿难。

阿难为佛乞食

"佛告阿难：汝行诣维摩诘问疾。阿难白佛言：世尊！我不堪任诣彼问疾。所以者何？忆念昔时，世尊身小有疾，当用牛乳，我即持钵，诣大婆罗门家门下立。时维摩诘来谓我言：唯！阿难！何为晨朝持钵住此？我言：居士！世尊身小有疾，当用牛乳，故来至此。"

最后，佛转向阿难，要他去给维摩居士探病，阿难也表示自己不够资格去，为什么呢？因为阿难想起从前有一次，释迦牟尼佛感染小病，要饮用牛奶，阿难就拿着钵，去到一个大婆罗门的家，想化缘一些牛奶。那时，维摩居士来了，问阿难为什么早上就跑出来化缘，因为佛门有些出家人日中一食，中午才出来化缘。阿难就告诉维摩居士，因为佛陀有些不舒服，要喝牛奶，所以现在出来化缘。

"维摩诘言：止！止！阿难！莫作是语。如来身者，金刚之体，诸恶已断，众善普会，当有何疾？当有何恼？默往！阿难！勿谤如来，莫使异人，闻此粗言，无令大威德诸天，及他方净土诸来菩萨，得闻斯语。"维摩居士对阿难说，你不要乱讲。"如来身者，金刚之体，诸恶已断，众善普会，当有何疾？当有何恼？"如来是金刚不坏之身，一切的恶果已经断了，集汇了一切的功德善行，怎么还会生病？也怎么会有烦恼？快不要乱讲了，你阿难是佛的大弟子，又是佛的堂兄弟，怎么还毁谤佛呢？你赶快走吧！不要让那些外道听到你这番粗陋下流的话，更不要让各方天人、各方净土的大菩萨们，听到你这些话。

"阿难！转轮圣王以少福故，尚得无病，岂况如来无量福会，善胜者哉？"维摩居士接着说，阿难啊！世间治世帝王有福报的，都不会生病，何况成了佛的人，那福报不知比世间帝王大多少倍。讲到这里，想到我过去在大陆上，看过有位老人家一生没有病，我那时还年轻，他已经七八十岁了，什么宗教也不信，什么道也没有，那是大福报人。当年还有一个朋友，那时六十八岁，一辈子没有做过梦，他抓住我问："什么叫梦？"叫我怎么答啊？你们诸位会回答吗？这都是大福人，他也不信宗教，白天常哈哈大笑，没什么烦恼，家里终年备有奉茶，给路上来往的人喝，也不收钱。

"行矣！阿难！勿使我等受斯耻也。外道梵志若闻此语，当作是念，何名为师？自疾不能救，而能救诸疾人？可密速去，勿使人闻。"维摩居士又催阿难赶快走，不要在这里给他丢人了，阿难被骂得一蹋糊涂。实际上，释迦牟尼佛哪里会等着阿难拿牛奶回去吃呢？这是什么理由？

维摩居士接着说，如果婆罗门这些外道们，听到阿难你化缘求牛奶的话，他们就会想，这怎么能叫做老师啊！自己的病都医不好，怎么去度众生生老病死啊？你还是快一点走吧！不要被别人听到了。

"当知！阿难！诸如来身，即是法身，非思欲身。佛为世尊，过于三界；佛身无漏，诸漏已尽；佛身无为，不堕诸数。如此之身，当有何疾？"阿难你应该知道，一切成了佛的身体，已经成了不生不灭、不生不死的法身，不是世间思想欲念所构成的身体。"佛为世尊，过于三界"，佛是世间最为尊贵的，不只是人间的老师，也是天上的老师，已经超过了欲界、色界、无色界。"佛身无漏，诸漏已尽"，佛是没有缺点的，是圆满清净不漏的。"佛身无为，不堕诸数"，佛的身体正处在涅槃的无为道，"不堕诸数"的数，是限量的意思。如此这样的身体，怎么会有病！

"时我，世尊！实怀惭愧，得无近佛而谬听耶？即闻空中声曰：阿难！如居士言，但为佛出五浊恶世，现行斯法，度脱众生。行矣！阿难！取乳勿渐。"阿难被维摩居士骂得无地自容，怀疑自己有没有听错，是佛叫他出来化缘，难道是佛讲错了？这个时候，听见虚空中有声音说，维摩居士说得没有错，佛是不会生病的。"但为佛出五浊恶世，现行斯法，度脱众生。行矣！阿难！取乳勿惭。"但是佛的肉身出现在我们这个五浊恶世上，五浊是劫浊、见浊、烦恼浊、众生浊、命浊。劫浊是指各种劫难，如刀兵劫、水火劫，见浊是讲世人的思想见解都是脏的，烦恼也是浊，世人都为自己打算，西方极乐世界就没有这些脏东西。但是，要走大乘菩萨道，就要五浊恶世我先入，不怕滔天的苦海。你去西方极乐世界度谁啊？只有别人度你！佛现身我们这个世界，现在故意表示人的肉体脱不了生老病死，用自己的病，以身行教来说法。所以，空中的声音对阿难说，你不要怕，快去化缘吧，世尊的确要用牛奶。唉！这阿难还真难了，进退两难。

佛还是有业报的，像这一次生病，还有在八十一岁涅槃时，寒风发背。又有一次，佛的脚扎进刺出血，他用神通查知是多生累世之前，他刺伤过别人，应该受这个果报，还这个账，因为成佛了，只要他身上出血，这个因果就可以了。佛经上说，"假使百千劫，所作业不亡，因缘会遇时，果报还自受"，所以你要求少病少苦，这一生就多布施医药给人，他生自然会少病少苦。如果你只为自己打算，凡事只求自己好，恐怕这一生都没人理你，何况他生来世！

"世尊！维摩诘智慧辩才为若此也，是故不任诣彼问疾。"阿难回忆这一段遭遇，对佛说，维摩居士的智慧辩才这样高明，请不要找我去探病吧！

"如是五百大弟子，各各向佛说其本缘，称述维摩诘所言，皆曰不任诣彼问疾。"佛的十大弟子，每一位都有第一的本事，这下惨了，恐怕第二也轮不上，变成第三了！佛接着又问遍了其他的大弟子，这些五百罗汉，每一个都表示被维摩居士教训过，个个不敢代表佛去探病。

菩萨品第四

于是佛告弥勒菩萨：汝行诣维摩诘问疾。弥勒白佛言：世尊！我不堪任诣彼问疾，所以者何？忆念我昔，为兜率天王及其眷属，说不退转地之行。时维摩诘来谓我言：弥勒！世尊授仁者记，一生当得阿耨多罗三藐三菩提，为用何生得受记乎？过去耶？未来耶？现在耶？若过去生，过去生已灭；若未来生，未来生未至；若现在生，现在生无住。如佛所说，比丘！汝今实时亦生亦老亦灭。若以无生得受记者，无生即是正位，于正位中，亦无受记，亦无得阿耨多罗三藐三菩提。云何弥勒受一生记乎？为从如生得受记耶？为从如灭得受记耶？若以如生得受记者，如无有生。若以如灭得受记者，如无有灭。一切众生皆如也，一切法亦如也，众圣贤亦如也，至于弥勒亦如也。若弥勒得受记者，一切众生亦应受记。所以者何？夫如者，不二不异。若弥勒得阿耨多罗三藐三菩提者，一切众生皆亦应得。所以者何？一切众生，即菩提相。若弥勒得灭度者，一切众生亦当灭度。所以者何？诸佛知一切众生，毕竟寂灭，即涅槃相，不复更灭。是故，弥勒！无以此法诱诸天子，实无发阿耨多罗三藐三菩提心者，亦无退者。弥勒！当令此诸天子，舍于分别菩提之见。所以者何？菩提者，不可以身得，不可以心得。寂灭是菩提，灭诸相故。不观是菩提，离诸缘故。不行是菩提，无忆念故。断是菩提，舍诸见故。离是菩提，离诸妄想故。障是菩提，障诸愿故。不入是菩提，无贪着故。顺是菩提，顺于如故。住是菩提，住法性故。至是菩提，至实际故。不二是菩提，离意法故。等是菩提，等虚空故。无为是菩提，无生住灭故。知是菩提，了众生心行故。不会是菩提，诸入不会故。不合是菩提，离烦恼习故。无处是菩提，无形色故。假名是菩提，名字空故。如化是菩提，无取舍故。无乱是菩提，常自静故。善寂是菩提，性清净故。无取是菩提，离攀缘故。无异是菩提，诸法等故。无比是菩提，无可喻故。微妙是菩提，诸法难知故。世尊！维摩诘说是法时，二百天子，得无生法忍，故我不任诣彼问疾。

佛告光严童子：汝行诣维摩诘问疾。光严白佛言：世尊！我不堪任诣彼问疾，所以者何？忆念我昔，出毗耶离大城，时维摩诘方入城，我即为作礼而问言：居士从何所来？答我言，吾从道场来。我问：道场者何所是？答曰：直心是道场，无虚假故。发行是道场，能办事故。深心是道场，增益功德故。菩提心是道场，无错谬故。布施是道场，不望报故。持戒是道场，得愿具故。忍辱是道场，于诸众生心无碍故。精进是道场，不懈怠故。禅定是道场，心调柔故。智慧是道场，现见诸法故。慈是道场，等众生故。悲是道场，忍疲苦故。喜是道场，悦乐法故。舍是道场，憎爱断故。神通是道场，成就六通故。解脱是道场，能背舍故。方便是道场，教化众生故。四摄是道场，摄众生故。多闻是道场，如闻行故。伏心是道场，正观诸法故。三十七品是道场，舍有为法故。四谛是道场，不诳世间故。缘起是道场，无明乃至老死皆无尽故。诸烦恼是道场，知如实故。众生是道场，知无我故。一切法是道场，知诸法空故。降魔是道场，不倾动故。三界是道场，无所趣故。师子吼是道场，无所畏故。力无畏不共法是道场，无诸过故。三明是道场，无余碍故。一念知一切法是道场，成就一切智故。如是，善男子！菩萨若应诸波罗蜜，教化众生，诸有所作，举足下足，当知皆从道场来，住于佛法矣。说是法时，五百天人，皆发阿耨多罗三藐三菩提心。故我不任诣彼问疾。

佛告持世菩萨：汝行诣维摩诘问疾。持世白佛言：世尊！我不堪任诣彼问疾，所以者何？忆念我昔，住于静室，时魔波旬，从万二千天女，状如帝释，鼓乐弦歌，来诣我所，与其眷属，稽首我足，合掌恭敬，于一面立。我意谓是帝释，而语之言：善来！憍尸迦！虽福应有，不当自恣。当观五欲无常，以求善本。于身、命、财，而修坚法。即语我言：正士！受是万二千天女，可备扫洒。我言：憍尸迦！无以此非法之物，要我沙门释子，此非我宜。所言未讫，时维摩诘来谓我言：非帝释也，是为魔来，娆固汝耳。即语魔言：是诸女等，可以与我，如我应受。魔即惊惧，念维摩诘，将无恼我？欲隐形去，而不能隐。尽其神力，亦不得去。即闻空中声曰：波旬！以女与之，乃可得去。魔以畏故，俛仰而与。尔时，维摩诘语诸女言：魔以汝等与我，今汝皆当发阿耨多罗三藐三菩提心。即随所应而为说法，令发道意。复言：汝等已发道意，有法乐可以自娱，不应复乐五欲乐也。天女即问：何为法乐？答言：乐常信佛。乐欲听法。乐供养众。乐离五欲。乐观五阴如怨贼。乐观四大如毒蛇。乐观内入如空聚。乐随护道意。乐饶益众生。乐敬养师，乐广行施。乐坚持戒，乐忍辱柔和。乐勤集善根，乐禅定不乱，乐离垢明慧，乐广菩提心。乐降伏众魔，乐断诸烦恼。乐净佛国土。乐成就相好故，修诸功德。乐庄严道场。乐闻深法不畏。乐三脱门，不乐非时。乐近同学。乐于非同学中，心无罣碍。乐将护恶知识。乐亲近善知识。乐心喜清净。乐修无量道品之法，是为菩萨法乐。于是波旬告诸女言：我欲与汝俱还天宫。诸女言：以我等与此居士，有法乐，我等甚乐，不复乐五欲乐也。魔言：居士！可舍此女，一切所有施于彼者，是为菩萨。维摩诘言：我已舍矣！汝便将去。令一切众生，得法愿具足。于是诸女问维摩诘：我等云何止于魔宫？维摩诘言：诸姊！有法门名无尽灯，汝等当学。无尽灯者，譬如一灯然百千灯，冥者皆明，明终不尽。如是诸姊，夫一菩萨开导百千众生，令发阿耨多罗三藐三菩提心，于其道意，亦不灭尽，随所说法，而自增益一切善法，是名无尽灯也。汝等虽住魔宫，以是无尽灯，令无数天子天女，发阿耨多罗三藐三菩提心者，为报佛恩，亦大饶益一切众生。尔时天女，头面礼维摩诘足，随魔还宫，忽然不现。世尊！维摩诘有如是自在神力，智慧辩才，故我不任诣彼问疾。

佛告长者子善德：汝行诣维摩诘问疾。善德白佛言：世尊！我不堪任诣彼问疾，所以者何？忆念我昔，自于父舍设大施会，供养一切沙门婆罗门，及诸外道贫穷下贱孤独乞人，期满七日。时维摩诘来入会中，谓我言：长者子！夫大施会，不当如汝所设，当为法施之会，何用是财施会为？我言：居士！何谓法施之会？法施会者，无前无后，一时供养一切众生，是名法施之会。曰：何谓也？谓以菩提，起于慈心。以救众生，起大悲心。以持正法，起于喜心。以摄智慧，行于舍心。以摄悭贪，起檀波罗蜜。以化犯戒，起尸罗波罗蜜。以无我法，起羼提波罗蜜。以离身心相，起毗梨耶波罗蜜。以菩提相，起禅波罗蜜。以一切智，起般若波罗蜜。教化众生，而起于空。不舍有为法，而起无相。示现受生，而起无作。护持正法，起方便力。以度众生，起四摄法。以敬事一切，起除慢法。于身命财，起三坚法。于六念中，起思念法。于六和敬，起质直心。正行善法，起于净命。心净欢喜，起近贤圣。不憎恶人，起调伏心。以出家法，起于深心。以如说行，起于多闻。以无诤法，起空闲处。趣向佛慧，起于宴坐。解众生缚，起修行地。以具相好及净佛土，起福德业。知一切众生心念，如应说法，起于智业。知一切法不取不舍，入一相门，起于慧业。断一切烦恼，一切障碍，一切不善法，起一切善业。以得一切智慧，一切善法，起于一切助佛道法。如是，善男子！是为法施之会。若菩萨住是法施会者，为大施主，亦为一切世间福田。世尊！维摩诘说是法时，婆罗门众中二百人，皆发阿耨多罗三藐三菩提心。我时心得清净，叹未曾有。稽首礼维摩诘足，即解璎珞，价值百千，以上之，不肯取。我言：居士！愿必纳受，随意所与。维摩诘乃受璎珞，分作二分。持一分，施此会中一最下乞人。持一分，奉彼难胜如来。一切众会，皆见光明国土难胜如来，又见珠璎在彼佛上，变成四柱宝台，四面严饰，不相障蔽。时维摩诘，现神变已，又作是言：若施主等心施一最下乞人，犹如如来福田之相，无所分别，等于大悲，不求果报，是则名曰具足法施。城中一最下乞人，见是神力，闻其所说，皆发阿耨多罗三藐三菩提心。故我不任诣彼问疾。如是，诸菩萨各各向佛说其本缘，称述维摩诘所言，皆曰不任诣彼问疾。

弥勒菩萨——什么是菩提

上一品是佛的出家弟子五百罗汉，这一品轮到了佛的大乘弟子大菩萨们。

"于是佛告弥勒菩萨：汝行诣维摩诘问疾。弥勒白佛言：世尊！我不堪任诣彼问疾，所以者何？忆念我昔，为兜率天王及其眷属，说不退转地之行。"

在家众的首座弥勒菩萨，是继承释迦牟尼佛的佛位，下一次到这个世界成佛，称弥勒佛。有一部经叫《弥勒下生经》，中国的外道如一贯道等，都假借这部经，号称弥勒佛已经快要来了。其实，弥勒下生还早得很呢！弥勒佛不是大肚子啊！那是他的化身，是五代宋朝初年在安徽的布袋和尚，他涅槃后大家才晓得他是弥勒化身，所以中国后来造弥勒佛的像，其实是布袋和尚的像。弥勒菩萨的本像，同观世音菩萨一样，非常庄严。他现在在哪里呢？在欲界的兜率天当天主，在那里享福。那儿有个弥勒内院，就是禅堂，是清修的地方。释迦牟尼佛当时也是如此，每一个佛一生补处，在来到这个世界成佛的前一生，是在六欲天中做天主。六欲天的天人，男女饮食同我们一样，欲望享受是很严重的，但在这个中间能够自己超脱，这就是菩萨的境界。

弥勒佛在兜率天说法，无著菩萨夜里入定，去听法做记录，早晨出定把记录整理好，就成了《瑜伽师地论》。有许多出家法师和居士们发愿，不要往生西方极乐世界，而是根据《弥勒下生经》发愿往生弥勒内院，随弥勒佛下生人间，在他手下当场悟道，这叫做"蚂蝗叮到鹭鸶脚，你上天来我上天"。例如，近代太虚法师带领的弟子，都是发愿往生兜率天，大概这里近，飞机票便宜一点，极乐世界比较远，不过这两边都要一心不乱，这也是先决条件。

现在佛要弥勒菩萨替他去探维摩居士的病，弥勒菩萨也不敢去，他说，因为弥勒菩萨前一生在欲界天中心的兜率天里，为天王和他的眷属，就是天兵天将们，"说不退转地之行"，为他们说第八地菩萨境界，就是不动地，不退转就是《阿弥陀经》上讲的阿鞞跋致。修道到了第八不动地以上，才不会退转，第七地之前的菩萨都还是会倒退的，就是会堕落的。到了第八地的菩萨，住胎出胎还有一点把握，要到十地以上菩萨，住胎出胎就不迷了。否则，即使是大阿罗汉，住胎出胎都有隔阴之迷。

"时维摩诘来谓我言：弥勒！世尊授仁者记，一生当得阿耨多罗三藐三菩提，为用何生得受记乎？过去耶？未来耶？现在耶？若过去生，过去生已灭；若未来生，未来生未至；若现在生，现在生无住。"弥勒菩萨正在兜率天说法时，维摩居士来了。对弥勒菩萨说，弥勒，据说释迦牟尼佛当时给你授记，尽此一生大彻大悟而证道，我问你，你用哪一生得释迦牟尼佛受记呢?

授记是佛的规矩，跪着由佛摸着头顶，宣说你来生会生在什么时代，什么地区，生在什么家庭环境。佛给弥勒授记，他三大阿僧祇劫的修行，现在这一生是补处菩萨，当下一生再来到这个世界时继承释迦牟尼佛的衣钵，登上佛位，那时候天下太平，人的寿命为八万四千岁。所以，弥勒佛来的时候是世界最幸福的时候，而释迦牟尼佛来的时候，是世界最痛苦的时候。因此，我也说他二位是同参道友，但是弥勒佛做功德善事比释迦牟尼佛偷懒一点，所以比他慢一步。佛是难行能行，吃不了的苦我来吃，比较精进，所以先他一生成佛，是有这样的一个故事。

维摩居士问弥勒菩萨，你到底是用过去生、未来生，还是现在生来得佛受记呢？如果你说是过去生，过去生已经过去了；如果是未来生的话，未来生还没有来；如果是现在生的话，现在生也无从把握住。因为正如佛对一些比丘说过，所谓人生的几个阶段：生、老、灭。这里病不算了，病就是衰老的一个过程，人感冒一次就衰老一次，胃痛一次也衰老一次，哈哈大笑一次、哭一次也衰老一次，这些都是病。生活四大威仪，实际上都是病，这个病算在老里。喜怒哀乐起心动念皆是病，是心病。身体的苦痛是身病，都会使你衰老，最后死亡。生老病死在哪里？注意！就在这一刹那，《庄子》讲的"方生方死"也是这个道理。当人生下来就是开始死亡的那一刹那，出娘胎的那个我已经死掉了，不是长大的那个我，今天的我不是昨天的那个我，今年的我不是去年的那个我，早就变去了。现代医学说，一个人身上的细胞不断老死又生出新的，新陈代谢，每十二年为一周期，全身细胞都换了。我们自己觉得如生，其实也是如死。一切都是如此，如梦如幻。

僧肇法师《物不迁论》说"回也见新，交臂非故"，这是引用《庄子》里孔子告诉颜回的道理。两人对面擦臂而过，就这一刹那，两人都变去了，你已经不是刚才的你，我也不是刚才的我了，一切皆在生灭变化中。所以，生老只有一时，佛经所以不记时的，只有一时，没有过去，没有未来。过去的已经过去了，未来的还没有来，都了不可得；现在的才说现在就过去了，也了不可得。

"如佛所说，比丘！汝今即时亦生亦老亦灭。若以无生得受记者，无生即是正位，于正位中，亦无受记，亦无得阿耨多罗三藐三菩提。"佛曾对比丘说，你的生、老、灭都在这一念、这一刹那，没有过去、现在、未来。假如懂得这个，悟了这个叫悟道。所以，禅宗不是道理懂了，是要证到那个境界，得无生法忍，当下生而不生，灭而不灭，现在就是，哪里去找得到？现在是什么？现在是一念转空，不要你去空它的，你造出来一个空，是第六意识境界。是它来空你的，你想停留也停留不住，过去不可留，未来还没来，一来变现在，现在也不可留。所以，本空就是不要你去空它，是本来空你的。懂了这个，可以得无生法，懂了无生法才真可以得到佛菩萨的授记。

无生法是真正学佛的正位，不得无生法，你一切的修持都没有入正位。所以，菩萨在正位中，也无所谓受记，也无所谓得到了什么大彻大悟。我们上午讲藏密的方法，把佛像都压在下面去了，这是什么道理？是表法，破了人的法执，不但无我执，也没有法执；有一个佛，有一个法在，你还没有真解脱。真正得到了阿耨多罗三藐三菩提，得了大彻大悟无上正等正觉，是没有觉得自己是悟了的。觉得自己已经大彻大悟了，他就已经有了我相、人相、众生相、寿者相。因为，无我相也就无所得。

"云何弥勒受一生记乎？"维摩居士讲了这个道理，然后问弥勒菩萨：你，据说是得了释迦牟尼佛的授记，你拿什么来受记的啊？这个问题真是鸡蛋里挑骨头！真莫名其妙，很简单嘛！佛明明告诉他是下一生，却偏要问受一生记乎？大家看文字好像很容易，你想想看容易懂吗？不容易！我们不要说前生后世的事情，太麻烦。在座各位现在在听经,你知道自己现在听经的这个心,是昨天的,明天的,还是现在的?还是过去的,是将来的?想想看。在座的各位都有相当的学历,还有到博士程度的,你这些知识程度,是当初妈妈生你下来所带的那一点呢,还是后来加上许多?从你有记忆到现在这么多的学问,又懂了吃素、拜佛、念咒子、结手印,现在有了这些本事的心灵,和你刚懂事时的心灵,是一个还是两个?说说看。

佛在《楞严经》上为波斯匿王讲八还辨见,佛问波斯匿王几岁了。王说:"六十二了。"佛问:"你是几岁才看到恒河的水?"王说:"记得是三岁时,母亲带我去拜祭时看到的。"佛说:"你现在六十二岁,由小孩变成壮年,又变成老年,虽然你的外形转变那么大,且不管眼睛老花,但你看恒河的水,那个能看的,同三岁时能看的是不是一个?"王说:"当然是一个。"佛说:"能见之性没有因年龄而有差别,见性是常在的。"所以,你现在能思想能记忆的心,这一念,它没有时间、没有空间的啊!要把握这个道理。

同样的事情,不同的说法,维摩居士问弥勒菩萨,你是一生受记吗?换句话说,你受记是下一生吗?真的有过去有现在有未来吗?过去现在未来,昨天今天明天,是人因为物理世界昼夜的不同,自己划分出来的。你昨天知道肚子饿了吃饭,今天也知道,明天也知道,这个能知之性没有时间,没有前生后世,缘起性空。

"为从如生得受记耶?为从如灭得受记耶?"大家现在活着觉得自己是生,实际上是假的,假有之生!是假有偶然暂时的存在,纵然活到一百岁,这一百年从宇宙的观点来看,一弹指就过去了。我们活了几十岁的人,回想自己年轻的时候,好像就是昨天一样。我们走路去某个远方,向前看觉得还有很远,等走过去了,再回头看,非常短,对不对?人生就是这个道理,走过了几十年,回头一看,非常快,所以年轻人看前面,觉得前途茫茫,而老年人回头看却觉得很短嘛!所以我们活着,不管是前看后看,一切皆空,都是偶然暂时的存在。维摩居士这里讲"如生""如灭",要特别注意,我们活着是好像活着,那个真我在哪里?你始终没有掌握到,那么这一生就都是假的,不是你的。那么,死了是真死了吗?也不是的,因为如灭。如生也如灭,如去也如来,所以叫如来,也就是自性。如来这个翻译很妙,也可以说来如,好像来了,无所从来也无所从去。释迦牟尼佛好像现在不在这个世界上,走了吗?没有,无所去,无所不在叫如来。另外一个高明的翻译是真如,真如并不是有个真,好像真的,也没有假的。

"若以如生得受记者,如无有生。"维摩居士接着说,当下即是,如没有生过。

"若以如灭得受记者,如无有灭。"如没有死。就是大家现在坐着,我讲,你听,如生如灭,前一句话过了已经没有了,空了。你说空了吗?再说,还有,你还是会听见。但是,此中能听之性不生不灭,缘起性空。要在这个地方体会,那你可以学佛了,可以参禅了。

"一切众生皆如也",皆如也,众生还求什么了生死?本来就无生无灭可言。(师敲桌面一下)咚的一下就得定,这就是如如不动,你要注意!就是这一刻,谁叫你动啊?可惜你又错过了,还好像是,哼!也是如也!再叫你就不是了。

这就是如的道理,所以一切众生皆如也。众生觉得都活着,好像这宇宙中有这一段,有那么多人经过,有唐、宋、元、明、清朝,又到现代……好像好多人都来过这个世界,也都过去了。

"一切法亦如也",不是你去不动不摇,不是你去求的造的如如不动,它本来是不动而如,好像来了而没有来,你活了二三十年,觉得只像是昨天的事,一切诸法皆如昨梦,皆了不可得。

"众圣贤亦如也",观世音菩萨、孔子、耶稣、释迦牟尼佛一切圣贤亦如也,好像来过了,在哪里呢?如去亦如来。

"至于弥勒亦如也。"就是弥勒你也如也,你觉得存在吗?只像水上浮萍飘一下,在历史宇宙中一弹指就过去了。

"若弥勒得受记者,一切众生亦应受记。"如果弥勒你受记了,未来成佛,我告诉你,一切众生也应该受记,也都成佛!如果我是弥勒,就会反驳维摩居士说,"这当然如此!十方三世佛早就给众生授记了,一切众生皆有佛性嘛!"

维摩居士继续说,"所以者何?"什么理由?

"夫如者,不二不异。"你看他专门在"如"上面作文章。什么叫如?不二法门,不二就是一,不异就是没有变,没有二样。如来的"如"字你懂了,几万年的宇宙就是一时,没有时间空间的差别。你今天证得菩提了,就同过去佛未来佛一样,等无差别,他悟的是这个,你悟的也是这个。

"若弥勒得阿耨多罗三藐三菩提者,一切众生皆亦应得。"如果弥勒你大彻大悟了,一切众生也应该都大彻大悟,个个是佛。

"所以者何?"什么理由?"一切众生,即菩提相。"菩提不是你串成念珠的菩提子,菩提者觉悟也。我们本身就是大彻大悟,就是道,但是道的相分,不是见分,所以有各人不同的相貌,都是道变出来的现象。能变一切相貌的是菩提自性,但谁也没有迷过,哪一个不悟啊!哼!可惜你弥勒不悟。这好像当年有和尚问我为什么不出家,我说我从来也没入过家,从哪里出啊?一出一入只是众生自己的分别而已。

"若弥勒得灭度者,一切众生亦当灭度。"如果弥勒你将来得了涅槃,一切众生同你一样,也可以得涅槃。

"所以者何?诸佛知一切众生,毕竟寂灭,即涅槃相,不复更灭。"注意噢!真正佛法在哪里?涅槃是这个道的果,你现在正在涅槃中而不知啊!一念不生全体现,万念皆生也全体现,现有的现量境就是这一点境。一切众生从出生到现在,本来是不生不死的在寂灭中,哪里还要求一个涅槃灭度呢？学佛求道最后的果位是证得涅槃。

涅槃很难翻译正确，所以不翻，普通解释成圆寂、灭度或寂灭都不全对，都只是片面的。譬如极乐世界，极乐、光明、清净也都是涅槃境界。涅槃是本来清净，本来至善至美不生不灭的，其中包括的意义太多了。如果翻成中文的圆寂、灭度或寂灭，结果我们就把人死掉，当作涅槃。死是生死，不算涅槃。人死了，自性没有死啊！《心经》上说"不生不灭、不垢不净、不增不减"，就是涅槃。

"是故，弥勒！无以此法诱诸天子，实无发阿耨多罗三藐三菩提心者，亦无退者。"维摩居士就骂弥勒，你在这里给天人说什么法啊！真正的佛法不可说不可说，个个都是佛，你不要在这里诱骗天人了，你劝他们发大乘阿耨多罗三藐三菩提心，但是实在无心可发，一切众生此心本是大乘心，心性之体本来不生不灭，哪有退掉道心的人？但是我补充一点，他这是讲心性的体，至于我们这些众生，并没有证得心性之体的，就不要吹了。发心是佛教的名词，悟道了才真叫发心，是发明心地，不是叫你出两个钱，那个是发的出钱心。真正发阿耨多罗三藐三菩提心是发明自己的心地，是明心见性，大彻大悟。

讲到这里，我特别要岔进来一个话题，同学们平常学习或是听修证方面的课程，像是禅观、唯识，这些修证成佛的功夫是如此之难，为什么《维摩诘经》说得那么容易，大家也觉得一看就懂了？首先要注意这个问题，不然都搞错了。《维摩诘经》所讲的都是第一义，用现代话讲，是形而上道最高的一点，等于是禅宗所讲的顿悟成佛法门。在这部经里，佛的十大弟子都已成就了阿罗汉果位的，他们还都受维摩居士的训斥，挨了骂，道理在哪里？是见地的问题。

我们学佛有见惑和思惑的问题，思惑是思想的结使，是障碍迷惑我们的，有贪、嗔、痴、慢、疑。这种心理和生理上的障碍是靠做功夫修持，渐修而断的。见惑有身见、边见、见取见、戒禁取见、邪见，就是见解上、理上不透彻，不是修所能断的，是要靠慧来断。不是你功夫修得好，佛念了多少，打坐坐了一万劫，只要智慧、见地不到，是没有用的，所以见思二惑怎么才能断除，要搞清楚。

有的人功夫修得很好，学佛也学得很诚恳，都很对，但是不能算他悟了，因为见惑没有断，智慧没有成就，就不可能证到菩提。思惑靠修所断的，虽然有功德有善行有禅定。纵然修到四禅八定，境界之好，当然是很不简单了，但是并未究竟超越三界；再进一层来说，修到现生小乘阿罗汉入灭尽定，几乎是超出了三界，但还非究竟，最后还要回转来，回身向大乘再学。所以大乘的经典，像《金刚经》《楞严经》《法华经》《维摩诘经》《华严经》等等，多半的记载是偏向于见地方面的事。

见地要高是可以，但我们是根本还没有登地，一点修持成就也没有的凡夫，就是所谓博地的凡夫。地就好像是一层一层的楼，要想进入菩萨地，听了这个佛法很简单，好像都理解了，然而思惑的贪、嗔、痴、慢、疑结使根根，一点没动摇，那是一点用都没有，依旧在六道轮回打滚。甚至更惨的，有狂见而没有真修持，修所断的没有到，不要谈见所断。即使你三藏十二部都背得出，生死来的时候也抵不住！那种四大分离的痛苦，你没有修持是毫无办法的。我年轻的时候也自以为都懂了，慢慢晓得严重就不敢狂妄了。我用自己吃过苦头的经验教训你们，要求证到了，才是真懂，你思想理解到了没用的。

《维摩诘经》是对已经有成就者在见地上的呵斥，我们要特别注意到这一点，否则也不用讲这本经了。我们学佛的人，晓得悟道成佛是如此之难，不如走条捷径，好好念佛去。念南无阿弥陀佛往生极乐世界，免得自己在轮回中迷了路。到极乐世界并不是成佛了，是好好去留学，在那个环境有诸佛菩萨随时讲法，也不要交学费，也无风吹雨打，多好多方便。这个问题一定要搞清楚，否则听了《维摩诘经》只有坏处没有好处！学禅的人离不开《维摩诘经》，但是一两千年来，多少学禅的人，修持不到家的，最后还是要入轮回。我特别提出这一点，要注意！现在回到《维摩诘经》原文。

"弥勒！当令此诸天子，舍于分别菩提之见。"维摩居士告诉弥勒菩萨，你教化别人应该晓得教育路线，你要教他们舍离心理意识的分别心，分别菩提之见。什么是分别菩提？我们大家总认为自己是凡夫，那个菩提道是不可想象的，不知哪一天才能见到那个东西，好像穷人想得宝，一直苦到老，也没看见个宝。宝在哪儿啊？宝在你自己那里，并没有掉，个个都有宝的。《法华经》比喻为"贫子衣中之珠"，我们的自性菩提大道宝就在我们这件衣服里，不是身上穿的衣服，是妈妈给我们的这个皮囊里。妄念与菩提本来是一体之两面，所以维摩居士说要舍于分别菩提之见，当下即是菩提。烦恼即菩提，你一念放下烦恼，烦恼就变清凉了。知道自己在起心动念不对了，这一知就是菩提。我要打你了，手举起来了，心里想，不对，手就放下来了，这一知就是菩提。所以菩提在"舍于分别菩提之见"。

"所以者何？菩提者，不可以身得，不可以心得。"这里是关键之处，你打坐时闭着眼睛在那里，禅宗祖师骂你是在鬼窟里做活计！你感到黑洞洞的，没有念头，晃啊晃的，很清净，嗯，自己大概差不多了。我看是差不多该死了！那都是分别心意识境界，都在身体里找道。维摩居士说，"菩提者，不可以身得"，不在身体上。那你说我都不管身体了，搞气脉守窍是外道，我不是外道，那你是哪一道？内道还是食道？他又说"不可以心得"，这一下完了，在哪里啊？维摩居士留了一手，说了一半，他说菩提者，不可以身得，不可以心得。我给他补充另一半：菩提也不离身，也不离心，都不在也都在。他骂弥勒菩萨，我还要骂他呢！你为什么只讲一半？你骂弥勒菩萨骗人，你自己也骗人，不过手段高一点罢了。

下文来了，一大堆，这才告诉你菩提是无所不在的。

"寂灭是菩提，灭诸相故。"这话没有错，我们身是相，心也是相，物质世界无一不是相。我们此心不跟着外面现象走，当下就清净，清净就寂灭，寂灭就是菩提。《楞严经》说"狂心自歇，歇即菩提"，哪一个人肯狂心自歇呢？你说，我狂心歇了，一心只想修佛。这修佛的心还是狂心，狂得还更厉害，一切心都是狂心。歇是大休息，一切放下，歇就是菩提。

"不观是菩提，离诸缘故。"你说我打起坐来一片光，有时气在背上转，这都是你的意识在观察。放下就是，不观是菩提，菩提大道没有一切缘虑之心。

"不行是菩提，无忆念故。"不行不是不走路，行是五蕴的那个行。像你们打坐都在忆念，在想昨天那个境界怎么掉了？我现在是不是到了老师说的初禅边上了？都在忆念佛经的道理，不是在回想就是在妄念。何以我们清净不了？因为行蕴空不了，你想空它空不了。所以，叫你们要研究唯识二十四种心不相应行法，那个动、势、时间，你想空它也空不了，这些属于行蕴。譬如你打坐时再清净，你的血脉还在流通，心脏并没有停下来，那是肉体上行蕴的作用。五蕴皆空谈何容易啊！所以说"不行"，行蕴清净了，才是菩提。

"断是菩提，舍诸见故。"小乘法门告诉我们断惑证真，就是断见惑思惑，思想观念上有任何一点怀疑都要把它断了，贪嗔痴慢疑都要断。断惑证到真如，得道了。你看，《金刚经》的另一个名称是《能断金刚般若波罗蜜多经》，就是能断，切断了。你说你出家很多年了，一切都切断了。谈何容易啊！念念之间念念断，断就是放下，就是菩提。"舍诸见"就是一切主观成见都没有了。

"离是菩提，离诸妄想故。"为什么讲离，离什么？真正学佛的人先要发出离心。出离什么地方？出离三界，是跳出尘网之心，如果连出离心都没有发起,还自称在学佛,那就是自欺欺人。真正发起出离心的人,平常是不起任何妄想的。譬如有人出家了,对灯红酒绿没有任何留恋了,但是还喜欢山水风景,虽然风景清净,这仍然是着迷,一念有情已经被捆缚住了。

爱清净同爱灯红酒绿一样是爱,一有爱念就被黏住了。你说我什么都不要了,就想住庙子。你还有庙子的观念就应该丢掉了,哪里不是庙子啊?有些同学抱怨没有地方打坐,我告诉你,厕所里都可以打坐,我有一段时间环境不好,只有一张办公桌,写东西在桌上,要打坐时把书搬开坐上去,吃饭也在这桌上,哪里不可以打坐?再连办公桌都没有了,你站着总可以吧?非坐着才能证菩提吗?你不能发起出离心,对世间有分别,这样是离尘吗?那样是没有跳出,就不行。一念出离,哪个地方不可以坐,不可以入定?

"障是菩提,障诸愿故。"障碍就是菩提,为什么呢?你把一切的愿、一切的欲求都挡开了,当下即是菩提。

"不入是菩提,无贪着故。"六根也叫作六入,人随时都由眼耳鼻舌身意六根进入情境,能一切处不入就证得菩提了,因为于一切处不贪。

"顺是菩提,顺于如故。"顺道而行,自然而然进去了,一切处一切时皆是如来。刚才讲,你哪里不能打坐,不能入定?要如如不动,一切处皆如。

"住是菩提,住法性故。"当下即是就是住,说放下就放下,一念切断,就是菩提,自性本空,你不要去空它,它来空你。

"至是菩提,至实际故。""至"是到,"实际"用现代语言讲是本体,佛学叫实际。哪里是本体?一念到了就是,本体还另外有个体吗?就在你这里,当下就是实际。

"不二是菩提,离意法故。"我们普通都把佛法当出世法,与世间法是两样,其实是一样。不二就是一。你以为修道才会有道,不修就没道，那是二。道既然不生不灭，你修它也有，不修也是有的，修与不修都是你意识思想上的差别。所以，你能离开意识的法则就是不二法门，处处都是道。

"等是菩提，等虚空故。"你能懂了一切平等，自己的本性同虚空一样相等，不是你去修到虚空，虚空是本空的，所以平等。

"无为是菩提，无生住灭故。"一切法本来都是无为，本来无生无住也无灭，你不要去找一个"生住灭"的观念。

"知是菩提，了众生心行故。"我现在讲话，你听了知道了，懂了，这一知就是道，就是菩提。所谓知了，一知道就了，了了众生的心行。我们心理的行为，是非善恶都自己知或不知。老子也讲过，"知人者智，自知者明"。能够知人，了解别人，算是有点智慧，但是不算是明白人，能够自知才算真是个明白人。世上明白人难找，都不自知，可是看别人却都清楚得很。最可怜的是人人苦不自知，总觉得自己了不起。

"不会是菩提，诸入不会故。"你真什么都不会的话，差不多也是菩提了，世人都太会了。会是会拢，诸入是六入，诸入都不会拢，像是眼睛看外界，见而不见就是不会，耳朵听声音，听而不听是不会，那就是出离了。

"不合是菩提，离烦恼习故。""合"与"会"不同，不合是不黏着。例如我们看到一个人就气，那你是又会又合了。你看到人如梦如幻，不配合拢来，就是有出离感，解脱了。于一切法不黏着就是菩提，离一切烦恼习气的缘故。你对境无心，就是不会也不合，但怎么样可以修持到对境无心呢？

烦恼不单是痛苦，你看见一件事快活，这快活就是烦恼，你觉得舒服也是种烦恼。扰乱你的叫做烦，使你困惑的叫做恼。世间一切事都是烦恼，没有一件事是不扰乱、不困惑的，众生习气又偏偏喜欢找烦恼。我们有人不找烦恼的，工作完了就回家看书读经，很好吧？还是自找烦恼！同我一样，看什么书读什么经？不是本来清净吗？你说这一切我都不要，只学佛，还是烦恼！你没有成佛之前都烦恼死了。所以，离一切烦恼习气，彻底离开了，就毕竟菩提。

"无处是菩提，无形色故。"菩提是没有一个地方的，不像外道说道在肚脐，这个窍那个窍。菩提道无所不在，没有形相色相。

"假名是菩提，名字空故。"假名是菩提，中国话说得道也是假名，名字是空的，不要被它困惑住。

"如化是菩提，无取舍故。"一切事物都像是电影，例如现在听《维摩诘经》，我们自己就是演员，自己也在欣赏这部电影，再过二十分钟这场电影也散了。一切是如梦如化，都在变化中，没有一个实在的。你懂了就悟道了。

"无乱是菩提，常自静故。"我们学道常常求个清净，你以为打坐就清净了吗？其实你乱得不得了，又想数息，又想结手印，又想念阿弥陀佛，你看多乱啊！真正静了就什么都没有，本来空，乱也黏不住了。不散乱就是菩提，永远在清净中。

"善寂是菩提，性清净故。"善于寂灭，寂灭比净还要进一步，本来寂灭就是菩提，自性本来清净嘛！

"无取是菩提，离攀缘故。"取就是执著，我们做人一辈子没有哪一点不想抓住的，都想取得，都想属于我。乃至朋友不和你讲话你就痛苦，因为取不得了。你的东西不见了就痛苦，因为取不得了。取是十二因缘的一个，取是最麻烦的。苏东坡自以为悟道了，一切无取，《赤壁赋》里他还是要取江上之清风与山间之明月，自以为什么都不要，你看已经取了，已经被眼前的境界吸引住了。十二因缘都是在攀缘，人生都在攀缘，离开攀缘就无所取，就是菩提。

"无异是菩提，诸法等故。""异"就是变化，我们心理都有个变异，认为佛堂才有佛，闹区就没有，山林才有道，厕所就无道。这都是心念在变异，心念一清净就无往不是。所以，不变异就是菩提大道，一切法平等故。

"无比是菩提，无可喻故。"一切法没有可比喻的，比量境界都不是，只要当下即是就是现量。

"微妙是菩提，诸法难知故。"最后，总而言之，道微妙到不可思议，当下即是。你只有证到菩提，才可以彻底了解，一通百通，否则你用世间的心量是永远无法求知的。

你看这一大段，难怪维摩居士叫作辩才无碍，抓住一个题目哗啦哗啦说下来，这还没说完呢！他算客气了，要是佛来说的话，还要说下去。佛在《华严经》上说个不停，说得你晕头转向，维摩居士还只提了一点。维摩居士虽然讲了那么多，我们可以用两句话归纳："无往而不是菩提，无处而不是菩提"，菩提大道当下即是，是也不是，不是也是。这个菩提你到哪里去找啊？

"世尊！维摩诘说是法时，二百天子，得无生法忍，故我不任诣彼问疾。"弥勒菩萨报告到这里，告诉佛说，维摩居士说了这一番话的时候，当场就有二百位天人悟道了，所以我没资格代表你去探病。

弥勒菩萨这一段，为什么讲菩提讲了这么多？因为弥勒菩萨和释迦牟尼佛本来是同学，佛因为比弥勒菩萨精进，所以先成了佛。佛给弥勒菩萨授记，来生当证得阿耨多罗三藐三菩提而成佛。弥勒菩萨难道没有悟吗？当然他悟了。但是他最后一点尾巴脱不掉，在哪里？就是没证得菩提，当下成佛。什么是菩提？现在告诉大家，哪里不是菩提？一切都是菩提，世间法没有哪一点不是菩提，只要当下能够悟了就是。所以，《维摩诘经》可以研究，也可以不研究。研究而不好好修持的人容易起狂心，以为道理懂了就对了，我再告诉大家一次，只懂道理是没有用的。

光严童子——何处是道场

"佛告光严童子:汝行诣维摩诘问疾。光严白佛言:世尊!我不堪任诣彼问疾,所以者何?"现在轮到光严童子这位菩萨登场,所谓童子不见得是小孩,菩萨修行到了第八地不动地的境界,都称童子,表示无漏。开场白也是一样,光严童子推辞了去探病的任务,他有什么理由呢?

"忆念我昔,出毗耶离大城,时维摩诘方入城,我即为作礼而问言:居士从何所来?答我言:吾从道场来。我问:道场者何所是?答曰:直心是道场,无虚假故。"他说,"忆念我昔,出毗耶离大城,时维摩诘方入城",这句话有个重点,毗耶离大城是维摩居士居住的地方,据佛经记载是一个社会安定、经济繁荣的地区,政治上也自由民主平等,是善人所居住的地方,维摩居士在当地的地位有点像是现代说的主席。光严童子同我们一样,喜欢到处赶道场,他正要出毗耶离大城,大概是觉得城里太闹,要找个清净的道场。那时,维摩居士刚好要进城,他二人一个要离开闹热找清净,一个正要进来闹热的地方。

光严童子就向维摩居士顶礼,问:"居士从何所来?"我们以前讲过,能称呼居士不是容易的,要有财、有德行的在家菩萨才够得上。维摩居士回答"吾从道场来",他晓得光严童子要去找道场。光严童子就问:"道场者何所是?"怎么才够称得上是道场?"答曰:直心是道场,无虚假故。"维摩居士开口就一棒打过来,你还想去哪里找道场啊?就在你心中啊!哪有清净烦恼之分!都是你的自心在捣鬼。与直心相对的是我们都有的谄曲心,喜欢转弯的心。譬如我们与人讲话前先笑一下再讲,这个心态动作就是谄曲、谄媚,怕人不喜欢听,先给人一个笑脸,很自然地做出来,是众生的习气。当然不是说笑是不对的,是举例子。

直心是很难的，也不是说要骂人就骂，要打人就打。所谓直心者是无心，无心无念不加任何意识就是道场。换句话说，直接由心王起用，不加意识的分别就是道场，心里没有虚伪。

"发行是道场，能办事故。"发行是发心修一切善行，当我们第一念想做件好事，心动了构成行为就是发行。发行是道场，真发起心，行一切善，就是道场，因为能办事的缘故。不要学了佛就万事放下不管，离开家庭社会，找个庙子清净地方修行，那已经没有慈悲心了。学佛要度一切众生，你的家人不是众生吗？你度得了吗？自己家人都度不了，你还要度谁啊？我常说，本欲度众生反被众生度，这类的情况太多了。什么是真发心善行？能办事，自己能为众生尽心做事。

"深心是道场，增益功德故。"深心非常难，前面已经讲过深心，你们做早晚功课要念《楞严经》中阿难作的偈子："将此深心奉尘刹，是则名为报佛恩。"但是，一般人用心都很肤浅，要大智慧成就了才有深心。譬如，大家觉得唯识就很难懂，它是把心的作用、心的体相做深刻的分析。心在哪里？心脏不是心，头脑也不是心，真正能思想能作用的心你找不到，这个心王不可知，禅宗讲明心见性，你就见不到。真明白了深心，这就是道场，因为有了深心就可以修一切佛法，增益功德。大家不要以为捐了钱是做了些善事就沾沾自喜，真的大善事要有智慧来做，很难啊！有时帮助一个人，以为是善事，结果是坏事；有时不帮助一个人，看起来是坏事，反而是善事。这个处理就要靠深心，所以深心是智慧的成就。道场不是有形的，不是只有庙子是道场。

"菩提心是道场，无错谬故。"学佛发心是发菩提心，菩提就是觉悟，能够明心见性，大彻大悟。菩提心也是大悲心，爱一切人。所以，菩提心以大悲为根本，以见道为菩提，是悲智双运，是大悲心与大智慧的成就。真正发了菩提心才没有错误的观念。

"布施是道场，不望报故。"真布施是一切都舍出去了，为什么布施不求福报呢？布施而不希望有回报是很难的，我们可以很慷慨地布施，过后碰到利害关系时又会后悔。布施出去了就应该丢下，心中没这个事了，不期望什么回报。我们是不是常常听人埋怨：自己不是坏人，做了很多好事，为什么结果却有这样遭遇？我们有没有检查自己的心理，是不是会这样？例如你对某人好，这是布施，如果你又认为某人应该也对你好，这就是下意识地期望有回报。菩萨发心布施是不求回报的，我对你好，你对我好不好是你的事，没有计较心或利害心的。

"持戒是道场，得愿具故。"学佛的人由三皈依开始，五戒、八关斋戒到沙弥戒、比丘戒、菩萨戒，这戒行修持是硬性规定的，是由外面打进内心，由外形的管理改变自己的内心。智慧不一定要依赖戒行而发，那是由内心的发动打到外面来。真正智慧成就的人，持戒一定是很严肃的。小乘的比丘戒、比丘尼戒成就，是为了修持得到罗汉的不漏果。我们讲禅规也提到，外形的不漏是内心不漏的开始。大乘的持戒，是为了达到十波罗蜜（布施、持戒、忍辱、精进、禅定、智慧、方便、愿、力、智）的圆满成佛，悲智双运，悲不入涅槃，智不住三有（三界）。这是佛法的究竟，本来也无涅槃可入，涅槃就在自心中。

"忍辱是道场，于诸众生心无碍故。"我经常讲一句话，什么都可以受，只有气不受，不受人家的气。你们什么都可以学我，这一句不要学，学了就变毒药。不受气这句话，是教育特定人所用的方便，事实上并没有人拿气给我受。大家学佛好像越学气越大，都用圣贤菩萨的标准看人，这个也不是，那个也不是，却不去反省自己。因为不反省，忍辱也没有作。忍辱不是硬忍，大忍辱就是大慈悲，不需要忍，所以忍辱的辱并不一定是别人侮辱你。我们人生遭遇环境的痛苦，一切的不如意，都属于辱，都是忍辱的范围，真学佛就会无所谓，该如何处理就如何。真做到这样大乘的忍辱，就不会觉得受辱，也就是道场。心里对于一切众生都没有罣碍，看你和我是一样的，看仇人如亲人一样，这样自然就不会烦恼了。换句话说，要怎么去修大乘的忍辱呢？就是"于诸众生心无碍，是名忍辱是道场"，这也是一副很好的对联。

"精进是道场，不懈怠故。"学大乘道的人于法随时精进，精进是勇猛的用功，懈怠是原谅自己的偷懒。真精进的人是不会懈怠的。

"禅定是道场，心调柔故。"禅定的修法始终离不开四个字：心一境性，也就是系心一缘。但是，大乘菩萨道的禅定用不着系心一缘。系心一缘是为了调伏我们刚强的第六意识心念，你叫自己不要想了，它不听你的，你叫自己不发脾气也办不到。有禅定修养的人，可以把刚强的心念慢慢调柔，然后再使它空掉，所以禅定是道场。

"智慧是道场，现见诸法故。"这个智慧就是般若。这一段都在说六度，简单一句话就是：六度是道场。可是他把六度分开讲。真智慧，明道了，就是道场，当下就了解，一切世间法出世间法通通是道。

"慈是道场，等众生故。悲是道场，忍疲苦故。"慈和悲是两种不同的心态。慈就是爱，看一切众生平等，看别人的父母子女如同看自己的父母子女。真做到这一点，就是慈，也就是道场。如果说，我看一切众生平等，已经不平等了，因为你有个"我"在了。悲不是悲哀、流眼泪，是怜恤一切众生，因此牺牲自己，为了有利于众生，为了救度众生，能忍受各种疲劳苦难，这是大悲心，不是坐在那里哭。

"喜是道场，悦乐法故。舍是道场，憎爱断故。"世间的欢喜不是喜，因为没有真正的欢喜。真正的欢喜是得到法乐，真达到那个境界，就是道场。舍与布施不同。布施分三种：外布施是金钱财物的布施；内布施是身心一切放空，奉献出来；无畏布施是给一切人力量，精神的帮助和支持。舍是放下，是能切断一切心念，所以舍是道场。外布施的舍，放掉财物，没有什么了不起，能够把心理上所憎爱的切断放掉，才了不起。憎是讨厌的意思，不是嗔；憎的相反就是爱，就是喜欢。你们年轻同学读过苏曼殊，事实上他并不真是和尚，是弄了个假度牒玩的，他有首诗：

　　禅心一任蛾眉妒　　佛说原来怨是亲

　　雨笠烟蓑归去也　　与人无爱也无憎

他用的就是这个憎。

"神通是道场，成就六通故。"大乘的神通不是什么眼睛看到鬼这一套，真大智慧是大神通，神而通之。因为神通智慧而成就六通（天眼、天耳、他心、宿命、神足、漏尽）。我们都有眼睛、耳朵和心智，为什么不能知道天上天下、过去未来一切事？因为我们不通，阻碍了。是被什么阻碍了？是我们心理上的结使：贪嗔痴慢疑等等。把这些坏的心态洗刷干净，就打通了。六通很容易的，并不难。我们年轻读书没有人会问你念毕业没有，而是问你读通了没有。以前我们作文章，老师用红笔批两个字"不通"，就丢回来。智慧没有开嘛！拿支笔会写，但是道理不对。如果能有长辈赞你把书读通了，那就已经了不起了，这是通的道理。你们不要迷信神通，我们本来是通的，因为没有智慧所以就不通了。

"解脱是道场，能背舍故。"我们常说学佛的目的，第一步是学到解脱，把烦恼痛苦的包袱解掉，就像是把衣服的纽扣解开脱掉，就舒服了。人生背的包袱太多了，太平天国的石达开，最后兵败逃入四川，上了峨眉山顶，说了句话留在日记里：人生到此解脱为难，只有放声大哭。这是时代英雄的心境，地位到了某个阶段，做了领袖是很痛苦的，想放下，放不下，这个经验你们年轻人是不能想象的。

前几年有位工商业的巨子，逢到生意不好的时候，我说你可以结束吗？他说结束不了，我说对。他知道如果把工厂关了，所有员工连家属几万人的生活就会有问题，想想只有扛下去了。我说这就是大菩萨心境，你好好做下去。所以不要以为当头子好，当头子也很痛苦，解脱为难啊！

学佛的目的,第一步是求解脱,学道家的第一步是学《庄子》的逍遥,但是我看了许多学佛学道的,往往是既不解脱又不逍遥,人生本来已经有很多条绳子绑得你解脱不了,因为学佛又加上些绳子,真是越学越可怜。所以,解脱是道场,能背舍故。背是违背,背舍是指八种背舍(内有色相观外色解脱、内无色相观外色解脱、净解脱身作证具足住、空无边处解脱、识无边处解脱、无所有处解脱、非想非非想处解脱、灭受想身作证具足住),名词就不解释了。

"方便是道场,教化众生故。"要宏法教化众生很难啊!每个人根性不同,要懂一切方法,要懂得大菩萨的方便,才能教化众生。

"四摄是道场,摄众生故。"四摄法是布施、爱语、利行、同事。学大乘菩萨道只有牺牲自己,布施出去不要求回报。爱语第一是要关怀别人,要跟人家讲话,不是不讲话;第二是所讲的话要别人听得进。利行是所作所为都是利于人家的,不是利于我的。同事更难,为了要教化人家,即使是自己不愿意的事也只好去做,慢慢把他哄上路,所以跟他同事,他喜欢做的事你陪着他做。四摄法是菩萨的道场,由此才能包容众生。

"多闻是道场,如闻行故。"多求学、多听、多研究就是多闻。有人听经一耳进一耳出,自己觉得已经懂了,但是不能如闻行,听到的道理,不能变成自己内在的心性行为。

"伏心是道场,正观诸法故。"一切修行是要降伏我们的妄想狂心,伏心就是《金刚经》的第一段,须菩提问佛要怎么样降伏其心,就是降伏妄想心念、烦恼。能降伏其心就是道场。把妄心分别心真降伏了,智慧就开发了,看一切佛法得正观,不会得邪见。

"三十七品是道场,舍有为法故。"佛学的重点就是三十七个菩提道品,是大小乘的基础,我们同学一定要搞清楚,刚开始至少要把名字和数字记清楚:四念处、四正勤、四如意足、五根、五力、七觉支、八正道。我反复讲过很多次了，名数都记不得是很严重的。

三十七菩提道品，基本是建立在四念处上，这是修行的第一步，一切禅定都从这里来，我们都讲过了。这三十七菩提道品，仍然是属于有为法，但是佛法是讲无为，讲空，《金刚经》上佛说："一切贤圣皆以无为法而有差别"，你怎么空，怎么达到无为呢？古来要数明朝的柏堂禅师讲得最彻底了，他有句诗"有为须极到无为"，意思是说，把有为法修到家了，自然达到无为法空的境界。所以，大家不要自认为是修大乘法，修空的，小善小事都不为，那就错了。

"四谛是道场，不诳世间故。"四谛是苦集灭道，是学佛的第一步。世间皆苦，是苦谛；众生以苦为乐，抓住痛苦当快乐，是集谛；要解决痛苦，灭尽苦、集就得道了，是灭谛和道谛。人类，甚至说一切生命，有个共同的目的是离苦得乐，都想求得享受求得快乐，事实上三界众生都是以苦为乐，把轻微的痛苦当成最高的享受，这就是所谓众生的颠倒。例如，你去按摩很舒服，其实按摩是轻轻打你，打重了你就痛苦了。所以说世间一切皆苦，没有错，没有说谎，懂得如此才真正解脱得道，离开一切苦得究竟乐，这是佛法的真义。

"缘起是道场，无明乃至老死皆无尽故。"如果抽出《维摩诘经》这一句话来考试，同学们要吃苦头了。大家都会念《心经》，对不对？其中有"无无明，亦无无明尽，乃至无老死，亦无老死尽"，同这句话一样，包括了十二因缘。你们十二因缘记得清楚吗？高级班的同学应该一问就答得出来。如果连这些基础的名词次序都背不出，还觉得自己学问思想非常高，那才是莫名其妙。

恐怕有些居士不了解十二因缘，我们再把它写出来：无明缘行、行缘识、识缘名色、名色缘六入、六入缘触、触缘受、受缘爱、爱缘取、取缘有、有缘生、生缘老死。现在黑板上写成横的一条，其实应该写成圆圈，以无明做起点，这是十二因缘。十二因缘管三世，前生、现在、来生。大家谁记得妈妈没有生你之前在哪里？都记不得了。现在把过去切开，一个人一念之间来投胎，生不知从哪里来，死了会去到哪里，有没有把握？也不知道，统统是无明，就是莫名其妙，就是混蛋，就是糊涂。不要说生死哪里来去了，你们明天早上醒来的第一念会是什么，你有把握没有？绝对没有把握！那个念头怎么来怎么去都不知道，所以叫作无明，这是道理上的无明，什么都不知道，没有光明，没有智慧，一团黑暗。

一切众生是怎么来投胎的？就是行，行就是动，念头一动就来了。这个动力的前面是无明，莫名其妙，不知道怎么样动的。如果明了就不是十二因缘，是得菩提了。贪嗔痴慢疑，一切大烦恼、小烦恼、随烦恼，统统是一念无明。有念，生命这一念不知道何处来就是无明。佛经说："一念嗔心起，八万障门开。"人发了脾气，起嗔心，就有障碍了。又说："嗔是心中火，能烧功德林。"怨天怨地，愤世嫉俗，对任何人都不满，对环境也不满，种种埋怨都是嗔念。有很多人学佛，佛经读得很熟，佛学也讲得很好，文章也写得很好，样样都会，但是事情来了就不行了，结果是在那里自欺欺人。贪嗔痴当中，嗔是最大的无明。

小说《济公传》中写到，济颠和尚有天喝醉了，半夜里起来就大叫，"哎哟！不得了！无明发啰！"把大家都吵醒了，众和尚要追打他，他就跑，结果回头一看，庙子失火烧光了。原来他是要告诉大家，火要来了，又不好明讲。

火就是嗔心，嗔心就是无明。无明缘行，我们投胎的动力是行阴。你们打坐念佛为什么杂念妄想去不掉？现在应该知道了吧！我已经讲明了嘛！因为行阴没有停止啊！它永远都在动，没有办法，等于我们睡觉时血液循环没有停止。我们不能得定，不能专一，就因为行阴的力量大得很。

无明缘行，一念无明引起这一股念力，它动性不停。行缘识，一有行动又引起中阴的意识，我们思想意识不能停，因为行阴动了，缘就是连锁的关系，一个抓住一个，一个抓住一个。中阴意识看到男女两个有缘的，三缘和合入胎了。识缘名色，一般人称名色就是胎儿，因为四大就是色，变成了有形的肉体。名色缘六入，胎儿在母体中起变化，有眼耳鼻舌身意，就是六入，有了生命。六入缘触，触是内外接触起了知觉感觉的作用。触是身根来的，有了身体就有感受，譬如穿了衣服觉得冷或热，是触。触缘受，这两个有什么不一样？触是讲起作用，你两手合拢来感觉到是触，你手合拢觉得暖还是冷，到心里头去了，身心两个发生关系，那是受。

感与受不同，那能够感的是触，受是连到心理。触法有时不一定连到心理，也就是生理上叫触，可以说是医学上讲的神经反应。如果我们某一部分神经麻痹，神经反应我们感觉不到，但那没有麻痹的神经还活着的，触法还在，只是你心里可没有受了，所以触跟受是不同的，否则会觉得差不多。因为受，好受的就爱，受缘爱，爱得要死就要抓住。爱缘取，我要这个茶杯、这个手表，要抓。这世界上越抓紧就越会飞掉，求不得苦嘛！人生有八苦。你越想求它，它越厉害，同物理一样，向心力有多强，离心力就有多强。天下事有时你不想抓它，它偏跑来了。

爱别离苦的背面就是怨憎会苦，你不要的它偏来，你不愿意见的人，一转弯就碰见，跑到厕所里还碰见哩！喜欢看到的人偏偏写信不回，电话不接，是不是？人生就是这样。

取缘有，因为抓住有，所以构成了偶然暂时属于你的，这就是有。其实没有真的有，一定会散去的。所谓"积聚皆销散，崇高必堕落，合会终别离，有命咸归死"。爬高了一定要下来的。东西啊！钱啊！累积多了一定散掉用掉，很多钱也是替别人累积，儿女也是别人啊！天下无不散的筵席。只要有生命，总有一天会死亡的，所以有是抓不住的。有缘生，生缘老死。死了呢？一念无明，无明缘行，又来投胎了，这叫十二因缘，是圆圈。

所以要想修行得道，就要断无明，也就是要断见思二惑，断惑就证真，证到真如就得道了。所以基本上无明一念空掉就得道了，以小乘来讲就得阿罗汉了。大乘的菩萨还要进一步做到《心经》说的："无无明，亦无无明尽"，你以为切断就得道了吗？错了，那是小乘偶然的，等于"抽刀断水水更流"，是假的空。大乘菩萨毕竟空，不需要断去无明。所以，断惑证真是小乘法门，大乘菩萨没有讲断，非断非常。无明没有断，而是转无明而成真如，转识成智。因为无明本身是空的，它不停留的，用不着断它。所以说"无无明，亦无无明尽"，所谓尽就是断，不需要断就空了。《心经》这一段一路无到底，"无老死，亦无老死尽，无苦集灭道，无智亦无得，以无所得故，菩提萨埵……"就是菩萨境界。

维摩居士这里也讲："无明乃至老死皆无尽故。"你这才会晓得缘起性空，性空缘起。一念无明怎么样缘起而来？它自性本空，不要你去空它的，本来不存在。所以，"缘起是道场"，即十二因缘同无明，乃至最后老死皆无尽，不需要你去断它，是它来空你。

"诸烦恼是道场，知如实故。"小乘的修法是要断一切烦恼，断惑证真。维摩居士说烦恼本身就是道场，因为烦恼本空嘛！烦恼是心态的相状，你不被现象所迷住，那个心态是本来清净，本来是实相，你知道如实。所以，"烦恼即菩提"这句话也在《维摩诘经》里。

"众生是道场，知无我故。"他说，不用离开一切众生，众生主要指人类社会。你要跳出红尘，离开这个社会，你想躲到哪里去？你说自己什么都不要了，只要青山绿水，自以为很解脱，但是都被这些颜色困住了，是更红的红尘。众生世界本身就是道场，用不着逃避。如果没有众生，也不需要成佛了。既然没有众生，自然不需要度众生了，何必成什么佛呢？有人感叹这个世界太乱，我说就因为世界乱你才有事可做，世界不乱你还有屁用？因为有众生所以才要成佛度众生嘛！没有众生你成佛干什么？没有对象了嘛！

"一切法是道场，知诸法空故。"一切法包括了魔法、外道法。如果魔法、外道法不在一切法之内，逻辑上这一切法就不能叫一切了。善法、恶法、有为法、无为法……无法而不在内，才叫一切法，而一切法皆是道场，因为一切法自性本空。

"降魔是道场，不倾动故。"学宗教的人都很迷信的，讲有魔啊！有鬼啊！什么道高一尺魔高一丈，说得像真的一样。实际上魔在哪里？魔都在你心中，是自己捣鬼。所以说起心动念就叫做天魔，如你硬压下念头，不起心动念就是阴魔。或起不起，有时有念有时又好像无念，就是烦恼魔。什么是或起不起？就是"剪不断，理还乱，是离愁，别有一番滋味在心头"。清代有个文人蒋坦，有天听见雨打芭蕉，心绪凄迷，就在花园的芭蕉叶上写了一个句子："是谁多事种芭蕉？早也潇潇，晚也潇潇。"有位小姐看到了，就接着写："是君心绪太无聊，种了芭蕉，又怨芭蕉。"其实，人生境界不管出家的在家的，都是种了芭蕉，又怨芭蕉，所以一切都是自造的。

《西游记》中描写孙悟空头上被观世音戴了个金箍，最怕唐僧念紧箍咒，一念咒孙悟空就头痛，只好听话了。最后到了西天，唐僧也取了经了，孙悟空一想，头上的金箍还没取下，就跑去找如来佛，请佛帮他取下来。佛就笑了，问他："猴子，是谁给你戴上这个金箍啊？"孙悟空答："是观世音啊！"佛要他摸摸自己的头上是否有个金箍，孙悟空一摸，真的，本来就没有戴上。这就是"种了芭蕉，又怨芭蕉"。孙悟空因此大悟，猴子就成佛了。人生这个头痛的圈圈都是自己戴的，每个人没事还要想个办法，找个圈圈戴到头上，戴上之后，头痛极了，好烦恼啊！然后想尽办法把这圈圈脱掉，还告诉人自己本事多大，能脱下这个圈圈。脱掉了不到三天，头不痛了，人就不舒服了，又来一个圈圈把头套上去。

讲回到降魔,哪里是魔?你以为打坐看到可怕的鬼是魔吗?那些魔都不可怕,就算那个魔要吃你,你给它吃下肚,两手一抠,不就抠了个窟窿出来了吗?孙悟空最惯用这个办法的,被吃下去,一捅就出来了。被鬼弄死了也好嘛!死了我也变鬼跟他打一架。这没什么可怕的,最可怕的是自己心中之魔,烦恼魔。唉!种了芭蕉,又怨芭蕉。这个很难办。所以,维摩居士说"降魔是道场",什么是真降魔?就是不动念,"不倾动故"。你不去种芭蕉,当然就不怨芭蕉了嘛!

"三界是道场,无所趣故。"跳出三界,你去哪一界啊?是第四界、第五界、还是第六界?智不住三界,悲不入涅槃。已经跳出来的人自由自在,来去自由。

"师子吼是道场,无所畏故。"诸佛菩萨说法如狮子之吼,狮子为百兽之王,狮子一吼,百兽都为之头痛脑裂,所以常比喻诸佛菩萨的说法是狮子之吼,就是这个道理。也就是说,诸佛菩萨说法说真理讲正道都没有恐惧。

"力无畏不共法是道场,无诸过故。"佛有十力、四无畏、十八种不共法,都是道场,这些名词前面已经讲过了。

"三明是道场,无余碍故。"成佛得到三明六通,六通前面讲过了,三明是漏尽明、天眼明、宿命明。明比通还厉害,通不过是打通了,像阴沟一样通了;明像太阳出来,无所不照。三明是道场,没有残余的障碍。

"一念知一切法是道场,成就一切智故。"这就通通告诉了我们,什么叫真正的学佛。道场不在山上也不在庙子,就在你心中。讲了那么多,你随便从哪一点悟道都真是道场了。"一念知一切法是道场",根本大彻大悟就是道场,到了这个境界,一切大智慧成就,成佛了。

维摩居士对光严童子一路棒子打下来,都打光了,扫光了一切。他接着说:

"如是，善男子！菩萨若应诸波罗蜜，教化众生，诸有所作，举足下足，当知皆从道场来，住于佛法矣。"他说，你应该悟到这些道理，懂了"如是"，也就是懂了前面所讲的，一切学佛的人假定都懂了这个道理，应该依六波罗蜜教化一切众生。菩萨在世间所有作为，"举足下足"，就是提得起放得下，像脚走路一样，通通都是道场。你哪里去找个清净道场？菩萨道在世间举足下足，"当知皆从道场来，住于佛法矣。"佛法就在这里，哪里有道场？一念清净，当下就是道场，你又何必"种了芭蕉，又怨芭蕉"？

维摩居士给光严童子说法，这位菩萨名光严，智慧光明的庄严，这一段法都是说智慧庄严。

"说是法时，五百天人，皆发阿耨多罗三藐三菩提心。故我不任诣彼问疾。"维摩居士讲完时，在场同时听法的五百天人，都大彻大悟了，都懂了。所以，光严童子也表示自己没有资格代表佛。

《维摩诘经》到这里，由十大小乘阿罗汉弟子开始，一直到大菩萨弥勒菩萨、光严童子都不敢当代表。不是不敢去，如果你认为他们是不敢去见维摩居士，那同我们世间人一样，何必学佛呢？这一班人也太不伟大了。其实他们是不敢做佛的代表，可是求善知识问法是很愿意的，就是愿意当学生。最后只有文殊菩萨去了，文殊菩萨是七佛之师，一切佛都是他教出来的，只有靠他的智慧带领大家一起去，这是《维摩诘经》的故事。

我们知道，《维摩诘经》这一品，讲的是大乘菩萨境界，重点在每一位大乘菩萨的见地。第一位弥勒菩萨所代表的见地是，如何是菩提，也就是如何是得道，大彻大悟，悟的是什么东西。第二位光严童子所代表的见地是，如何是道场。道场是修道的地方，佛教中的显教和密教将修道的地方都称道场，例如庙子、佛殿、佛堂等。有称庵或堂的，过去习惯将比丘尼所住的地方称庵，在家女居士修行的地方称堂。称寺的，就是丛林、大禅林，例如清朝末年留下来的丛林，江苏扬州高旻寺。称庙的，普通把庵、堂、寺都称为庙，但是近世大陆出家人所住的地方很少称庙的，庙代表了一切神庙。道士们所住的地方不叫寺也不叫庙，而叫观，读音如灌。这些都算是道场。佛堂是道场，大殿是道场，佛的塔庙是道场。有时候在家人请法师们来念经或是放焰口，临时搭个棚子，挂个佛像，那个地方就叫道场。中国佛教的习惯，在念经做法事的地方，就叫作道场。今日的闽南语、广东话大概还有的，说某某法师做道场去了。中国的民俗观念上，一个念经、修行、打坐的地方都叫道场，这是宗教形式上的观念。《维摩诘经》却告诉我们，大乘佛法真正的道场在心，不在外形，不着相的。他还讲得客气，"缘起是道场，无明是道场"；换句不客气的话，厕所也是道场，天堂也是道场，不垢不净。只要心一念清净了，当下就是道场，就是修道的场所。

　　顺便告诉你们年轻的同学一个故事，现在东方的文化，尤其是禅、佛学，流通到外国，尤其美国，已经很久了。这件事算算不止二十年了，当时在美国有一位中国的老教授，他没有学过禅。在美国当教授也很可怜，随时要有新的东西补充，如果三五年没有新的著作、新的报告发表，就落伍了。其实在中国也一样，每一个读书人到老都在用功，不断地上进。因为禅开始在美国流行了，所以大学里要他把禅宗的东西翻译出来，他接受了这个任务，翻译禅宗的《指月录》《五灯会元》等。那时他跑到日本东京去翻译，碰到很多问题，日本佛教界也不能完全满足他，最后不知怎么打听，到了我这儿。我因为他是中国人，希望翻译到外国去的东西不要给中国人丢面子，就答应帮忙了。

　　后来才知道他原来也没有学佛、学过禅的。其实现在也很多这样的人，这些在国外的中国教授，每位都懂禅，唉！真是可笑！他把翻译好的东西寄来要我审查，我要他一部分一部分寄过来，全文一次送来我没有时间。那时有位老道友黄居士，他现在都有九十多岁了，他英文程度很好，我那本《禅宗丛林制度与中国社会》就是他翻译的。我就请他审查，看看翻译对了没有，有问题就来问我。结果看到那位教授把道场翻译成坟墓，黄老居士很生气，就讲：这种错误怎么得了？我不改了！哎呀！我就讲，千古以来翻译的东西各种错误是很多的，你也不要生气了，还是给他改过来吧！何况，他把道场翻译成坟墓还有道理的。什么道理？中国人过去要和尚去坟上放焰口念经，盖一个棚子，就说作道场了，习惯了。这教授小时候在国内，大概看过和尚在坟上念经作道场，因此他想道场就是坟墓嘛！

但是，你们同学千万要注意！不要因为常识不够在外头闹笑话，你外出弘扬佛教不要变成黑扬佛教了。过去的鸠摩罗什、达摩祖师，这些大师们到中国来翻译佛经，翻译得那么好，那么准确，可不简单。过去因为有政府、皇帝的提倡，每一个翻译的地方都有千把人，这些很高明的人集中在一起，一个名词、一句话都研究了好几个月才确定。不是像你们现在学了几句外文，中文又只懂一点，然后就乱翻一通，牛头不对马嘴！这是讲到道场，特别插进这一段。

我们学佛的两大观念在这儿了，怎么样才是道，就是菩提，由弥勒菩萨代表，这讲过了。第二个问题，怎么样才是修道的地方，也就是道场，由光严童子代表。修道的地方不在哪里，一切在自己的心中。前几年我要闭关，到处看地方，好多同学、老朋友都要我去他们那里，有的房子我看了就跟他们说不行。也有人要送我地，那我还要盖个房子，等盖好了，也许我闭关都该改成闭棺了。忽然想想，自己也傻，还找什么地方，都市里就可以闭关，我住的地方门一关就闭关了嘛！心关了就关了，到哪里才叫闭关啊？所以人家以为我去了一个山顶上，其实我就在都市里关了三年。自己把门一关，当天就闭了。不要特意找什么清净地方修道、出家，你心不清净，哪里都不清净，去哪里都没有用！道场就是这个道理。你们去找什么庙子？到庙子你才不妙呢！一样的烦恼，一样的痛苦。你真妙了以后,嘿!什么痛苦的地方都是道场。注意!这是大乘佛法的要点。

弥勒菩萨代表菩提,把道是什么搞清楚了。悟了道以后,找个地方行道,道场也搞清楚了。悟道、行道,地点也有了,现在开始学道。

持世菩萨——如何修行

"佛告持世菩萨:汝行诣维摩诘问疾。持世白佛言:世尊!我不堪任诣彼问疾,所以者何?忆念我昔,住于静室,时魔波旬,从万二千天女,状如帝释,鼓乐弦歌,来诣我所,与其眷属,稽首我足,合掌恭敬,于一面立。"

现在《维摩诘经》的主角换成了持世菩萨。我们要注意,每一位菩萨的名号同佛法都有密切的关系。持世是保持这个世界,世间一切法就是佛法,在家在俗是世间,世间法就是出世间法,没有两样。做到这样才能够修持、行道。

佛转向持世菩萨,要他代表佛去探维摩居士的病。持世菩萨向佛表示他没有资格去,因为他从前住在静室修道,大概不晓得是在哪个山里,又盖了个茅棚或修个庙子,庙子里也不清净,就再找个房间,房间修成关房,什么人都进不来,就清净了。当时,大魔王波旬带了一万两千名天女来了。

你可能想,魔王为什么要带着天女?要知道,大魔王是所谓的天阿修罗,还是有功德的,有相当的善心,但是嗔心烦恼不断,一切业习的种子不断。魔在古时是写成磨,就是磨难、折磨的意思。挫折、烦恼都是磨。你肚子饿没饭吃,饭就是磨。夫妻吵架,彼此就是对方的磨。后世把石改成鬼字变成魔,你就把魔想成鬼了。实际上修道人都有魔。譬如我常说自己一天到晚还受魔,但是什么天魔、阴魔我都不怕,最怕人事魔。人找你麻烦，看到真烦死了。你不要以为看到什么三头六臂、牙齿露出来的、青面的，那些一点不可怕。人事魔最可怕了，我觉得人比魔可怕多了，这是真话，你们要注意这个道理。

另一个道理，魔跟佛是有同等力量的。基督教说上帝万能，但是为什么却不能降魔？上帝与魔鬼并存，上帝的本事有多大，魔鬼也有多大，那上帝就不见得万能了，这个最重要了。佛法也是同样道理，佛能够降伏一切，最后还是降伏不了魔。在《涅槃经》上说，佛要涅槃了，就问这个魔王波旬，好了，我要离开这个世界，你总该高兴了吧？魔王说，差不多，高兴，但是也不高兴。佛说，我走了五百年后，还有我的弟子，正法还可以住世，五百年后你还有什么办法来破坏佛教？这些在《涅槃经》里都有。魔王波旬回答，你老人家安心去吧！我有办法的，我穿你的衣服，吃你的饭，讲你的经。佛说，啊！你行！你厉害！这是魔破坏佛教的愿力，我们眼看着这个时代都快要来了。中国老话说：道高一尺，魔高一丈，魔的力量比你大。做人的道理也一样，福无双至，祸不单行。好事没有两样一起来的，可是坏事一来就好多接着来，这个娑婆世界就是那么痛苦。

魔鬼不稀奇，处处都是魔，人生境界能不被魔所魔住就了不起了。魔王波旬是天界的大魔王，佛在《华严经》也说过，大魔王是十地大菩萨的转变，他故意走魔王的路子来磨炼人，看你能不能过关而成道。所以，修行人并不必一定怕魔，经过一番魔障，道理进步一番，过了这一关你就跃进一步。

所以，魔王波旬是天人境界，这是看不出来的。他带了一万两千个漂亮的天女，自己变成了帝释的样子。帝释是欲界天的天主，住在忉利天又叫三十三天的中心，就是中国所讲的玉皇大帝。持世菩萨正在静室中修道，当时不晓得是魔王来了，以为是玉皇大帝带着天人来了，还吹打着音乐。经上没有细说，但是一定还带着五彩祥光从空而降，到了持世菩萨那里。帝释率领随从向持世菩萨恭敬行礼，然后站到旁边，是那样地崇拜他。你看一个人修道到这样，你们假使打坐或念经时，不要说来了那么多天人，就来个土地公公或城隍爷给你磕头，我看你不晓得要多高兴了。老师啊！我功夫进步了，那个城隍爷土地公都来拜我了。你一定高兴得发魔了，不只是发疯。

"我意谓是帝释。"你看，修行多难，持世菩萨是大菩萨了都分辨不清，以为是天人玉皇大帝来护法了。

"而语之言：善来！憍尸迦！"就对他说，憍尸迦你来得好。憍尸迦是帝释的梵文发音，有人说天主教基督教的上帝的英文是God，就是玉皇大帝憍尸迦的名字，我说这不一定，很难讲，音是相近，但不要随便牵强附会。

"虽福应有，不当自恣。"持世菩萨接着批评他，你虽然福报大，是玉皇大帝，不要太骄傲放恣。古时中国的帝王权力多大，但是只敢说是天子，祭天时一样要跪下来，自称臣，这一套天人观念看似神话，但它构成了宇宙观念的制度，所以天人的福报比世间的帝王还要大。但是，持世菩萨告诉他不要放恣，你看他带了一万两千天女，而且又有那么多音乐，排场不得了。

"当观五欲无常，以求善本。于身、命、财，而修坚法。"持世菩萨接着对他说法，他教训玉皇大帝，你还要进一步修行才行。我们出家修行的人不敢享受五欲的快乐。五欲是色、声、香、味、触，是修道人要远离的。你又有天女，又听音乐，又唱歌又跳舞。五欲福报享完了还是要堕落的，你虽有善报做了玉皇大帝，这个并非究竟，更应进一步修道向善。向上修到色界就要走禅定的路线，戒定慧的路线。你这样可不行啊！

修道的人要把四大肉身看空，观身无常。这个世间的命，欲界的命没有什么了不起，分段生死的命非究竟。就算到了色界、无色界，变易生死的命也没有什么了不起。这些不是真的命，真的命是悟到菩提证道。至于财，古代人间皇帝拥有四海，四海之内莫非王土。当了玉皇大帝，人世间乃至于欲界天里面都属于他的。人的生命身体是正报，财产物资是依报。譬如阿弥陀佛在西方极乐世界，那个光寿无量是正报，西方极乐世界国土，琉璃为地，七重行树等等，是他的依报。我们世上人有的身体有缺陷，有的特别健康强壮，这是正报。如果没有房子没有钱，那是依报不庄严。我们修行人要正报庄严、依报庄严，就要行一切善、修一切功德才能做到。有人这一生虽然生得端正，一切很好，就是没有钱，因为前生不布施的关系。

有人这一生功业大，钱也有，但是身体有缺陷，例如清朝的曾国藩，是中兴名儒，出将入相，那还得了！可是，他一生受皮肤病所苦，身上像有鳞甲似的，一抓要出血的，所以有人说曾国藩是大蟒蛇投胎的。又我们晓得的有位第一等的贵妇人也是有皮肤病，一辈子治不好，没有办法。这就是前生持戒不清净所致。又比方常用花供养佛，可能他生来世会长得庄严漂亮，像花一样好看。不过你小心，好看也会找来很多麻烦，因果要注意！供养花不要发求好看的愿，这个因一不对，果就不对了。供养花的时候要求一切为众生的福报，就是使人一见起恭敬心，不要只为自己。

回过来说，生命是正报，财物是依报。持世菩萨劝魔王波旬假扮的玉皇大帝，当然他不知道这是魔王，魔王的威力同玉皇大帝一样的，天人没办法消灭魔王，魔王没办法消灭天人。我们这个乱世，在佛经上来说是劫数，这时三界里天人和魔王在作战，佛经上描写开始时天人容易失败，最后天人反攻，魔王败了，就带领了无数的魔兵魔将，躲到莲藕的一个洞里。魔王用他的神通，把莲藕的一个小洞变成了另外一个三千大千世界，所以天帝就找不到他了。这莲藕的洞在哪里？就在我们心中。我们的心房里也有个莲藕的洞，这是表法的道理。

像持世菩萨这样的大菩萨,事前都看不出来这是魔王,他对魔王扮的玉皇大帝说,你应该看空了,"而修坚法",坚就是修定,再进步上进,坚固。

假如持世菩萨看出是魔王的话,他会不会还坐得住,会不会起恐怖心,这还是个问题。所以,这魔王对他还留了一手,化成帝释,正面来诱导。魔对胆子小的来吓唬他,对胆子大的,像菩萨境界的吓不住,他就现出可爱的面貌。这持世菩萨对魔王的说法,是正法,讲得都很对,是善的一面。修行人行善业道,一切清净放下。

"即语我言:正士!受是万二千天女,可备扫洒。"菩萨是菩提萨埵的简称,菩提是觉悟,萨埵是有情。菩萨觉悟什么?觉悟是悟道,有情是利他,自利利他是为菩萨。菩提萨埵在中国文化就是道人,有道的人。菩萨在中国古代有几种翻译名称,有叫开士、正士、大士。开士是开悟者。观世音菩萨又称观音大士。

魔王化身的玉皇大帝就劝持世菩萨,接受这一万两千天女作供养,可以帮你扫地啊、烧水啊、抹桌子啊。中国后来送人丫鬟说是"可备扫洒",就是引用自鸠摩罗什翻的《维摩诘经》。

"我言:憍尸迦!无以此非法之物,要我沙门释子,此非我宜。"持世菩萨一听,就说,憍尸迦,你不要诱惑我破戒,我是沙门,出家人,佛的弟子啊!连妻子都不娶了,还要给我一万两千个天女!我的妈呀!怎么得了!怎么拿这非法之物,要我收下作供养!沙门是译音,汉朝时译作桑门。唐朝以后就都不用了,只用比丘,因为印度不论哪一道的出家人都称作沙门,是通称,等于中国人将修道的都称道士,不管你是哪一道的。比丘、比丘尼就是特称,后来用习惯了,叫沙门也可以,可是根源要搞清楚。

持世菩萨持戒很严谨,尤其出家沙门是比丘,修苦行(头陀行)的比丘衣服不超过三件。所谓三件不是说天气冷了,你穿五件不可以,三件是以袈裟为标准，披上袈裟还要露出膀子，在印度天气热可以，到了中国，尤其在天冷的地方，你怎么能只披一件呢？所以就有了海青，海青是汉朝衣冠，大袖。头陀日中一食，零碎的东西都没有了，只带个钵和净水瓶，净水瓶的梵文音译为军持。中国古代有一句名诗"空街夜雨注军持"，就是夜里下雨，拿个净水瓶在外面接雨水。天落雨在中医学上叫无根水，医书上写熬药用无根水，就是下雨时半空中接来未落地的水叫无根水。这些都是常识，不告诉你们将来书都读不懂。

"所言未讫，时维摩诘来谓我言：非帝释也，是为魔来，娆固汝耳。"持世菩萨责怪魔王的话还没讲完，维摩居士这老兄就出现了，对他说，这不是玉皇大帝，是魔王，来扰乱你的！连是不是魔都搞不清楚！所以维摩居士第一句话就骂了他。

"即语魔言：是诸女等，可以与我，如我应受。"维摩居士气派大，就对魔王说，你怎么把这一万两千天女送给和尚？他怎么行？通通送给我才对！他照单全收了。

"魔即惊惧，念维摩诘，将无恼我？"魔王一看到是维摩居士来了，就吓死了，心想，糟糕，碰到他了，这下完了，魔王这下要赔本了，就像《三国演义》说的，赔了夫人又折兵。

"欲隐形去，而不能隐。尽其神力，亦不得去。"魔王当时就想隐形，不灵，又把所有的神通使出来，仍然逃不掉。

"即闻空中声曰：波旬！以女与之，乃可得去。"这些镜头连电影都演不出来的，当时空中有个大声音就来了。波旬！叫魔王的名字，你赶快听话，把一万两千天女给他，你才走得了。

"魔以畏故"，魔王听了空中声音的警告，大概是魔王老祖警告他，没有办法，害怕了。

"俛仰而与"，这个文字用得非常美，俛仰是形容低下头又抬起头想了半天，舍不得，又不得不给的样子，最后只好把天女给了维摩居士。

"尔时,维摩诘语诸女言:魔以汝等与我,今汝皆当发阿耨多罗三藐三菩提心。"维摩居士就对这些天女说,你们的老板把你们送给了我,就属于我的了,第一个条件,给我听话,先要发菩提心。

"即随所应而为说法,令发道意。"下了第一道命令,然后维摩居士当场把一万两千天女做了处理,教育他们。一万两千人每个人的个性都不同,维摩居士用大神通力,根据每一个人过去的业力,现在的个性,对每一个人分别作不同的教育说法,每一个天女都觉得维摩居士在自己面前做单独教育,使得一万两千天女,每一个人都发心修菩提正道。这两句话可不要随便看过去了。

"复言:汝等已发道意,有法乐可以自娱,不应复乐五欲乐也。"教育完了,维摩居士说,你们现在肯修道了,有佛法清净的法乐可以享受,再不要去享受世间五欲的快乐了。我们欲界是以五欲为享受,有学佛的道友说,这个或那个是种享受。我一听,这还在魔境界里,说是信佛修道,老实讲,资格不够,只能说像那个样子。讲一句话你们出家人不要多心,大陆江浙一带,在家人有时故意称和尚为和样,和尚的样子,南方话尚、样同音。和尚是梵文的音译,意思是为人师可以让弟子道力生起,叫人和尚是真正尊敬的称呼。你们不懂,看我叫住持法师为和尚,还以为我不尊重他。

"天女即问:何为法乐?"能够懂什么是法乐的,才够资格称作居士。这里天女就问维摩居士,什么叫法乐?注意!这里正题来了。

"答言:乐常信佛。"维摩居士回答,常常处处要恭敬佛,不是只有到了佛堂才如此,自己内心恭敬,才是信佛。不是叫你拜佛像,佛教不崇拜偶像的。那些泥巴塑的,木刻的,都不是真的佛菩萨,那是表法。真正的佛在哪里?在你心中。佛经告诉你,心、佛、众生三无差别,三位是一体的。佛是化身,心是法身,众生是报身。也可以说,佛是报身,众生变成化身,这个无定位的。怎么叫常信佛,怎么是真正信佛?

你现在懂了吧！不是迷信，不是去庙子烧香磕头，你随时恭敬自己的心，随时恭敬一切众生，不要看不起任何一个人，才是信佛。所以说，佛以佛眼看众生，以慈眼看众生，不是以怨恨轻视的眼光看别人，才是信佛，信自己的心。你们都是信佛的，但是严格来说，诸位都不够资格。要随时恭敬自己、恭敬别人啊！

"乐欲听法。"乐于研究、听经、听说法。你说佛已经不在了，那我听谁说法呢？我们这里有五六部大藏经呢！你们要看啊！我书房案头上也堆着好几本大藏经，我每天有问题就抽出来看，随时研究。你们没有我这样用功吧！可见你们不乐欲听法。你说读书、看经没时间，好苦，那就不乐了。读书求学问是乐趣，谈何容易！

最近好多同学劝我，老师你不能这样搞啊！算算一个礼拜有十几堂课，老命不能这样拼啦！完了以后你还要看书、做事，每天能睡上几个钟头呢？怎么得了！我说，放心吧！我的业报还没完，死不了的。前天晚上我还告诉一位同学，我看东西处理事情是享受，你不要担心了，去睡吧！你要做到研究学问、研究佛法是一种快乐，那么你算是得其中三昧了。你们看书读经记不住，看不懂，好苦啊！我看大家是：学而时习之，不亦苦乎？有朋自远方来，如果家里没钱买菜招待，不亦惨乎？人不知而不愠，不亦君子乎？要这样我宁可做小人。

"乐供养众。"大家要反省，这就是戒律，你们供养众做到了吗？你处在团体中，满脸的怨气，满口的怨言，一肚子的怨恨，这就没有守乐供养众的戒律。据我所知，这里有一位同学答应为大家讲《庄子》，讲了之后大家颇有怨言，认为这位同学好高骛远，好为人师。你们没弄懂《庄子》，人家帮你们弄懂，是好事，是法供养，你们竟然这么小器。这个就要骂你们！这是犯了没有乐供养众。

假如别人也有过错的话，应该劝导，或者观过而知非，自己反省不要犯这个过错。因为别人犯过，就叽叽喳喳的，这是犯了口业。因为讲乐供养众，触动我对这件事的感想，才告诉你们。你们犯的是普通人的心理，不是学佛人的心理。自古文人相轻，千古以来文人都看不起别人。老话说，文章是自己的好，太太是别人的好，这是中国人的通病。人的心理都如此，不只是知识分子，你看佛教界里也是，批评这个法师那个居士不对，甚至骂人。佛教怎么会兴起来？都不团结。所以你们问我，某某人这么讲的，对不对？我从不答复。你不提人名，说有件事这么说对不对，我或许会答复你。

文人千古相轻，我说，宗教是千古相仇。不管信的什么教，信教的人彼此是仇人啊！比文人还厉害。越是信教的，那个恨人的心理越比普通人重。佛说无我相、无人相、无众生相、无寿者相，结果宗教团体的人我是非特别多，我听了就烦。那么江湖呢？江湖是千古相忌。文人千古相轻，宗教千古相仇，江湖千古相嫉，这几句把世故人情都说完了。

你们在这里号称修行，是不是真修行？考考自己。一个学佛的胸襟气派一定要大，能够包罗万象，对的就对，不对就不对，这种小事有什么了不起。话说回来，同学们固然不对，作者听了这些闲言闲语心中烦恼，也太没有程度了。叫你们读的《昔时贤文》，其中有一句我七八岁时就背了："谁人背后无人说，哪个人前不说人。"哪个人背后没有人批评啊？两个人碰到了，不讲别人的事，讲什么啊？这就是人。老夫妻俩在房中讲媳妇怎样、儿子怎样，也是在讲人。所以把人世间这些东西看通了，听了那些话都是狗屁不如，这样你就胸襟大了。

我以前做过领导的，部下在我面前，我讲什么，"是"都喊得很大声，背着我可就有花样了。任何人对你喊万岁，将来叛变的就是他。越恭维得厉害，越靠不住。我经常同那一班在做事的人说，绝对喊服从的人问题最大。有些翘头翘脑的，你吩咐他就这么办，他不同意，真是讨厌，可是他有他的理由，而且是对的。这时候你坐在上面的人，意志就要像刀一样，把自己这个不快的心理硬是切下来。桌一拍，好！就照你的办！这样才可以做上面的人，很痛苦啊！

本来上佛法课不跟你们讲这些的，这些课不是跟你们上的，把你们教会了也没有用。这些是给真要为人上者，或者将来能当师父的时候就有用了，做师父也要包容徒弟啊！不要说徒弟了，你的儿女也是有自己意见的，都是乖的吗？儿女、学生、徒弟都一样，只好包容，该骂的骂两句，好的要奖励，过后呢？讲句不好听的，管他妈的！反正我要死的。你晓得自己总要死的不就好了嘛！没得气了嘛！你不要以为我这不是佛法，这就是咒，即说咒曰：管他妈的！就好了。是无上咒、是无等等咒，能除一切苦，真实不虚。这不是笑话，你真学了这一法就行了。

"乐离五欲。"大家学佛能真的乐离五欲吗？离不开吧？我有个最新型的彩色电视机，大概这两三年没有看过两次。过去我天天看电视，不是为了看电视，而是学生做了某某电视台的总经理，他要我帮他看演对了没有。现在根本没有时间看，而我看你们有时候看得两个眼睛比入定还厉害。那喜欢听音乐的，也没有离开五欲。这个时候要考验自己能不能乐离五欲。其实，你们在看电视，我撞见了也不出声，就悄悄地来，悄悄地走。你们将来做人父母、做人婆婆的要懂这个，哎呀！小孩子们有时要让他玩一下嘛！不要管得太严了。你们喜欢看就让你看，万一发现了，哎哟老师啊！请坐啊……那不是味道，不给他知道，他也省力气，我也没烦恼，溜开了就好了，这也是为人上者要学的地方。叫你们绝对离五欲，那是烦恼的事情，要自己修到离开了五欲，然后觉得是快乐境界时，你就够得上修行了。所以要注意第一个字，是"乐"离五欲。

"乐观五阴如怨贼。"五阴是色受想行识，看这个身体像冤家一样，不迷恋它，把它放下。你们在理论上可以看这个身体像冤家，在情感上可亲得很，这个身体你能空得了吗？空不了的。众生享受的都是属于五欲之乐，佛享受的是清净涅槃之乐，但是如果贪图清净，被享受困住了，一样是魔境。要搞清楚这个道理，才能明白维摩居士为魔女说法的道理。

什么叫魔女？贪图享受之乐。什么叫魔境？贪图享受之乐，凡有所着，所执著、所贪着的，通通是魔。了解这个道理，才能了解真正大乘佛法的精义。魔女悟到了这个道理，能转过来，烦恼即是菩提，那就不叫作魔女了，成了空行天女，也是密法所称的空行母，是女性成就的境界。修密法空行母成就的，可留形住世，身体永久存在，随时来去。但是这可不是随便能修的，如果自己没有程度，算不准修来的是妖魔鬼怪，不是真正的空行母。

"乐观四大如毒蛇。"这个身体是地水火风四大所组合的。这四大如毒蛇一样在咬我们，在吞噬我们的生命。生命的本身不是这个肉体，我们每天，为了这个身体忙碌、为了身体而消耗精神，占去生活十分之九以上的时间，三顿吃饭，大小便，穿衣脱衣，睡觉等事，都不是为了生命所需要，是身体所需要。这身体是四大组合而成的，中国俗语说学佛的人四大皆空，就是看这身体不是我，我现在只是有几十年的使用权，而没有所有权。我不可能拥有身体的，它随时变去。虽然是暂时使用，这四大的身体还是很麻烦。等于聪明的人不肯买房子，宁肯用租的，因为买了房子麻烦多。我们智慧不能成就，菩提不能证得，都是被四大所困扰。各位每天昼夜二十四小时中，大部分是被身体困扰，不是不舒服了，就是饿了冷了，或者是身体的变化，荷尔蒙分泌失调引起情绪好坏，所以要观四大如毒蛇。

可是，谁能做到"乐"观四大如毒蛇？事实摆在这里，这边的同学都学过白骨观，十个人中能观得起来的有半个吧！真观得起来一个都没有。你光观得起来有个白骨的影子不算，能定得住的十个人中有零个。讲学识、理论都吹得蛮好，功夫通通没有做到。白骨观就是观四大如毒蛇，凡是修大小乘佛法，这个修持的方法是基本的。假如有人观白骨，你问他乐不乐，很苦的啊！在那儿东搞一下，西搞一下，腿又发麻，修久了营养又不够。佛也说修白骨观要注重营养，释迦牟尼佛这话，绝对是修持经验来的。

若四大能够观空，再进一步，进入妙乐境界，那才是观四大如空而得定。得定的人在定中是乐，是享受。为什么人肯入定？定是一个绝大的享受。不过，如果大乘菩萨"耽着禅悦"，贪着禅定的境界是犯菩萨戒的，因为他不能起而行之，不能行六度万行的布施法门。话虽这么说，你们年轻同学没得到禅定，腿也熬不住，就不要拿这句话来讲，自称走大乘路子，不耽着禅悦，看不起这小乘法门。哼！不要自欺了。先要能够修到禅定，才发大心而舍弃禅悦，那才可以谈菩萨戒，否则不能谈的。

所以说观四大如毒蛇，然后达到四大皆空，在这个境界得妙乐，得享受。据我所知，在座有些年纪大的同学，有的已有二十年以上的修持经验，你听了这个话不要以为自己已经做到了，因为你坐起来非常舒服。其实你还是在四大中，你感觉到的是身体受阴的快感，你正在被四大毒蛇吞没而不自知，不要自以为是。要四大完全观到空，没有身体存在，没有受阴的感受了，然后在空的境界生起空性的妙乐，这才是观四大空以后的妙乐。维摩居士告诉这些魔女，你们所贪图的身体上、心理上的快感，都非究竟。要得到究竟的享受与快乐，必须能乐观四大如毒蛇。

"乐观内入如空聚。"什么叫内入？我们身体外面有六根，大概我们所了解的，只有五根，有一根也在身体上，不过在身体表层以内。眼、耳、鼻、舌、身这五根很清楚，意根你就看不见了。有人说意根所在，是从心脏连到脑的部分，他们不知《成唯识论》说"第六意识不住身，又遍寄身中"。我们一接触到外界的东西，内在就会有反应，所以叫做内入，这就是六入：色、声、香、味、触、法，法就是思维。六入进入到身体内部,便产生了思想、情绪各种的变化。我们闭上眼睛,好像自己内部有个东西,在想,在作用,就把这个东西守得牢牢的,一般打坐都是在这里搞。其实你觉得很清净、很空,那是外法尘进入内在意根上所徘徊不去的影像。

所以我们觉得内在有个思想,来来往往,这就是意根停留了法尘的影像,就是所谓六入进到内部来。但是一般人没有观察到,现在维摩居士提出来,教他们观,所谓止观,你要观察清楚,一切六入进入内部,你以为内部有个东西能够思想,维摩居士告诉你,如空聚,假的。看起来有个东西住在里面,好像有个生命的东西,实际上是空洞的。所有的感受,一切的声光变化,到内部来,一下就过去了。假使我们死了,六入不能内聚,就是人体的死亡,我们活着时是六入内聚。但是这个六入内聚有没有个东西呢?毕竟没有东西的,是空聚,假的。

我们身体四大也是这样,感觉死人比活人重,我们抱起一个活人容易,抱起死人就比较难,为什么?他四大中的风大没有了,所以就感觉重了。譬如气球充了气比重就轻了,如果扁了的话,这气球比重就比较沉重了。所以,这身体内部是空聚,空空洞洞的。我们活着觉得内部有个思想,有个感受,这是假的,不要受它的欺骗。上一句"乐观四大如毒蛇"观身空,下一句"乐观内入如空聚"观心空。身心皆空,达到乐的境界,得禅定的妙乐,那是真修行,真享受。

这里每一句话都是大乘的修行法门,我们要好好观察牢记。

"乐随护道意。"怎么样能随时随地保护修道最初发心的意念?我经常告诉你们,上课时不要打坐,要看经本,不然自己在自欺。为什么?你说喜欢听课,心很清净,那同玩弄听收音机是一样的。你们自己不观察,现在年轻人做功课喜欢开收音机听,就是这个道理。你心以为在打坐,其实是大散乱,结果用这个时间好像在听课,也不看书本,在那儿打坐,听得很有意思,这叫作秋风过驴耳,秋天风吹过驴子,驴子同猪一样的，这个耳朵吹进来，那个耳朵吹出去了。所以，智慧永远不能成就，结果这个经典也听了，那个道理也听了，一问他，写都写不出来，记也记不住。

智慧的成就，能知过去未来，是靠"随护道意"这一念。要你们看《华严经》净行品，依着意思做到就是道意。所以，为什么一直要你们依《华严经》净行品来修行，可是谁做到了？我看是做到了"倒"意，不是道意，统统在颠倒中。

"乐饶益众生。"这更难了，是菩萨行，乐于在一切做人做事中修菩萨道，处处是利益他人。我们这里都标榜是学佛的人，有没有利益众生的思想呢？理论上有。我也是人，知道大家做了好事会想，啊！今天我行了菩萨道，帮忙了人。告诉你，越是书读得多、佛法听得多、佛学了解深的人，计较心就越大，简直没办法收拾。中外都一样，知识分子的做人，比愚夫愚妇更坏，因为有了知识，计较心也大，就容易意见相争，认为只有我的才对。没有知识的帮忙，人对于是非善恶的分辨就很平淡。所以，有时候不用菩萨的智慧和眼光，多了知识学问反而堕落得越快。这是讲乐饶益众生之难，也是戒行。

"乐敬养师，乐广行施。"乐于恭敬供养师长，这很难。中国的孔孟之道讲尊师重道，但是普通社会对尊师重道做得是不够的，最注重尊师重道的是宗教。所有的宗教都非常尊师的，注重传承，但是多半只是形式上的，没有尊师的行为。现在无论是中国还是欧美社会，都不重视师道尊严。现在还有些中国的读书人，想保留过去的文化，要求别人尊师重道，真是笑话。原因在哪里？教育制度变成了学校制度了，不是从个人来师承学习，而像去到百货公司的商业行为，老师上课是贩卖知识，学生念书是选购进货知识。尤其将来声光科技发达，电脑的普及，知识的传播更不靠个人传道，所以尊师的精神只会更薄弱。

但是，这个尊师的道理还存在吗？是存在的。有两点要注意。

第一点，尊师重道的真正精神，在于尊重知识学问本身。所以，佛学里对于传法的老师视为是法身父母，给人慧命，智慧的寿命。肉身父母给的肉体，寿命只有几十年，慧命可是永远的不生不灭。例如，文殊菩萨是七佛之师，连释迦牟尼佛都是他的学生，他早已成佛了。因为学生要到这个世界来成佛，就来帮忙，应化成为释迦牟尼佛面前的菩萨，这都是法身父母的道理。所以，乐敬养师是尊重法，也尊重知识。

第二点，以我的研究，所有宗教中尊师重道最严重的是佛教，而佛教中最严重是密宗。密教对于敬养师父，有马鸣菩萨着的"事师五十颂"，讲如何对老师敬养。照那个规矩，我们一般做弟子的没有一个够资格。那规矩非常严重，几乎可以说比盲目迷信还严重。东西是白的，如果老师说是黑的，就跟着老师当成是黑的，我们一般人是做不到的。

佛教的尊师精神，影响到后来的宋明理学家们，我主张你们年轻人一定要看宋、元、明、清四朝学案，可以看到儒家在宋明以后对于师道的尊严，好多地方值得效法。例如，明代大儒罗近溪，学问很好。他把老师严山农接到家中，他的儿孙要为太老师招呼茶，他不准，因为是他的老师，他必须自己来，儿孙辈还没资格。可惜你们学佛的人不看儒家东西，这门户之见很严重。我常说宋明理学家等于是佛家的律宗，真讲戒律你要看四朝学案。老庄等于是佛家的禅宗。这罗近溪在明儒学案只写了一半，他要死的时候，学生们都赶来了，来了跪在老师前面，请老师多留一下。他给学生吵烦了，就同意多活一日，时间一到他就走了。明儒学案只记到这里，但是你就知道他可以预知死至，而且生死来去自在。明儒学案不愿意记载神秘的一面，根据我看到其他文献的记载，在他死后不久，他的家人还收到他自外地托人捎回的口信，家人一问，带信人和罗近溪在外地相遇的那一天，正是他老先生走的那一天。你看，他还有化身呢！儒家诸如此类有成就的人还很多。

回头再说"乐敬养师，乐广行施"，于上而言要乐于敬养师，于下而言要乐广行布施一切众生。这里尤其要注意这个广字，是我们一般人所做不到的，我们偶然有点善心，都是像俗语说的：强盗发善心。大家像强盗土匪，偶然发一点善心就很了不起了。为什么这一篇都要加个乐字？是对魔境界而言，与世俗追求的快乐享受不同。学佛的人也在追求享受，追求快乐，但是同世俗有不同的一面，这就是佛法。

"乐坚持戒，乐忍辱柔和。"学佛第一要守戒，戒律没有什么了不起，怎么说呢？它是个生活的规范，生活的艺术。尤其是比丘、比丘尼戒，它是佛教僧团生活的规范、道德、艺术，是一种民主社会的自我约束。因为佛的弟子男的女的出家很多，如果没有共同遵守的规范，这个集团怎么样带领？除了根本戒律是属于道德性质的规范以外，很多戒律是共同生活在一起必须有的规律。能坚持遵守戒性的人，是了不起的，但是难了。我们每一个人心里都有戒律，但是那个戒律可不是教主规定的，你知道吗？例如，儿女或丈夫、妻子，违反你的要求就不可以，那就是你的戒律。又例如，你的东西习惯这么摆的，旁人给你摆得不对就不高兴，也是你的戒律。所以，你看不惯别人是因为别人犯了你的戒律。这是小戒律，不是真的戒律。

大戒律是团体的行为，道德的戒律基本上有杀盗淫，这不只是一个人认为是罪过，而是一切众生都害怕这个行为，是根本戒。其他的生活戒律是为了团体的安全。普通的戒律是什么？就是公车后面写的，"保持距离，以策安全"。你懂了这个，就懂了戒。你们同学们不懂生活的艺术，都觉得自己是特殊的，常来找我有特殊的要求，我看你就不值钱了，不懂事。对老师也好，对团体的主管也好，越信任你就越要守规矩，给人家做榜样，聪明的领导人一看，心里有数，知道这个人可以。假使有人在团体里，不要人家告诉他戒条，自己处处严谨，保持道德规范，没有不成功的。所以礼仪的戒律是这样。

基本道德上的戒律除了居士戒、沙弥戒、比丘戒、比丘尼戒、菩萨戒以外，什么是戒律？经典就是戒律。你们没有研究律宗，律宗的根据是：所有经典就是戒律，每一条都是戒律。你以为受了两百多条的戒是戒律？那个行为太有限了，那两百多条戒，大部分的行为与印度当时的环境有关，我们不会犯的。有许多根本没有办法，我们早就犯了，连祖师爷都犯了。环境不同，时代不同，那些戒早应该改了。所以，到了中国来，百丈禅师就把它改了，叫作丛林规矩。但是，丛林规矩到了现代又应该改了。要改的地方很多，时代不同了，过去是点青油灯，现在是电灯；过去吃饭时苍蝇蚊子一起来的，现在没有；现在有自来水，过去丛林，早上四点钟几百和尚起来，一起在院子排队，手里拿了洗脸帕，轮流去巡堂和尚抬出来的热水桶中，沾点热水，擦把脸就下去，你现在讲丛林，也这样擦吗？怕都擦成花脸了。过去丛林半个月排队洗一次澡，现在行吗？这些都是生活行为，很多需要变动，这个不是真戒。真的戒是什么？此心随护道意是真戒，念念随护道意，念念随护行为。

进一步说，真正的戒是"乐坚持戒，乐忍辱柔和"。尤其在团体生活中，几个人能够修到忍辱？反而是狠心的侮辱人家，给人家好看，认为这样才够英雄，其实处处在造孽。性情要柔和，做得到吗？性情柔都很困难，和就更难。我常观察同学们，一有什么达不到他的所望，那个眼神都横起来变成毒蛇了。告诉你们，眼跟心是连在一起的，就是起了这一念的因，在你的阿赖耶识就有了嗔毒的种子！就不得了啊！所以，学佛不是光盘腿盘得好，这些行都是戒，做不好都不行。而且不只是忍辱柔和，要乐于忍辱柔和，做到了就是乐坚持戒的成果了。

"乐勤集善根"，这个和上面都是连着的。坚持戒做到了，修养由外再打进来，由忍辱达到内心的柔、和，没有任何地方不使人有祥和之气，个个喜欢。学佛的人有一句话，未曾学佛先结人缘，就是学佛第一步要广做布施，先结人缘，然后结一切众生缘。但是，许多人不自我反省，看到任何人都讨厌，人家看他也讨厌。为什么不得人缘？因为他心地上道德根基不够，多生累世不修忍辱，不得柔，不得和，因此在轮回中慢慢打滚吧！功德不会圆满。心性能够修养到柔，柔而到达祥和，那就人见人爱，是人人都喜欢的菩萨境界，功德圆满。要乐于在这一方面修，才是佛道。

我们晓得，一切众生平常日用之间，动坏念头比好念头多得多。前面讲过儒家等于是佛教的律宗，都讲戒律的。我们年轻的时候一定要读《文昌帝君阴骘文》《太上感应篇》这两本书。你们年轻人没见过，我们小时候读书，书桌子旁边有一张纸，叫作功过格，这个纸上有很多圈圈，一个月一张。每天检查自己的心念行为，有不好的就拿黑笔在圈圈里点一点，有好的就拿红笔在圈圈里点一点，然后定期检查，到底是黑点多还是红点多。

我小时候家里请了位前清的秀才先生，按那时的说法，我家是东家，他是西席。他留过洋，可是从不说洋文，每天除了教我们读书就自己读《金刚经》。他是吃素的，所以我母亲每天都为他准备斋食。我常常觉得这先生的嘴中有香味，觉得奇怪，就问我母亲，她说一定是先生的牙齿松了，素菜中的芝麻落在牙缝里我才闻着香。我后来上课时仔细观察先生的牙，果然如此！这是一笑。但是他很诚心，有一年他留在我家中过年，他在自己房间里读过经之后，供上祖宗牌位，供上菩萨，拿出功过格，很紧张地看着，就跪着一面打自己耳光，一面骂该死！该死！我看是黑点比红点多的缘故。我那时好奇，是从门缝偷看先生才看到的，这是确确实实的事。这就是中国文化的国民道德教育，它有自己的一套。现在学校里有什么训导处，越训越盗，训得了吗？《文昌帝君阴骘文》《太上感应篇》，我现在都还保存着。像这样修持，叫勤集善根。

善要下根啊！我们有时候也动了善念，动了善心，但是不入根。刚要对人好一点，善事做了一点，忽然另一种刺激环境来了，就什么都不管了，恨起来比不行善的时候还要恨，这是善根没有成就，所以修道不会有成果的。要"勤集善根"，这就是你们同学经常不大注意的三十七菩提道品，那里头特别注重这东西，可惜你们只把它当作佛学的名词。修道学佛，戒、定、慧，不能完成就是功德不能圆满，功德如何圆满呢？就要勤集善根，行善要种下根基，深深埋根下去才能成就。

"乐禅定不乱，乐离垢明慧，乐广菩提心。"注意！要乐勤集善根以后才真正得到禅定。你们有的经文本子把这两句圈点成上下句，等于一正一反。所以，我们修道打坐为什么不能到达禅定的境界呢？因为善根的根基不深。根基不深不能成长的，所以你们打坐做功夫有时候好、有时候坏，进一步退三步。有时好个几天就不得了，穷人得宝，"抖"起来了，结果穷人抖起来进了精神病院，因为善根不深啊！必须要勤集善根以后，才能真正得到禅定之乐，永远不散乱了。实际上什么是禅定呢？行善就是禅定。禅定到了，必然念念行善。所以，看你真有没有定力，只要看你有没有行善就知道了，不是看你能盘腿多久。但是，盘腿也是要的，这是习定，练习定的基本功夫。真得定了，盘腿、放腿、走路、睡觉，无一不在定中，这要善根成就才做得到的。

有了禅定以后，"乐离垢明慧"，才能发起智慧。智慧是什么？是离一切心理上的染污，唯识学心所上的染污都离开了，心中明净。这明净不是理论，是功夫，内外光明清净。这个时候，真正的智慧不思而得，不勉而中，发动了。得了智慧干什么？大彻大悟而证得菩提，所以"乐广菩提心"，菩提是翻译名称，意思是觉悟，就是阿耨多罗三藐三菩提，中文是无上正等正觉、大彻大悟。这里为什么要加一个"广"字？表示不是我们一般小智慧小聪明境界。所以，我这一次跟着去年讲的《瑜伽师地论》连贯下来，要你们研究《成唯识论》，就是要开发开广你们的智慧。真了解了菩提心，就知道它的体是性空缘起，而以大悲心为用。真得了菩提心，一定发大慈悲心。

"乐降伏众魔，乐断诸烦恼。"什么是魔？不是你夜里看到了鬼，烦恼就是魔，一切众生心中皆有烦恼。我常说佛学比一切学问都高明，例如佛法用的烦恼二个字，或者翻译成烦惑，每人每天没有哪个时候不在烦，恼是讨厌。烦恼不是痛苦，痛苦就很严重了。没有一个人不烦恼，《维摩诘经》说"烦恼即菩提"，看你能不能把烦恼转过来，烦恼转了，就清净了，就大彻大悟了，就离垢明慧了。烦恼就是尘垢染污，一切心态心所所起的，都是染污心理。魔有很多种，烦恼也有很多种，所以佛说"一念之间有八万四千烦恼"，这呼吸一进一出叫一念，这一念之间就有那么多烦恼，自己没有检查出来。

你们爱写文章的就可以体会，当你拿着笔在写字的时候，你观察一下（这就要有定力了），我们的思想来得快，笔跟不上，你用电脑打字也跟不上。思想很快，一把握不住就溜过去了。你想记录自己一刹那之间有多少思想，是没有办法的，尤其是思想敏捷的人。你们跟我久的同学都知道，我写东西的时候，要摆三支笔在那，写得快起来都来不及再找笔，过去了就懒得动了。你就发现，如果写不快的话，你最好的观念一下就溜过去了，过去心不可得啊。这里告诉你什么？不要当闹热听了，这是叫你检查自己的一念。你从这里坐电梯下去，只有十一楼，不要一分钟就到了，可是你在电梯里想了多少事了？你看有人坐在那里织毛线，你以为是织毛线，其实在搞烦恼，脑子里都在想别的，心都是散乱的，不得禅定。很多年轻人看书根本看不进去，你们都有这种经验了。如果你每本书的每一个字每一句读下来，中间没有岔过别的思想，那就叫读书了。能这样专一的话，修行也能够专一。但是，你做不到，都是一面看，思想一面在那里跳动，这叫烦恼。所以，禅定也做不到，智慧也做不到。定就要在这个地方体会，否则你打坐都是在搞昏沉，修亥母定，亥属什么？亥属猪，要注意啊！

"乐净佛国土。"烦恼清净了，就一念之间烦恼不生，叫无生法忍，离染污心而明净，此心就是净土，净土就是佛土。《维摩诘经》说"心净则佛土净"，内心一净了，佛土境界就清净了。道家张紫阳真人讲过：

不移一步到西天　端坐西方在目前
顶后有光犹是幻　云生足下未为仙

不需要往生，已经生了，也不要往，自然生，也不往，自然去。西方就在你心田中。你纵然修禅定到全身放光，也还是幻境界。你身体可以飘起来，站在白云上，还是妖魔境界，仍然是由妄想心生出来的，并不稀奇。换句话说，你心还没有清净，还在着相。不着相烦恼就转菩提了，就达到乐净佛国土。

"乐成就相好故，修诸功德。"这是修大乘道学佛之路，为什么要修诸功德，修一切功德？我们若持小乘戒、比丘比丘尼戒，走的是消极的修善，没有积极的修功德。大乘菩萨戒除了消极的为善，还要积极的修功德。所以，修功德是非常积极的，修一切功德圆满才能成就一切佛法。大家早晚做功课都念"皈依佛两足尊"，哪两足？福德和智慧都满足了。福德怎么来的？修功德来的。功德成就，福德就圆满。大家学佛往往重修慧而不修功德，但是慧也没有修到，听了又忘了就是没有慧根，要能一入即三世不忘，即使是读书的博闻强记，也都是修得的。

你们同学在现代教育之下老是靠笔记本、原子笔、电脑，脑子永远是空白的，我最反对。我有时也靠笔记本，这是因为脑子暂时先管下面重要的，临时拜托这笔记本先帮忙记下来，等下我还是要把它记到第八阿赖耶识心田里的，这样可以拿起来就用。我不相信年纪大的记忆力就退步了，至少在我现在这年纪还否认，记忆力反而比以前还好。为什么？年纪大了功力越来越深，头脑就越冷静，记忆力就越强。所以，年轻人谈不上，年轻人能博闻强记，除非他修定力有成就，或者是过去生的定力带来的。历史上讲白居易生下来就能认字，还有很多人也是这样，那都是真的。

这是讲修功德的重要,功德不成就,智慧是不会成就的。善根成就的人是有真智慧的,真智慧是真神通,真智慧是真善根。过去我们中国人讲:"天子重英豪,文章教尔曹,万般皆下品,唯有读书高。"十几年以前我在大学教书就讲,万般皆上品,唯有读书低。这个世界每一样东西都值钱,只有知识不值钱,但是知识的代价、它的成本,比什么都高。一篇文章写下来,稿费没有几个钱,但是真正的好文章要累积许多时间,收集拢许多智慧,不过写上一二千字,那个成本的确很高。

　　几十年前我有个不识字的老乡,发了财,找我帮他写一封家书。我事情很忙,他就坐在旁边等,等急了要催我快点,就说:求你真难啊!你这写信不过就拿起笔画个两下嘛!言下之意好像我有意为难他。这一下我有点火了,也想教训他,就说:"写信就拿起笔画个两下,那你来画!"他说:"我就是不会写才求你嘛!"我说:"你晓得我给你写封信,成本多少钱吗?"他说:"这就一张纸有多少钱?"我说:"告诉你,从我妈妈怀胎那一天算起,生下来,从小养大,又读了几十年书,现在不过会替你写信,这要多少成本啊?你同我一起读书的,你怎么不会写!"他被我骂得只好说:"是啊,我小时候不努力,我笨嘛……"

　　你看,智慧是不值钱,但是财富再大你买得到智慧吗?譬如你想悟道,你可以花钱请人替你去打坐吗?你可以悟道吗?所以要想悟道,还要修诸功德。不要以为你只打坐,什么事不管就可以了,现在有好多同学走上这个错误的路子。我真要骂人了,你能修得好我头都给你!我同你赌这个头。我不要打坐吗?我这个老头子一天到晚为你们忙得要死,什么事都要我管,连草纸都要我管,天气冷了,还要打电话上来提醒你们把窗子关好,不要着凉。我这是什么禅定功夫啊!我在当你们的孙子啊!这是干什么?修诸功德啊!你为什么不在这个地方去参究呢?光会在那里自己当老太爷,要读书写文章打坐,你那个文章,哼!叫作文脏!打坐叫作打堕!学佛注意啊!要修诸功德啊!

能修诸功德才能做到上一句"乐成就相好",佛有三十二相、八十种好,智慧具足,福德具足,是怎么修来的?不是他六年在雪山中冰雪靠背来的,如果这样可以成佛太简单了,你打开冰箱靠个六年不就成佛了吗?不行的啊!要修一切功德才成就相好庄严。这不是我讲的,是维摩居士对魔女们说的,我不过是个传话的。

现在继续讲维摩居士为魔女说法,什么叫作魔境界?就是求快乐、求享受、求快感。维摩居士一连串说下来,说明世间的快乐并非究竟,那究竟的快乐是什么?现在继续。

"乐庄严道场。"刚才讲的是个人的庄严体相,现在讲到道场。我们的身体是正报,我们长得白、黑、胖、瘦,不同的健康情况,都是因果报应问题,这是正报。时代社会的环境、有没有财产、住的环境,甚至一切的遭遇等等,是依报。例如,阿弥陀佛有三十二相八十种好,这是他的正报庄严。因为他的四十八个大愿,愿一切众生成就,所以,他成就的道场是西方极乐国土,依报也庄严。

我们人也一样,有人一生正报庄严,现在看到这种人很少。过去在大陆上,地广人多,我看过很多例子,许多叫花子相貌蛮好的,脸孔长得像佛像,有的几乎两耳垂肩,如果他去拍电影一定是一流的。但他是个讨饭的,什么道理呢?耳朵大了是长寿相,但长寿不一定好。如果看相的说你可以看到曾孙子,你先不要高兴,你可能很孤苦,儿子活得没你那么长。人要靠儿女过生活已经不是味道了,尤其是现代的人,养儿女是责任,不要有做买卖心理,期望他们还你债来养你。时代不同了,这观念要改了。我常讲:儿女向父母拿钱用,是躺着拿的;太太向先生或先生向太太拿钱用,是站着拿的;要想向儿女拿钱用,就要跪着拿了。

再说有的人正报庄严,但是依报不好,环境不好,穷苦一生。何以依报不庄严呢?多生累世不修功德之故,不做善事。所以真正之乐,前面讲要正报庄严，现在讲依报也庄严是人生最乐，是菩萨之乐，乐庄严道场。

"乐闻深法不畏。"喜欢听闻高深的佛法而不怕。为什么要怕？听起来很奇怪，如果你从事教育时间够久，就一点也不奇怪。如果你从事宗教教育、佛法教育时间够久了，更一点不奇怪。一班上课有几十个学生，其中那个笨的，你真想跪下来叫他爸爸，希望他聪明一点都没得办法。而且他真的怕，怕接受教育。一班同学有时上百人，毕业了能够在社会上成功，对家庭有好的贡献的没有几个。乐闻深法而不怕，还肯追求是很难得的。你拿真正好东西教人家，人家不一定肯接受。所以，我上课能有这么多学生肯来听课，真想给他们跪下谢谢。能真正闻深法而不畏，并不容易。譬如你们想悟道，悟道并不难啊！真的！为什么人不能悟道呢？因为有一天真有那个道来到你面前，你会怕的。

我上午告诉你们，我实在很佩服那位《外婆禅》（老古出版，新版书名更改为《参禅日记》）一书的作者，以一个在国外定居的七十岁老太太，没有一个老师在身边，能够自己有这么多境界，不单是了解，而且都过得去，不断地有进步，全靠自己摸索，真不容易。昨天下午接到她的信，她每半个月定期要向我报告一次，这一次她说打坐时突然好像碰到了台风境界，风声极大，但是她晓得这是自己里面的风动。风一过了就觉得大水来了，如汪洋大海浪潮波动，她晓得是水大动了。总而言之，地、水、火、风都经历过了，最后不只觉得自己身体没有了，她早有这个境界了，而是气从每个毛孔出去了，充满了虚空，大得很，万物皆无，自己这个人没有了，什么都是云、气，自己觉得在若有若无之间，好像只有一点灵光在虚无缥缈中。我们讲得很容易，她一个人在国外家中做功夫，家里人都不在，碰到这些境界没人可问，也没有人可商量，自己会晓得这是什么，不恐惧，真是非常难。这是"乐闻深法而不畏"的道理，何况还不算是深法。

所以，有的人用功修禅有时候说入魔了，哪里有魔啊？不过是自己害怕畏惧，或者是一念贪着七情六欲境界，就走上岔路了。想起来这位《外婆禅》老太太的日记提到，她的邻居住的是位美国教授，有一天从精神病院出院回家了。一个人进了精神病院就是入了地狱，那是不可想象的，你们没参观过，不知道的。所以，你们学佛修道千万不要把自己弄神经了，被送进了那个地方就不好办了。什么病都可以生，精神病可不要生。不只是学佛的，任何宗教都有年轻人信得害精神病了，没有正知见是很可怕的。这是所谓乐闻深法而不畏，不但不畏，听到高深的佛法变成了十善道，变成快乐。

"乐三脱门，不乐非时。"三解脱门之乐是贪、瞋、痴都转了，声闻、缘觉菩萨到这个境界，就不乐非时之乐，是正乐。

"乐近同学。"乐于亲近同道修行的同学，过团体生活的人都知道，这句话真要做到也很难。在团体中一起修行久了，同学在一起是会不舒服的，不但环境不舒服，而且天天会有烦恼是非的。

"乐于非同学中，心无罣碍。"能够乐近同学已经不容易了，而能够和志不同道不合、乃至相反意见的人相处，心里面却没有烦恼。不要说别的，即使是家里面住在一起的兄弟姊妹相处，都会心有罣碍，随时会起烦恼，何况团体中的同学！各人意见不同，生活习惯不同，障碍就更大。

"乐将护恶知识。"恶知识与善知识是对立的，佛法讲善知识是最好的，是得道的人、有道德的人、可以指导我们不会走错路的人。即使学问好道德高，如果使我们走错路，就不是善知识，是恶知识。恶知识是坏人，但是为什么仍然要保护坏人？这就是菩萨道，即使是坏的，还要保护他、照应他。

"乐亲近善知识。"亲近善知识当然是应该的。

"乐心喜清净。"维摩居士为什么在这儿讲这一句话？我们会觉得奇怪了。我们学佛修道就是想求个心清净，大家都这么想。事实上，真正到达心念空了、心清净的时候，你就不会干了。刚才讲过，其实悟道很容易，求道求到涅槃境界，到那个时候恐怕你就不干了。我们天天要求清净，真到清净了，不做了。

　　刚才吃晚饭时跟老朋友们谈话，谈到人生的境界。有一对学佛几十年的夫妻，在家中供养一位禅宗的老师跟着他学，过去很多学佛的人是这么学的。这老师最后在他家里面涅槃了，他还亲自给老师收拾办后事。他道家、密宗都学的，现在年纪也到了古稀的七十开外，正报依报都不错，子孙满堂。这位太太在大陆上的妹妹最近过世了，先生得到了消息没有立刻对太太讲，怕她心情不好，现在当到我在场才对太太说了。我就说他，"这个也看不开！生来死去普通得很。别人可以，你学佛一生，修道一生，这个情字舍不掉，什么都不要谈。"这话是说，讲理论容易，劝人的时候好听得很，临到自己头上，鼻子就变成眼泪了，就受不了了。讲心清净，人到了老年清净很容易，什么都没有了，返老还童了，像当小孩的时候，什么都没有，光屁股来到世界上，老年又要回到那个光光的境界去了。修道的人到了什么都没有的境界，嘿！还正好享受。寂寞，在一般人叫凄凉，你如果一知道这个寂寞是享受，就变成真清净了，那无比的舒服，一无牵挂。可是真清净来了你受得了吗？老实讲，你们年轻人学佛是追求好奇，清净寂灭的理论都会讲，给你寂灭一下看看，真到那个境界你受不了的。所以"乐心喜清净"，并不容易，不但清净，还变成乐。清净哪里有？处处有清净，你做不到而已。

　　"乐修无量道品之法，是为菩萨法乐。"要乐于修行无量道品之法，不只是三十七道品而已。我们学佛，三十七道品一样都没有做到，要真正做到三十七道品之法，包括我们上两个礼拜累积所讲的这一大堆，这叫作菩萨境界，大乘的法乐。我们查佛学字典，什么叫法乐，只是很简单的一个观念。现在《维摩诘经》记载维摩居士所讲的，只列举了一小部分的法乐，还不是全体。全体是三藏十二部，小乘、大乘、佛道、外道、魔道等等，一切的修持转成菩提的境界，叫作菩萨道的法乐。总结这一段，维摩居士是给落在魔境界人说法，魔境界是贪图世间五欲之乐，他劝他们放弃，转修出世的法乐。

"于是波旬告诸女言：我欲与汝俱还天宫。"讲到这里，这个魔王波旬就对魔女们说，我们可以回去了。大家要注意！天人也还是魔，佛学里头的魔并不是坏的，凡是贪着身心爱乐的都是魔。所以，有感情是情魔，有爱魔，还有更大的欲魔，这三样是人世间大魔。天人境界就是魔，六欲天中的天人都在魔境界中。我们是不是呢？我们也是，我们就是魔，而且彼此相磨。

"诸女言：以我等与此居士，有法乐，我等甚乐，不复乐五欲乐也。"魔女说，对不起了，现在我们同维摩居士一起，得到了法乐境界，不想要世间的五欲之乐。

"魔言：居士！可舍此女，一切所有施于彼者，是为菩萨。"这魔王看到他的一万两千天女眷属，被维摩居士一个人哄走了，就请维摩居士行个好，放弃天女。还说，一切东西可以布施给别人的，才叫作菩萨。你怎么占有我这些眷属呢？

"维摩诘言：我已舍矣！汝便将去。"维摩居士说，我本来没有执著抓住他们，早就布施啦！你就带回去吧！

"令一切众生，得法愿具足。"这句话就是菩萨境界，学菩萨道的人要能满足一切众生合理的欲望。

"于是诸女问维摩诘：我等云何止于魔宫？"于是这一班魔女问维摩居士，我们跟着魔王回去了，今后怎么样在魔的境界里修行菩萨道？要注意！这是代表我们问，不管在家出家，在这个世界上就还在欲界中，饿了要吃，冷了要穿，病了要吃药的，一切都是魔境界。人怎么样在魔境界里修行？不在魔境界内修，不叫修行。

"维摩诘言：诸姊！有法门名无尽灯，汝等当学。无尽灯者，譬如一灯燃百千灯，冥者皆明，明终不尽。"维摩居士回答，有一个法门叫作无尽灯，你们要学。什么叫无尽灯呢？譬如，一支蜡烛，可以点亮千百支蜡烛，一千一万支都点得亮。只要点亮了，光明永远不尽。这个道理就是无尽灯。

维摩居士继续说，各位大姊回去吧，在魔宫里修法，就是修无尽灯法门。这个道理有两个意义。第一个意义，真正的佛法在世间，不一定要出世，在这个世间留着一点佛法种子的光明，影响更大。所谓一灯可以点亮千万灯，"心灯无尽"就是这个道理。第二个意义，内在做功夫的，只要我们自己心中明白了，即使在魔境界也是好的道场，这个痛苦的世界就是西方极乐世界，还去哪里找个清净道场？这里就是了。所以，一灯可以点燃百千万灯，只要一点灵光不昧，随处都是道场，魔宫里正好修行。没有魔的地方是不能修行的啊，没有魔的地方你修行修不成的，因为你不需要修行了嘛，对不对？没有魔哪需要修行？譬如，夫妻相处，互相是对方的魔，在这里受得了、空得了、悟得了就是修道。家庭中各分子在一起都是魔，你磨他，他磨你。有好魔的，大家相亲爱的，这个魔是看不见的。不好的魔呢，天天吵，吵死为止。修行在魔宫里修，是大乘道，在魔法里打得过，才是成就。修道人经过一层魔障，就跳过一层道业。俗话讲，道高一尺，魔高一丈。你能跳得过一丈，就更厉害了。

所以，修行不是跑到庙子里，跑到山里去，山里谁磨你？算什么修行？有年轻出家人要去住山洞闭关我都供养，但是我都告诉他们，你修不好的，你去三年再下山跟我做事看看。他三年打坐，跟我做事一天就垮了，就受不了。尤其我这个大魔，天天骂他这样不对、那样不对。他在山上受人恭敬礼拜，到了这里挨老师骂就受不了，这个魔境界过不去你不要修道。《维摩诘经》这一段就是告诉你，受得了魔才是道。尤其你们这些刚刚找上魔境界的，要多注意啊！古人作的一副对子："能受天磨真铁汉，不遭人忌是庸才。"一个人出来做事如果没人嫉妒你，那这人是个笨蛋。又能干又有本事的，一定有人吃醋被人讨厌，在团体里没有人讨厌妒嫉的，就晓得这家伙一定是无用的东西。有你不多，没你也不少，这样一个人一定是个闲家伙。人做到这样一点价值也没有，这是普通的道理，不是佛法。你不要以为这两句话简单，我是一辈子拿来当咒子念的。年轻时我风头之健，各方面要打击我的很多，心里很烦，一想到这两句，就哈哈一笑，不理了，真解脱了很多痛苦，"是无上咒，是无等等咒，能除一切苦，真实不虚"。这不是给你们说笑话，你以为一定要什么咒语，这就是好咒语。你哪天夜里碰到鬼，把这两句一念，那鬼都跑掉！如果鬼要来迷你，证明你这个人还有点好处。如果鬼都不理你了，你这个人还有什么用处！对吧？

"如是，诸姊！夫一菩萨开导百千众生，令发阿耨多罗三藐三菩提心，于其道意，亦不灭尽，随所说法，而自增益一切善法，是名无尽灯也。"你们在魔境中修法，要把自己点亮，把智慧打开，你就是一盏心灯，在这个世间可以开导教化一切众生，可以影响多少人，都能够发无上正等正觉心。一盏灯点亮了，可以分灯千百万盏。一个菩萨自己悟道了，可以教化人家，不但对自己没有损害，自己的道理越布施出去，智慧越增加，这个道理就叫无尽灯，你们同学就要学。我这里给你们讲明，因为你们不亮，你们虽然也是灯，是熄灭的灯。

我从上个礼拜起，喉咙不舒服，发声困难，好多同学就劝我休息一阵子不要讲课了。但是我不肯停，因为同学们要学啊！还管它有没有声音，照样要它讲出来，这要点本事的啊！我吃了一大堆中药西药，一点用也没有，只有不理。学佛的人，牺牲自己照亮别人，所以我不肯停，还不是讲下来了！这是告诉你们，不要自私，不要为名，不要为利，只有一番弘扬佛法的心，不要管自己，你充其量讲死了嘛！假如在这里就是讲死了也蛮好的，你们把油漆一漆，打上防腐剂，就算肉身不烂，还可以给你们卖门票收点钱，也不错，对不对？不要当笑话，就要下这个决心，无私无我，倾你所有布施出去，没有什么艰难的。学佛修道就是这么一条路子，这就是无尽灯。我看你们来学佛学道，年纪轻轻，非常照顾自己，又懒，又不肯助人，但要求起别人却非常严格，看看这个不对，那个也不对，觉得别人都不是圣贤，难道你就是圣贤吗？我看你是剩闲，是剩下来没有用的闲人，有你也不多，没你也不少的人。你们在家里、在社会都要帮助别人，牺牲自我没有要求，就是无尽灯的道理。当然要点亮了自己，这也重要。

"汝等虽住魔宫，以是无尽灯，令无数天子天女，发阿耨多罗三藐三菩提心者，为报佛恩，亦大饶益一切众生。"维摩居士对魔女说，你们回魔宫去，以这个道理去修持，自己做一个照亮的明灯，影响无数天人天女都发无上菩提道心，这样才是报佛的恩。什么是报佛恩，就是大大地利益一切众生。

"尔时天女，头面礼维摩诘足，随魔还宫，忽然不现。世尊！维摩诘有如是自在神力，智慧辩才，故我不任诣彼问疾。"讲到这里，这些天女顶礼维摩居士，就跟随魔王回去了。

持世菩萨本来在道场入定，天魔就带了魔女来玩了这个花样，他的处理方式就是对魔王说，我们是出家修道的人，不可以这样。这就是一般学佛修道人的做法，铁青着面孔教训人。维摩居士就在魔境界里游戏人间，你们千万不要带着一个宗教徒那副死相，大菩萨道要度一切众生，魔就不是众生了吗？外道就不是众生了吗？你就度不了吗？你把他们排开了，那你还算是菩萨道吗？他是坏人更要照亮他，你这个灯就要点啊！所以，佛法修道在世间，不在出世间，就在魔道里修佛道，成就了才是真佛道。

既然持世菩萨也吃瘪了，佛就找另一位菩萨。

长者子善德——布施与供养

"佛告长者子善德:汝行诣维摩诘问疾。"长者子是世家公子,善德顾名思义,这菩萨的境界是修一切善的。佛要他代表去问候维摩居士的病。

"善德白佛言:世尊!我不堪任诣彼问疾,所以者何?"但是,善德菩萨同诸位菩萨一样,表示自己也没有资格去。什么理由?

"忆念我昔,自于父舍设大施会,供养一切沙门婆罗门,及诸外道贫穷下贱孤独乞人,期满七日。"善德菩萨向佛报告,以前为了纪念自己的父亲,要做功德,就设了一个大布施的法会,供养一切出家人、婆罗门贵族、外道、下贱阶级的人、孤独的人、讨饭的,布施了七天。

"时维摩诘来入会中,谓我言:长者子!夫大施会,不当如汝所设,当为法施之会,何用是财施会为?"那时维摩居士来了,他对我说,公子,真开一个大布施会,不应该像你这样办的,只拿钱和食物来布施是不够的,真布施是法布施。佛法讲法布施是智慧的布施,教育就是智慧的布施。我可不是在布施啊!我这是叫出卖。布施不容易的,我是做不到的,那硬是要牺牲自己,不论是什么人你硬是要教化他。连迦叶尊者、须菩提都做不到,都有偏向。迦叶尊者只教化贫穷的人,富贵人他不理,须菩提正好相反。所以,我说我做不到,我的做法、教法只是有限的人可以接受,不能做到无遮大会的法布施,人要有自知之明啊。菩萨道法布施可不容易,法布施真做到了,才是十地菩萨的法云地,说法如云如雨似的普遍洒下来,等于古代所说,"龙行一步,百草沾恩",那才够得上是法布施的大菩萨,我们只算是开始在学习而已。

所谓法布施有时也称法供养,但是严格讲来,这两个名词是有差别的。法布施是已经有成就的菩萨,自利而后利他,为人说法,度一切众生，是布施的精神。供养是以下对上而言，例如供养诸佛菩萨。但是，一切众生皆是菩萨，是因地上的菩萨，都具有佛菩萨的种性，只不过是善根没有发现。所以用谦和的大菩萨境界心理来说，法布施就是法供养。学佛的人必须要修供养，在修持法门里，供养不光是理论而已。一个学佛的人随时要起供养心，也可以说是要起布施的心，不但要有实际的布施，还要有法布施。

拿世俗的观念来讲法布施，是看不见的，好像不花本钱，我心里想一想就是了。如果是这样，就变成戏论了。法供养、法布施要随时随地培养自己的心田，以清净法，供养一切十方三世诸佛、菩萨、圣贤、有成就的僧伽、众生。在所有的供养中，如饮食、衣服、卧具、汤药是佛经归纳为四种供养。学法的人如果自己有佛堂作道场是最好了，如果没有，家中也不方便，就不需要。心中有佛，心中就是道场，念念有佛、法、僧三宝在心中道场。开始你观想一个有形象的都可以，想象一个自己理想中的道场，用这个理想的道场，随时修供养法。

讲饮食的供养，像我们当年学佛，不论如何，身边总想办法有个佛，因此就弄个佛像，是象征的作用，画的、雕的都好，自己不论吃任何东西，没吃之前都先拿起来供养佛，然后才自己吃。据说我们这里有位同学，他买回来水果都先拿去供佛，然后才吃，不论他是不是学过，以此发心就是对的。实际上诸佛菩萨不需要吃你的，你是在培养自己的恭敬心，上供养一切三世诸佛，同样地也是供养你的父母。我看过很多信宗教的人，对于他们的教主，不论是佛还是上帝，很有恭敬供养心，对于自己的父母却好像是冤家一样。你对一切众生都要供养，何况是父母？很多学佛的人，和自己的家人相处不好，觉得家人是拖累，觉得烦。这些人连自己眼前的家人都不能度，逃避到宗教里来，还说什么要度一切众生，简直是犯罪！佛经上说，事父母如佛一样的人，必定得福报的。饮食的供养包括吃的和喝的，乃至我虽穷得没有办法了，泡一杯茶，倒一杯清水，也是供养。你们佛堂泡的茶叶，每天也要换几次，心情要像佛菩萨就在这里似的，不要以为今天已经泡茶供佛了，就不管了，这是自欺。衣服也是供养，乃至自己买了一块布做新衣服都要供养。

供养不只是供佛菩萨，连善知识、上师也要同样供养的，当年我们学佛都是这样做的。现在时代变了，我早就说过，现在不供养佛也不供养上师了，是我们要供养众生。不是他们来求法，是我们要跪着，求他们接受法。各位同学，现在有这样的环境供养诸位，吃住学一切都不需要顾虑，是何等的福报啊！我常告诉你们，自己要反省，何德何能，受此供养？所以，我常常讲戒律有两句："忖己功德，量彼来处。"这是非常重要的。我们接受人家的供养，要反省检查自己所作所为有什么功德，要估计这个人对我的布施供养，该不该接受。这些地方你们不是没有榜样，活的榜样都有，但是你们不知道。有时候高兴起来要骂你们，不高兴只有感叹，此乃佛所说，至可怜悯者，愚痴得可怜。

如果你们的福德智慧资粮够了，才可以修上乘大法。上乘大法说："诸供养中，法供养最。"刚才讲的饮食、衣服、卧具、汤药还容易理解，怎么叫法供养？就是你本身悟道啊，你证得阿耨多罗三藐三菩提大彻大悟就是法供养，也是真正的法布施。有人用世俗的话讲，法供养是精神供养，但是这样说并不对。最好的法供养是自己悟道，其次，是此心二六时中无杂念、妄想、烦恼。是不是做得到，这是个问题。所以，维摩居士对长者子善德讲法供养的道理，他说开布施大会最重要的，不是拿财物布施，法布施才是真布施。

"我言：居士，何谓法施之会？"长者子善德就问维摩居士，怎么样叫做法布施的法会呢？

"法施会者，无前无后，一时供养一切众生，是名法施之会。"这文字容易懂，你一念就过去了。所以，后人叫念经是背书，背书并没有错，我已经讲过了，现在你们年轻人读书都是靠笔记，哪一个背得来？书背不来智慧启发不了。佛教的背书的方法非常好，叫做诵经，诵就是读，嘴里念出来。念经为什么敲木鱼呢？木鱼是做什么用的？古人认为鱼是不睡觉的，其实鱼也是会睡觉的，但是因为鱼始终不闭眼，所以木鱼是提醒我们昼夜要清醒，不要无明，不要昏沉，不要糊涂，心目都要保持清明。敲木鱼为的是，念经时每一个字都不散乱，念念清楚，这叫念诵。

维摩居士的回答，照文字字面讲，法布施的法会，连在宇宙中过去和将来生存的人都要布施，这是无前无后，同一个时间就供养了一切众生，这叫法布施。这样讲你们听懂了吗？哼，全不懂！这叫作"依文解义，三世佛冤"，如果只照着文字解释经典的意思，过去、现在、未来三世的佛都要喊冤枉了。下面还有两句："离经一字，允为魔说。"如果你说，那我不照着经典来说，照我自己修持的方法心得而说可以了吧！但是，如果你说的和经律论的道理不相合，就是魔说，不是佛说。所以，真正学佛的人，经要通，教理要通，宗要通，自己悟道功夫还要到，样样要俱到。再严格讲，内明要通，自己内在要得道，外学也要通，世间一切学问要通，才够得上是学佛。如果你只管自己一个人，那学佛干什么？真正学佛的人不会只管自己一个人，一定随时做利益他人之想。现在写佛学论文的人，都是在依文解义，抓住一个题目，东一条西一条兜拢来，再写一些注解引证，真教三世佛都要喊冤。

维摩居士讲的法布施，在同一时间供养一切众生，没有前没有后，你做得到吗？可能吗？就算你是神经病会幻想，你如果能幻想出来算你本事大，我就印证你幻想成就菩萨。你绝对做不到的！要一念之间做到，而且不是只有供养人而已。所以，你以为文字看懂了，这不算佛法，还没有深入懂得内义。

"无前无后"是要你前后际断。我们把起心动念分成三段，就是三际,譬如我一讲话,你们一听到就没有了,这是前际,下面要讲的你还没听到,这是后际。前念已灭,后念不生,当体即空。这是《金刚经》所讲的:"过去心不可得,现在心不可得,未来心不可得。"你能把自己的身心烦恼思想妄念,一下前后际断,无前无后,当下即空吗?不空,怎么不空呢?无前无后没有说中间啊!中间非空非不空。说空的,前面念头过去了,没有了,后面念头没有来,中间一定是空。这个空的就是自性现前,正是有。这个有不是世间的有,所以唯识法相叫这是胜义有。这是身心修持最基本的法门。能做到一切烦恼妄念前后际断,无前无后,念念当下即是,当现前的一念清净空念,就是供养一切众生,这叫作法布施。我们做得到吗?

我们做个世俗的研究,把布施收到最小的范围。我们这个身体也是一个世界,身体上有很多众生,因为身体内部和皮肤上,有很多寄生虫和细菌。身上的细胞是不是一个单独有灵性的生命,以今天的科学还不敢断定不是。假使你念念之间妄念不生,前念皆空,后念不起,当体皆空,一时之间至少供养了身上所有众生得清净、安乐,这也是法供养、法布施。

我们过去学佛的,进出自己家中佛堂都要行个礼,不只行礼而已,五体投地之后要站起来,合掌去供桌前靠一下头,还要有响声,表示额头碰到佛的脚了,这些你们没有看过。当然,我现在也自然了,不过在我自己家中佛堂是如此的,也收拾得非常干净。除此之外,每次上座身子摆好了,第一念要想,一切修法不论是修观想、呼吸等等,如有所得,一切成就功德回向一切众生,不属于自己的。这个愿发了以后,第二念再空下去,或者再开始念佛。要随时随地念念如此才叫法供养、法布施,一个人几十年当中能够念念如此,才算是学佛。我们做得到吗?恐怕法供养做不到,倒是在气供养,气人家扰乱你打坐,这个那个的。

"曰:何谓也?"维摩居士讲的,善德菩萨听不懂,就请维摩居士解释。

"谓以菩提，起于慈心。以救众生，起大悲心。以持正法，起于喜心。以摄智慧，行于舍心。"你看，维摩居士一讲就又是一大堆，如银瓶泄水一般，哗……就下来，你接都来不及接。难怪十地菩萨叫法云地，说法如云如雨，盖满虚空。维摩居士是在家佛，超过十地境界，他说法自然也如云如雨。

这里他开始为善德菩萨说，什么叫法布施。他说，"以菩提，起于慈心"，你以为文字一看就懂，恰恰不懂。怎么是以菩提，起于慈心呢？普通经典说菩提心就包括了慈心，这里怎么说不同呢？菩提者中文意思是觉悟，换句话是悟道，是明心见性。悟了道以后从内心起慈悲心，看一切众生如子女一样，如慈父爱护一切众生，这个是法布施，是法布施的一种。

"以救众生，起大悲心"，行法布施的人，随时随地心理上念念之间在如何救众生，众生有烦恼，有苦，我要如何救他，要起这个大悲心，这样叫做法供养。我们学佛的人自己要反省啊！你什么时候想过要救众生？很多人对我说："老师你发愿在度人哪！"我说："去你的！什么发愿？我为了吃饭！我本愿度众生，现在是反被众生度。"你们听谦虚话听不懂，其实是骂人的话，你们学什么佛！哪里想度众生，你度了谁啊！念念想众生来度你，装个学佛的样子。所以，外边人问我信什么教，我就说信睡觉，因为跟他们讲不通嘛，省得啰嗦。你说我不慈悲吗？我这就是慈悲，方法不同，大家哈哈一笑。我是看对方什么人，毫无根器的人，我就先跟他来这个，你拒之越远，他求之越切。你如果拉着要教他，跪下来叫他祖宗，他也不听的，人就是这样的，这是方便法门。

我们反省自己是不是随时有救人的心？不要说救人了，就连肯帮助人的心有没有啊？只要人家一点不肯帮你，只要众生不供养你，就起了大嗔心。所以，读经典不是容易的，你看这文字很容易，我们几时做到随时随地以救助一切众生的心情来发起大悲心？这不是要你起个念头："我要慈悲去救助这些众生。"你有个"我"就错了，要忘我，以救一切众生，起大悲心，才是法供养。

"以持正法，起于喜心"，以修持正法的心情来生起喜心，这里都是讲菩萨四无量心，即慈、悲、喜、舍，是学大乘菩萨必须培养的心情，也就是我们必须培养的情操。我们读佛经真应该一边研究，一边掉眼泪，自己感到很难过。为什么？就拿喜心来说，一天到晚看到人家嫌烦，别人看到你也烦死了，脸孔像讨债的冤家，一点喜心都没有，你还能度众生？凡夫就是如此，你慢慢修吧！三大阿僧祇劫再来。逢人就笑也不算喜心，喜不是笑，是喜悦之心，真学佛修道的人，你看他那个神情，脸上的细胞都是使人看到就喜欢的，即使他在骂人打人的样子都是慈爱的。

喜心怎么起呢？维摩居士说要持正法。问题来了，什么是正法？哪个法不正啊？尤其现在末法时代，每个老师每个善知识都说自己是正统的，别人都是旁门左道。昨天有个同学打电话给我，谈起这个问题，他有一阵子没有来我这儿了，他说最近参加了很多这位法师那位居士的法会，本来以为去听一些法，结果光听到他们在批评别人，也有批评我的。他就问我，这是怎么搞的？我说："唉！如是如是，善哉善哉。"每个人都说自己的是正法，譬如这本《维摩诘经》，大家都知道是正法，就要学习正法，末法时代哪里去找明师呢？本师释迦牟尼佛在这儿啊！他的经教都在，都是正法，为什么不好好研究？因为信不过人。

我们后世学佛的人要记得四点一定的道理。首先，"依经不依论"，一切道理以佛经为标准，乃至《瑜伽师地论》《成唯识论》《大智度论》等都是次要，至于后人，尤其现代人的著作根本连看都不看了，因为他有没有修证到，都有问题。其次，有两点，即"依智不依识"和"依了义不依不了义",要研究大乘了义经典,譬如《楞严经》,是彻底的经典,有些佛说的经典是不了义,是对某一些程度不同的人作另外的说法,是不了义教。最后一点,"依法不依人",你们同学常常说我这个老师很难办,脾气又大,拍马屁拍不上,的确是的。讲到佛法,不管你对我感情如何,我始终保持一个态度,"宁将此心下地狱,不把佛法送人情"。这就是所谓四不依的法门,也可以说是四依法门,不然怕走错了路。这个四不依,在本经最后还会提到,就不先详细说了。

所以,我们求师访道学佛不要情感化,绝对要理性化,求正法以四不依的法门来检查。什么是正法?譬如大乘的经教,像《华严经》《法华经》《楞严经》《楞伽经》《解深密经》《维摩诘经》《金刚经》等,绝对是正法,不会有错。古人说通一经一论才真正够资格学佛。唐宋时代是不能随便出家的,要通过佛学的考试,自己可以指定一本经或是一本论,他就考你这本经论,通过了,国家就发你一个证明文凭,就是度牒,不是像现在这么容易拿。若是出家人犯了法规,政府可以把度牒追回来。到了唐明皇以后,有一度国家的财政出了问题,同外国打仗经费不够,也曾经出卖过度牒。

所以,经论不通就不会了解正法。大体来讲,《大般若经》《金刚经》《心经》都属于般若系统,在中国的佛学系统里是属于性宗,直接讲形而上道、明心见性。另有由科学的心理入手,一步步起修的唯识系统,中国叫相宗。这两大系统,都属于正法。还有很多正法,如三十七菩提道品、十二因缘都是。再简单点说,佛法说心法是正法,凡是依心起修的都是。

由修持正法,而有所得,生起法喜充满,这个是菩萨的喜心,是真正的布施。换句话说,你要度一切众生,就教他正法,不要走邪路,不要走方便法门,"宁将此心下地狱,不把佛法送人情"。可是,你们不要搞错变成悭吝心,跟你学法还要拿红包来皈依,否则不将佛法送人情,那就变成邪法了，不要借这句话随便用啊！

"以摄智慧，行于舍心"，舍就是放下，就是布施。什么叫放下，就是丢得开。佛法讲慈、悲、喜、舍，我们反省每一个字做到了一分半分没有？都只是嘴巴上做到而已。舍心做不到，怎么学佛？你说你什么都舍掉了，哎呀！就是还有个身子！哼！那是怎么都舍不掉的，我告诉你吧，人要想舍掉外境界是做不到的，不是叫你丢开家庭儿女，家庭儿女就是道场，去哪里找清净地方？你在家中念念舍心，你的家人就是众生，就为他们牺牲不就好了吗？虽然人少，有几个就几个嘛！连为家人都不肯舍掉，不肯牺牲自我，还说要学佛度众生？你连个鬼都度不了！

什么才是舍心？以摄智慧，行于舍心。行，是修行。摄，用现代话说，就是包括进来。乱摄可不是智慧，譬如讲布施，好多同学都有经验的，大家说起有什么人很可怜，我就同意出点钱。旁边同学劝我为什么要出钱，我说我带头啊！应该做的事就是舍。但是，有时同学提到要去帮助某人，我反而说不能，你连一毛钱都不能给，要出问题的，你帮助了他，他犯的罪造的业反而更重了。同学表面同意，背着我还是去帮他了。事后回来对我说，老师，还是你对了。这就是做善事也要有智慧的。

我们心里越放得下就越空，然后空的智慧就发起了。越放不下，智慧就越是发不起。你们打坐要想清净就是舍心，想把烦恼妄想丢开，但是丢不掉，因为没有摄智慧来修行。放不放得开，丢不丢得掉，那是般若智慧成就的问题，不是你说想硬放开就放开了。你丢不掉的啊！实际上你坐得越好就越放不开了，那个定的境界多舒服啊！定就放不掉了。这个中间的道理要搞清楚，就是摄智慧修行。佛法的智慧是空，你空得了一分，你的舍心、布施心就大一分，你空不了一分，那个不能舍的心就加大一分。

"以摄悭贪，起檀波罗蜜。"檀波罗蜜就是布施波罗蜜。修菩萨道要起布施心，这是大乘菩萨道六波罗蜜的第一条。为什么要起布施心？是为了摄悭贪。我们人都有悭吝的习惯。悭吝不是节省，节省是道德，是对自己的节俭，对人家的宽厚。如果因为我自己节省，对人家也节省，就不是道德，而是悭吝，是舍不得。悭字是心字边上有个坚字，把心抓得牢牢地，一点都舍不得。贪，是有了还想更多。

凡是众生一定悭贪，你说自己能不悭贪，不容易的。譬如我，什么都能舍，就是书不能舍，所以人家问我借书我都不借，因为常常有去无回，乃至一套书借出去，回来少了一本变成残书了。这个心理就是悭，我将自我反省讲给你们参考，大家自己要警觉。不过现在我不怕人家来找我借什么秘本了，因为我把它都印了，公诸天下，你来借十本也可以，我有几百本呢。但是，你看，这还是悭吝心。

所以，修菩萨道要先修布施道，前面讲过有三种布施：除了财布施、法布施，还有无畏布施。无畏布施不花本钱的，但是大家做不到。譬如有人怕鬼，你就教他一个法子不怕鬼，虽然你的法子可能是扯谎的，但是只要他不怕了，也就灵了，这也是无畏布施。又比方有人到了极困难的地步，你没有钱帮他，就告诉他一句话："我支持你！欠了账我替你还！"其实你比他还穷，但是，嘿！这一句话就救了他。给他精神支持，就是无畏布施。又比方有的人生病快要死了，医生说他的病是绝症，我就对他说："你怎么相信这些医生，他懂个屁！我帮你看了相，现在一摸你的脉，你起码再活十年！没有事的！"其实我是乱说的，他听了居然就好了，我这个咒就灵了。

但是，你给人家无畏布施可要懂得智慧，懂得方便才行。前阵子有个老朋友打电话给我，说："不好了，出大事了！我生病要死了，你不知道吗？某人某人都来看过我了。"我是真的不知道，他心理上也在希望我能去看他。他接着告诉我，自己住院了，自己家的屋子又被一辆车子撞进来，家人几乎送命。我听他的电话，差点脱口而出："福无双至，祸不单行。"话到了嘴边咽了回去，就说："你全家人赶快忏悔，念《地藏经》，我明天送过来，立刻就开始念。你那个面相可以活到九十岁的，不要担心。"这都是现成的故事，给人无畏布施，法供养。

"以化犯戒，起尸罗波罗蜜。"尸罗波罗蜜就是持戒，尸罗是戒律的梵文音译。因为防止不道德的心犯罪，所以佛制定了一切戒律。戒律的修行法门，就是在感化一切犯戒的众生，使他不犯戒，度他到彼岸。我们对于悭吝的人要教他布施，对于容易犯戒的人要教他持戒，这样对不对？对？你将来做法师时，可不一定要这么认为啊！你一定要懂得方便，要以慈悲为本，方便为门。悭吝的人你要他布施是要他的命，他不会听的！本来还相信佛法的，你教错了他就不相信了。

对悭吝的人，你干脆教他持戒，一毛钱不要乱花，不义之财也不苟取，他会非常听得进，就信佛了。学到某一个程度，他功德有了，智慧开了，自然肯布施了。如照佛经那么讲，教悭吝的人去布施，绝对行不通的啊！我的经验很多很多。

倒是教爱犯罪的人作布施还容易，他天天去声色场所，往往一掷千金，你要他在某个地方出点钱，他就干，这样慢慢引导他，使他自然不会犯戒。教育要懂方便，不要刻板，抓住"以摄悭贪，起檀波罗蜜"，你还檀呢！他早就弹跑了！几十年前我讲《金刚经》，《金刚经》也讲布施的，有个有地位又有学问的朋友本来天天来听，后来就不来了，后来跟其他同学聊起，他们说这个人认为我上课指着他骂，因为他有几个钱，认为我讲布施就是要他把钱拿出来给我。唉！你说，我这有什么办法！这就是众生。

"以无我法，起羼提波罗蜜。"羼提就是忍辱，忍辱可不能硬忍啊！硬忍要忍出肝病来的。我经常讲，凡是傲慢的人，就是有自卑感的人。世界上最傲慢的人是当皇帝的，而当皇帝的人自卑感最重。因此，他多心病最重，这个人靠不住，那个人靠不住，这个人对我不恭敬，杀了他。一个人真做到无我也就无所谓自卑。真正绝对傲慢的人不会怀疑一切人,你看得起我要听我的,看不起我也要听我的,那是只有诸佛菩萨才做得到的"天上天下,唯我独尊"。

"以离身心相,起毗梨耶波罗蜜。"毗梨耶是精进的意思。我现在深深体会,自己年纪大了,有时候就懒啰。最大的痛苦是批改你们的文章和日记,尤其是过年到了,国内外的来信、贺卡,一个礼拜就成厚厚的一堆,一天拖一天,看了心里烦,可是手边事情又多得不得了,只好倚老卖老,在来信上用红笔一划就寄回去,也算答复了。同学们也不见怪,我老了嘛。这我还算下笔快的,每封信只能用上一两分钟把问题解决了就好。可是就算这样,每次一搞都是一两个钟头啊!要是像你们那样慢慢想、慢慢写,那我的妈呀!早就急死了。

为什么要讲这个事?你注意这个话:"以离身心相,起毗梨耶波罗蜜"。虽然事情办不完,可是大家这么爱护我,怎么办?有时同学们也劝我,你太累了,年纪大了,要多保重一点。我说,算了,早死早了。他们又说,你也要为我们多留一些日子好不好?道理不错,就听你们的吧,好像我还要卖个交情似的。但是,真老了吗?真是事做不完吗?不是的,还是偷懒。懒是怎么来的,有身相!有的时候,一看是重要事情,非做了不可,忘掉自己,一下也就做完了。

如果我坐下来,虽然我也没有定,但是我们总喜欢学个定,这一定就不想动了,这一不想动,世俗的事就堆了一大堆。有时只好牺牲所贪图的舒服,只好起来吧!做吧!这一下就做完了。今天早上跟他们开会还在讲这事,有位同学早上七点钟上来,看见我坐在书桌前,就说,老师那么早起来啊!其实,我昨天坐在那儿看书做事一夜。我一看快天亮了,然后接着九点钟就有事,这就不能睡了,一躺下去一定会睡个无天无地,干脆不睡!一直到中午吃过饭,我还觉得精神好得很。如果今天再不睡,一夜下去还可以到三点。身相没有什么了不起!

我看你们同学真是好懒，年纪轻轻还不如我这个老头，真不精进哪！脑子更不精进，经看了记不得，精进一点嘛！不就记得了吗？连我现在都还在记东西，要紧的东西靠翻笔记本多麻烦，多用几次脑筋就背来了。要背到第八阿赖耶识去，不要在脑里想，那不是背！背到不用意识就背来，嘴里就念出来，脑子里就反应出来，那就背来了。

"以菩提相，起禅波罗蜜。以一切智，起般若波罗蜜。"来了！你们不是最希望学禅吗？怎么打坐？打坐不是禅啊！但是要学禅定的禅，非从打坐开始不可。大乘的禅固然不在于坐，行住坐卧都在定中，即使你不学禅定的禅，学这个如来禅，也是以打坐为基础。修禅定打坐要"以菩提相，起禅波罗蜜"。菩提者正觉也，你打起坐来在身体上搞气脉、搞感受、搞境界，根本离菩提越来越远。学佛是修菩提啊！菩提者觉悟智慧之道，要参究。所以，要你们研究《成唯识论》，这是参究菩提的正路。要用正思维的，不是不思维的。

你们有一点点问题，乃至用功的心理上、生理上一点点问题，就来"老师！老师！"我告诉过你们，不要问我啦！你有依赖性始终不会成功的，我死了你怎么办？你自己先参究，有了结论再来问我，那就好办了。妈妈生给你一个头脑为什么不用！智慧是正思维来的，菩提是参来的。你打坐腿麻腿痛也来问我为什么，你坐久了，腿当然会痛。你真要问，就要问自己，究竟是腿在痛腿在麻，还是心在痛心在麻？去参！

有位老同学都七十几了，二十年来，每天功课不停，一定读一卷《地藏经》，早晚一定打坐。昨天还问我，"这个真要命的啊！半个钟头嘛，腿一定发麻，怎么熬也熬不过去，是啥个道理？"我说，"这没啥道理，你熬一熬就过去了，熬不过去是心的问题，你好好参。现在如果有人用枪指着你，你一动就开枪，包你一天都熬得下来。命要紧时哪还会管腿？"不过要注意！老年人不要死熬，你出了问题去看骨科、神经科，可不要怪我啊！但你们年轻同学这一关都过不去吗？你真熬过去了，气脉走通了，舒服透顶就真不想下座，宁可杀头也不愿意放腿。这些道理你要参啊！要求菩提、求觉悟，起禅波罗蜜，处处要讲智慧，不要有依赖性！这每一句经都是话头，都要好好研究，都要参，每一句里头都有深义在，你多用脑筋，多想一下就懂了。

现在接着再讲法布施，这法布施拿现代话讲，就是智慧文化的布施、供养，也是道的布施。

"教化众生，而起于空。""空""无相""无作"是大乘的三解脱，"无作"在有些经典翻译成"无愿"，修大乘佛法这三点一定要把握住，其中包括了大乘修行最重要的"境""行""果"。一切都是境界，成了佛，弘扬佛法，都是境界。譬如我们坐在这里，我们心理上的感受、思想、身体上的感觉，这一切都是境界。成了佛或是大乘菩萨，他们虽然在教化众生，却不觉得自己在教化众生，不着教化的观念，不着教化的相。行无所事，过了就算，如梦如幻，这是讲自己本身。第二点，在境界上得道的人，教化众生而起于空。诸佛菩萨证道了以后，常在空定中，一切都是如梦幻空花的境界，常住此定中。如果贪着于定，认为定就是道，是错误的。所以，定也空，动也空，无往而不空，念念皆在空中。所以，诸佛菩萨以菩提心、大慈悲心，怜悯众生，为教化众生而出这个空的定，就是"教化众生，而起于空"。

"不舍有为法，而起无相。"小乘的罗汉最怕有所作为，什么事情都躲开，世间法什么都不管。讲小乘是客气话，讲不客气是逃避现实的人，渺小的人。人世间的责任一切不管，好像别人都该死，只有你修道是世界第一。所以，小乘最后被认定是外道，是错误的路线。小乘人偏于空，认为空是究竟，实际上他没有懂空。真正了解了空就明白，静固然是空，动也是空啊！为什么怕动而专取静？大乘菩萨是真悟道的，所以"教化众生，而起于空"。小乘怕一切有为法，怕有所作为。有为法包括了世间法，世间法包括了魔法，一切外道法门，任何一切世间法门都属于有为。无为法只有一样：证得涅槃，就是空。

如果你认为有个空可以证得，可以保持这个空，就像小乘的罗汉们，天天定在这个空上，动都不敢动，起心动念都不敢，他认为这就是空，实际上是偏空。你知道自己定在空境界上，这不还是有为法吗？还是一样没有在修无为，可是他们却自以为在修无为法。世法、出世法一切唯心唯识所造，哪一样不是有为法？唯有大乘菩萨不舍有为法，因为有为法如梦幻泡影，也是空啊！因此，大乘菩萨彻底悟道的，"不舍有为法，而起无相"，不认为无相是究竟，起无相的三昧而如是利生，起这种度世之行。《法华经》说"一切治生产业皆与实相不相违背"，世间一切有为法，做生意、种田、做任何事，统统与菩提大道不相矛盾。

"示现受生，而起无作。"小乘的罗汉们什么都不敢动，认为一切空了就是究竟，所以没有愿力。大乘的菩萨们发愿生生世世永远在世间度一切众生。发愿是心法，心念念不可住，作而不可住，所以是无作。大乘菩萨了解生死涅槃皆如空花，因此人世间经常来，照样投胎长大成人，照样遭遇人世间许多事，照样学道、出家、入世，"示现受生"，接受生生不已在轮回中。"而起无作"，而离开了无愿无作那个偏空的境界。这些，都是佛菩萨的境界，都是佛菩萨的法布施、法供养，是真正佛法的道理。所以，学佛的人了解三解脱既然是空的，当然更不会执著自己的生命，更要去弘法利生，而不是拼命求个空的境界，给自己享受、安慰，自己坐在空的境界，以为是道，这样是错误的。

"护持正法，起方便力。以度众生，起四摄法。"大乘菩萨掌握了"空""无相""无愿"修持的"境""行""果"，因此可以护持正法，使之在世间永远留传下去。什么是护法？现在出家人客气地称呼我们捐献金钱的在家人为护法，这实在不敢当。要真正做个护法很不容易，要十波罗蜜中的方便波罗蜜成就了，懂一切方法才算。譬如佛教、佛法、佛学是一个东西，我们把它分成三个来讲。

现今人类的文化世界的潮流，真是到了末法时期，没有办法可以挽回。为什么没有办法挽回？理由是二十四心不相应行法中的"势速"，是社会趋势的关系。在这样的潮流时代中，出家、在家的菩萨们，不论是果位上还是因位上的菩萨，都在维持正法，使它住世。我常跟年轻同学讲，佛教的这个教，不跟着时代变是绝对维持不住的，世界的趋势太厉害。像我每天不断地接触到国内外新的消息资料，所以天天有新的观念和想法，看见人类社会的转变太快了。所以我说，宗教的形式不变的话，是没有办法的。

但是，佛法不会跟着宗教的形式而衰落，反而更昌明。现在全世界的人类，正不断地用各种方法来追求人生的究竟。因为要追求人生的究竟，佛法的价值、佛法的光辉，就会越来越高。在过去，这个护持正法的担子，纯粹落在佛教出家的比丘众身上。但是，这几百年来起了蜕变，担子多半到了在家人身上，这问题是非常非常的严重。至于佛学，在世界文化的思潮里，在世界各地的最高教育机构里，佛学的课程越来越普遍，但是对于佛教，这个并不是一个好现象。能够把佛教、佛法、佛学合一，能扶持正法的，就要如维摩居士所讲的，"起方便力"才能做到，也就是要懂得古今中外一切学问，懂得一切方法。你光有方法而没有力量，就像年轻人做一切事，理想非常高，但是方法用出来没有力量。所以，要得方便波罗蜜的力，那个方法用出来要有效果。

起方便力作什么用？"以度众生，起四摄法"，这很难了。四摄法大家听得多了，是布施、爱语、利行、同事四样。这个"摄"字要注意，是包涵、包容别人。我们做得到多少？例如很多人，包括我在内，没有时间也没有精神来跟你说空话，这就不是爱语的精神，放弃了方便教化的机会。我虽然跟同学讲佛法几十年了，如果有人考核我，应该打零分的。从教育的方法来讲，我不够资格护持正法，因为我没有耐心。怎么说呢？假如碰上了学识修持都有了成就的，就可以很轻松地用禅宗的方法，机锋转语，灵丹一粒，点铁成金。如果是一天到晚念般若波罗蜜，还要在那边张家长李家短的，我的媳妇不好啊……我看了就烦，就没耐性了，可以说是水太清则无鱼。你们年轻法师学四摄法，一定要大大地包容。现在有好多年长的法师，我看了他们真是要五体投地顶礼膜拜，他们有这么大的耐心，能够包容，这是非常难的。要听许多厌烦不必要的话，要说许多厌烦不必要的话，要做许多厌烦不愿意做的事，这就是忍辱波罗蜜。我可一样做不到。所以，你们青年同学有志弘扬佛法，就要做到四摄法的布施、爱语、利行、同事。

"布施"，要做到精神布施，我看到你们做事就没有这个精神，事情一多就烦死了，同我一样。我的毛病你们都有，我的好处你们一样没有。甚至还学了我骂人的口气，这只有我能玩，别人可不能玩的。历史上有祖师把七佛的名字写在裤裆里，有徒弟也学了玩，结果下半身就烂死了。你们没有这个道，没有这个德，就不要学这些。

大家千万对四摄法要注意，如何去包容人家，不要被人家包容，让人家原谅的人，是末等人，你去原谅别人，才是第一等人。学菩萨道的人，更应该如此。布施不只是钱财，要有精神布施。你们经常学到我的缺点，我的布施你就学不到，我虽然把自己批评得一文不值，我也有很值钱的地方，你不要好的不学，都学坏的。

"爱语"，我虽然不耐烦说空话，可是还时时在说空话，譬如我讲经也在说空话。我其实连经也不愿意讲了，还讲个什么？你们老早就应该自己懂了。可是有什么办法？不懂只好讲了。这种精神布施你要学。

"利行"，有利于别人的事情，不分大小，有机会就应该帮助。

"同事"，就是世间法的同事，同事之间相处不易，你去到社会上做事，每一个地方，不论是公司、政府、乃至庙子，都有同事，两个人往往弄成三派。你看我不惯，我看你讨厌，只有看自己是越看越伟大。每一个人都这样，不能与人相处。

所以，菩萨道的四摄法，即布施、爱语、利行、同事，你自己要反省，哪一点做到了？这每一点拿来写文章的话，都可以写成一部书了。中国古人所说的敬业乐群，就是菩萨道的四摄法，恭敬自己、恭敬别人，做任何一件事情都专心一致，没有推诿、没有烦恼地做到底，是敬业。乐群是团体群众的人与人之间，彼此很快乐地相处，我们几千年都这么教育，结果几千年都没有做好，都是不合作不团结。菩萨道的四摄法是这么难，所以维持正法的人才这么少。

"以敬事一切，起除慢法。""敬事一切"的"敬"是名词，是说我们的心理状况和行为要随时恭敬。恭敬不只是心理的，是对任何一件事认真去做，非常谨慎、慎重，谓之敬。要敬重自己，把自己当人看，但普通人不把自己当人看。譬如读书，总想把学问搞好，可是一读书就东想西想，不专一、不努力了，不打起精神，也不限定时间把问题研究清楚，这就是不敬事，就是不尊重自己。尊重自己之外还要敬重别人，与人相处不尊重人，就是不敬。至于敬法敬佛，真做到了吗？几时心中有佛？学佛的人心中随时随地有佛就是念佛，也不用你着相，随时把佛法的精神摆在心中就是敬。

"敬事一切"的"事"是动词，一切的作为行为叫做事。"一切"包括了善法、恶法、不善不恶法，世法、出世法。学大乘道的人要敬事一切。

"起除慢法"，除掉了我慢，没有我，也可以说，一切人、一切事都变成我，我应该替大家服务的。大家学佛那么久，我慢的心理可能还检查不出来。连一个白痴都有我慢，但是知识低的人，我慢心还差一点，学识越高的人，我慢就越大，因为又加上了增上慢，自以为了不起，自己就算错了，也还是对的。所以，学菩萨道的人要先去慢心。慢不是骄傲，慢在内心你看不出来，人的慢心挡住了自己不能成道。我几十年经验看人，有的人对我尊崇得不得了，但是他自己有没有真的学法？没有，都在我慢中，总找一个理由解释自己的我慢，因我慢引起不精进、心行错误。

所以，大乘佛法要我们"敬事一切，起除慢法"，像今天晚上吃饭时大家说笑，有一位当医生的老同学，昨天在医院忙了整晚，救活了一个病人朋友，病人醒了，第一句话就说："感谢主啊！"却根本不提医生。我们就说这老同学应该用个方便手法对病人说："对！感谢主把你救回来，不过主命令我代表主来救你。"我说，对的，当一个人信宗教信得发疯时，他就得救了。但是，这个不是得解脱，他只是心理上得安慰。一个人不论男女，晚年若能够安排好自己，不要人家来服侍你，是世界上第一等人。

再讲回那个病人，他感谢主，就是慢，是宗教的增上慢，完全不感谢医生朋友帮了那么大忙。这种慢，不论信哪种教、有没有信教，都是有的。人的慢很难去除，因为自己这样的心理状况很难检查出来，要是能检查出来的话，这个人虽然没有得道，也差不多了。

"于身命财，起三坚法。"人抓得最牢的三样东西，叫做三坚，就是身命财。身就是身体，也就是我，是我慢的根本。身体还不要紧，命最要紧，假使你生病了，要把胃割掉一半，否则就会没命，那你只有割了，身体不如命要紧。财也一样要紧，要割的时候，赶快去缴费，割完以后会想，真可惜，花了那么多钱。这三样东西，一切众生都抓得很牢。要能舍，就是真正的三坚法。

"于六念中，起思念法。"大小乘修行法门十个念：念佛、念法、念僧、念戒、念施、念天、念休息、念安般、念身、念死。六念就是十念的前六个，请问我们有念念在这中间吗？才没有。就坐在这里听经，心中也没有念佛法僧，都在思念别的事，没有在这六念中起思念法。

"于六和敬，起质直心。"六和敬是我们在团体中最重要的相处之道。和尚是僧，有时被人故意念成"憎"，成了仇恨的意思。僧伽就是僧团，出家人谓之僧，修道的谓之伽，出家的团体总称叫僧伽。三皈依中，皈依僧是皈依僧伽的意思。僧团不一定指出家，在家真正发心修持的也算是僧团。僧团相处有六和敬，就是六个条件，彼此和平相处，没有闹意见，互相尊重。这个敬就是"敬事一切，起除慢法"的敬。我们从经验知道，只要几个人相处，乃至两个人住在一起，就不得了，别人都是混蛋，只有自己是个好蛋。人与人相处能够做到六和敬，然后再扩充到这个社会，就天下太平了。

什么叫六和敬？第一是"身和共住"，是什么意思？你可以解释成：不打架就是身和，没有一个生病的，四大调和，每人都精神饱满，无病无痛，彼此客客气气。身也包括面孔，没有坏脸色给人看也是身和。中国的大庙子一进山门就看到弥勒菩萨的笑脸，学佛就先学拉开嘴巴笑，先学假笑也好，慢慢神经拉开了，看到人就笑，总比哭好看嘛！我最怕看到同学整个人绷在那儿，这是学佛的样子吗？一点都不能使人喜欢，我看了就讨厌，笑脸总可以学吧？学佛第一步先学中国的弥勒菩萨，肚子大包容大，脸在笑。这个都学不会就是身不和敬。身不和怎么共住？身和还要注意衣冠整齐，生活整洁，自己生理行为每一点都要搞得干干净净，不使人家讨厌我。最难的是，即使别人做不到，你也要容纳他，能做到就不得了。不但学佛，与同事之间也能够做到才行。人与人之间就是相处不了，身不能和，因此就不能共同生活在一起。出家要生活在一起，第一就要学六和敬。

居士也一样，自己既然晓得缺点，就自己找一个山头，孤峰顶上，气吞诸方，不要说人来不到，就连鬼也来不到，那连八和敬都做得到，要发脾气可以一个人对着树发，那气也出了，多舒服啊。这样你也做不到！我那时一个人住峨眉山顶，"通玄峰顶，不是人间，心外无法，满目青山"，那个境界就是如此，连一和敬也不用。这六和敬真做到，天下就太平了，齐家治国平天下都做到了。"身和共住"我们谁做到了？每个人身体都不调和，多愁多病之身都要别人照应你，你照应不了别人。所以，佛说多拿医药布施，他生他世就无病无痛。我就有这种朋友，活了七八十岁，从来不知道什么叫伤风感冒，健康得不得了，也不学佛学道。不知道多值得羡慕。

六和敬第二是"口和无诤"，不讲伤害人的话，即使骂人也要有骂人的艺术，而且还要看对象。像我骂这位陆居士几十年，他从来不生气，再怎么大声骂他，还是一张笑脸，我真佩服他。他对我是口和无诤，这难啰！你观察这世界上很多人的长处是值得学习的。在团体中有的人嘴就不和，本来很好听的话，他讲的就不好听，真奇怪了。再不然，那嘴厉害的故意找些好听的话说，但是那些话一听就晓得，很讨厌。这口要和是要会讲话，三言两语就可以把人家的意见调和了，这是高度的道德修养，是很难的。但是，这个口业也是修来的，你前生没有修口业，口德不好，你越劝，人家越要打官司。有的人一来，骂个两句，"搞什么名堂！不成样子！吵个屁！我请你们吃饭去"，别人就不吵了，毫无道理的几句话，也就解决了。这就是他前生修口业，有威德。所以要修口德啊！这是其一。

其二，嘴巴上吵来吵去没有什么事，一句话空的嘛，却抓得好紧，心里生气好几天，不只把脸气绿了，还气乌了。尤其两夫妻之间的争吵，到我这儿来诉苦，我肚子里都打好分数了，两个都不是好东西，为什么？口和就无争论嘛！不过你们在劝夫妻不和的时候要注意，他们讲另一半的不是，你可不要附和，他们回头和好了，就会说起你这个中间人的不是了，这是实际的例子。口要和才无诤，这就是修行嘛！你不要以为是空话，你只会南无南无有什么用？所以大家要反省，有几个人是口和的？同我一样，一开口就使人讨厌就糟了。

第三是"意和同事"，我们处在团体生活要注意，嘴巴不和还容易，有时口里说点假话，哎呀！我对不起，抱歉……可是肚子里却梗着，这会梗出癌症来的，真的哟！癌症就是与生闷气有关的。非常内向的人，你打他都不放个屁的人，然后脸上发青发乌，在里面生气，将来百分百得肝癌。另一种是脾气非常大的，也有肝癌的嫌疑。中国人肝病特别多，肝癌特别多，就是喜欢在心里头生闷气。因为这个民族很奇怪，表面上有个假面孔的，装作没事，心里却生闷气。意如何做到和，不但和，而且要能与人同事，能与人共同生活。家庭也是如此，你看父母与儿女之间的意见会相同吗？绝对不会。现在讲代沟就是意不和，意和就没有代沟了。

第四是"戒和同修"，这个戒不但是戒律，也包括生活上的习惯。譬如爱干净的同不爱干净的，就不容易处在一起。像我是非常爱干净的，而且爱整齐，我的东西不喜欢别人乱动乱放，有同学拿了不好好放回去，我就心里讨厌，这就是一种戒不和。但是，真碰到了又能怎么样呢？真把我东西搞乱了，你斜眼一瞪，他笑一笑，也算了，你就要想，这东西最后是会坏、会没有的，就没有事了。所以，戒和才能够在一起同修。戒和，照一般的解释是大家的戒律一样的好，这怎么可能嘛？有人道德好，有人道德差一点。差一点好一点要能和最难，你看六和敬除了和还有敬，敬就是要尊重人家啊！这样才能共同修行。

第五是"见和同解"，见就是意见观念，人与人之间意见会不同。不要讲别的，没有一对夫妻的意见完全是相同的，但也因为两人的面貌不同、个性不同，才能结婚，完全一样是不能结婚的，结了婚会早死一个。吵吵闹闹的反而可以吵一辈子，吵完了又没事了。这种情况我看得多了，如果一直吵架的老伴走了，剩下的一个没有吵的对象也就差不多了。见和是见解相同，如何沟通来达到见和是很重要的修行。

第六是"利和同均"，利不只是钱，连睡上下铺的人之间也有利的问题，这是个比方。利害关系之间能够和平相处是同均，平等平等。发挥起来也包括社会经济问题，这六和敬在佛经中是应用在僧团的生活上,实际上你们想想看,扩充起来,齐家治国平天下都在其中。你们天天要写佛法的文章,就不晓得发挥,把六和敬这么伟大的佛法,只用到僧团中,太可惜了,这是佛的真正教育法,天下太平的大法。

现在考你们一下,六和敬从哪里做起?……算了,我帮你们答吧!六和敬有两层意义,要先从内心做起,身、口、意从个人自我做起,戒、见、利从行为扩大,由内而到外,人人自动自发,这是真民主,真自由,也是真佛法。这些大文章不去写,一天到晚钻牛角尖,做什么学问?世界不能和平,主要问题不在政治制度或是学术文化,而是在每个人此心能不能和平。因为做不到此心的和平,此心不能了、不能度,要想求家庭、社会、国家、天下能够和平,那是永远不可能的。这是人类文化的大问题,所谓人类文化,包括了一切宗教、教育、哲学、政治、社会、经济、军事等,不只是博物馆的古画,或是什么歌舞才算文化,文化包括了整个人类的生活和习惯。如果六和敬能做到了,也许这个世界就能够太平。但是,这很难,坦白地说,连所有的宗教团体,人与人之间相处,都做不到六和敬。如果有任何的团体可以做到六和敬,他们就值得我们顶礼膜拜,可以称作是真正的僧伽。

《维摩诘经》上告诉我们:"于六和敬,起质直心"。人怎么能做到六和敬的要求呢?《维摩诘经》说:"起质直心"。质,是朴实,老老实实,不虚伪不作假;直,是不转弯,不整人,不害人。质直心就是朴实、不弯曲的心。有些同学讲话常挨我的骂,他说起事情来不直,转了半天的弯,本题都没说到,我又忙,其实一句话就说清楚了嘛!又有的人喜欢讲些讨好的话,有弯曲心,我一听就知道。不需要向长上讨好,因为要讨好,常常会做错了事。什么是质直心?你们自己的心理都检查不出来,常在起心动念的下意识里另有目的,这是阿赖耶识带来的,也就是业力,自己都不知道,因为无明嘛!假使你能找得出来,就是修行人了。"于六和敬,起质直心",你因为依六和敬修正自己的行为,就能渐渐地生起道心。

"正行善法，起于净命。"要如此自处，如此处于团体中，才是正行善法，这叫作正行法门。你们早晚课一开始都叫你修《华严经》的净行品，净行做到了才是净命，生命才是清净庄严。这些都是道德的完成，都是法布施、法供养，都是修法啊！你以为要用密宗的方式传你个咒子，教你个手印，你嗡啊嗡的念才是吗？这些密宗方法我多得是，但是我一概不用，也不传，这都是小法，大法都在这儿了！什么才是真正的密法？告诉你也做不到，告诉你也听不懂，就是大法。有形的密法很容易，像我们把千古不公开的密宗手印都印出来了，每个手印都是手语，就像是聋哑人使用的，我们用来和菩萨通话，但是这些是密教，而不是密法。真正的密法就在显处，在明显的地方，可是你不懂。手印是修法，结了手印，至少你的手被拉住，就不做坏事了，十根指头就是自己生命上十条大的雷达网，可以跟法界菩萨相通的。当然，有些人指头生得短，有的手印把指头扳断了也结不起来，这也很苦。

那什么是正行？以大乘菩提道来讲，正行是很难的。你拜佛算是正行吗？不是。吃素算是正行吗？不是。守戒算是正行吗？不是。六度万行算是正行吗？也不是的。戒定慧算是正行吗？都不是的。三十七菩提道品算是正行吗？都不是！没有一样是的！什么才是？证得阿耨多罗三藐三菩提，悟到了本来自性清净，无修无证，那才是正行。退回来说，什么是正行？什么是真正的修行？三十七菩提道品中的八正道才是正修行。大家不要以为自己在修行，谁在正修行？除了十方三世诸佛菩萨以外，没有的。我们只不过能说是在学习正行，譬如拜佛、吃素、六度万行、戒定慧都是修行的加行法，一切都是加行法而已。

再讲善法，善法是证得菩提，起心动念无一而不善。真正的善法是净土，内在心的净土，外在极乐世界阿弥陀佛的净土。"正行善法，起于净命"，因为正行善法，我们的生命活在世界上才算是净命。这个世界叫作五浊恶世，五浊中有一浊是命浊，所以不是净命。能把我们的生命，还不只是这个身体而已，转成净命，只有靠正行善法。五浊恶世是劫浊、见浊、烦恼浊、众生浊、命浊。

"心净欢喜，起近贤圣。"接着上面一句，"正行善法，起于净命"，能做到心念清净，于心念清净中起欢喜心，亲近善知识，就是亲近一切有成就的圣人、贤人。在中国的儒家文化里，孔子是圣人；孔子的弟子三千人，其中了不起的有七十二贤人。佛法的圣贤有三贤十圣，三贤是十住、十行、十回向，做到这三位才够得上佛法所称的贤人。十圣是初地到十地菩萨，十住之前有十信，那还是预备班。三贤是修菩萨道的资粮，有了累积资本才可以开始修行。十地是正位。好了，这个里头一共分五十几位，等于是五十几层楼，我们还在门口没进来，十信都不够。不要才学了几天佛就"天上天下，唯我独尊"，傲慢起来了，那是释迦牟尼佛，不是你。

要想亲近善知识有一个条件，要心净。但你的心不净，不是上面所说的"质直心"，是说你的心都有所夹带。好像很多人学佛打坐，目的是为了身体好，那你去吃药去运动不更好吗？动机不对，有所夹带，认识不清，做不到心净。怎么样叫净心？就是善念不起，恶念也不生，念念清净，念念在空，修净与空的三昧，引起自心欢喜。我常说你们不要成天绷紧着脸，要学中国的弥勒菩萨像，一脸笑容。有一副对子最好的，你不要只把它当文学，它就是佛法，"大肚能容，容天下难容之事"，你做得到吗？"开口常笑，笑世间可笑之人"，我们就可笑啊！讲什么《维摩诘经》啊！道家也有两句话值得参考："神仙无别法，只生欢喜不生愁"，每天都是欢喜的，自然阳气充满。

你纵然好像是起了欢喜心，只是凡夫的欢喜心，是亲近不了善知识的。在心境中有充满法喜的欢喜心境界，才可以随时随地接触善知识、亲近圣贤。很多同学修法、拜佛修持很久，好像诸佛菩萨都没有感应。当然不会有感应，这是因为你没有做到心净，好像电线的插头没插进去，接不上电。就是子女向父母亲讨点钱，也得说几句好听的，俗话说，"千穿万穿，马屁不穿"嘛！这虽是笑话，但是我们自己反省，一天之中能有几分钟几秒钟，对佛法起了欢喜恭敬心？没有吧！可能在家人反而比专门修的人还恭敬一点，为什么？在家人是用做生意的心理嘛！他忙了一天然后烧枝香，那一下是很诚心的，要发财、儿女好……三毛本钱一枝香，再加磕一个头。我要是菩萨就不理他，本钱花得太少了嘛！用不净的心理来求感应是行不通的。

"不憎恶人，起调伏心。"学菩萨道的人，上要亲近善知识，下要"不憎恶人，起调伏心"。对坏人也要慈悲他，怜悯他，即使这个人真正不好，也不要憎恨他。学佛不是要度一切众生吗？善人固然要度，恶人更要度了。好人要爱护，不好的人更值得怜悯。调，是协调，伏是降伏，使他转成善心。你看在大丛林下，佛菩萨的莲花座下是些什么人在扛？当然它是表法，都是些金刚、饿鬼、死尸、毒蛇，尤其是密宗的画像更是如此，莲花宝座都靠它们扛的。万一我成佛了，这可是假定这么说的，我都不忍心让你们这些弱不禁风的善人来扛莲花座，我就需要他们这群很勇猛很坏的来扛。你看佛像就懂了，就悟道了，因为世界上有坏人，所以要佛来教化他们。没有坏人，要他来成佛干嘛？要了解这个精神，佛菩萨的宝座下面都是恶鬼扛住的，绝不是善人来背的，你们善男子善女人还是回去吃饭，打坐睡觉吧！

"以出家法，起于深心。"出家是为了证得菩提成佛，因为出家所以能摆脱世俗很多的障碍和拖累，能够专心一致去修法，找出自己的本心，而起深心。可是，大部分人出家是偷懒法，逃避现实，当然偷懒法也是八万四千法门之一法，真的，不是说笑，你看有好几个禅宗祖师都是以懒法成道的，但是你没有那个本事学。为什么要出家？是为了起深心。这个深心在佛典上经常出现，《楞严经》的偈子："首楞严王世希有,销我亿劫颠倒想,不历僧祇获法身,愿今得果成宝王,还度如是恒沙众,将此深心奉尘刹,是则名为报佛恩。"出家不是让你来偷懒的。

什么是深心?非常值得研究。一般在家的大学者,好像欧阳竟无、熊十力师徒,我与他们是忘年之交,还有好几位,包括王恩洋、吕秋逸等人,他们虽然是在家人,可是终身不娶,所以他们学问成就是这样扎实。出家法不要讲戒律了,用中国道家的观念,黄石公的《素书》所讲"绝嗜禁欲、所以除累",为什么要出家?也就是要离情弃欲,离开世间一切情感的困扰,抛弃世间一切的欲望,这样就摆脱了一切拖累,可以专心一致用功。

讲到出家的大师,像是太虚法师、印光法师、虚云老和尚,我年轻时都见过的。当年我们学佛,比你们这些大专学生调皮多了,你们这"散"男子、"散"女人,是散开的散,是希望他们离开远一点。我们当年碰到这些真修行的法师,不顾一切,敢在大街上就跪下来拜。但是当时对太虚法师,虽然他盛名传遍世界,我们看到他却是不理的,觉得他只是讲讲佛学的,没有修持。一直到了后来,我才跟我的老师讲,"先生啊!我们看错他了,太虚法师是有修持的。"老师还把胡子一拉,"哦?真的啊?你有何所见?"

事情是这样的,当时太虚法师坐火车回首都南京,南京火车站欢迎他的人真是人山人海,很多还是很有地位的人,是他的弟子。这就像当年虚云老和尚,他威风也大了,连国府主席林森都亲自拿着香,率领文武百官跪在码头迎师父下船。这些大法师受人尊敬拥戴,真是菩萨各有各的眷属。话说太虚法师,乘火车一到南京,他老先生下了车尿急了,不管前面的军民男女人等,转过身把袍子拉开就小便,状若无人,尿完了旁边跟着的人就对他说:"师父,他们都来欢迎你的。"他说:"噢!好!阿弥陀佛。"我看到这一点,心想,哎哟!这位和尚不得了啊!他对这所谓的荣耀没有动过念头,他无所谓,管你那么多男的女的,袍子拉开来就屙尿了。有些老太太女居士都不敢看，他可自然得很。你不要说他得什么大定，就算是个昏沉定也不得了啊！目中无人，都空了。这是一，因此我就开始注意了，觉得过去多年对他的成见太深了。

太虚法师的左右不用小和尚，也不摆威风，他一辈子那么多著作，全部精神都在佛经上，真是发起深心的。他旁边只用两个在家人，那时候叫茶房，现在叫服务生，他给人家薪水的。那么多人来皈依他，膜拜他，都要给供养，他一辈子持戒律不摸钱的，都是由茶房捧进去了，太虚法师绝不会到后面问茶房收了多少钱，用出去的也问都不问，这都是我们所见到的。

讲这些故事给你们听，不要说他的修持如何，就算不修持，他昼夜都在经典上，在佛学的学理上专修，就了不起了。所以，"以出家法，起于深心"啊！不只是你们，许多国内外的教授来了这里，我都把他们当小孩子，不只是年龄上的小孩子，也是学识上的小孩子，为什么？现在人读书做学问，都没有发起深心。学佛更是要起深心，也就是戒定慧三学都要深入。例如你们都受过戒的，我只要一考你戒，就绝对答不出来，你二百五十条戒都背得出来也还是不懂戒，为什么不去研究大藏经的律藏？古人说："为求无事披袈裟，披了袈裟事更多。"为什么事更多呢？更要精进，昼夜专心一致在求道，找出这个深心来。出家人不清楚这个观念的，就是在逃避现实，非出家法也。

"以如说行，起于多闻。"多闻是知识学问渊博，佛法渊博，不是你多听就是多闻啊！要怎么样求得多闻呢？要如说行。什么叫如说行？就是佛在各种经典上讲的，你能做得到，能依教奉行。

"以无诤法，起空闲处。"这句话难懂啊！不要以为文字好懂。根据《金刚经》，佛的弟子中，须菩提得无诤三昧，真正清净修行。无诤三昧是身、口、意无诤。人和人相处都有相争的地方，真能做到无诤，只有证得到了空，无相三昧才做到。须菩提得了无诤三昧，佛送什么学位给他？乐法。得了无诤法门的人爱清净,但还不是大乘道,要起空闲处,不要怕入世,入世也无诤。

"趣向佛慧,起于宴坐。"宴坐就是打坐,习定。打坐是土话,例如说打水洗脸,水怎么可以打？打坐就是坐,有学生告诉我他最近"打"得很好,硬是不讲坐。当然有许多在家朋友是有打有坐的,他的打是打麻将,麻将打疲劳了就打打坐,所以他可以说是打坐。但是,你们专门打坐的为什么要讲打得很好？明明应该说坐得很好,连话都不会讲！言语表达不清楚,怎么口和？

真正的打坐叫宴坐,不依身,不依心,不依也不依,你们打坐通常是依身,歪着脖子、皱着眉的……都被身体困住了。再不然就依心,就连依个空也不对。你们都没有宴坐,是在熬坐,干熬,熬腿子。那么,你说我不熬也不依,算是得定了吧,这算是佛法吗？不是的,那是定相。真正成佛是菩提智慧的成就,大彻大悟了。你要大彻大悟,不在宴坐,但是也不离宴坐,动也对,静也对,就彻悟了,所以说"趣向佛慧,起于宴坐"。

我经常对你们爱打坐的同学说,不要贪图打坐了,多去做点事培养福德吧。你福德不够想开发智慧？没有这回事啊！真正的福德是智慧！你不信吗？父母有几百亿家财,能够帮子女买到个聪明的头脑吗？做不到的！智慧不是财产或世间福德所能换来的,是要多生累积福德来的。不要讲菩提智慧,就讲普通学问,那笨的就没办法,为什么头脑如此笨？因为不修福德。智慧是福德中来的,要想证得佛道,没有习过定的人不成。我常骂你们不打坐不修定,你们奇怪我为什么经常说来说去,我哪有说来说去？是你颠倒糊涂！教育手法不是固定的,你太老实的人教你开放,你太开放的人教你规矩,你笨蛋才听不懂。看老师上午这样讲,下午那样讲,我又不是神经病！我教育的方法是开个药,你有这个病就吃这个药,你没这个病就别吃这个药嘛,怎么这样笨！佛说一切法，为度一切心，我无一切心，何用一切法？你能做到无一切心吗？那是佛境界，你做到了就大彻大悟了。所以，对那些只贪图打坐而不修行，不在行为上去修的人，我就呵斥。要修得够了，智慧才开。我自己一生的体会，有时忽然智慧开朗，心想这个道理怎么会参透的，再想，原来是某件事上有些福德，立刻有报应，智慧就开了一层。就有这样严重。我告诉你，一天到晚不修福德，自私自利，拼命求自己样样好，然后还想开智慧，智慧有这样容易开吗？所以，"趣向佛慧，起于宴坐"，要起来修行啊！

"解众生缚，起修行地。"解众生缚是自己得解脱不算数，要帮忙一切众生得到解脱，如此者昼夜不断地为人而修道，帮忙人家，利他就是利己啊！教育上都晓得"教""学"相长，你肯去利他就是利己。老实讲，天下没有利他的事，利他就是处处利己，你们自己去体会这个道理吧。

"以具相好及净佛土，起福德业。"刚才讲过，一个人要想这一生少病少痛，相貌庄严，是要靠修来的，要前生福德修来的。你这一生多用笑脸迎人，他生来世长一个人人都喜欢的面孔。见到人用那个讨债的死相，他生来世长一个处处惹人讨厌的脸。要相貌庄严，甚至于依报好的环境，进佛国土都要好，就要修福德啊！福德和功德有差别，譬如你修苦行，这是劳苦功高来的功德。福德不同，是牺牲自我，所有的利益都让给人家。行四摄法等，就是福德，六度也是福德。修福德修智慧都要精进啊！很多同学拼命用功，想得定想悟道，但是做不到。为什么？你福德不够！例如有年轻同学要求马上闭关，我虽然答应他，但是也同时骂他，你当心会消去了福报啊！闭关要有人护关，护关的人要招呼你的生活，倒可以培福报。你在里头又拜佛又打坐，能磨出一个什么东西来？磨不出来的！你的福报受得了吗？尤其是我给你护关，因为是我找人去护关的，你何德何能啊！要注意啊！学佛修行最重要是培福德，以实际行为帮助别人，不要只图自利。

我们现在继续讲法布施、法供养。一切布施以法布施为第一，一切供养以法供养为第一。上面已讲过"于六和敬，起质直心"，这就是法布施。

"知一切众生心念，如应说法，起于智业。"什么是真正的法布施？各位将来要出去弘法利生的人，特别注意自己的修养、自己的修持，要到达能够了解一切众生心念的地步，当然最好是修到有定力，有少分的他心通，一切众生起心动念你都了解，不过装糊涂不说而已，然后才好教化。了解众生的业力，了解他接受的程度，了解他的根器，应该教他修什么法。有所谓逆性顺性，鬼神所不能知。逆的教法是相反，用魔鬼的方法来教化；顺的教法是正面教，使他为善学佛。"如应说法"的应，是感应相应，也勉强可以说是应该。"起于智业"，起于智慧的业力，使一切众生生起智慧，弘法的人自己的智慧也一天天有不同的成就，教学相长。

"知一切法不取不舍，入一相门，起于慧业。"不取不舍是中道观，譬如你学空，学偏了就成为小乘的空，就是舍。一切放下是舍法，真正一切放下是不是佛法还是问题。不取不舍，非有非空，你们这次寒假专修要注意这个问题。"入一相门"，一切法只有一相，都是法相。这也是《楞严经》教我们的修持法门，要一门深入："方便有多门，归元无二路"，最后成功是一样的。"起于慧业"，使一切人，包括自己，智慧道理越来越增加。我们经常提醒大家，佛法的究竟是智慧的成就，不是迷信，不是功利。如果有功利的话，就是智慧的功利。不管是性宗、相宗，最后智慧的成就是无上果。

"断一切烦恼，一切障碍，一切不善法，起一切善业。"这每一条都是戒律，为什么出家？为什么学佛？是不是能断一切烦恼？以我的经验，很多人不学佛还没有多大的烦恼，真正出家学佛以后，反而不是断一切烦恼,好像被一切烦恼所断,像断了善根似的。学了佛烦恼更大,这是非常可悲的一件事。佛经中文翻译"烦恼"这两个字非常好,烦恼不是痛苦,痛苦有时有,有时没有;烦恼是随时离不开的。今天你一点脾气没发,喜怒哀乐一点都没有,心里头闷闷的就是烦恼,今天情绪特别高兴也是烦恼。烦,有惑乱之意,是迷惑你的。恼,是扰乱你的思维,令心不清净。

因为对这些翻译的名词没有搞清楚,在自我的字典上,把烦恼解释成痛苦,是错的。痛苦在佛学上是苦集灭道的苦,痛苦容易解除,烦恼不容易解除。喜怒哀乐一切情绪变化,都属于烦恼。"断一切烦恼,一切障碍"真难,譬如我们打坐,第一个障碍是两腿不听指挥,坐久了发麻,屁股也坐不住了。你坐不住是心理障碍还是生理障碍?这要参究。为什么腿会麻?因为坐久了气血不流通。为什么不流通?因为压太久了。再推究下去,这个身体是阿赖耶识的种子业力所变的,那就是业力的障碍了。所以,要除掉一切障碍,甚至除掉一切不善法,生起一切善业。这都是法布施、法供养。

"以得一切智慧,一切善法,起于一切助佛道法。"这是最后的结论,我们所有的学习,在求得一切智慧,譬如做早晚功课的四弘愿:"法门无量誓愿学",请问大家懂了哪几个法门?不要认为你在这里跟我学禅宗啊,我不承认的,我没教过禅宗,因为这里没有人够资格学,你只能算是在学禅定,但连禅定都没学好。天天念"法门无量誓愿学"居然不脸红,我觉得你们的定力怕是太高了。这种句子我一提到心里都发抖,打寒颤,难过极了。"烦恼无尽誓愿断",断得了吗?至于"众生无边誓愿度",不要吹牛了。我帮你每一句加个注解:"法门无量誓愿学"——太偷懒;"烦恼无尽誓愿断"——心里想;"众生无边誓愿度"——吹大牛;"佛道无上誓愿成"——慢慢来。

你注意啊!纵然得一切智慧,修一切善法,不过是起于一切"助佛道法",是学佛的助道品而已,帮助的法门而已,等于是原料去加工而已,你还不是佛,还差得远。千万不要傲慢,不要懂一点点佛学就傲慢起来,这是最障碍道的。

维摩居士是一位在家佛,他是金粟如来的化身,也就是妙喜佛,成佛很久了。这一篇佛经,就是他当时对善德菩萨的训话,现在他做个总结:

"如是,善男子!是为法施之会。若菩萨住是法施会者,为大施主,亦为一切世间福田。"他在这里告诉善德菩萨,像我刚才讲的这些,才是真正的法布施、法供养。学大乘菩萨道的人,能够随时做这样的法布施法会,才够得上是大施主。注意!不是你出两个钱,甚至于捐个一百亿美金也不算,那只是财布施,是世间法的施主。真正的大施主是佛,布施智慧。真做到了法布施,才是一切世间的福田。

"世尊!维摩诘说是法时,婆罗门众中二百人,皆发阿耨多罗三藐三菩提心。"善德菩萨说,维摩居士教训我这一顿之后,在当场的婆罗门众,就是印度的最高阶级的种姓,有两百人受他感化,发了无上大彻大悟求佛道的心。

"我时心得清净,叹未曾有。"善德菩萨自己听了维摩居士所说的法,就心得清净。一个人学佛第一步,就是要心念清净,这很难。大家学佛不管多久了,此心能够常清净吗?

"稽首礼维摩诘足,即解璎珞,价值百千,以上之,不肯取。"善德菩萨当时得了利益,心得清净,就跪下礼拜维摩居士,把身上挂的很贵重的璎珞珠宝,解下来供养维摩居士。当时印度规矩,身上挂了许多宝贝,你看菩萨的塑像,身上都挂满了,中国就不挂,风俗不同。可是维摩居士不肯接受。

"我言:居士!愿必纳受,随意所与。"再说一次,古代居士同法师地位是并行的,年高有德,悟了道学问好,相貌庄严,样样条件具备,才够得上称居士。现在有些年轻人给我写信，都自己称起居士来了，我看了就往边上一摆，一点道理都不懂，不管他信里写得再客气也都没有写通。善德菩萨就求维摩居士接受珠宝供养，而且随便他怎么处置。

"维摩诘乃受璎珞，分作二分。持一分，施此会中一最下乞人。持一分，奉彼难胜如来。一切众会，皆见光明国土难胜如来，又见珠璎在彼佛上，变成四柱宝台，四面严饰，不相障蔽。"善德菩萨说，维摩居士见我那么样恳求，才接受我的供养，拿到手就分成两份。首先拿一半供养给法会上最穷的穷人。另外这一半，维摩居士把它供养给他方世界的难胜如来，这是八十八佛中的一佛，最殊胜的佛。当时在场的大众，马上看到上方出现光明国土的难胜如来，维摩居士供养在佛身上的璎珞，这时变成了四根柱子搭起的宝台，这宇宙没有阻碍，大众都看到了佛国土。

这里不是述说神话，尤其你们出家的同学，更要注意这一段。《佛遗教经》《四十二章经》《八大人觉经》是佛法传入中国最早的三部经，你们要去看。《四十二章经》有讲，供养十亿个罗汉还不如供养一个缘觉，供养百亿个缘觉还不如供养一个佛，供养千亿个佛还不如供养一个无修无证的道人，根据本经我说供养一个无心道人还不如供养一个世界上最穷苦的人。你看佛法是出世的还是入世的？佛法注重社会的救济。在本经中，维摩居士在法会中供养一个最穷苦的人。你能供养世界上最穷苦的人，就比得上供养一个佛。所以不要搞迷信，为什么要烧什么、化什么东西？这钱为什么不能拿去社会上多做一点好事？这就是佛法的真精神！因为你能供养下方世界这样穷苦的人，就等于供养了上方世界的难胜如来，上下是一样的。往往很多宗教徒只会向上供养佛，对于社会贫苦的人理都不理，这根本不是佛法。这里维摩居士做个榜样给你看。

"时维摩诘，现神变已，又作是言：若施主等心施一最下乞人，犹如如来福田之相，无所分别，等于大悲，不求果报，是则名曰具足法施。"维摩居士现神通，给众人看了他方世界佛土，又告诉与会大众说，假使布施的人，以平等心布施供养最下等的乞丐，所作的功德等于是供养了佛，是真正种了福田。我常讲，学佛的人绝不能起攀缘心，例如看到人时心想，也许这人用得着的，也许这人可以帮自己忙的，这都是攀缘心，要无条件的布施出去。好像到过年时，有些同学想来供养我，名字也不写，红包往我桌上一放，我看了火就大，不可以这么做！当然我很感谢你的诚心，但是我不需要，我要的是你能真的去学佛，真的行菩萨道，乃至把这点钱去社会上做些有意义的事都好。我不是不要钱，我是最要钱的人，我要做很多的事，没有钱怎么做？我宁可上课收费，出卖知识而不弘法。但是，如果家境不好又有心学的人，不但不收一毛钱，还要帮他。但是，对有悭吝心的人，我非要他拿钱出来不可，即使勉强他，他不高兴我也要做，这是为了使他养成布施的习惯。

维摩居士接着说，能这样布施，等于大慈悲，不是为了求果报才去法布施。你一求果报，像是做生意的心理，就完了，是错误的。

"城中一最下乞人，见是神力，闻其所说，皆发阿耨多罗三藐三菩提心。"当时毗耶离城中有一个最可怜的人，看到维摩居士神通智慧的力量，听了他的说法，也发起了无上的道心。要注意，现实的社会中，最富贵的人不会发心学佛学道的，因为他的环境没有痛苦，没有这个刺激嘛。再者，富贵中人没有时间跟你学佛的，尤其是现代社会的有钱人太忙，可以说他们一分钟都不得空。不要说富贵的人，像我的忙碌你们就想象不到，有时眼睛在看东西，嘴里吩咐人做事，耳朵还听电话。所以，我最受不了讲电话长篇大论的不停，尤其许多女性都如此，两三句话就解决的事，非要拖着讲，这都是一种习气。同样的，最下等人也不会发心跟你学佛，因为被生活痛苦所逼迫，心里没有一秒钟清净。所以，一个病到极点的人，你还要他念佛是外行空话，他念的只是痛，你先把他病痛解脱了，他才有时间和精神念佛。你们这些佛婆婆佛妈妈去探病，不要乱讲外行话，病人痛得要死还能念佛的话，这个人也不用你劝了，他能把病痛丢得开，已经成功解脱一半了，他还要听你劝？他不劝你念佛已经是客气了。

记住，布施下等人、困难中的人，同供养佛一样，这是《维摩诘经》上卷最末一段的精神所在。

"故我不任诣彼问疾。"因此，善德菩萨也表示，他不够资格代表佛去探维摩居士的病。

"如是，诸菩萨各各向佛说其本缘，称述维摩诘所言，皆曰不任诣彼问疾。"其他每一位菩萨也都不敢去。

《维摩诘经》的经题是《维摩诘所说不可思议解脱经》，是这一部经的全称。怎么叫做不可思议解脱？我们到最后再做结论。维摩居士是一位在家佛，这是佛法大乘精神所在，真正成就不一定要出家。当然并不是说出家不对，出家解脱固然更快更好，但是在家也一样可以得成就，得解脱，真正得解脱不在生活的形式，或一切的外表。

维摩居士以生病作为说法的因由，一个人有生命一定会有病。正应了佛学基本的四句话："积聚皆销散，崇高必堕落，合会终别离，有命咸归死。"假有的生命最后一定是死亡，由生到死之间，老病不过是死的前奏。所以，生、老、病、死是必然的，不是偶然的，这个前因后果的关系不需要等到后果来到才知道。佛说："菩萨畏因，凡夫畏果。"对智慧高明的人，"因"一启动就知道结果了，因里头就含有果，普通人要到结果出来了才知道。所以菩萨怕因，不轻易种因。比如，两个人讲话意见不合，彼此态度开始不对，自己都不晓得自己情绪变化，不高兴就摆出脸色，这一来就有了因，人家反应的结果当然不好。还有，跟人讲话先皱眉头，本来很好的事，人家也不愿意听了。你有时跟人开个玩笑，但后果怎样有没有想过？言者无心，可是听者有意，别人不认为是玩笑。古人因为开个玩笑把命送掉的例子不少。菩萨有这样的认识所以畏因，凡夫要刀杀到头上才知道。

像我刚才要他们关后面的窗子，因为那两位同学坐在窗口，风对着背上吹，背上脑后这些穴道风吹进去，就最容易伤风。当时还不觉得，过几个钟头或者第二天就难过了。这你们打坐千万要注意，有智慧的人坐下来会先注意到这一点。他们两位毕竟是凡夫，坐在那儿还凉快，等明天流鼻涕了，可能还不知道怎么起的。要是老年人这么一坐下来，明天可能要送医院了，伤风引起肺炎就麻烦了。

维摩居士因病而说法，菩萨有没有病啊？得了道成神仙，可以做到不食人间烟火，那是可以做到的。但是不食人间烟火还有没有病呢？照样有病！即使欲界的病不生，可是还有色界的病。初禅天的人可以做到不食人间烟火，免除了火灾，可是水灾免不掉，还是要进修。所以菩萨还是有病，不同的病。连佛跟佛见面时，也彼此问候两句外交词令："少病少恼否？众生易度否？"前面《弟子品》中也提到，释迦牟尼佛生病，还叫阿难去化缘，化到维摩居士家里去，结果给痛骂一顿。

所以我们的肉身要注意好好调养，我们有的修道朋友认为自己做功夫本事大了，可以调整自己的身体，结果病得一塌糊涂。你有这样大的本事吗？四大色法很难弄的，不到成佛阶段是转不了的，能够转色身，那你已经成就了，这是第一。第二，有许多人有一点点医药常识，结果自己自作聪明乱吃药，那都是自求速死，要特别注意。

卷中

- 文殊师利问疾品第五
- 不思议品第六
- 观众生品第七
- 佛道品第八
- 入不二法门品第九

文殊师利问疾品第五

尔时，佛告文殊师利：汝行诣维摩诘问疾。文殊师利白佛言：世尊，彼上人者，难为詶对。深达实相，善说法要，辩才无滞，智慧无碍，一切菩萨法式悉知，诸佛秘藏，无不得入，降伏众魔，游戏神通，其慧方便，皆已得度。虽然，当承佛圣旨，诣彼问疾。于是众中诸菩萨大弟子，释梵四天王，咸作是念：今二大士，文殊师利维摩诘共谈，必说妙法。即时八千菩萨，五百声闻，百千天人，皆欲随从。

于是文殊师利，与诸菩萨大弟子众，及诸天人，恭敬围绕，入毗耶离大城。尔时长者维摩诘心念：今文殊师利，与大众俱来。即以神力，空其室内，除去所有，及诸侍者，唯置一床，以疾而卧。文殊师利既入其舍，见其室空，无诸所有，独寝一床。时维摩诘言：善来文殊师利！不来相而来，不见相而见。

文殊师利言：如是，居士。若来已更不来，若去已更不去。所以者何？来者无所从来，去者无所至。所可见者，更不可见。且置是事。居士是疾，宁可忍不？疗治有损，不至增乎？世尊殷勤，致问无量。居士是疾，何所因起？其生久如？当云何灭？维摩诘言：从痴有爱，则我病生。以一切众生病，是故我病。若一切众生得不病者，则我病灭。所以者何？菩萨为众生故，入生死，有生死，则有病。若众生得离病者，则菩萨无复病。譬如长者，唯有一子，其子得病，父母亦病。若子病愈，父母亦愈。菩萨如是，于诸众生，爱之若子。众生病，则菩萨病。众生病愈，菩萨亦愈。

又言是疾何所因起？菩萨疾者，以大悲起。文殊师利言：居士，此室何以空无侍者？维摩诘言：诸佛国土，亦复皆空。又问：以何为空？答曰：以空空。又问：空何用空？答曰：以无分别空故空。又问：空可分别耶？答曰：分别亦空。又问：空当于何求？答曰：当于六十二见中求。又问：六十二见当于何求？答曰：当于诸佛解脱中求。又问：诸佛解脱当于何求？答曰：当于一切众生心行中求。又仁所问何无侍者，一切众魔及诸外道，皆吾侍也。所以者何？众魔者乐生死，菩萨于生死而不舍。外道者乐诸见，菩萨于诸见而不动。

文殊师利言：居士所疾，为何等相？维摩诘言：我病无形不可见。又问：此病身合耶？心合耶？答曰：非身合，身相离故。亦非心合，心如幻故。又问：地大水大火大风大，于此四大，何大之病？答曰：是病非地大，亦不离地大；水火风大，亦复如是。而众生病从四大起，以其有病，是故我病。

尔时，文殊师利问维摩诘言：菩萨应云何慰喻有疾菩萨？维摩诘言：说身无常，不说厌离于身。说身有苦，不说乐于涅槃。说身无我，而说教导众生。说身空寂，不说毕竟寂灭。说悔先罪，而不说入于过去。以己之疾，愍于彼疾。当识宿世无数劫苦，当念饶益一切众生。忆所修福，念于净命。勿生忧恼，常起精进。当作医王，疗治众病。菩萨应如是慰喻有疾菩萨，令其欢喜。文殊师利言：居士，有疾菩萨，云何调伏其心？维摩诘言：有疾菩萨，应作是念，今我此病，皆从前世，妄想颠倒，诸烦恼生。无有实法，谁受病者？所以者何？四大合故，假名为身。四大无主，身亦无我。又此病起，皆由着我。是故于我不应生着。既知病本，即除我想及众生想，当起法想。应作念，但以众法合成此身，起唯法起，灭唯法灭。又此法者，各不相知，起时不言我起，灭时不言我灭。彼有疾菩萨，为灭法想，当作是念，此法想者，亦是颠倒，颠倒者，即是大患，我应离之。云何为离？离我我所。云何离我我所？谓离二法。云何离二法？谓不念内外诸法，行于平等。云何平等？谓我等涅槃等。所以者何？我及涅槃，此二皆空。以何为空？但以名字故空。如此二法，无决定性。得是平等，无有余病。唯有空病，空病亦空。是有疾菩萨，以无所受而受诸受，未具佛法，亦不灭受而取证也。设身有苦，念恶趣众生，起大悲心，我既调伏，亦当调伏一切众生。但除其病，而不除法。为断病本，而教导之。何谓病本？谓有攀缘。从有攀缘，则为病本。何所攀缘？谓之三界。云何断攀缘？以无所得。若无所得，则无攀缘。何谓无所得？谓离二见。何谓二见？谓内见外见，是无所得。文殊师利，是为有疾菩萨调伏其心，为断老病死苦，是菩萨菩提。若不如是，己所修治，为无慧利。譬如胜怨，乃可为勇。如是兼除老病死者，菩萨之谓也。

彼有疾菩萨，应复作是念，如我此病，非真非有，众生病亦非真非有。作是观时，于诸众生，若起爱见大悲，即应舍离。所以者何？菩萨断除客尘烦恼而起大悲，爱见悲者，则于生死有疲厌心。若能离此，无有疲厌，在在所生，不为爱见之所覆也。所生无缚，能为众生说法解缚。如佛所说，若自有缚，能解彼缚，无有是处。若自无缚，能解彼缚，斯有是处。是故菩萨不应起缚。何谓缚？何谓解？贪着禅味，是菩萨缚。以方便生，是菩萨解。又无方便慧缚，有方便慧解。无慧方便缚，有慧方便解。何谓无方便慧缚？谓菩萨以爱见心庄严佛土，成就众生，于空无相无作法中，而自调伏，是名无方便慧缚。何谓有方便慧解？谓不以爱见心庄严佛土，成就众生，于空无相无作法中，以自调伏而不疲厌，是名有方便慧解。何谓无慧方便缚？谓菩萨住贪欲嗔恚邪见等诸烦恼，而殖众德本，是名无慧方便缚。何谓有慧方便解？谓离诸贪欲嗔恚邪见等诸烦恼，而殖众德本，回向阿耨多罗三藐三菩提，是名有慧方便解。文殊师利，彼有疾菩萨，应如是观诸法。又复观身无常、苦、空、非我，是名为慧。虽身有疾，常在生死饶益一切，而不厌倦，是名方便。又复观身，身不离病，病不离身，是病是身，非新非故，是名为慧。设身有疾，而不永灭，是名方便。文殊师利，有疾菩萨，应如是调伏其心。不住其中，亦复不住不调伏心，所以者何？若住不调伏心，是愚人法。若住调伏心，是声闻法。是故菩萨不当住于调伏不调伏心，离此二法，是菩萨行。在于生死不为污行，住于涅槃不永灭度，是菩萨行。非凡夫行，非贤圣行，是菩萨行。非垢行，非净行，是菩萨行。虽过魔行，而现降伏众魔，是菩萨行。求一切智，无非时求，是菩萨行。虽观诸法不生，而不入正位，是菩萨行。虽观十二缘起，而入诸邪见，是菩萨行。虽摄一切众生，而不爱着，是菩萨行。虽乐远离，而不依身心尽，是菩萨行。虽行三界，而不坏法性，是菩萨行。虽行于空，而殖众德本，是菩萨行。虽行无相，而度众生，是菩萨行。虽行无作，而现受身，是菩萨行。虽行无起，而起一切善行，是菩萨行。虽行六波罗蜜，而遍知众生心、心数法，是菩萨行。虽行六通，而不尽漏，是菩萨行。虽行四无量心，而不贪着生于梵世，是菩萨行。虽行禅定解脱三昧，而不随禅生，是菩萨行。虽行四念处，不毕竟永离身受心法，是菩萨行。虽行四正勤，而不舍身心精进，是菩萨行。虽行四如意足，而得自在神通，是菩萨行。虽行五根，而分别众生诸根利钝，是菩萨行。虽行五力，而乐求佛十力，是菩萨行。虽行七觉分，而分别佛之智慧，是菩萨行。虽行八正道，而乐行无量佛道，是菩萨行。虽行止观助道之法，而不毕竟堕于寂灭，是菩萨行。虽行诸法不生不灭，而以相好庄严其身，是菩萨行。虽现声闻辟支佛威仪，而不舍佛法，是菩萨行。虽随诸法究竟净相，而随所应为现其身，是菩萨行。虽观诸佛国土永寂如空,而现种种清净佛土,是菩萨行。虽得佛道转于法轮入于涅槃,而不舍于菩萨之道,是菩萨行。说是语时,文殊师利所将大众,其中八千天子,皆发阿耨多罗三藐三菩提心。

这一部经是维摩居士借病说法,如何解脱生理的困扰。上卷讲佛的小乘弟子,每一位成就的优点也正是他的缺点,因此只算是小乘的罗汉,不能入佛菩萨境界。《维摩诘经》中卷第五品开始进入大乘菩萨,由文殊菩萨代表佛去向维摩居士探病。后世《天女散花》这出戏,就是由文殊师利菩萨出场这里开始的。文殊师利也翻译成曼殊室利,我二十几岁以前写佛学文章的笔名,用的就是室利,我不想用曼殊,因为已经被苏曼殊那花和尚用了。后来我也不用室利了,要利就利天下人嘛!为什么只利一个房间?

文殊师利是大乘菩萨中智慧第一,他的坐骑是狮子,代表他的根基,狮子一吼,百兽脑裂。现在我们这个劫数叫作贤劫,在这个劫数里有千佛出世,释迦牟尼佛是第四位出世的佛,将来弥勒菩萨要来当教主,是第五位。第一千位成佛的是楼至佛,就是韦驮菩萨,他发愿最后成佛,在成佛之前担任护法。文殊师利菩萨是过去七佛之师,他们都受过他的教育,他同观音菩萨于久远劫来早已成佛,因为他的弟子要到这个世界上来成佛,所以他这个做老师的特地来捧场,来辅佐佛的教化,地位等于是佛的教务长。

文殊菩萨来了

"尔时,佛告文殊师利:汝行诣维摩诘问疾。"现在,佛要文殊师利菩萨,代表他去探视维摩居士。

"文殊师利白佛言：世尊，彼上人者，难为詶对。"我们写信给出家的法师，或者出家人写信给自己的师父，可以用"上人"作尊称。上人的根源出自《维摩诘经》，唐宋学者所作的诗词送给法师的，就写赠某某上人，在《全唐诗》中很多见。大家看的《唐诗三百首》，不过是唐诗中的万分之一而已。上人也就是和尚，意义是人上之人，是第一等人。俗语"吃得苦中苦，方为人上人"，就是同一个道理。

詶对是应酬对答。中国文化中，小孩子从小教他"洒扫应对"的基础教育，也可以叫作"应对进退"。我同朋友们说，现代人的修养失败，家庭教育要从洒扫应对开始，都没有学，以为在学校扫扫地就是洒扫。扫地要怎么扫，环境怎么样清洁整齐，都要受过严格的训练，否则是不懂的。现代的孩子好像不大管这个，现代人应对就更差！许多年轻人，甚至中年人，对长辈、对老师说的都答"对"！"对"是对平辈或小辈用的，对长辈、对老师要讲"是"！现在我也听惯了，希望他们讲"对"就好了。刚才某某同学带了太太来看我，太太坐在一边没坐端正，他就当面纠正，他可是受过严格传统教育的，但我还要帮他太太打圆场。现在时代不同了，文化的重新建立，不是一两个人说说就行的，很难了。

讲到"詶对"两个字的重要，包括了应对进退。什么是应对进退？不是见人进一步行个礼，走时告退时退一步。进退是人们对一件事该做、不该做，该答应、不该答应的分寸把握，其中的应对是非常难的。应对进退实在是做人的基本教育和态度，中国人叫仪礼，仪表态度是做人的基本道理。如果仪礼都不行，何况大礼！比如有某某同学，再三说要做事，我让他来这里上班，他每次一来就先去打坐，那还做什么事？这进退之间就是不懂。这个进退的学问太多了，又像有些学生，进入人家的客厅，应该往哪里坐都不会，乃至吃饭拿个筷子和碗都不对，有什么办法！

文殊师利菩萨对释迦牟尼佛说，唉！这一位上人啊！很难应付的。

一般人差一点的，到他前面动辄就要挨骂的。为什么呢？

"深达实相，善说法要，辩才无滞，智慧无碍，一切菩萨法式悉知，诸佛秘藏，无不得入，降伏众魔，游戏神通，其慧方便，皆已得度。虽然，当承佛圣旨，诣彼问疾。"

文殊师利菩萨这一段话，好像是官场中对皇帝下的命令委婉表示很难，但虽然如此，还是得去。好像我常常叫同学去做什么事，"哎呀！老师啊！这……那……"的，我一听就讨厌，真不堪受教。

文殊师利菩萨首先说维摩居士"深达实相，善说法要"，这八个字就要了命。大彻大悟，得道成佛菩萨的境界，才有实相般若。实相无相，真空妙有。换句话说，维摩诘以在家居士身成佛了。不但成佛，还能够说法，度一切众生，自利利他。我们讲教书的例子，善说同不善说的差别很大的，好多年前有位同学师范毕业之后去教化学，他用教诗词的境界去教化学，把化学公式套在诗中讲出来，非常受欢迎，这就是善说。哪像你们有些同学出去说法，站在台上两眼向前瞪，谁也不管，讲得是满口学问，但是一点效果也没有。善说法要是很难的，尤其在这二十一世纪，把佛法做到善说法要更难。维摩居士能做到"深达实相，善说法要"这个境界，已经不得了了。

接下来，"辩才无滞，智慧无碍"，这个辩才可不是强辩，而是一切问题到他前面都解决了，都不成问题，他都不用脑筋想了。用脑筋想是世间的聪明，他到了实相般若境界，那智慧就如珠之走盘。有些人很会讲话，一听就知道是歪理强辩。真的辩才无滞的人，只有成了佛的人。任何法门，不论世法、外道，都可以到达佛法最高峰。古德说，"正人用邪法，邪法也是正。邪人用正法，正法也是邪。"何以能做到辩才无滞？因为智慧无碍之故。

《维摩诘经》这里的每一句话，都是我们修道成就的标准，真悟了道的人，就具备这些条件。大家学佛不要狂妄，自己拿每一条来对一下，能做到深达实相吗？能做到善说法要吗？能做到辩才无滞吗？能做到智慧无碍吗？拿智慧无碍来讲，我们这里学佛的几位，在社会上一般都觉得是智慧很高的，但是什么问题都解决不了，处处在障碍，可是还觉得自己了不起，狂妄无知啊！造的是很糟糕的因！

"一切菩萨法式悉知"，一切大乘菩萨佛法，一切法门，包括外道魔道，任何一种戒律规矩，没有不知道的。"悉知"，又是一个第一次出现在这本经的词语，后来在中文信函中，尤其是长辈的口吻，常用到"来信知悉"。居然也有学生写信给我，"老师您来信知悉"，完蛋了。讲到这个，还有学生都做了大学教授了，给我的信封上写着"南师怀瑾"，南师就南师吧，算了。但他把"师"字写到边上，"怀瑾"写到中间，他以为是对我恭敬，唉！刚刚相反。信封上写"南先生怀瑾"是给邮差知道寄给谁的，"怀瑾"两个字可以偏到旁边，表示自己不敢称先生的名。但是在信的内容，你就不能把长辈的名字偏到旁边，否则极为不敬。唉！对这些传统文化教育怎么教？我真急死了！现在的教育部懂不懂这个还是个问题。

"诸佛秘藏，无不得入"，若我们问，佛法修持里面有没有秘密？有。但是，对于最高的秘密禅宗六祖答得最好，秘密在你那里，不在我这儿。一切众生本来是佛，却见不到自己的本性，这是公开的秘密，众生却不知道。比如宇宙的秘密，我们现在知道有电是很平常的，但古人几千年来就不知道。虚空中还充满了许多其他东西，是目前科学所不知道的。

大家看佛教密宗很秘密，其实不是，它都有道理的。悟了道的人来看密宗，就觉得一点都不秘密。真道并没有秘密，每个人对佛法的究竟，深入程度不同，这是人性最高的机密。唯有成了佛的人，才对一切佛的秘密通通了解。譬如，我问你们，西方极乐世界为什么叫阿弥陀佛？你说是无量寿、无量光的意思。为什么是西方？为什么东方佛土有药师如来长寿佛，那也是无量寿啊！何以南方的佛名宝生如来，是什么宝啊？宝生佛是怎么成佛的？他用哪个法门？一切佛法讲空，为什么北方是不空如来？那北方有什么啊？为什么中国文化的帝王是坐北向南？所谓南面而王，而坐西向东的却是当老师的师位？这些道理你们懂吗？我不提你们有没有想过，恐怕等你们舍利子烧出来了都不知道。所以，诸佛法都有秘藏，这就是秘。维摩居士以在家佛的身份，对一切佛的秘藏、奥秘，都深入进去了，他在上方世界早就成佛了，是金粟佛，故意到下方世界来，示现居士之身。

"降伏众魔，游戏神通"，一切魔障对维摩居士都没有办法，本经上卷提到大魔王都怕他的，连带来的魔女都被他照单全收了，最后魔王只好向他投降，请他归还魔女。既然他能降伏众魔，为什么病魔还没有降伏？等一下我们会看到他对病魔的处理。虽然如此，有时对于世俗的魔还只好避开，一跳出红尘就避开了世俗的魔。要能深入世俗，降伏世俗的魔，就是大出家了。维摩居士还具备一切神通，一切在家、出家，世俗、出世对他而言，只是游戏而已。真的神通是大智慧的成就，这是他成道的条件。你们学佛的觉得自己有点开悟了，对一对这个条文，这就是戒条，哪一条你做到了？讲起话来言词不清，我常训你们的：言不压众，言词不清，条理不明。讲了半天话，要点在哪里都不知道。貌不惊人，又没有威仪。威仪不是凶样，也不是摆一副死相，而是功德成就了，一到那里就有那个气度，就像花香或电感一样发出来。

"其慧方便，皆已得度"，这是说维摩居士一切智慧、一切方便法门都成就了。文殊师利菩萨向佛报告，这位上人难办了，他是这样境界的人。但是，佛既然盼咐了，文殊师利菩萨也只好去了。

"于是众中诸菩萨大弟子，释梵四天王，咸作是念：今二大士，文殊师利维摩诘共谈，必说妙法。即时八千菩萨，五百声闻，百千天人，皆欲随从。"文殊师利菩萨一答应要去，在座所有的人都要跟去看闹热。

要去的有大菩萨、佛弟子、欲界天主玉皇大帝释提桓因。讲到释，中国出家人本来是保留原来姓氏的，例如从智法师姓李的话，就叫李从智。到了南北朝以后，出家人才去掉俗家姓氏，一律改姓释，是追随释迦牟尼佛的意思。跟文殊师利菩萨一起去的，还有大梵天、四天王等。他们心里想，这两位大士要对话，一定有好戏看了。同时又有八千位菩萨、五百小乘人、百千天人都要跟去。

"于是文殊师利，与诸菩萨大弟子众，及诸天人，恭敬围绕，入毗耶离大城。"文殊师利菩萨就带着他们，进城探病去了。

"尔时长者维摩诘心念：今文殊师利，与大众俱来。即以神力，空其室内，除去所有，及诸侍者，唯置一床，以疾而卧。文殊师利既入其舍，见其室空，无诸所有，独寝一床。"

维摩居士有他心通的，那一边大众决定要来，他就感应到了。维摩居士就用神通，把房间里的东西都搬空了。这个要注意，是在点题，我们讲心房、心室，你要心念能空，才能空掉物质。刚才讲有的人一脸死相，就是脑子里空不了，业力现到外形上了。维摩居士是大富人，房子是很大的，文殊师利菩萨要来，他把房子缩小了，变成了一丈见方。后来庙子和尚住的房间叫方丈，就是这样来的。十寸成一尺，十尺叫一丈，这叫合十，我们合掌也叫合十。维摩居士念头一动，就把房间布置好了，成为空的房间，没有东西也没有侍者，只有一张床，他靠在床上。因为都空掉了，文殊师利菩萨大概也不用找门房，就一直进去，看到空的房间。这就是维摩居士用环境来表示道。可是还有一样，他还在床上。"指月录"记载宋朝有一位高官的女儿，在家修道成功了，自称空室道人，后出家为尼，名智通，典故也出自于此。

文殊师利菩萨可是带着群众来的，就这么一丈见方的房间里，要容纳百千跟从大众，不知道是人变小了，还是房间变大了，这就是维摩居士的智慧神通。

"时维摩诘言：善来文殊师利！不来相而来，不见相而见。"对话开始了，维摩居士说，善来文殊师利，是倒过来的语句，就是文殊师利你来得好啊！你有来吗？没有的。我们有见面吗？没有的。没有来吗？这才是真来。没有见吗？这才是真见面。这是最高的文学、最高的佛法。文字好像很容易，你做得到吗？你在这里打坐时，可不可以回家去看父亲？

宗喀巴大师十九岁在西藏出家，出家后昼夜忙于修道，母亲病了也没时间回青海老家，只有请人画了自己的像，送去老家给母亲。画像送到妈妈手中，打开一看，画像中的人就开口叫妈，母亲看了非常高兴，知道儿子已经成道了。释迦牟尼佛上忉利天为母亲说法，他的弟子想念他，就用檀香木刻了一个他的像，释迦牟尼佛从忉利天回来看到自己的像，他就对像说，究竟你是我，还是我是你？

他还与像彼此问讯。据说这一尊像后来流传到了中国，历代都有记载，不过近几百年就不知道下落了，这些故事就是不来相而来。

再看人类五千年历史，这些人都来过了，诸葛亮、刘备、曹操都来过了，我们几十年下来头发也白了，过去的事情都来过了，有没有？不来相而来，你要从这里去参、去体会。有位法师前几天跟我提出来，要回去省亲，那我不能不准他的。他回去过了没有？他现在还坐在这里。假如今天坐飞机去美国，在地球表面位置来讲，你是去了美国；但是地球本身是转动的，从虚空的位置来讲，你又转回来了这个位置，也是不去相而去。懂了这个道理，生死也一样，肉体老病去了，你那个能生老病死的没有动过啊！

同样，不见相而见，哪里见过面？现在大家在一起上课见面，等一下就散了。所以说，世上无不散的筵席，你说散掉了，也没有散，那个影像还是在的，没有来过也没有去过。《金刚经》讲："如来者，无所从来，亦无所去，故名如来。"永远都在这里不动。维摩居士对文殊讲的第一句话："善来文殊师利，不来相而来，不见相而见。"不可思议解脱的道理已经给你说完了。你只懂了这个理还不算数,要能够证到了,你就算成功了,就真正懂了佛法了。

有些同学埋怨,老师越忙离我们越远了。其实我们不远也不近,永远在一起。有一位美国学生真了不起,他一句中文不懂,一天早上要来跟我谈禅,谈了一个钟头,他讲英文我讲中文,最后他要上飞机了,我说请他去吃早餐,是第一次也是最后一次。再见时他说,老师,我们永远在一起,没有分手过。所以,这个智能不在文字言语上的。

《维摩诘经》是大乘佛法,中国讲禅宗的,乃至于讲大密宗的,都特别注重这部经。它是个顿悟法门,所有说法都针对形而上道而讲的。所以,读《维摩诘经》有很大的好处,可以开发我们解脱的智慧。但是,也有坏处,一般人很容易学了些口头禅,落入狂妄。例如上面讲的,"善来文殊师利,不来相而来,不见相而见",禅宗的机锋转语就是这样来的。后来就被滥用了,如有人问出家,他答,不出相而出,不入相而入,无家可出,无家可入。这类的狂话很多,文学境界很妙,自己到底没有证入,反而不好。

事实上,依形而上道来讲,道理是对的。维摩居士和文殊师利两位大士的见面,是以第一义谛的立场对话。如果了解现代科学的观念,就更可以证明佛法的真实道理。宇宙万有一切现象,都是生灭法,来去、是非、善恶、生死等等,都是相对的,都是"相",能生诸有之相的那个,没有动过,生而不生。能使万有相对的那个是绝对的,不属于相对的。但同时也没有一个绝对的存在,一有绝对的存在,它又已经是相对的了。它是什么呢?是诸法空相。这些用物理、化学、声、光、电的道理来说明,是完全正确的。

刚才维摩居士对文殊师利说,你来了等于没有来,我们见面了等于没有见。我想到我们这里有位老同学,修了几十年了,身体老病不堪,我正在主持寒假打七的时候,他的朋友打电话来告急,后来他过世了。临终照顾他的朋友后来跟我谈："老师，他认为自己很有把握，往生西方没有问题，你说呢？"我笑一笑说，"大概有一点吧，中间还要迷途的啊！能够再来得一个人的躯壳，已经很不容易了。"这个事谈何容易！在哪里看出来呢？就在他还在世的时候，看他的定力，看他所做的事。我拿这一件事要讲的是，这位老同学过世了，走了没有？不去相而去。所谓看不见的是肉体而已啊！那个自性并没有动过。能够把握到这一点，就没有生离死别的苦难。一切只是相的变，自性是寂然不动的。

现在，文殊菩萨答话了：

"**文殊师利言：如是，居士。**"是的，居士，是这样的。文殊菩萨怕跟着去的小乘菩萨们不了解，就再加以引申：

"**若来已更不来，若去已更不去。**"来去只是个现象，比如你说早上的太阳到晚上就下去了，这只是对现象讲。虽然形而上是没有逻辑可言的，我们假如勉强用形而上的推理来看，假定真有个东西来了，已经来过了就没有第二次来了。宇宙的生命、万有的现象是生生不已，像流水的浪头一个接一个，当我们看到第一个浪头过去了，下一秒钟看见的浪头，已经不是先前的浪头了。假如我们认为浪头有来过有生过，那后面就不可能有再生的，因为后来的不是原来的那一个。同样道理，过去的东西，如果认为死亡了的话，那现在就没有死亡，因为已经死亡过了。

凡夫众生只从现象界看，认为是有来去有生死，其实是没有来去，没有生死的，来了等于没有来。我们看自己小时候的照片，那绝不是我们，完全是两个人，那个肉体、那个一切早过去了。

"**所以者何？来者无所从来，去者无所至。**"什么理由呢？一切万有现象没有个来去的根源。一切宗教哲学，都在追寻最初造物的是什么，是谁在主宰，最初的现象几时开始的。佛家的结论是：无始之始，像一个圆，每一点都可以是起点，都也可以是终点，而所谓始点与终点，只不过是人为的假定。宇宙的法则是圆周性的，是圆满的，不生不灭，不来不去。能生灭去来者，无生灭去来。我们坐在那里，莫名其妙地忽然想起一件事，它从哪里来的？来者无所从来。你如果要拼命去找它的来源，你花个三大阿僧祇劫慢慢找吧！去的呢？去者无所至，能去到哪里？终点也就是起点。所以，因中就有果，果中又含因，无始无终，无来无去。这也是《华严经》的道理："因赅果海，果彻因源。"这是宇宙万有的因果关系，因含着果，在果上去找因，因果是同时的。

"所可见者，更不可见。"凡夫众生因为不了解这个理，见不透，没有彻悟，只相信我们自己眼睛所见，而眼睛所见是没有真见的，看见的都是假相，靠不住的。站在凡夫境界讲，你们诸位现在看见我，我也看见你们。但是还是假的，我们第一眼看见这个现象，这个现象已经过去了，不可得。又比如我们房中的这个电灯，我们看着它好像一直亮着，学过光电的人就知道，当你刚接通电源的那一刹那，电的功能产生的第一束光，生了就消散了，因为后面源源不绝的电力，才使得这灯持续发光，那第一束光一见就不再见了。更明显的是蜡烛，你点燃之后蠟烛虽然一直发光，但是蜡烛也不断地变短小。过去认为蜡烛燃尽就没有了，现代的物理学告诉我们能量不灭，能量与质量互变，也是不生不灭的。

这个道理与心的道理是同样的，你们学佛法就不要沉迷在宗教中钻牛角尖，要了解科学才可以更透彻地了解佛学，佛学是大科学。"所可见者，更不可见"，说明自然界一切物质的现象，一刹那一见之间就已经过去了，我们觉得正看着的已经变去了。你第一眼看到这个人，一刹那间这人的身体已经新陈代谢变化了。这个最明显的是看婴儿和看老人，你一个月不见婴儿，他就变样了，我们也说七十岁以上的朋友，若一个月不见就要打电话问候他一声，八十岁以上的，更要三天两头打个电话。

唐人崔涂所作的一首《旅怀》诗，起首是"水流花谢两无情"，也可以用来注解《维摩诘经》的"所可见者，更不可见"。水流过去了不会再回头，江水东流一去不回头嘛！花谢了明年虽然再开，但已经不是今年的花了。所以，水流、花谢这两样是毫不留情的。这首诗的文学意境很深，有些离乡背井多年的老朋友是读不下去的。下面还有好几句，今天不讲诗，就不再说了。（全文是："水流花谢两无情，送尽东风过楚城。蝴蝶梦中家万里，杜鹃枝上月三更。故园书动经年绝，华发春摧两鬓生。自是不归归便得，五湖烟景有谁争。"）你们爱文学的同学，更可以引李商隐的两句诗作结论："此情可待成追忆，只是当时已惘然。"乃至引用到历史哲学，像《三国演义》卷首的："滚滚长江东逝水，浪花淘尽英雄。"这样就懂了"所可见者，更不可见"。

第一义至高无上的道，被文殊菩萨和维摩居士两位，拿来随便一番对话，真只能说是"千古绝唱"。文殊菩萨的讲话艺术一流，你们如果有人做外交官的，可以好好学他。他回应了维摩居士之后，话一转，又说：

"且置是事"，就是说，这个问题我们不谈了。再谈下去，他们两个恐怕要扯一部六百卷经典了，那还得了，所以文殊菩萨赶快收场。

"居士是疾，宁可忍不？疗治有损，不至增乎？"你看，他真是最好的外交官，他问候说，居士，你这个病还忍得住吧？治疗有没有把病情改善？好一点了吧？

"世尊慇懃，致问无量。"佛非常关心，叫我代表他来问候。致问无量，是无限的关心和想念。这个文章你们写信就可以学了。

"居士是疾，何所因起？其生久如？当云何灭？"文殊菩萨这里的问题也是问我们大家，这就要参了。人活着就有病，为什么会生病？为什么会老？文殊菩萨问维摩居士，你这个病是怎么引起的？病了多久了？怎么样去掉这个病？在座各位可能年轻的比年老的还要多病，天天都在感冒，不是头痛就是流鼻水。现在我要问，"诸位青年法师、青年居士，是病何所因起？其生久如？当云何灭？"你们一定答复，"我也不知道怎么引起的，也不知道什么时候会好。"这就很可怜了，自己病了不能自疗。这就是话头，是大问题。人怎么会生病，不是问怎么得了伤风感冒或是得了癌症，不是这个问题，是问这个生命为什么会生病？

众生病　菩萨也病

"维摩诘言：从痴有爱，则我病生。"人的生命本来就是个病态的生命，宇宙万有现象也是个病态的万有现象。从文学艺术角度看，这个世界多美丽啊！红花绿叶描写得或画得多美。你写好了画好了就病了，你累了嘛，累就是病。我们不把累当作病，它就是病因。生命就是这么个生灭现象，非常疲倦。你反省一下，在人生路途中，不管你什么年纪，你随时感觉到很疲倦。也许你们诸大菩萨不感觉到，我这个凡夫随时都感觉到很疲倦。有时同学劝我多休息，我不是身体的疲倦啊！是心里疲倦，尤其和你们在一起，好疲倦。

生命有病是什么道理？维摩居士回答，他说，一切从痴所生。痴就是有情，佛经翻译众生为有情众生。我过去在大学教书，很多年轻人来问我爱情哲学，什么是情、爱、欲？我说，这三个字不管怎么分类都是混蛋，总而言之都是荷尔蒙在作怪。当荷尔蒙升华了，没有欲念了，就成了爱，爱再化掉了，就成了情。情就是痴的根本，情加浓一点就是爱。情像葡萄酒，满好喝但是很醉人。爱就不同了，像白兰地。欲像高粱酒或伏特加。都是酒，醉人的，是各种痴。生命就是痴来的。前面讲的那位刚过世的老同学，他在临走之前还跟照顾他的朋友说，不用担心，我还有十二年好活。自以为有定力很有把握，结果连这个都不知道，还说中阴有把握，都是吹牛。中国人老话说，好死不如赖活，病到拖着一个破烂的身体，仍留恋得不得了，也不愿意爽快地走。为什么？痴啊！

今天下午还有个老朋友，都八十岁了，我跟他说现在可以放下了，他说：就还有这一件事，等搞好了就放下了。我说：从古到今，哪一个人真把事情都弄好才走的？他说：是啊！我也懂啊！我说：你懂就现在放下。他说：唉！这……等这一点弄好了就可以了。这就是痴！很难了的。你能够把痴了了，就差不多了。一切都在痴中，你以为白痴叫痴啊？越聪明的人越痴！那个李商隐的诗："春蚕到死丝方尽，蜡炬成灰泪始干。"实际上春蚕到死丝还不尽，还给人去做衣服了！又如清诗，"多情自古空余恨，好梦由来最易醒"，多情不见得讲男女之情，就是痴的表现，坏梦不容易醒，好梦还想多做一会儿。后来我有位女学生，把第二句改成"好梦由来不愿醒"，改得真好！

讲了半天，一切众生都是痴。你们有学净土宗的，你想往生西方极乐世界做什么？小本《阿弥陀经》说，你只要往生西方极乐世界，就永远不死了。在那边好好的学佛，也不怕没饭吃，不怕没房子住，男的还不怕讨不到太太，女的也不怕嫁不掉，因为无男女相，地方又好，七宝行树……所以你想去。我问你，你贪不贪，痴不痴？因此而发愿者，非贪即痴，这是大痴大贪。能够去掉了这个大痴大贪必然往生，净土现前。学密宗的想要往生哪个佛的国土，还要神通具足，长生不老……也是痴。我常跟人讲，我干脆发愿活五百年，省得再来一次，住妈妈肚里的旅馆十个月，一辈子还不了感情债。现在想想活那么久挺麻烦的，老朋友跑光了，年轻人谈不拢，这不好办啊！到了一百岁还要被人当个活宝，放在什么地方展览，日子也不好过！修个长生不老做什么？儿子孙子都跑了，曾孙子看我这老头怎么还不死，唉！这些思想都是痴。有痴就有爱，有爱你就有病生。这是维摩居士的回答。

这里有一个重点要了解，维摩居士说"从痴有爱，则我病生"，他是说客气话，是拿自己来表演，说一个重大的道理。换句话说，这个生命就是因为有痴有情，才有爱。十二因缘里头，爱在中间，有爱则有取，都想抓住，接下来才有生，有生就有病。中国的文字也很妙，我们说"生病"，有生就有病。任何一个东西存在，就有病态。病与不病之间，是一个大哲学。文殊菩萨问病从哪里来？维摩居士答是从爱而来。爱从什么地方来？从痴而来。学佛都知道贪、嗔、痴三个字，我看大家修三辈子也难断掉。要不贪、无嗔、不痴，太难了。

讲到痴，我前几天和两个老朋友讲到有一幅翁同龢写的字，要八万块钱，其中一人立即说，便宜啊！我一听，好了，你们不要再说了，"玩人丧德，玩物丧志"，我拼命要戒这一方面的嗜好，你们两个一左一右不要起哄了。收集字画也是痴，市面上买到的字画都是前人痴心收集来的，然后被后代不肖子孙给卖了，上面还印着前人的图章……你现在买了将来交给谁啊？一切在痴中，能够无爱欲无痴情就真解脱了。所以，病从哪里来？从有痴有爱来。这是第一个道理。

第二个道理严重了。

"以一切众生病，是故我病。"你问怎么生病的？大菩萨生病是为众生而生病。他说因为一切众生皆在病中，所以我非病不可，假使一切众生有一天无病无痛了，就是了了生死了，我也就没有病了。这里的我就是，有我在，所以有病。有我存在，就有痛苦，就有烦恼，就有生病。一切众生个个无我，归到本来清净元明去了，就当然不生病。所以，一个人活着，想要无病无痛是做不到的，要不病不痛不生不死，除非你证得涅槃，成佛了。一切众生得度，就无病痛了。维摩居士给我们点题了，点题是点出文章的要点所在，要点就在这里了。

"若一切众生得不病者，则我病灭。"文殊菩萨你问病几时好，我这个病永远不得好的。要晓得六度万行皆是菩萨的病，慈悲喜舍也尽是菩萨的病。慈悲就是痴，喜舍就是爱。菩萨者菩提萨埵是也，虽然觉悟了，还是未免有情。菩萨是最多情的，堪称是大众情人。因此说，要不病，除非情爱皆灭，众生有病则菩萨必病。

"所以者何？菩萨为众生故，入生死，有生死，则有病。若众生得离病者，则菩萨无复病。"一切大乘菩萨没有跳出生死的。再严重地讲，诸佛菩萨都没有跳出生死，都是再来人，为什么？因为要度一切众生。《楞伽经》卷一说："无有涅槃佛，无有佛涅槃。"佛并没有走开啊！还是再来，佛菩萨都是再来人，都在这个世间。菩萨的愿力是要度众生，所以菩萨为众生故，入生死，入轮回，有本事跳出去而不跳。所以，菩萨是"智不住三有，悲不入涅槃"。他已经得到了般若智慧，跳出了三界，三有就是三界。可是，因为慈悲要度众生的缘故，自己不入涅槃，这是智悲双运的境界。他还在六道轮回中滚，可不一定变人啊！算不定变牛变马变虫都有的。要度众生，就得有这个本事，挑得起这个担子。算不定变了蚂蚁，被我们开水一烫就死了，他成了蚂蚁就烫得死。可是，为什么要变蚂蚁？要度蚂蚁啊！必须变了蚂蚁才能说蚂蚁的语言。

既然菩萨入了生死轮回，就会有病。要想无病，除非你了生死，这个问题的答案早就有了，你没有了生死以前就会有病。所以，维摩居士引申说，如果众生都了生死了，菩萨也无病了，就不需要到这个世界来了嘛！所以，菩萨的病从哪里来的？对不起，也是从痴情来的，大慈悲就是痴。这些道理文殊师利菩萨当然也懂，他不过在跟维摩居士两个唱双簧，一唱一答，讲给大家听的。

"譬如长者，唯有一子，其子得病，父母亦病。若子病愈，父母亦愈。"比如有位老前辈只有一个儿子，这儿子假如病了，作为父母一定也会得病，因为昼夜照料儿子累病了，或者过分担心而生病了。等到儿子病好了，父母病也好了。在座各位有子女的，都有这种体验，只有那些未来的父母亲不知道。古人说，"养子方知父母恩"，自己当了父母才知道孝道的严重，没当过父母只是口头禅，这也是八万四千法门当中的一法，你当了父母就知道了。孝道就是对父母的爱所起的感情。

"菩萨如是，于诸众生，爱之若子。众生病，则菩萨病。众生病愈，菩萨亦愈。"菩萨爱众生，就像爱自己的儿女一样，因此众生病了，菩萨当然也病了。众生病好了，菩萨也好了。众生都有烦恼，而众生有的烦恼菩萨都有，他还多一个烦恼，就是烦恼我们。这话光是研究佛学是不容易懂的，要在世法中当过家的人才懂，不经过的人是不会懂的。

"又言是疾何所因起？菩萨疾者，以大悲起。"维摩居士说，你又问我，这个病是怎么来的，唉！是大悲心引起的啊！清朝雍正皇帝题过一个观世音菩萨的香赞，可以用做说明：

　　　　三十二应露全身　　拯救众生渡苦津
　　　　只为慈悲心太切　　却将觉海作红尘

首句讲三十二应身，是引自观世音菩萨普门品，说观世音菩萨应以何身得度者即现何身而为说法。次句说观世音菩萨，为了度一切众生跳出苦海。第三句说，观世音菩萨慈悲心太切。最末一句是说观世音菩萨已经成佛了，但还是跳进红尘来。菩萨的境界本来是要度众生的，结果是反被众生度。

这个问题讨论到这里，文殊师利菩萨一看维摩居士辩才无碍，怕他再说下去，记录起来也麻烦，赶快打住，就问第二个问题。

空室引起的话题——空　解脱

"文殊师利言：居士，此室何以空无侍者？"维摩居士是大富贵人，为什么现在房间里空空的，连一个侍者也没有？"空室"是心空，上面已经讲过了。维摩居士把房间变成"方丈"大小，这是印度观念。中国文化叫"方寸"，还要小，就是心。中国古话说"但存方寸地，留为子孙耕"，你心地好，会给后代子孙好的影响，有好报。

"维摩诘言：诸佛国土，亦复皆空。"你们要注意，所谓真正的净土，也没有七重栏楯、琉璃为地等景象，那是为了我们这个欲界众生而说的。真正的净土也了不可得，连净都无所谓净，那才是真正极乐世界的净土，涅槃清净。维摩居士对文殊师利菩萨说，你怎么说起外行话来了？一切佛的国土本来就是空的，心空了、念空了，佛土就现前了。

"又问，以何为空？"他们两人针锋相对，文殊师利菩萨就问，什么叫作空？

"答曰：以空空。"空就是空，你有个空的境界早不空了。下面讲到空也空。你不要以为保留一个空的境界是悟了道了，你得了个什么？你就真得了个空的。

"又问，空何用空？"文殊师利菩萨又问，既然空了，还怎么去空呢？

"答曰：以无分别空故空。"因为你不起分别心了，空也空掉了。你觉得没有烦恼，没有妄念，很清净，认为是空了，这正是分别心，正是妄念。不起分别心，无所谓空，无所谓有，把空也空了。

"又问：空可分别耶？"文殊师利菩萨又追问，空还可以分别吗？这里关键来了，文殊师利菩萨一刀就杀进去了，好像捉住了维摩居士的把柄。

"答曰：分别亦空。"维摩居士眼睛一瞪，分别也空啊！我们现在讲话、你们听话，就是分别心。分别心在哪里？不可得啊！听过了就过去了，不来相而来，不去相而去，所以分别本身就是空的，为什么分别不可以空？

有一个人就是在这里开悟的，是谁？永嘉禅师。他是天台宗的，他自己晓得悟了，自己信得过。但是有个同参道友，劝他找人印证，威音王（古佛）之前，你无师自悟可以，威音王之后，你无师自悟，随便肯定下来，恐怕是天然外道。所以，他就从浙江到广东找六祖，见到了六祖，围绕三匝，振锡而立。六祖与他对话时，永嘉曾回答："分别亦非意。"就是说，分别也空。六祖就说："善哉。"

"又问：空当于何求？"文殊师利菩萨好像在和维摩居士打擂台，一拳拳打得虎虎生风。又问：怎么达得到空？这好像在替我们问，坐了半天两条腿痛的要命，空不掉喔！空在腿上求吗？还是在心中求，还是哪里求呢？

"答曰：当于六十二见中求。"麻烦事情来了，说起六十二见有一大堆，我只有补充资料给你们了。如果详细讲六十二见可以拖上几个月，这里不细说了。一切八十八结使也好，六十二见也好，我们每一个心理意识，每一个心理状态，都在其中了。见就是观念，我们心里许多主观的观念困扰着自己，解脱不了，但实际上每一个观念、每一个思想本身就是空的。妄念本身是空的，你不要另外去找一个空啊！你打坐时在找空，那个空就是妄念。你知道是妄念，它当下就空了，就解脱了。所以空要在六十二见中找。

"又问：六十二见当于何求？"文殊师利菩萨又问了。

"答曰：当于诸佛解脱中求。"所有的佛法不论净土、密宗、禅宗、天台宗，乃至五月端午的粽也好，都是要你解脱的。你被自己的感情、观念困住了，所以不得解脱。我告诉过你们，学佛要学解脱，学道就要学逍遥。结果你们学得苦死了，既不解脱又不逍遥，何苦呢？还不如去喝咖啡、看电影、跳舞好了，不是既解脱又逍遥吗？一个个举止都不得了，看到别人，哟！这样不可以的，阿弥陀佛啊！一脸怪相。文殊师利菩萨毫不放松，一个接一个的问题。

"又问：诸佛解脱当于何求？"请问，怎么解脱呢？

"答曰：当于一切众生心行中求。"只向自己内心去求解脱。你还去哪里找解脱？你心不解脱，要求别人有什么用？

这个时候维摩居士也怕了，看到文殊师利菩萨，一剑一剑的杀进来，也要挡一挡了，这个对手很厉害，你会讲，他就会问。不能再给他问下去，赶快见风转舵。

维摩居士的侍者

"又仁所问何无侍者，一切众魔及诸外道，皆吾侍也。""仁"是尊敬的称呼，写信如果相当尊敬对方，不论对方是出家或在家人，都可以称他"某某仁者"，这是很客气的称呼，而且对长辈对平辈，甚至晚辈都可以用。他说：先生你不是问我，为什么旁边没有服侍的人吗？告诉你，我的侍者多得很，那些诸魔外道不规矩的，都是我的侍者。

"所以者何？众魔者乐生死，菩萨于生死而不舍。"为什么呢？先说什么是魔道，贪恋三界、贪恋生死、贪恋情爱欲、不知道本空而抓一切有，就是魔道。我们学佛的，常常骂这个是外道，那个是魔。自己想想看，你完全解脱了情爱欲了吗？如果没有，那就是狗咬狗一嘴毛，就是魔骂魔。被三有困住，没有跳出三界，皆是魔道。魔是抓有，所以众魔乐于生死。我们讲这个世界苦啊！要跳出苦海啊！你看，我们现在已经晚上九点半了，跳舞厅正开始热闹着，你去问问，他们不说我们是疯子才怪。他们如果来到这里，一定奇怪我们这一班疯子在做什么！他们觉得自己的人生是正常的，我们是莫名其妙的。这叫作众生颠倒，究竟是我们错，还是他们错，我不敢下定论，你们去下结论吧。

众魔固然乐于生死，菩萨也不愿意跳出生死，你说菩萨是不是魔呢？这叫自愿作魔，虽然讨厌生死，还是自愿在生死轮回中度人。如果菩萨没有这个肉体怎么度人？你让维摩居士叫观世音菩萨，你看叫得来吧？你说你在梦中打坐时看到过，那是你意识的变化啊！他要现身给你看，就非变成肉身菩萨不可！这个话说错了我负责，我下地狱！所以，诸佛的肉身成就，也即报身成就，是如此之难啊！你们要懂这个道理。

菩萨为什么要在生死之流中滚？为的是要和凡夫一样，照样入胎，住胎十个月，出生后照样昏头昏脑，照样十几岁以后看个什么《禅话》，然后要打坐，忽然悟道，忽然成功，几十年后忽然度众生，然后忽然翘辫子，然后又忽然再来投胎，你说多笨啊！魔固然笨，菩萨是瞪起眼睛在笨。所以，肯瞪起眼睛上当的人，是第一等人。

"外道者乐诸见，菩萨于诸见而不动。"什么是外道？心外求法叫外道。把自己那个法门、自己那个观念，抓得牢牢的，念个什么神秘的咒子，可是病还照样生。我在西南时他们都对我说，大乘根器都在你们汉地。东方国土的人要往生西方，不晓得西方国土的人要往生哪一方？现在这些人一看到喇嘛，哟！活佛来了！净土有什么了不起，阿弥陀佛我都会念。我说你就是不会念！阿弥陀佛就是大密宗，你就是不懂！你有这些观念，你就是外道，心外求法，把自己的观点抓得牢牢的，把菩萨也抓得牢牢的。菩萨看一切外道魔法都可以解脱，没有哪个法门他不会的，所以他做菩萨。为什么？因为一切众生爱好不同，佛菩萨开的是百货公司，你要买啥他就卖啥，反正把你的生死了了，菩萨的目的就达到了。

"文殊师利言：居士所疾，为何等相？维摩诘言：我病无形不可见。又问：此病身合耶？心合耶？答曰：非身合，身相离故。亦非心合，心如幻故。又问：地大水大火大风大，于此四大，何大之病？答曰：是病非地大，亦不离地大。水火风大，亦复如是。而众生病从四大起，以其有病，是故我病。"

众生病从四大起，四大是地水火风，这不光是佛学理论，也是研究医学的根本哲学，形成中国秦汉以后的病理学。佛说四大的每一大，就有一百零一种病，比如伤风是属于风大的病，再发烧了就是火大，咳嗽有痰了就是水大。四大合起来有四百零四种病，这还是大归类。四大综合起来，就更多了。每一种病都随时可以使人死亡，如年纪大的人得了伤风感冒，稍不留意就引起肺炎，那危险就大了。佛学里有另外一套医病方法，有一些不同的方子，这些方子大部分收集在孙思邈著的《千金要方》中，是佛家乃至道家的医药。《千金要方》里面，奇奇怪怪的方子很多，比如有一个禅定方，打坐吃下去容易入定。大家一听，一定想要老师把这个方子配出来，给我们吃吃看。哼！你们靠药入定还行吗？但是，它有没有道理呢？非常有道理，十几年前我还配过，给几个人吃了，的确有道理。可是，要得到大定，那是得配合用功夫的。

"尔时，文殊师利问维摩诘言：菩萨应云何慰喻有疾菩萨？"文殊师利菩萨问，大乘菩萨应该怎么样来慰问开导有病菩萨？这意思不是我们真的去慰问菩萨，而是说，得了病自己要怎么样理解，怎么样求解脱。换句话说，自己怎么样观想。

这是一个非常重要的问题，《维摩诘经》里面所有提问的菩萨，包括前面的小乘弟子，依据《法华经》记载，最后都成佛了。他们目前是现比丘身，现小乘罗汉像，但是提的都是大乘菩萨的问题。世界上的人没有一个不病的，我们现在觉得自己很健康，那只是假相，都是在病中，不管你是头晕还是眼睛看不清，都是病。这个世界就是病态的，没有一个人是正常的，除了一个人，就是成佛的人。慰喻有疾菩萨，不只是指生病住医院的人，平常我们就是病人，这一点要特别注意，是《维摩诘经》传佛的心要。

如何对待病和病人

"维摩诘言：说身无常，不说厌离于身。"维摩居士告诉文殊师利菩萨，我们不需要别人安慰，要自己了解真正佛法在哪里。佛法都说身体无常，是靠不住的，不是永恒存在的，是随时可以死亡的。老子有一句话："吾所以有大患者，为吾有身。及吾无身，吾有何患。"我们的身体带给我们的拖累太大，甚至于说一切的业障，一切的痛苦、烦恼、忧悲、七情六欲，多半是由身体上来的。身体是四大组合而成，也是业报的大总汇，是业报之身。成了佛的人，这身体就转成善报的应化身。身体对我们的障碍非常大，比如你们打坐坐不住，两条腿又痛又麻，你心想清净，可是腿子不饶你，就是身体的障碍。你坐了一两个钟头，觉得疲劳，其实你心理有疲劳吗？不见得，心理的疲劳是因身体引起来的。

昨天我们几个老朋友在一起，讲到来投生有没有把握。恐怕在座的谁也没有把握，谁也不知道哪一天来投生，怎么生下来的。过去我认识的几位修道有成就的老前辈，亲口对我说过，"要我再来投生绝对做得到，但是现在要我自己走，没这个本事。"当时我们听了觉得很奇怪，要投生有把握，要现在死居然这么难死。等生活的经验多了，明白了这个道理，求生固然不容易，求死也很难的。你说可以自杀，你去试试看，投水怕冷，上吊怕闷气，吃安眠药怕死前受不了那个痛苦。前天有个朋友告诉我，他在香港一个朋友，吃安眠药自杀，吃了药之后再喝酒，再吞止痛剂，就是怕痛。可见求死不容易的。你说功夫修到的人，把两腿一盘，就再见了，这要多大的定力？要有相当成就的人，或者可以做到。

所以，佛在世的时候有小乘的阿罗汉证得了性空，但是这个身子还不能了，就自杀了。讨厌这个身子，烦极了，要吃饭又要上厕所，喝了水又要去屙尿，吃了喝了都留不住……佛经在戒律上讲明了不可以自杀，自杀是犯罪的。当然，每个宗教都反对自杀，据说自杀的灵魂连阎王也不要，因为在他的簿子上没有登记，时间还没到你就做了逃兵，不行的。既然地下不要，天上也不收，人间又回不来，所以据说是很可怜的，比一般做鬼的还惨，漂泊无依。

因为明知道此身无常，所以许多得道的人厌离此身。维摩居士告诉我们大乘的道理："说身无常，不说厌离于身。"这个身体没有什么好讨厌的。这句话大家听了一定欢喜，世界上没有人不喜欢自己身体的，都自以为自己漂亮，看不起别人。还不只是身体，连衣服的美丑都要争。这个身体没有什么讨厌的，因为身心是一体的，玄奘法师撰的《八识规矩颂》，对阿赖耶识有颂曰："受熏持种根身器。"身体也是你心所变的。这一生是男、是女，相貌如何，是否多病，遭遇如何等等，都是你前面业识的种子带来的。所以"种子生现行"，一切都是业报，此身是报身。不管是什么样的报应身，这个肉身同我们的自性、自心是三位一体的，也就是真如自性、意识的心、肉体，三个是一体的。身心是一体的两面，假如认为身是无常，而厌离于身是不行的。

我常说，现在可能没有很纯正的密宗了，当年我们在各地看到很多喇嘛，高明的不太多。听说现在高明的很多，我不知道，反正中国人是"远来的和尚会念经"，只要是外来的就有道。学佛不要自甘堕落，我有资格讲，我去学过密宗的，过分的宗教色彩的迷信，就是自甘堕落。为什么讲到密宗呢？密宗的教理也有对的，它绝不厌恶此身。你们有学密宗的，这是出自密宗哪个经典，哪个法本？它的教理根据在哪里？你知道吗？

我们中国的文化《孝经》说："身体发肤受之父母，不敢毁伤，孝之始也。"就是重视此身。所以说，"君子不立于危墙之下"，也是这个意思，街上正在建筑的高房子，墙边是不能走的。这就是中国儒家的戒，同"身体发肤受之父母，不敢毁伤"是一个道理。爱惜你的身体就是孝顺父母，因为父母看到子女有病痛是会痛苦的。佛教大乘戒律也有这样的含义，如果随便把自己的肉体出一点血，等于犯了出佛身上血一样的重戒，因为此身就是佛身，算不定你明天悟道了，你就是佛的应化身了。对身体上做任何一点伤害，等于犯了大乘的杀戒。

真学密宗的人，他的洗澡水在倒掉之前，还要自己先喝三口呢！你觉得脏？为什么你要讨厌自己的身体？这样做的第一个道理是不垢不净。第二个道理，你说身体洗下来的东西脏，可是你吃的东西都是这样变化来的，过去施肥的肥料是用什么做的？我在这里还没有看到过哪个学密宗的是这样做的。密宗在佛前面供养什么东西你看过没有？看过才怪呢！它连狗肉、驴肉等都端上来的，你恐怕想都不敢想的，还说什么学密宗。到今天佛法的正法已经没有了，但是方便法门还是有的，如果我不坐在这个位子上，你问我："老师，这个对不对啊？"我会说"都对"，这就是密宗。

厌离于身不对，执著此身也不对，这是中道观。"说身无常，不说厌离于身"，你去看病人，不敢对他说你还是快死吧。但是我可常这样做，看到那些垂死重病的朋友，连手都举不起来了，我就拍拍他的头对他说："你快走嘛！痛苦得要死，这个世界有什么好留恋？"有的人会说："我走不掉嘛！""那就念佛吧！""我念不起来了！""那你怎么还可以讲得出话来？"念佛念了几十年了，既然有讲话的这一念，为什么这一念不能念佛？平常阿弥陀佛，阿弥陀佛的，真是阿弥驮你这个佛。他不懂什么叫念佛，不知道念不在嘴上念，是心念之念，到那个时候，不要管嘴上能念得出四个字还是六个字，能心中念念有个佛就是念了嘛！唉！学佛几十年了，功德也做了不少，最后都是如此！平常显教、密宗，讲什么法都懂，般若真如连他家冰箱里都有，到这个时候使不上，有什么用？

我这几十年来对学佛学道的名人看多了，有的七八十岁了，冬天总只穿一件衣服还会流汗。睡觉也不盖棉被，冬天只盖条毛巾，一身也湿了，两脚暖烘烘，功夫可好了。我说他搞不好会血压高，人家说你乱讲，还亲眼看见他打起坐来身子悬空呢！我只好笑笑。最后不出所料，不是血压高就是心脏病发。真修到此肉身能够成就了，谈何容易！你们谁想早死，我一定签字批准，看你能死得了吗？不要吹牛了。前两天一个老朋友进了医院，我去看他，他告诉我，医生已经宣布没法医了。他还交给我一包珍藏书，又要我在他身后帮忙关照他的太太，又向别的人交待后事。我看他这么豁达，跟他说，你还死不了的。他有点怀疑，结果真没马上死。那种不想死的，见了我就哭哭啼啼，想多活一阵子，反而很容易死，已经吓得半死了，怎么不死。

小乘专讲此身是苦，我告诉你，不一定是苦。一般讲来，学佛证道的，多半只能了了法身，到了中阴身，也就是离开肉身之后，才有成就，没有办法把这肉体的报身修到圆满。法身、报身、化身是三身，假如三身不能成就，在我的标准来看，就不能算开悟。你们打坐念头空一空，得一点定境，就以为自己悟道了，你那是悟了个食道罢了，必须要三身成就才算。"说身无常，不说厌离于身"的道理在此。

"说身有苦，不说乐于涅槃。"无常、苦、涅槃是佛法的三法印，是佛法的基础。无常、苦、涅槃，再加无我，是佛法的四根大柱子，但是佛在说《涅槃经》的时候，就完全相反，他变成说：常、乐、我、净。原先的无常变了常，苦成了乐，无我变成有我，涅槃成了净。净土不是专指西方极乐世界的净土，一切众生只要悟了道，就知道他本来在净土中。小乘乃至不彻底的大乘，都是厌离苦、无常，而证取涅槃，认为证得涅槃就永远不来了。不只是一般人，连当代几个大法师都这么说。当时在大陆有这么一位，不提是谁了，他就是持这种观念，我俩单独在房间里，我痛骂他一顿，他讲了许多理由都被我驳倒了。我提醒他，《楞伽经》上讲："无有涅槃佛，无有佛涅槃"。

你们千万不要认为，能涅槃就不来了，不来你还做不到。只是给你暂时请个假，百把年不来，三五百年不来的话，已经算给你很长的假了。大阿罗汉入八万四千劫的定，在我们这个世界来说，算是够久了，在其他星球世界是很短的，一下就过去了。就算入了八万四千劫的有余依涅槃，你也不可能不来，况且我们反复讲过，大乘菩萨要有"智不住三有，悲不入涅槃"的智悲双运，但是许多学佛的朋友，始终搞不清楚这个观念。而时下的年轻人，越来越自私，越来越小气，自我观念极重，真没办法，也就是业力越来越重了。大乘菩萨是不入涅槃的，没得休息的。所以，维摩居士告诉文殊菩萨，"说身有苦，不说乐于涅槃"，菩萨说身是苦的，但是绝不逃避三界的痛苦，救世救人虽然是痛苦的事，但不会逃避。

"说身无我，而说教导众生。"既然佛法要修到无我，但是如果无我了，谁来说法？谁来讲经？谁来听法？真正的佛法，在释迦牟尼佛生下来就已经说完了。释迦牟尼佛生下来走七步路，一手指天，一手指地，开口说，"天上天下，唯我独尊"，佛法就说完了。就是这个唯我独尊，每个人都是这个我，你找到了就成功了。人人有一个本性本命，这个身体的我是假的，我们说话思想都是假的。每个生命都有个真我，你的真我找到了就是佛，就天上天下，唯我独尊。佛讲这个话的时候，两手这样摆的，这是什么手印，你们参！

佛法处处讲无我，其实我们学佛的人，不要说做不到无我，就是无身都做不到。忘掉身体还不是无我，你还有念头存在，一念之间就是我。学佛人的我，尤其厉害，处处有我，我的见解、我的学问、我的身体，这个我比普通人的还大。你看外面的人整天忙，晚上还要去玩，你问他的我在哪里，他一定觉得莫名其妙。修持的人学了佛法，再加上坏个性，他的这个我就不得了啦！认为天上天下，唯我独尊。

还有，我最怕在大学里搞佛学社的同学了，搞其他活动的同学都很活泼，佛学社的同学往往目光呆滞，衣冠不整，言语无味，面目可憎。希望大家正视这个问题，不要搞得所有佛学社团都如此。我年轻的时候，对这些团体简直是羞与为伍。当然，我这又落入傲慢，也不对。有一年，有几个大学生要我为几所大学的佛学社的联合活动讲演，我推不掉，但是我说明不讲佛学，就定了个题目叫"我与无我之间"。当时讲的内容没有记录下来，我主要告诉他们，学佛讲无我，谁能做得到？但是做人做事必须有我。你写一篇文章，如果无我，你就写不出来了，笔都不要拿了。任何一篇文章、一个艺术品乃至绣一朵花，处处都有我。人生处处有我，我要穿什么衣服才合适，我要坐在什么位置才对。一部人类的历史文明，无我就创造不出来，佛就告诉你，天上天下，唯我独尊。但是在修养上，叫你无我，是无小我，不要执著现在假相的我，以为是真我。

佛法的修证，在于找到生命的真我，无我是个方便法门。修证功夫要放下身心，放掉我这一念，才可以证到涅槃清净自性；在起用上，想成佛成菩萨，就要有我。你看，佛也有我嘛！阿弥陀佛的我，是西方极乐世界的形态，东方药师如来的我，他的国土和阿弥陀佛的世界的我不同，北方不空如来，他的佛境界同别的佛又不同。十方三世诸佛，各有各的佛国土，各有各的我。佛佛道同，方便教化，起用功德不同，愿力不同，作用不同。此我与那我彼此无妨，归于一个大我。学佛这些道理没有搞清楚，一天到晚无我，你无个什么我？我与无我之间要去好好参究。

维摩居士这里漏了个消息："说身无我，而说教导众生。"没有此身，无此我，谁来说法？释迦牟尼佛现在真是无我了，他归到那个大我去了，我们看不见他，他也无法来说法，只好靠他的弟子们替他宣扬。所以，必须要有肉身在此，才能教导众生。这些都是中道义，要搞清楚。

"说身空寂，不说毕竟寂灭。"此身是空的。我们常引白居易的诗："饱暖饥寒何足道"，那是无我；"此身长短是虚空"，这个身体不管活一百岁还是两百岁，总归要走的。但是，这是偏于小乘的观点，得道的人证到空了，身体死亡了以后他到哪里去？涅槃是寂灭，可是他永远不来吗？没这回事，释迦牟尼佛和诸佛都是再来人，否则怎么叫大慈大悲？所以，大乘菩萨不说毕竟寂灭，不说永远寂灭不来。

以上这几段，维摩居士是说了无常、苦、空、无我，这四个法印。

"说悔先罪，而不说入于过去。"学佛第一步先忏悔过去的罪业，怎么样不入于过去？不被过去困住了？用中国文化来解释，最简单的就是："苟日新，日日新，又日新。"犯了错，但从此不再犯，也就是颜回的不二过。六祖在《坛经》上讲忏悔，忏过去之罪，悔是未来永不再犯。像你们常常二过，口口声声讲忏悔，都是在骗人骗自己。真是大丈夫的人，连忏悔两个字都不讲，他就是痛改，对自己毫不客气的。

这些道理都是大道理，因病而说法，只有文殊师利菩萨问得出来，只有维摩居士答得出来。一个代表出世的大士，一个代表在家佛。我们这里的章同学写了一篇文章，强而有力的提出来，维摩居士是真正传佛心印，是真正禅宗的传统。这是绝对的正知正见，我支持他，这就是研究佛学。

现在维摩居士借生病，一个善问，一个善答，刚才所讲因为众生有生命就是病，这个世界就是个病态世界，我们的生命是病态的存在，解脱了这个病态就成就。但是解脱了，这个病态就没有了吗？有！能解脱了，这病态的生命就变成最美的生命，至真至善至美，这个世界就没有什么遗憾，也没有无常、苦、空、无我，就是释迦牟尼佛的国土。不相信，你看人造卫星高空所照这个世界的照片，你才知道这个世界的可爱，比他方佛国土还要可爱。你说你在下面觉得这个世界脏得很，那是这个世界的尘渣子，包括我们，都是这个世界的灰尘渣子。这里比净土还要好，不是只有干净的香的一面，还有脏的臭的一面，有它特殊的味道。

所有其他的佛经典，对这个世界都是厌恶悲观的，认为人生是痛苦的。《华严经》则不然，主张这个宇宙一切的一切都是至真、至善、至美。如何做到呢？只有一念明心见性就做到了，你就看到真实的一面。换言之，我们现在看到这个世界生、老、病、死、无常、苦、空、无我，是一个影子。你没有看到这些现象的后面是常、乐、我、净。《维摩诘经》中这一段，他们二位唱的双簧，是在说明一个佛法的至高无上哲学道理。

"以己之疾，愍于彼疾。"这是学佛的精神，因为我身体不好，而同情别的身体不好的人。这一生多病多苦的人，更应该慈悲，不要光坐在这里，要多到外面去帮忙贫苦的人。你们学佛的居士们，以为出两个钱就好了，叫你去医院，去收容残障儿童的地方，你绝不肯去，绝不慈悲，这是个事实。在医院或贫苦地方，只看到修女神父去服务的，几乎没有看到佛教徒。很多佛教徒讲慈悲的道理比谁都多，只有对自己是真慈悲。人生谁无病痛无苦恼？如果自己是近视的人，你就要想办法为近视的人服务。因为自己有病，你就要多照顾病人。可是我看到的，自己有病的人，不会照顾病人，都是先照顾自己，我第一。

"当识宿世无数劫苦，当念饶益一切众生。"因为自己有病，就晓得前生种的因不好，多生累劫不怜悯病苦中人、不布施药。越自私的人，他生来世越是多病多灾多难。这一生多布施，他生来世长命百岁，无病无苦。佛法处处是因果，你这一生一直在病中，是前因不好。若不从前因忏悔，再因生病而更只顾到自己，这个现行又变他生来世的种子更不好了。我从小多病，现在也多病，合了杜甫的诗："多病所需唯药物，微躯此外更何求。"而我每次病了都有高人送药方，名药名医都来了，大概因为自己多病，肯结善缘吧。所以，我也喜欢给人吃药，你有病我给你吃药，你以为我好心？不是好心，是想求得来生，一有病就有人给我吃药，对不对？还是做生意的办法。笑话归笑话，你能如此发心多施医药，不要等到来生，你此生就可以转了，变成少病少恼。可是，你们当中肯布施别人医药的不多，接受人家布施的太多，甚至有的人经常在这里拿药，吃了哪几种药自己又不记住，有病再来找我，我忙得不得了，要你自己去拿药吃，又不晓得吃什么，那你就该死吧！

维摩居士在这里告诉我们，自己为什么会生病？应当认识是你过去世无数劫的痛苦累积而来。因为如此，你现在就应该也想到众生的痛苦，要发愿去帮助一切众生，这就是佛法。我一再说，经典就是戒律，我们对照一下，做到了吗？有时同学们告诉我，老师，我前几年就是这样做的。我说，是吗？可是你今天有这么做吗？你这么说不是等于在打自己耳光吗？你为什么不永远这样发心，这样做呢？

"忆所修福，念于净命。"要忆念自己如何去培养福，像刚才讲的，你要反省为什么不能持续精进下去，为什么过去有做，现在不做？你们年轻人光想求慧，想开悟，是求不到的，因为你没有福报。福德是修善行来的，你没有去修善行，只有在消福。《金刚经》讲的两件事，就是福德和智慧，但是它强调福德之重要，有大福德才有大智慧成就。你再去看看，就会懂了。你天天在偷懒在消福，这样哪能成道？没有这么便宜的事！得道是多生累劫无量细行而来的。

"念于净命"是要念念做到什么是净命，能修到净命，这个色身就转了。我们现在的命，是五浊之一的命浊，是不干净的。你再参看《阿弥陀经》的西方极乐世界，就知道什么是净命。西方极乐世界里也有鸟，可是那边如果没有业力怎么会有鸟？经典告诉你，那都是诸佛菩萨的化身，纵然化成鸟，还都是在念佛念法念僧，都是净命而来。我们学佛修持到净命的境界，报身可以长存世间，就是佛的弟子们有所谓的"留形住世"，我们在前面曾经提过。

"勿生忧恼，常起精进。"你注意，这不是劝世文啊！都是做功夫要修的。我们日常人生，都是在烦恼忧心的境界中，这里叫你勿生忧恼，念念常起精进之心。

"当作医王，疗治众病。"学佛的人应当发心成为大医王，大医王就是佛，不但能治人肉体的病，还能治心理的病。

"菩萨应如是慰喻有疾菩萨，令其欢喜。"这一篇就是佛的戒律规矩，要这样去探病。全篇说明了生命的真谛，也说明了慰劳病苦的真谛,也说明了修持的真谛。

"文殊师利言:居士,有疾菩萨,云何调伏其心?"这个世界是个病态世界,那么应该怎么样调伏其心,怎么观心?

"维摩诘言:有疾菩萨,应作是念,今我此病,皆从前世,妄想颠倒,诸烦恼生。无有实法,谁受病者?"这一段就是教你要观想什么,参什么,这是学佛的人,在病苦中最需要的东西。

前几天我去医院看位老朋友,这一位你们都认识的,他修行打坐有四五十年了,平常功夫很好,他的师父还是有神通的。这朋友佛经道理都懂,结果风瘫了,现在躺在医院话都不能讲。我进去把他手一抓,就问:"怎么样,好点了没?"他那时眼泪就掉下来,想讲但讲不出话来。我告诉他:"不要讲话了,你学佛那么多年,到这个时候还放不下这个身子!你要走就快走!要活就拿出勇气活着!空掉这个身体的观念就会好的。"我接着说:"我懂你的想法,理论你都懂,功夫也用了几十年,到现在你觉得为什么会这么苦,功夫岂不是白用了?都在后悔中。"最后我告诉他:"没事了喔!过两天就好了!"再指着告诉他:"万一要走,从这里走!"探病却叫人家快走,大概也只有我这种人。上一次看一个心脏重病的朋友也是如此,我告诉他,你早点走吧!我也许还活个几十年,你再来我还可以抱你,还来得及,何必留恋这个烂身体呢?

但是,这些学佛修持几十年的人,到了最后还是舍不得这个老朽不堪的身体。他如果要活下去也可以,把这个身体空掉,观身无常,观空。病就病嘛!病你的嘛!病就是魔,那个魔到结果是什么?横竖是死嘛!你这样观,反而好得快。如果你忧心忡忡,这个那个的,你就病得越来越重,中了魔的诡计了。

学佛要真看开,不是空话,你们年轻人几十年以后就知道了。学了一辈子佛,如果临死之际用不上,你何必学佛修道呢?就算冒充也要痛快一点嘛!刚才讲的那位风瘫的朋友,我虽然告诉他没事了,可当时一点把握都没有的，生死无常，你只好看得开了。你可不要把这个当笑话听了，真佛法就是要你提得起放得下，真看开了，这一下就过去了。有什么难？

维摩居士告诉你，病从哪里来的？都从前世种子生现行，业力果报带来的。比如前生懒惰，这一生就给你胖一点，多拖累你一下。这不是理论啊！都是真的。都是"从前世妄想颠倒，诸烦恼生"。肉体上的病还没什么严重，最严重是心理的病。比如感冒了头痛，你心里觉得好像越来越痛，那就真不得了啦！了解了这个心理，就解脱了，知道都是一念来的，这一念是虚的，是自己欺骗自己，是"无有实法"的，都不真实的。现在用力掐你的腿一下，觉得痛吗？你那个能知道自己痛的，是不会痛的，不要被骗了。你将来生了病，就用这个办法对治，你懂了就解脱了。痛、苦是没有实法的。像我昨天只睡了两个半钟头，我现在头是晕的，可是到了这里都要丢开的，不管了。再累再忙，了不起就是死掉，"将此深心奉尘刹，是则名为报佛恩。"奉献完了就好。

你们年轻同学一天到晚抱怨身子不好，你怎么会不病？你的心已经在病了！一切唯心造的。像现在课堂上，好多同学的眼睛瞪得大大的，其实他脑子是昏的，一句都没有听进去。他的能知之性，被这头脑气脉昏的现象困住了，如果能知道是这个身体四大的脑子在昏，我把这个能知之性脱开身体，它就拿你一点办法没有，一下子脑子就清爽起来了，它魔不到你了。生老病死都是魔啊！你觉得头昏脑胀记忆不好，都是从妄想颠倒诸烦恼生，都无有实法，这里头是空的，没有痛苦，没有难过。

能参通了这个，"谁受病者"谁在受病？再告诉大家，据我的了解，古代修道成功的人多半是年轻时多病的，因为多病所以肯研究自己，才成功了，反而活得长。无病无痛的人，他不在乎，所以死得快。算八字的知道，如果这人身子有点毛病反而好，"带疾延年"，反而长寿。"谁受病者"，也就是无我，这理论你都知道，到了有病的时候，你的这个"我"却比平常更难解脱。这时真要参通"无有实法"，本来空，死也空，空也空。

"所以者何？四大合故，假名为身。四大无主，身亦无我。"为什么呢？这个道理不用学《维摩诘经》，就应该懂了。我们身体是地水火风组合而成，像这个房子由水泥、钢骨、砖头、瓦块、木料拼凑组合的，假名为房子。地水火风不是我们的主人，身体里没个真我。我，是谁呢？在这个身上，也不在这个身上。有位禅师的偈子："五蕴山头一段空，同门出入不相逢。"我们的主人翁，那个做主的、能知的，不在这个身体上。

"又此病起，皆由着我。是故于我不应生着。"病是怎么来的？由于一切众生执著我相，由于我执，所以有病。大家平常都懂这个道理，但是有病的时候就过不去了。因此，《维摩诘经》告诉我们，有病的时候正好学佛参禅，这个时候能参通才可以了生死。懂了这个道理，就不应该执著我相。

"既知病本，即除我想及众生想，当起法想。"理论上知道一切唯心，不用维摩居士讲，各位学佛的早知道了，病本在心。但是，你真有病痛，这个心空不掉，我相丢不掉。这个心起了我相、我想，才有这生病的感受，越来越严重，也是业报。既然知道是业报，就空得掉，但是大家知道而做不到。做不到就不要空谈这个理，说得一定要行得，否则就犯了妄语戒。要去除我想及众生想，应当起法想，就是要参透佛法的事理。

念与解脱

"应作是念，但以众法合成此身，起唯法起，灭唯法灭。"这里传大家一个观想修法，在生病的时候应该起一个念。这个念不是思想，但是离不开思想，所以叫思念，有那么一个作用，它可以离开身体而存在。你们有发高烧的经验吧，烧得迷迷糊糊的时候，你什么都不想了，但是你晓得现在自己病了，那个就叫作念。我们现在坐在这儿想来想去的，都是妄想，不是念。到临死的时候，南无阿弥陀佛这六个字，或者阿弥陀佛这四个字，都没有了，但是这个念头要挂着。

念又可以说就是相思病，这是广义的相思病，不只是男女之间的想念。你那炒股票想发财的心理也是念，时时关心股票的价格。你有没有去想呢？没有，但是心里又随时放不下来，这就是相思病，就是念。你把这种恋爱、炒股票的念转为念佛，也就可以成就了。这个念成就了，等到身体四大分离的时候，你把身体放开，让它痛苦，但要把握到这个念，一刹那之间，嚓！一下，就像乌龟脱壳了，就飞上天了。这一念坚定了，没有不往生西方极乐世界的。一般人念了一辈子佛，到了临死却不知道这一念，因为身子的痛苦或者脑细胞烧坏了，没有办法把南无阿弥陀佛这几个字符串起来，但是那个能念佛号的，一念到这个就是了，不需要把每个字符串起来。你见过阿弥陀佛的像，到那个关头，一念之间就是这个像，能做到这样，即使不往生，再投胎来的时候，一定相貌好又聪明，绝不会堕落。这个时候的念不是无知，不是妄想。

维摩居士要你起这个念，观"众法合成此身"，到这个时候要晓得，这个身体是靠不住的，"起唯法起，灭唯法灭"，念念在佛法中，不管一切生灭。今天生病，明天好一点，这都是生灭法，就是虚妄、空的。

"又此法者，各不相知，起时不言我起，灭时不言我灭。"一切因缘自生法是各不相知的，比如我们从医学常识知道，身上有白血球、红血球，但这是理论，你真的知道吗？你碰伤一块地方，有细菌进入，白血球就立刻把这个地方包围起来，这是谁下的命令？比救火队动作还快。身子里头忙得很，你知道吗？诸法各不相知。这是其一。你再体会一下,我现在这句话讲完了,下面一句我要讲什么?你不知道,我也不知道。我们思想前一个念头跑到哪里去了,自己都不知道。后一个念头还没起来,要想什么,自己没有把握,它突然会冒出来的,所以诸法各不相知。这像流水一样,前一个浪头起了,它不知道后一个浪头;后一个浪头起了,它也不知道前一个浪头去了哪里,各不相知。但是一切众生,尤其是不学佛的人,在不相知中偏要求相知。

因为一切都是缘生的,所以"起时不言我起,灭时不言我灭",像我们的念头,像物理世界一切的变化,都是如此。生病也是这样,你感冒了,就是诸病各不相知,来时不言我来,去时不言我去。你几时会感冒,你根本不知道。你吃药医好了,几时好了也不知道的,感冒走时又不会通知你一声跟你道别。讲到政治也是,社会中每一分子都各自独立的,起时不言我起,灭时不言我灭。你在这个道理上参通了,不管你学显教还是学密教,都会有成就的。

"彼有疾菩萨,为灭法想,当作是念,此法想者,亦是颠倒,颠倒者,即是大患,我应离之。"生病也是个缘,什么缘?病缘。有时人生个小病玩玩也蛮好的,尤其是忙中人,很想偶尔生个小病,就可以推掉很多事。有时听说某要人病了,什么病?政治病,借生小病躲避一下。这个道理你们年轻人还不到这个境界,要用生病来躲避,可见人生多么痛苦了。

懂了诸法各不相知的原则,都是缘起的,缘生缘灭的,你就成功了。可是你又被法困住了,被理困住了。就像我说许多学佛的人,一脸佛相,满口佛话。有同学讲电话,跟对方说要"供养"什么东西,我在一旁听了就骂,讲什么供养,讲把东西给了人就是了嘛,偏要用供养,为什么满口佛话。学佛久了以后,讲起话来就用另外一套术语,这就是学佛不通。大乘菩萨学通了的,嘴里没有这些术语。什么"般若""供养""布施""因缘"都是术语,你跟不懂的人就不能用这一套,要用普通的话来讲。很多朋友对我说，来这里跟你聊聊很好玩，可是你那些学生不正常。我说，对！这些学生不正常，满口佛话，一身佛气，非要作个庄严的样子出来不可，多讨厌！所以社会常看我们这一群人是疯子。

学了佛法容易被法困住的，任何一行干久了就有职业病。像我当老师当久了，就爱骂人了，看人都不对劲。我一出去到外面就随和得很，像前一次，人家一定要请我吃饭，还请了教育部的次长作陪。吃完了饭，这位次长对我说："老师啊！我学了个东西，你终席没有喝过一杯酒，没有吃过一点东西，没有说过一句话。"人家敬酒我也要举杯作个样子，每一道菜我也沾一点就放下了，人家说什么我就说"好，好，是啊，是呀，谢谢"。我绝不会像你们一样，摆个道貌岸然的死相，犯职业病。人家恭维我世界闻名，我就说没这回事。说我学问好，我就说我是跑江湖的。说我懂禅，我就说"我只懂馋，来来来，快吃，快吃。"

我一再说，学佛是学解脱，学道是学逍遥，结果很多学佛的人既不解脱又不逍遥。维摩居士告诉我们要解脱要逍遥，怕你被法困住了，所以他跟着说："此法想者，亦是颠倒，颠倒者，即是大患，我应离之。"你学佛学得满嘴佛话，满脸佛气，那就是众生颠倒。本来好好一个人，又油漆上这么多东西。人生已经被很多绳子捆起来了，结果想解脱这些绳子，又到解脱绳店里买了些绳子，菠菜（般若）啊，金菇（真如）啊，再往自己身上捆。所以说，法想也不对，法想也是颠倒。一念颠倒就是大毛病，还是要丢离。

"*云何为离？离我我所。*"怎么离呢？第一，先无我，像我刚才讲的去外面吃饭的例子，在那个场合就那个样子。离我，不要端起个样子，有的青年，他的衣冠打扮处处就是表现我，讨厌死了。人到无我是非常好玩的，行云流水。去买菜的地方就买菜，去吃饭的地方就吃饭，到了做官的地方你就是官，到了该做狗的地方你就是狗。第二，要离我相，也要离我所，我所有的一概放掉。我相我见是根本，像身体是我所，好像是属于我的,可是毕竟不属于我,因为还是要还给天地的。

"云何离我我所?谓离二法。"怎么离我、我所?要离开两个东西。

"云何离二法?谓不念内外诸法,行于平等。"那两个东西,一切放下,不念内也不念外。你们用功不是念内就是念外。闭着眼打坐,都念内做功夫,喔哟!气脉动了,放光了,不得了。你正是禅宗祖师骂的"黑漆桶",你以为是无我,其实全在我中。再不然,睁开眼,就被外相转动,我所就来了,我所见的,我所听的。所以要离我、离我所,怎么离?要离内外二法。那要离到哪里去?不在内不在外,难道在中间?不,是要"行于平等"。

这"行于平等"四个字,看起来好像很明白,如果你功夫不到,根本就不会真懂它的意思。"行于平等"是眼睛张开,在外法的时候不觉得在外,也就是忘我了。一做到一念忘我,就无所谓内外中间。眼睛闭着,在静在定的时候也不觉得是静是定,连这个境界也拿掉了,这个观念、这一念拿掉了。如此就无所谓内外,行于平等,你们要好好去体会。

"云何平等?谓我等涅槃等。"再进一步问,什么是平等?前面叫我们无我,你无到哪里去啊?你天天无我无我的,包你疯了,你做不到无我的。我中就是无我,这是"我等",平等。我讲一声我,一声讲了就没有我了,我本空嘛!什么是"涅槃等"?涅槃就是我,那个就是大我,真空了那个空就是我。《维摩诘经》说的都是大法,悟进去了是彻底的成就,不是理论,经典会看了,可是没有到心上来是没有用的。你以为离开了身体,空了以后才得个涅槃吗?一切众生本来皆在涅槃中,没有另外一个涅槃啊!《楞伽经》告诉你,"无有涅槃佛,无有佛涅槃",涅槃在哪里?涅槃就在现在。什么是寂灭?《法华经》告诉你,"诸法从本来,常自寂灭相",现在即在寂灭中,从生到死并没有动过。

"所以者何?我及涅槃,此二皆空。"什么理由呢?我本空,涅槃也空。得道了，空也空的。有个空的境界，就已经是我见了，而且这个空的境界是我所，我所起的，我造的。学密宗的修持得那么辛苦，见光啊！不得了啦！我说你五块钱买个电池，立刻放光！那都是所起行相，非究竟的。

"以何为空？但以名字故空。如此二法，无决定性。"什么叫作空？空不是有一个境界的，你有一个空的境界就完啦！就是我所，就着相了。空是个名词，你知道了就放下。有人听了放下就又有了个放下的境界，有人说，他这一堂坐得很好，在放下的境界中。你说他放下了吗？空与无相无念只是学理上的名称，你抓住个境界，已经不是了。

"得是平等，无有余病。唯有空病，空病亦空。"你得到了这个道理，寂灭是空，生死也是空，念念皆空，也没有空的境界可得。正如我跟你们讲的准提法，"亦无虚空之量可得"。你真达到这个境界，虽然有病也等于没有病。但是，学佛的人有个大病，比住医院还痛苦，是空病，抓住一个空。你看有些居士，你告诉他做这件事可以多赚钱的，他说，"哟！我们学佛的人是不贪利的。"但是，他要不要利呢？"有时要的，要吃饭嘛！"通通是矛盾的，被空所困。所以，空病是菩萨的大病，要空病也空，空的境界都放下。

禅宗有位天王道悟禅师，他开悟了，有次得罪官府，官府派人把他抬起来丢到水中，衣服都没湿，大家马上就皈依他了。他临死时生病，"哎哟！哎哟！"叫痛。徒弟受不了，请他不要叫了，再叫下去给外边听到，大家脸都丢光了，师父神通到哪去了。他说，喔！这样啊！我现在叫痛，还有个完全不痛的你知不知道？徒弟说，不知道。他说，你过来，我教你。徒弟凑过来，他在徒弟耳边说，"喔哟！喔哟！懂了吗？"徒弟说不懂。他把枕头一摔，腿一盘，就走了。你去参参看，参懂了你就懂《维摩诘经》这个道理了，"唯有空病，空病亦空。"

如何调伏　除病

"是有疾菩萨，以无所受而受诸受。"你懂了吧？"哎哟！哎哟！"是痛的，"喔哟！喔哟！"是不痛的。大菩萨境界，"以无所受而受诸受"，感受境界在他已经无受了。换句话说，哎哟！哎哟！同唱唱歌一样的。这徒弟太笨了，他可以请师父痛起来时换成唱歌，师父一定干的，反正都是叫嘛！得了道的人你看不出来的，同凡夫一模一样，冷的时候他会冷，热了他会热，痛的时候，该叫的还是叫，不叫时就不叫，就是《中庸》的道理："喜怒哀乐之未发谓之中，发而皆中节谓之和。"

"未具佛法，亦不灭受而取证也。"所以，悟了道的人等于未悟，但是他毕竟是悟了的，可是表面上是凡夫，你不知道的，他只是不具备叫做出家相的那个佛法。大乘菩萨，一切皆在世间法。诸佛菩萨真得道的，包括释迦牟尼佛在内，没有不来的，这个世界不来，别的世界他早去了，不逃避的。想离开这个痛苦烦恼的世界，想得定清净，想住山修道，都是邪见。大乘菩萨亦不灭受而取证涅槃，不证空寂，因为诸法本空嘛！哪里证个空寂？你觉得有个空寂那是你的心假造的，是小乘的法门，《楞严经》把它列为五十种阴魔最后十阴境界的魔，是外道之见。今天晚上吃饭时，有个同学讲，他怕来不及学佛法了。你慢慢来，包你来得及，什么是来不及？你赶个什么啊？要赶到涅槃去啊？真正学佛法，一定要在这个地方搞清楚，搞不清楚，你所有学的佛法都成了外道之见，有如此严重。所以说："亦不灭受而取证也。"

维摩居士怕上面讲的大法印你听不懂，现在退一步来说，自己生病了，有苦，要怎么去思想呢？我这一点苦固然是苦，想到世界上同我一样生病的、痛苦的，太多了，怎么去帮助他们？有些人做生意垮了，对我说要找某某人帮忙，因为某某人有钱。我就告诉他，你全错了，世界上真正同情穷人的是穷人，你找穷朋友帮忙不要找有钱人，因为穷朋友知道穷的痛苦，可能还会借一点给你。所以，生病的人要人同情，就去找个病人，伤心人对伤心人还差不多。你去找那个运动场上打篮球的人，请他们停下来同情你，那一脚就把你踢开了。

学佛的人身体有病痛时，知道病痛的苦，所以要去救助病痛的众生，这就是菩萨行。我叫你们同学要发心，去医院看那些残废和得了绝症的人，讲了半天也没反应，这就是禅宗讲的"皮下无血"，你参一下，什么生物皮下没有血的？告诉你吧，那是冷血动物。

"设身有苦，念恶趣众生，起大悲心。"要念着地狱、畜生、饿鬼乃至人道中有病的众生，菩萨道就在这个地方起行，不是去那个莲花世界起行。到莲花世界是留学去的，到了极乐世界，证得阿鞞跋致菩萨以后，都到十方国土广行菩萨道。菩萨专向恶趣众生而来，越苦难的时候越要来，也就是你们天天念《楞严经》的偈子："五浊恶世誓先入。"能做到吗？只有嘴无心也不必念经了。

"我既调伏，亦当调伏一切众生。"我自己把病治好了，也要治好一切众生。我要的，想到别人也要。我有苦难，还念别人的苦难。我有好处，要想到给大家都有好处。

"但除其病，而不除法。"只去除众生的病，这个修法不除去。

"为断病本，而教导之。"为了要断除生病的根本，以自己的经验，以自己的行为，实际去教导一切众生。

"何谓病本？谓有攀缘。从有攀缘，则为病本。"什么是生病的根本？是攀缘，就是我们的思想，一个念头接一个念头，像爬楼梯一样，一阶一阶上来。我们的心一天到晚在攀缘，要想求财，要求子，要这要那。《西游记》中用猴子来代表这攀缘心，猴子不抓东西不舒服。因为有攀缘所以就有病，求东西求不到就有痛苦，就生病，是病的根本。

"何所攀缘？谓之三界。"大攀缘是三界，我们普通在欲界中攀缘，要名，要利，要好看，一切都要。昨天有位同学来这里，他在为佛教做事业，做得很痛苦，又没有帮手。我问他既然如此为什么不停下来？他说怕人家笑。我说学佛的人，称、讥、毁、誉、利、衰、苦、乐，八风吹不动，你管人家笑不笑？要做的时候也不要人赞叹，直道而行。这就是在欲界攀缘，好名、好胜、好强。贪图清净是在色界攀缘。连清净都不想，逃避了一切的一切，就跑到了无色界去了，还是在三界中攀缘。攀缘心不断，病不能去，生死也不能了。

"云何断攀缘？以无所得。若无所得，则无攀缘。"怎么断攀缘？一切无所求，没有要求，只有布施出来就算了，不想要求回报，身体和生命尽量布施完了。"将此深心奉尘刹，是则名为报佛恩。"你们要真实做到，不要嘴里光念，连吃这一颗米都有因果的。至少要把这两句话进到心里去，能做到了，起而行之就是菩萨行。

"何谓无所得？谓离二见。何谓二见？谓内见外见，是无所得。"《大智度论》上龙树菩萨告诉你，菩萨的打坐叫"宴坐"，是"不依身，不依心，不依于三界，于三界中，不得身心，是为宴坐"。你们要学禅，打坐就要做到这样才成功。也就是离内外二见。

"文殊师利，是为有疾菩萨调伏其心，为断老病死苦，是菩萨菩提。若不如是，已所修治，为无慧利。譬如胜怨，乃可为勇。如是兼除老病死者，菩萨之谓也。"维摩居士告诉文殊师利菩萨，这个心调伏了，就可以断除老病死苦，这就是菩萨得的菩提大道，大彻大悟。如果不是这样，你修了一辈子也白修的，永远不会智慧成就，永远也不会有利益。就好像与冤家敌人战斗，要一拳把他打下去就成功了。你修行所得的智慧就是你的勇力，若你没有智慧，又不懂法门，修了半天只是盲修瞎搞。敌人战不胜，攀缘妄想烦恼都断不了，还修行个什么？你永远是失败者，永远是个可怜人，上要诸佛菩萨可怜你，下要一切众生可怜你。所以，必须修行调伏这个心，断除老病死，就是所谓菩萨修行治病。

佛法标榜是为了解决众生的生老病死，一般人是为了逃避生老病死而信宗教，但是不管信的是什么宗教，都没有能逃得过生老病死，这是事实，拿什么理由来解释都是空话。我有一次在医学院演讲时指出，现在大家争论究竟是西医好还是中医好，在我看来没有一个医生可以医好病的，中国人有两句古话："药能医假病，酒不解真愁。"不管怎么高明的医药，只能医假病，死是真正的病，谁也医不好。医药尽管发达，人还是不断地在死亡。假使有医药可以医好人的病的话，人就死不了了。大家仔细研究的话就知道，一切的道、一切的法门、一切的修持，都是在健康的时候讲的，真到了老病死来的时候，这一切的法门就都用不上了，只有死。

我最近感冒了，而且病得很重，生病就准备要死，有同学问我病得如何，我还说笑，"快了，快了。不是快好了，是快死了"。他们觉得奇怪，我怎么讲得那么轻松。学佛的人第一要念死，念死不是念，是随时准备死，人命无常。这个念死是个确实的功夫，健康的时候讲念死，讲自己很看得开，不在乎，都是自欺欺人的话。真到死的时候你看不开了。死的时候能看得开，就一笑而去。

那么，我们讲学佛修道能解脱生老病死，这个问题不是很严重吗？看起来这个世界上的人都在自欺。正如同我常引用的三句话，讲人生一辈子做三件事：自欺、欺人、被人欺。佛法究竟灵不灵呢？生老病死究竟如何解脱？我们要注意是"解脱"，现在维摩居士正要为我们讲这个问题，文字非常容易，意义非常难懂。能懂得了这个道理，才有资格去死，才有资格去脱离病苦。

念病非真非有

"彼有疾菩萨，应复作是念，如我此病，非真非有，众生病亦非真非有。"有病的菩萨,当你在生病的时候,"应复作是念",重点在这个"念",不是嘴里念佛的念,那只是念的一种表象。当你生病时,比如头痛,你想要它不痛,要它舒服,做不到。那个感受你并没有去想它,可是怎么也摆脱不掉,那就是念。你感冒了,你思想还照样在想,那个感觉身上难过的,并不是思想的,那就是念。一定要清楚认识什么是念,如果把念当作是心理的普通状态,是错误的。心理的普通状态是不会停留的,比如我在讲,大家在听,这个在佛学名称叫妄念。妄念等于是漂在水面上的一层油似的,不会停留。水会流动是表面一层,深水层是不动的。我们的思想也一样,在表面漂动的是妄念。"妄",因为它虚妄,不实在。所以你用不着除妄念,你不用对它客气的,它根本就不停留的。比如你现在一边听我讲话,你思想不能集中,一边还有很多事情在想,这个是妄念,它不会停留的,不停留所以是"妄"。

那个真正的"念"是你去不掉的。比如刚才讲的,你生病的不舒服感觉,那个念头去不掉。其实那个还是妄念,不过比较妄念起来,那个是念的根。所以这个念不是第六意识的分别念,是第六意识接近到第七意识,意识的根。念是很麻烦的事。学佛的人口口声声说要念佛,为什么大家念佛不得力?都是妄念的念,没有真正的念。真念佛的正念起来的念,那连阿弥陀佛四个字的佛号都没有了。心心念念挂到了,那叫作念。比方我们欠了某人的债,或者吃素的人想吃荤又不好意思,叫你心里不要想吧,唉,这念头实在又挂到心上,这就是念。又如许多学佛的人说,自己不要名不要利,依我看来很多都还在求名求利,他自己都不明白,那个东西叫作念。

三十七菩提道品是以四念住为根本,其他都是从四念住来的,乃至所有修持方法,也是以四念住为根本。四念住归纳起来就是两个东西:生理和心理。念身的感受是苦,念心的思想无常,下面都是解释,实际上就是念身心两个东西。身心两个东西合起来就是一个人,所以我们修菩提，要从这一念开始。

我们把这个"念"字解决了，现在回到原来这句经文："彼有疾菩萨，应复作是念"，生病修道的人，应该重新起这个观念。注意！是要"重新"，生病的时候痛苦得要死，怎么会重新起这个观念呢？这就是切实的功夫了，就是上次提到过天王道悟禅师，给人丢到水里去，在水中还会浮起，临死后来为什么还叫痛？这里面是个大问题，大家要在这里参。禅宗有很多这样的典故，比如有些祖师，没有悟道以前，打坐时有百鸟衔花来供养，天人送食，悟了道之后，这一套都没有了。照我们想法，是不是不悟道比较好？悟了道反而没有那么大神通。

天王道悟禅师临死时告诉徒弟，喔哟喔哟是不痛的，这跟叫哎哟哎哟到底有什么不同？你们要好好去参。当我们生病的时候，这个感觉到痛，很难过的时候，你有一个东西没有在痛、没有在难过。你觉得自己很难过的那个是念！那个没有在难过，没有在生病，没有在痛苦的，大家不晓得知不知道？我们要在这里用功，才能够懂得佛法。

比如我们这里有一位同学，他一直感觉到身体不好，有病。依我的看法，他一点病都没有，他什么地方有病呢？他的念有病。自己感觉到有病，拿现在的话讲是心理病。我断定他没有病，但要他先去医院做健康检查，结果今天把医院报告拿回来了，什么病也没有。所以一切是唯心所造。我们修行的功夫，就在怎么把这念的力量转过来，才是学佛，八万四千法门，就在这一下，这是真功夫。

所以"彼有疾菩萨，应复作是念"，生病修道的人，应该重新起这个观念，什么观念呢？"如我此病，非真非有，众生病亦非真非有。"这是感受方面的问题。大家会念《心经》，开始就讲到"色不异空，空不异色，色即是空，空即是色，受想行识亦复如是"。这是五阴解脱。生病最痛苦是受阴，像这次我感冒一身骨节都酸痛，动一下都痛。还好我先用了些药把肺保住，否则这把年纪得了肺炎一定报销了。虽然如此，这个周身痛只好捱了，这就是受阴的痛苦，要能观"受不异空，空不异受，受即是空，空即是受"，那是真功夫了。这个时候想阴没有受痛苦的，照样起作用，你想医生，想吃药。那个痛苦的感受是受阴上的，就是所谓苦受乐受。病也是在受业报。这个时候如何求得解脱？要念转，这不是空洞的理论，要真实的智慧观察。这时你念什么咒啊，甚至连药师佛的师母都请来，痛的时候受阴照样痛。

那么，佛法岂不是不灵了吗？灵的。你这个时候要用止观的观想，如何转这一念的感受，《维摩诘经》讲的就是这个东西。他叫我们怎么转呢？"如我此病，非真非有，众生病亦非真非有。"所谓病苦，都是感受方面的，同样地，你念了一堂佛下来，觉得好清净好舒服，对不起，你还是在玩受阴感觉。你念了一堂南无阿弥陀佛，把浊气叫出来了，烦恼也叫完了，没得力气了，身子觉得清净了，这是感受清净，是靠不住的。所以，很多念佛的人到临死的时候，这个受阴整个在痛苦中，佛都念不起来了，这我看得多了。这个时候没有什么功夫的，你想要恢复平常打坐念佛的那个清净功夫，你不要做梦了。那个功夫到哪里去了？功夫在病中，就在痛苦中。你能认清楚这一点，就可以成佛了，可以解脱了。

这个时候要观"如我此病，非真非有"，这怎么说呢？病的时候确定是真的，痛就是痛，难过就是难过。但是，你要晓得那个病痛非真非有，你要能观察自己的心理，不去配合这个感觉。那要真功夫的，完全要在病中去体会。你不去配合这个感受，那个感受就站不住了。虽然站不住了，你还是在病中，但可以马上做个测验，假如你原来在发高烧，你能够拿开这受阴的感受，那个体温立刻就降下来。现在医学研究也说，病只有三分，你的心理观念加上了，就变成十分。所以，你要观察自己这个病不是真的，是四大假合不调和来的，是空的。这是讲菩萨境界，众生呢？"众生病亦非真非有。"都一样的，很平等。

解脱的功夫在作观，要仔细观察自己身心的状况，这是一念来的，这一念解脱，病痛就减轻了。这是第一种作观的方法。第二种作观的方法，如果平常修密宗净土的，把别的境界，佛的境界能够用第六意识观得起来，这个病痛就减轻了，受阴减轻了。所以这个观有两重意义，一是真正的观察，一是作观想。

"作是观时，于诸众生，若起爱见大悲，即应舍离。"菩萨同众生一样会生病，但是菩萨生病的境界不同，菩萨病的时候要放掉大悲心。念念有大悲心在，这个同凡夫的爱见，是同一力量。这个话好像很矛盾，学佛的人本来应该先培养大悲心，但慈悲过度就是爱见，不得解脱。所以，菩萨过度的慈悲而不具解脱观念，慈悲就成了菩萨境界的病。要能够解脱，才能够起大悲心。当然，这是菩萨境界，不是凡夫境界。凡夫境界中，这个大悲心是爱见的根本。

什么是爱见？众生对三界里每样东西都喜欢，都不肯放。学佛修道人的爱见心理，比任何人都严重，我们为什么学佛修道？因为我们贪恋这个生命，想修到不生不灭。对不对？坦白检讨自己，是不是想修到比一般人好？实际上这就是爱见心的根本。这个爱不只是对名利对物质世界的留恋而已，对道业上贪着这一念的心理就是爱。爱形成了见，古人把爱与见连合起来，产生一个佛学名词叫爱见，见就是观念，爱见就是爱的观念。功夫越好的人爱见越深，认为只有打坐才是道，其他事情都在扰乱我修道，所以什么都不管。他的爱见堕落在禅定，堕落在清净面。清净面就是菩萨的爱见。

爱见不能解脱，是病痛的根本，一切病痛从爱见生。十念法中的念死，是第一个修行解脱法门，随时知道一切"有命咸归死"，就不会有爱见的贪恋，不会以为学佛可以留到不死。有人问我，为什么他的祖父长年念佛吃素，结果还得了癌症死了。他讲得好像有无比的怨恨。我反问他，学了佛就可以不死吗？学了佛就可以不生癌症吗？不可能的。得癌症只是死亡的方式之一，别的死亡方式还很多呢！

"所以者何？菩萨断除客尘烦恼而起大悲，爱见悲者，则于生死有疲厌心。若能离此，无有疲厌，在在所生，不为爱见之所覆也。"《维摩诘经》所讲的爱见，第一个是指修道的人而讲，我们懂了《维摩诘经》再自我反省，就晓得自己所谓学道都不是正见，都想求得长生不老，几乎没有例外，因为众生业力根本的这个爱见不能脱。所以，维摩居士同我们讲，大乘菩萨道为了断除客尘烦恼，因此而起大悲心。这话怎么讲呢？众生身心所受的痛苦，是因为客尘烦恼而起的。"客尘烦恼"在中文的经典里，首先是见于《维摩诘经》，是鸠摩罗什法师翻译的创作，在后人的文学作品中被大量引用。这个名词，后来也被《楞严经》惯用。我们心理上的思想来来往往是不停的，因此被比方成过客。好像客人进进出出你家里，但是他毕竟不是主人，他不停留的。所以，妄念叫作客尘，它引起的不是痛苦，而是烦恼。我们往往把烦恼当成是痛苦，烦恼是使你很烦，苦恼，并不是痛苦。生病时发高烧难过，那是痛苦，是苦受，不是烦恼。我们平常的心理状态，只有烦恼没有痛苦，烦恼是因为妄想而来，是表面的这一层。

所以，菩萨的修持是为了断除一切众生的客尘烦恼，为什么要断除它？因为众生自己不认识这个妄想是客尘，它不停留的，你用不着怕它，它爱怎么想就怎么想，你也留不住它，想过了它就跑掉了。这客尘是引起你的烦恼，你如果认清楚这一点，一笑置之，它就不会给你烦恼了，但是众生不知道，所以菩萨悲悯众生，起大悲心。"天下本无事，庸人自扰之"，就是这两句话。但是，大悲心起了之后，我们学佛的人的通病也犯了，因为最大的烦恼就是客尘烦恼不能停止，既悲痛众生，也悲痛自己的烦恼不停，因此产生一个反作用的心理，就讨厌这个生命。就是"爱见悲者，则于生死有疲厌心"。所有学佛的人都会陷入这个观念。尤其学禅宗的人，抓住"以无念为宗"的鸡毛当令箭，以为打起坐来,什么思想都没有就是道。当你有了清净的爱见,落在这样错误的见解中,对于生死就有疲劳、厌恶的心理。常听到学佛的人讲,只要悟道了,下一生再也不到这个世界来了。或者说,这个世界可恶极了,我死了只要往生西方极乐世界。这是学佛人的通论,都是逃避,是错误的心理,不是佛法的正见。

菩萨于生死是没有疲厌心的,"若能离此,无有疲厌",这才是真解脱。对生死不感觉到可怕,不感觉到疲劳,不感觉到厌倦。"在在所生,不为爱见之所覆也",十方世界,六道轮回,任意寄居,都可以往生,都去做客,都敢去。这就是菩萨的解脱,大乘佛法的境界,智悲双运,智不住三有,悲不入涅槃。诸佛菩萨永远是再来人,真得了涅槃的人,生生世世永远在这个世界,永远在三有中救助一切众生。"爱见悲者,则于生死有疲厌心"是小乘。

缚与解缚

"所生无缚,能为众生说法解缚。"真正悟了道的人,生而无生,在十方世界,六道轮回,任意寄居,但是永远在解脱境界中,随时来去自由,没有束缚。因此,才有资格为众生说解脱法门。一切佛法告诉我们的方法,就是如何得解脱,不被爱见烦恼所困住,如此而已。

"如佛所说,若自有缚,能解彼缚,无有是处。"这里引用佛的话,佛在好多经典都说过的,如《华严经》《大般若经》,至于论上就更多了。换句话说,这也是个戒律。善知识如果自己没有得解脱,他说法能解脱别人的爱见烦恼是不可能的。真正说法的人,必须念念发心求证佛法,自己证到解脱的境界,才能为众生说解脱的佛法。

"若自无缚,能解彼缚,斯有是处。"这是佛的戒律,自己得了解脱,然后说法,为众生说解脱的法门,这个才是对的。

"是故菩萨不应起缚。"所以,学大乘菩萨道的人说任何一种法门,不应该使众生加一条绳子。一切法门都是使众生得解脱,怎么求得解脱就是我们要学的地方。假使任何佛法不能得到解脱,正法都变成魔法了。

"何谓缚?何谓解?"现在维摩居士要告诉我们,什么是被客尘烦恼所束缚,怎么样去解脱。

"贪着禅味,是菩萨缚。以方便生,是菩萨解。"在座许多做功夫的老朋友要注意了!一天到晚贪着打坐,一层一层功夫,气脉通了,又看到光了,又看到各种境界,都在禅定里玩弄。你任何的境界,在禅宗大德看来都是"光影门头"。什么光影?那都是你心光所变化的、唯心所造的,都是你第八阿赖耶识心理的投影,不是真实的境界。真实的道是无境界,不管你气脉、四禅八定,都不过是唯心所造。修得成的东西,不修就坏得了,那不是道,那是功夫。功夫你造得出来,多打坐一定练得出来。贪着清净境界,是菩萨的束缚,是学佛的错误。要如何解脱呢?"以方便生",方便也可以说是一种方法,也可以说能够洒脱,不被禅定境界,不被功夫境界所困,就是菩萨解脱。以方便的法门出定,生起什么呢?生起大悲心,不贪着禅定之乐,要为众生起行。生起方便法门是菩萨的解脱,这是专对解脱禅定而言。

"又无方便慧缚,有方便慧解。无慧方便缚,有慧方便解。"贪着禅定的功夫,没有用智慧方便来放弃这禅定的功夫,就是无方便慧,就是菩萨的束缚。有方便慧,就得解脱。再进一层,方便还容易,智慧很难。比如有钱都可以做好事,但是并不一定真做了好事,我经常发现,拿钱去做好事反而害了人。有时候我们觉得做了件大善事,它的后果是大恶事。有时慈悲一个人反而害了他,比如教育儿女,爱的教育是方便,你没有智慧的爱,会害了儿女一辈子。无慧的方便是一种束缚,要懂得方便必须有智慧。

"何谓无方便慧缚？谓菩萨以爱见心庄严佛土，成就众生，于空无相无作法中，而自调伏，是名无方便慧缚。"什么是无方便慧的束缚？我先说对不起了，现在很流行念佛往生西方极乐世界，根据《阿弥陀经》，西方极乐世界有七宝行树、七功德池……一大堆，那边一本万利，不花一毛钱，你只要拼命念他，什么宝贝那边都有了。诸佛菩萨说了西方极乐世界这个方便法门，是救度众生最好的法门。可是，我们一般念佛求往生西方的众生，都是"以爱见心庄严佛土"。我念了一万遍了，我吃素三十年了，我往生一定挨到阿弥陀佛身边去了。我们检查一下自己的心理，都认为自己是上品上生，这是一种学佛的。还有一种学佛的，我看了就怕，他眼睛里、心里有一把佛的尺子，看到人就比一下，哎哟！这个不是菩萨啊……他们都是着了"以爱见心庄严佛土"，以此心理成就众生，嘴里讲空、无相、无作，实际一点也不空。劝人家不要着相，自己什么相都着。讲一切无作法，自己又作又要解脱，我要回去拜佛了。这就是无方便慧的束缚，学佛而被佛法困住了。

我的老师袁先生有一次告诉我，世界上任何魔都好办，只有一种魔，谁都降伏不了的，什么魔？佛魔。被佛魔到了。他就是指这个。菩萨以爱见心庄严佛土的心理，与凡夫的心理一样，爱见就是贪念。结果变成以贪念心庄严佛土，成就众生，还自以为在弘扬佛法，在度众生；这样才是如法，那样不如法；我这个才是佛法，他那个不是佛法。跑到宗教团体去，听了这种话头痛死了，都是没有方便智慧，不学佛还好，学佛以后，反而加了一条绳子，捆得更厉害。

针对这一种学佛的心理，要怎么解脱呢？

"何谓有方便慧解？谓不以爱见心庄严佛土，成就众生，于空无相无作法中，以自调伏而不疲厌，是名有方便慧解。"念佛就是念佛，只问耕耘不问收获。我经常提醒同学，注意佛国禅师写的一首非常好的《华严经》五十三参的偈子："有时且念十方佛，无事闲观一片心。"这是真正的净土法门。如果用这两句解释《维摩诘经》，第一句话就是"庄严佛土"，第二句话就是"方便慧解脱"。真的念佛，真的学佛就是这样。往生西方极乐世界并不是逃避的意思，而是去求深造，深造之后还是起大悲心，回到六道轮回中，广度众生，这是真正的有方便慧。

《维摩诘经》这一段，是我们修净土、修密宗、修有相法门最重要的参考，否则我们虽然学的是佛法，走的却是邪魔外道之路，不能得正解脱。

学佛主要在求解脱，但是解脱好像并非究竟。解脱以后是为什么？是为了证到不生不灭的法身。普通佛经中提到不生不灭的法身，可是并没有提到不生不灭以后我们是常在的，没有这个观念。只是我们自己有这个观念，认为只要证到不生不灭，就不生不死永远常在了，这是很自然会加上的观念。佛法只说不生不灭。怎么样不死呢？本来无生，就当然也无死，生与死是两边相对的话。可是去掉两边就又有一个中间的观念，认为是永远存在的，那又变成落边了，落在长生的边见。中国道家有长生不死的观念，可是长生是没有的事，也没有长死的事。生与死，生与灭，都是两头的观念。一切凡夫众生从无始以来，落入我见的爱见里，想要抓住一切，所以会认为不生不灭就是永远存在。如果你说解脱之后就是空，他又会加一个观念，可以躲在空里面不来了。好像厌恶万事，想找个空间躲起来，一个人清净。不要忘记，你躲到一个空里去，那个空仍然是个境界，还是有，不是真的空。只不过暂时偶然落在空上，比较上会觉得，空比一切的有舒服一点，但是还落在边见上，被自己爱见的习气所束缚而不知道。

学佛不管是修哪个法门，一沾到一点爱见的心理，这个佛法就不究竟了。我们前面一再提到"以爱见心庄严佛土"，比如念佛法门，我们研究了《维摩诘经》，就明白那是个方便法门。佛的国土有没有呢？的确有，像西方极乐世界，东方药师佛琉璃光世界，从我们的观点看来，几乎是一样的，琉璃为地，有种种的庄严。如果把佛经当哲学或科学的研究，就会觉得很好玩，说了半天还是没有逃过这个世界的范围，什么莲花、七重栏楯，但是没有说七重哈不栏楯，因为没有这个东西。各种经典形容，都是用人的意识习气中觉得最美的东西、最清净、最好的东西。为什么呢？这是佛的方便法门，引导教化众生。因为你不晓得如何解脱这个世界上的烦恼痛苦，佛拿个东西教化你，用无量的方便，善说一切庄严佛土法门。

凡夫众生，因为自己无始以来的爱见心作祟，就牢牢抓住了佛土境界的东西。我们真要反省，这个是解脱吗？它是方便而已，并非究竟的。换句话说，我们往生那一个国土不过是留学深造而已，你往生佛土算是成佛了吗？不算的，成佛在于了心，心解脱。往生以后，受到佛法僧的教化，拿到真实的学位而成就，我这么讲是个比方。菩萨"以爱见心庄严佛土"，是为了"成就众生"，"于空无相无作法中，而自调伏"，要你自己调伏一切爱见心的习气烦恼而成佛。但是，因为我们的爱见心作祟，就执著了他方佛国，如果是这样，就是无方便慧缚。

"何谓无慧方便缚？谓菩萨住贪欲嗔恚邪见等诸烦恼，而殖众德本，是名无慧方便缚。"学佛有戒、定、慧三个阶段，我常说，学佛的最后目的是慧解脱，智慧的成就，证得不生不灭的法身。这一点千万要注意。学佛不是迷信，不是宗教情绪的成就，那些只是学佛的方法而已。但是智慧的本身也有毛病，一执著就变成毛病。"无慧方便缚"，是自己学佛因为没有智慧而进入了病态，这是讲哪些呢？就是"菩萨住贪欲嗔恚邪见等诸烦恼，而殖众德本，是名无慧方便缚"。一切凡夫众生都可以称为菩萨，甚至也可以称诸位是佛，不过是因地上的菩萨、因地上的佛。像法律规定，国民具有被选举为国家元首的资格，至于谁可以当选，要看他平生的努力，看他的学问、道德、行为够不够。他虽然当选为元首，他还是国家的国民。这是用来说明一切众生，生来个个具备做菩萨的资格，即使他是外道乃至魔，他的善根被烦恼习气所掩盖，有一天他把黑幕拉开了，恢复他的自性光明，他也能成佛。这是佛教真正的精神。所以，佛眼看一切众生最究竟处，对魔外道没有差别，绝对的慈悲，绝对的平等。

佛法要我们这些菩萨，去除贪、嗔、痴、邪见来修，我们反而是以贪欲嗔恚邪见来修菩萨道。简单的例子，我们在佛堂念佛，如果有人的衣着在我们看起来不如法的话，就会一面念佛一面瞪他一眼，嗔恚心就来了，因为我们认为这样才对，他那样就不对。纵然在弘法在利生，心中贪嗔痴等烦恼一点没有动摇。大的例子也有，有些人发菩萨心发得过头，看到朋友或家人不信佛，气得睡不得觉，讲人家会下地狱，那个态度就是嗔恚心。如果拿宗教情绪来看，会觉得他是好的佛教徒，但是在我看来，他很可怜。你学你的佛，别人做他的人，各有各的路，你学佛究竟对了没有，别人做人究竟错了没有，都是问题，不要用一个尺码来看全世界所有的人。老实说，朋友或家人，可能就是看了你这神神经经的样子才不信佛的。这就叫作无慧方便，所以把自己束缚起来了。虽然也是行菩萨道，因为自己没有智慧方便，因为以贪欲嗔恚邪见等（包括心理各种状态，包括百法明门论各种心所而起的烦恼），来殖众德本，虽然是做好事，但还是有所挟带。应该以无所求、无所愿、无所得的心情来做好事，才是真正的菩萨在殖众德本。

我常说最怕年轻人找我学两样东西，一个是《易经》，一个是学佛。要学佛的人我都劝他们中年以后再来，该结婚生子的就赶快。而且真要学佛就要放下一切，至少有个短时期要放下。有的人不肯放下，还以功利心来求佛法，希望对他的事业有帮助。这我就不懂了，我学佛一辈子了，对我的事业没有帮助，我也不求帮助，要这样的心情才可以学佛。没有这个认识，不但学佛，学任何宗教我都反对。我为什么反对年轻人学《易经》呢？钻进来爬不出去，就很麻烦。我开玩笑说，这两样东西最好都不要学通，学佛没有悟道之前，可以想象悟了道以后的美妙境界。《易经》没有学通前，可以沉醉在学通之后，上知天文下通地理的境界，但是真到了这个境界，日子过得多没意思，就像是晓得出门会被人打，门都不敢出了。

"何谓有慧方便解？谓离诸贪欲嗔恚邪见等诸烦恼，而殖众德本，回向阿耨多罗三藐三菩提，是名有慧方便解。"怎么样是有智慧方便而得解脱？要离诸贪欲嗔恚邪见等诸烦恼，你要注意这个"诸"字。贪欲不只一种，贪男女、功名、富贵、睡、吃等都是，多得很。比如我喜欢看书又喜欢买书，对书比对什么都爱惜，经过几回战乱，丢了好多书，所以曾经发愿不再买书，这真是好大的愿，唉！不到三个月又开始买书。觉得自己真可笑，这是习气，也是贪欲。真学道这些都应该要丢下。"为学日益，为道日损"，什么是学问？是妄想之所生，也都要丢掉。不过你们年轻人可不要抓住这句话，就不看书了。我甚至有时到了无书可读的地步，手边那么多书全读过了，这个时候，读书的欲望来了也很痛苦。我对字画也很喜欢，但是一件不留，因为我老太爷从小就教我，聪明人喜欢古董字画，笨人才收藏古董字画。我们学佛一定要检查自己的诸种贪欲，如果这种地方检查不出来，你尽管在学佛，也统统是病态。

再下来是要离诸嗔恚，嗔恚也是很多样的，不要认为自己的小脾气不算什么，大小是一样的，都是习气，转不了就解脱不了。

再来是离诸邪见，最后加重语气"等诸烦恼"，这些都是烦恼根本。这些文字都容易懂，但你深入研究一下，这里头解释多了。你研究出来，成了《维摩诘经》专家，就著书了，贪欲包括了哪些，列个名单，嗔恚有哪些，这个名单同那个名单划一条线，做成个图表……人家一看，学问好，佛学通，可是又落入贪欲。贪这个东西就丢不掉，脑子钻进去了，夜里都在想那个图表，在那个名词上，永远不得解脱。

这有慧方便解要如何得呢？要回向。我们解释佛经的名词，最困难的是"回向"，禅宗的祖师爷说回互。大家念完佛经以后念两句回向，那是口头回向。比如我们为父母亲念经，最后也要念一个回向的句子。有同学问我究竟什么是回向，这同学的学问很好的，难道他连这文字都不懂吗？绝对懂的，可是他还要问，是真问题。其实回向还真难懂。你说做了功德之后，回向阿耨多罗三藐三菩提，是不是还是做生意的心理？还是有所求心，不过所求的目的不同而已。

佛法这个回向的名词，翻译真是好。回向就是轮回，轮回就是回旋，回互，也就是无始无终，终而复始。你懂了物理的道理，我们的心本来就有回向的功能。换句话说，善有善报，恶有恶报，这个报就是回向。我经常要你们留意科学，科学越通，佛法越昌明，佛法是真正的科学。回向是本位不动，旋转的道理，有向心力也有离心力。我们念经为父母做功德，你只要这个念头一起就已经回向了，不是在回向之外更加回向。

我们行一切佛法，修一切佛法，不要被法所缚，要有这个智慧，才能够真得到佛法的利益，求得解脱。

接着，维摩居士另起一个题目。

有病菩萨该如何

"**文殊师利，彼有疾菩萨，应如是观诸法。**"他对文殊师利菩萨说，一切有病的学佛的人，应该像上面所讲的，观一切的法。为什么来问病会牵扯到这么多佛法来？这个我们都讨论过了。因为生病，身体的病怎么来的？由念而来。念又怎么来？念由心造。因为心理不正常，慢慢形成身体的病。所以，依佛法的医理，一切的病都是心理来的。像我们现在，都有"老"病，生老病死的老，这就是个病态，这个病态的过程是由业力来，业力怎么来？从心来。病由业生，业由心造。了心以后，就没有病，也没有生老病死，所以都要回向阿耨多罗三藐三菩提。维摩居士对有疾菩萨说，应当要这样子来观。

"又复观身无常、苦、空、非我，是名为慧。虽身有疾，常在生死饶益一切，而不厌倦，是名方便。"这里告诉我们一个实际的行为，就是一个实际的修法。他说，最重要的一点，我们随时随地要晓得，我们的肉身，这个业报之身，本来是无常的，所以生老病死是很自然的。前几天看见有个同学头发有些白了，我们一直以为他很年轻的，一问他年纪，不知不觉都四十八岁了。他说白头发拔了又生出来，很麻烦。我说我还恨自己头发白得不够快，一头白发多漂亮，还可以装成有道之士，古人形容是"童颜鹤发"，鹤发就是白头发。看通了人生，生老病死是很自然的。

我现在去理发时，看到个现象很有趣，有些男士去染头发，染得乌黑，还修指甲，一搞一两个钟头，有这个时间浪费不如回家打坐。这染头发在中国古代就有，而且还有染胡子的。人不论古今中外都怕老，老就老了嘛！老有老的漂亮，死也有死得漂亮。真是没有气派！经不起老！人不要怕死。古人有首诗：

　　白发新添数十茎　几番拔尽白还生
　　不如不拔由他白　那得功夫与白争

他的白头发拔了又生，后来大悟了，不如不拔，哪有时间跟这头发争呢！

讲了半天，就是要观身无常，这个肉身从出生时，就开始一天一天死亡，就算活了一两百年，不过是把死亡的时间拖后而已。这个观身的观，不是要你做什么特别的观，是了解的意思，要你了解这个生命肉体的存在本来无常，是苦的根本，要观身本来空，无我。你也许会说，这些话不用说了，我们学佛那么久，都懂了。对不起，为什么重复说？因为大家虽然了解，可是没有真做到。如果一下做到了，就成功了。不管多么会说无常、苦、空、无我，一点都做不到。哪里做不到？心做不到。心念真做到了，一放下就对了。

维摩居士说，观身无常、苦、空、无我是慧解脱，这里有个关键，有很多同学修白骨观，有几位年轻的还修得很好。我常对他们说要注意，白骨观要观好，观不起来不算数。观起来一定，就不用打坐，自己白骨架子随时随地观出来了。出来之后，进一步要白骨放光，然后观空。一切都是唯心所造，如果造不出来，你的佛法就是空话。观空了以后就没有人问我："老师，我观空了以后怎么办？"哼！观空了就给你一个耳光，观空了还要怎么办！还要问？你就是空不了嘛！可是，这样观成了，放光、空，然后定在那里，这样算解脱了没有？这是定，不是慧，不是慧解脱。那个境界，还是第六意识所造的。话说回来，你还没有做到就少吹了，必须要经过这个修持。真正的解脱是慧解脱。这里说观身无常、苦、空、无我，不是白骨观那个观想的"观"，是理念上的"观"，本来此身无常，本来此身是苦，本来此身是空，本来无我，这是慧解脱。

可是你要注意，不要认为这样你就懂了这个慧解脱，你又错了。你必须要"定"修到了，然后观透彻了，才是定慧解脱，才是究竟。得了慧的人怎么行菩萨道？"虽身有疾，常在生死饶益一切，而不厌倦，是名方便。"明知道此身无常、苦、空、无我，可是不怕入轮回，不怕生老病死，生生世世情愿再来，愿意吃这个苦头，愿意受这个罪，救度利益世间一切众生，不生退却心，才是菩萨的方便慧。所以，诸佛菩萨的大愿，也可以说就是诸佛菩萨的方便慧，也就是菩萨道，明知不可为而为之。小乘的人比菩萨聪明，知道不可为，这个众生度不了何必度？就不管了。菩萨道是明知道众生不听话，要跟他千年万年乃至多少劫都跟下去，总有一天使他听话，自己这样做是很痛苦的。

"又复观身，身不离病，病不离身，是病是身，非新非故，是名为慧。"这里特别重要，了生死是怎么了？所谓的"坐脱立亡"，跟人家打个招呼说自己要走了，腿一盘就死了，本事是大，可是不一定了了生死。他可以是生死来去自由，不一定可以了生死。了生死的道理，就是《维摩诘经》现在讲的这一段。

维摩居士告诉大家，要这样去看这个身体：只要有肉身的存在，就一定随时有病。肉身是由地水火风四大类组合，依现代医学观点，是由九大系统组合。坐久了想站起来，坐得难过了就是病，是坐病。站久了有站病。打坐久了腿发麻也算是病，你把腿放了，觉得舒服，又成放的病，放久了又想盘起来。给你躺下来，躺久了你又受不了。这就是"身不离病"。

接下来他说"病不离身"，两对四个字好像是一样的，其实有两层意义。前面一句说有肉身就有病，但是如果你功夫到了，不一定要打坐，只要方便智慧观察透了，由慧而得的定境，能空掉肉身，也就是受阴、行阴得解脱，病就沾不上了。因为病就是业报，病魔是限于一个范围的，没有了肉体之身，病魔就魔不上了。我们没看过虚空会生病，它空的，沾不住。所以，要注意这"身不离病，病不离身"八个字，它有两层意义不要轻易看过去了。

再进一步的第三层意义"是病是身"，我们凡夫众生有这个身体存在，这生命本身是业报之身，就是个病态的存在，病就是身。

下一句难懂了，"非新非故"，我们所有生的病，比如今天感冒了，不是今天得的，无始以来就有感冒在里头，不是新来的。但是，这个病也不是过去都有的，非故，是刚刚来的。这个文字就是这样说的，但我一直提醒大家，《维摩诘经》文字看来容易，其实是最难懂的，跟《楞严经》一样，文字翻译得太高明了。这"非新非故"，用白话翻译是，这个病跟身体的关系不新也不旧。昨天感冒，今天好了，真好了吗？没有，病根还在。只要此身还在，你的病根就在。再进一步，身的病根在哪里？在心。此念未空，只要贪嗔痴慢疑悔这些根本业力未空，此病就还在。你现在觉得没病没痛，其实还在病中，"身不离病，病不离身，是病是身，非新非故"。如果能够离开这个病态的生命，就归到阿耨多罗三藐三菩提，涅槃清净，法身道体，清净圆明。所以，千万要注意这几句话，透彻到极点。这就是禅了，要参了。懂了这个才是真的般若智慧。

"设身有疾，而不永灭，是名方便。"这几句话更严重，分两层意义。假设我们身体有病，菩萨不求无病，这就叫方便。修行人以病苦为师，身体太健康的不能成道，病苦是修道的亲因缘，你看看《高僧传》，看看历代的神仙传，所有有成就的人身体都不大好，十个中间有七八个少年多病。因为多病，他对人生的看法就深刻，会害怕，就追求脱离生老病死。因此，得道的人多半是疾病中人，尤其是道家的人物，一个个都懂医药。因为自己多病，想要救命，久病就成良医了。玄奘法师的传记记载得很清楚。龙树菩萨的系统非常注重医药，孙思邈的《千金方》就吸收了龙树、耆婆的药方。玄奘法师到印度时，还见过龙树菩萨的弟子七百岁。龙树菩萨的这个弟子，还有两个徒弟，各一百多岁，据说，他要玄奘法师跟他学，先学医药二十年。玄奘法师不干了，他说自己是发愿来取经的，二十年就要回去，不能为了学医药而违愿。我们读到这里，心里就很难过，合掌赞叹玄奘法师！要换了我们，宁可留下来跟活菩萨学医了，中国有没有佛法同我什么相干！玄奘法师行的就是菩萨道。刚才讲的菩萨不厌倦生死，所以"设身有疾，而不永灭"，菩萨不求无病，这是第一个意义。

第二个意义，真正学菩萨道的可以做到不死，可以做到无病。刚才讲的龙树菩萨的系统，比如密宗，修法是先求肉身的长寿。因为三大阿僧祇劫的修行，在轮回里容易昏迷，容易走错路，所以他宁可走这个路线。再说佛在涅槃之前也问过阿难三次，你看怎么样？我可以使这个色身留下，但是在众生的果报上来讲，是应该走了。佛经上记载，阿难三次都好像被魔迷住了，所以像没有听见似的。等佛宣布要涅槃，阿难跪下来哭了，说佛不应该走的。佛告诉阿难，已经问过你三次了，如果当时你说要留下，我就留下了，现在机缘过了。但是我们要问，佛为什么要玩这个花样？干什么一定要等这个机缘？这里头有道理的，学过唯识的就知道，所谓二十四种心不相应行法，是意识心没有办法把握的。比如对一个真正修定的人，修真正密法的人（不是现在这些念咒子、想一下红的绿的观音、手里弄一下手印的密宗），将死亡时，身体是有一个征候的，到了那一点，只要控制住那一点一个时辰，等于现在的两个钟头，就可以再过多少时间的劫数。这就是做功夫定力的关系了。当然不是那么简单，但是有这个方法，不然，佛法老是讲道理而没有方便，又何必学佛法呢？所以，诸佛菩萨"设身有疾，而不永灭"不让他有病，不让他走掉，是可能的，真的。

一般学者认为《楞严经》是伪经，其实《楞严经》都有消息给你的，消息在哪里呢？《楞严经》的消息在十种仙道里，是五十种阴魔之外，这个不是魔，也不完全是外道，《楞严经》把他列为十种仙道。这十种仙道中，有些人念咒语的，有些人练什么功夫的，有些人炼药的。所以也算是外道，佛说他们未证得阿耨多罗三藐三菩提。《楞严经》自己叫作密因，是密宗的经典，它有个秘密在里面，我们读佛经不要被佛瞒过去了。反过来讲，这十种仙道如果他有这个功夫本事，他又能证入，那是什么个说法呢？那就是佛了嘛！很简单。乃至他走外道法门的，你看密宗很多修法是外道修法，虽然走了迂回路，可是他走到这里一转入正道的话，他得到证入了，改邪归正总没有错了吧！这就是秘密。

所以说，维摩居士跟文殊师利菩萨讨论身的病，最后有秘密，就在这里"设身有疾，而不永灭，是名方便"。真正的佛法自己是可以治病，唯心所造。《大藏经》当中也有佛说的治禅病的经,你们都不看,都请一个人帮忙读了——给书虫去吃了。里面都有的,佛告诉我们如何治病,乃至天台宗利用数息治病方法都有,只是我们订了《大藏经》,并不去好好研究。

我们研究《维摩诘经》,要再三反复地复习,像古书这些经典,看一次两次三次就认为自己看过了,那等于完全没有看。古文的经典为什么要背?"好书不厌百回读"是古人的读书方法,同一本书每一次读起来的理解都不同。现代人读书多,知识是渊博了,可是学问越来越差,因为没有深入,"好书不厌百回读"的精神没有了,一本书以为看过就好了,读两三遍就觉得浪费了。

假如今天来考你们《维摩诘经》,问你文殊师利向维摩居士问疾这一段,有几个重点?这就要命了,我相信全堂要交白卷了,可见没有研究过。你们现在翻开这一卷,文殊师利问他,第一个,菩萨如何有疾?假使有病要如何慰喻?维摩居士答复,第一个,菩萨对于身有病的安慰,第二个,身在病中自己的观念怎么样安慰,怎么样解脱。这病就是个法门,它是生命的一个现象,生老病死都是生命的现象,都是一个过程,从早上到晚上,再到天明,每一分秒都是过程。在这个过程中,身心所感受的遭遇都不同。

你看,文殊菩萨在前面曾问他:"居士所疾,为何等相?"再问:"菩萨应云何慰喻有疾菩萨?"再问:"有疾菩萨云何调伏其心?"维摩居士答,因为此心着我,然后要如何了心,了念……这些都是重点。我们不照古代分科判教的方法去搞,那是在做文字分类归纳。现代西方作论文的方法,要有纲目,觉得了不起。佛教在唐朝以后已经开始做分科判教了,比西方的写作方式还要严谨。分科是做科学分析,判教是把佛学的教理批判归纳。现在几乎没有什么人能真正了解正统的天台宗分科判教,没有人下这种功夫了。我们不走分科判教这条路,走实修,走科学方法研究的路线，就要注意每一点，再分好几个要点，像我刚才问的题目，你总要能答出来。大家平常读佛经，读过去就算了，对于这个要点不留意，如果能抓住这个要点，对修持与佛学的用功，那关系就太大了。我在此提醒你们青年同学特别注意，否则你只在搞皮毛而已。

有病菩萨如何调心

"文殊师利，有疾菩萨，应如是调伏其心。"现在又进一层，我们生病了，身体感受痛苦，这个受阴和其他四阴——色想行识，都是这个心所变的。等于一只手有五个指头，实际上都是一只手。生病当中正好用功，我上次提到，你要体会你的思想里头——思想也是心的作用——并没有痛苦，可是思想被感觉拉着走了。如果能把心的思想的痛苦拿掉，感受的痛苦就轻七八分了。再把感受也去得掉的话，此身等于无病了，但是，其实身上还有是病的。行阴的解脱就很难，比如是细菌感染的病，你定力虽然高，能把心的思想和感受拿开了，可是细菌还在你身内，它的作用还在，它还跟着行阴在跑。你要行阴空得了才行，那就要谈《楞严经》了，行阴空得了就差不多了，当然还有识阴在。

有个同学听了，认为有病就把受阴拿掉，以为跟想阴没有关系的。怎么没关系？关系很大，你的感受也是想阴来的，五阴同是一念。不过我们讲粗的思想，比如生病发高烧，它两个好像是分开的，身体感受的难过好像和思想没关系。你没有病的时候这两个好像分不开，稍稍有点用功经验，有病当中分开就明显了，病中是最好用功的时候。

刚才上面的几段是讲如何调伏其身，接下来维摩居士和文殊菩萨，讲如何调伏其心。这个问题还没讨论完，我们讲了很久，他们两个当时谈话就是一下下。第一个提出来，对身有病的看法，第二个提出来，有病当中的念，这里头就有问题了，思想同念头的差别，就是心、意、识三个的差别。你生病了，身体随时觉得难受，你不想它，你的思想还在想别的，想喝茶，想欠了人的账，想怎么做生意赚钱，可是你身体还是感到难过，这个是念，念是念念不会忘的。这些心理状况，身上的感觉，一定要分析清楚，深入研究佛学佛经对自己才受用，不然何必浪费时间研究这些？要研究这些东西，是对自己的生活生命有用处，所以才花时间做这个学问。

有疾菩萨应该怎么样调伏其心呢？

"不住其中，亦复不住不调伏心。"这难办了，所谓明心见性，是心的道理。上面是说如何调伏其身，如何调伏其念，但是不论身体也好，念头也好，自己如何安慰、解脱，都在这心的范围。现在又讲如何调伏其心了，又重复了。"不住其中"是使这个心不在病中，很难了。我们生了病，普通感冒发烧还不算痛苦，假使生重病要开刀，像小说《三国演义》，写关公手臂中了毒箭，需要刮骨治疗。关公没有上麻药，一边让华佗刮骨，一边还在跟人下棋，他有修养的，用下棋把精神移开了，这是小说写的。世界上也真有这种人，一九四八年在基隆，我一个侄子在工作时，胳臂被机器夹伤了，那个时候那个地方的医疗条件是很落后的，不像今天。当时他被送进医院，医生说要切断，但是没有麻药。这小伙子壮得很，就说那切断吧！结果人家要找绳子把他绑起来，他说不要绑了，我不动也不叫就是了，切吧！结果血都流了好几桶。我当时不在场，后来问他痛不痛。他说怎么不痛呢？痛又能怎么办？有什么好叫的？只好咬着牙不叫了。我过去在大陆也看过，部队里的年轻人，说勇敢真是勇敢，死就死了，乃至有的土匪被拉上刑场还在笑的。不管他是好人还是坏人，他会调伏其心，把心拿开了，太不容易了。

现在的青年人有许多的毛病，经常身体不好，都是自己心造的，心理病。你能够调伏其心，不会生心理病的。如何"不住其中"，此心不在病中，很难的。如果你有个头痛牙痛的，你能空得掉吗？做不到的话你学佛都是空话，自欺欺人。佛学是非常实际的东西，你用不上还搞这个东西，不是浪费时间吗？

如说完全"不住其中"是了不起，真解脱了，真达到空了吗？不是的，还是要用一点功夫的，要住在调伏其心。这是菩萨行，但还没有成佛。你纵然随时可以把心拿掉，空了，跟病脱离关系，但你不用一点功夫，不用一点定力，是做不到的，所以还是在用心中。不住其中，还是在用心中，"亦复不住不调伏心"，反过来讲，这个时候还是在调伏其心，还要用力用功，才能做到与病脱离关系。理由在哪里？

"所以者何？若住不调伏心，是愚人法。若住调伏心，是声闻法。是故菩萨不当住于调伏不调伏心，离此二法，是菩萨行。"住在不调伏心的，是凡夫，是一般笨人。普通人生病，当然是痛苦了，痛起来就叫哎哟，这个很自然的。但这是愚夫心，跟着现象走，不调伏心就是普通人的心理。

声闻，就是小乘，他有禅定功夫，腿一盘，空了这个念头，就没有感觉了，把身和心分离。他把病用心理的影响压下去，是把受阴的感觉压下去。这时病还是病，肉身还没有转。纵然此身得到神足通了，五种神通具备，仍然没有办法逃过生死。

我们知道有些有道的高僧或是密宗的活佛，他们最后是得癌症死的。你不能说他们得了癌症就没有道，不能这么说。癌症是身上的病，道是在心中。但是，你也不要迷信，有朋友去锡金参加一个活佛的火化，回来后告诉我，火化前太阳旁边现出彩色的光晕，火化时冒出一股黑烟，是活佛骑在狮子上的样子，火化后又有很多舍利子。我听了就一直说，好，好。等朋友走了，旁边的学生觉得奇怪就问我，老师你只点头说好，其他话都不说，是为什么？唉！我当然要赞叹，其他不用对这位朋友说了。锡金那个地方纬度高，过去我在云南的山区走过的，那个气候之好，在那种地方，太阳月亮周围经常有彩晕是普通的事。又好像说某某人写佛经之时，大地震动，现六种震动，真是有道啊！我在这间课室讲课，也是碰过好几次地震的，都是瞎扯，什么鸟衔个花掉下来，学佛不要迷信。以前这里有一位年轻的美国小姐，她什么流行的功都练，最近在美国突然死了。你们同学搞什么气功的特别要注意，越注重有为法的，越容易倒下来。

　　佛的弟子中，目连尊者神通第一，佛经常告诉他不要玩这个啦！神通也是无常的，目连尊者的神通还得了，他可以把他方世界的星球，一把抓来给人看，像水晶球一样。最后他要死的时候，想要逃，天上地下都躲不掉，只好来告诉佛，无常到了，生命要结束了。佛说：告诉过你神通是有为法，无常是不能躲避的，一切圣贤不避它的，顺其自然吧！目连尊者神通虽然大，他没有修转身法。我们前面提过，佛有四个弟子留形住世，还在人间，不知道你们诸位当中哪一位就是。他们修的这个法，有这个成就，一切唯心造的。法门无量誓愿学，一般学佛的人嘴里这么念，事实上这也不肯学，那也不肯学，结果哪一样也学不好。

　　上面说愚人住不调伏心，声闻人住调伏心，菩萨走中道"不当住于调伏不调伏心"。小乘人住于调伏心就一切不动了，万事不管了，他只要在定中，不敢起爱欲心，也不敢动任何念。声闻道以利己为先，菩萨道以利人为先。菩萨不应当住于调伏不调伏心，调伏与不调伏都是两边，非中道。菩萨这样也行，那样也行。有时诸佛菩萨同凡夫行一样，你看我们本师释迦牟尼佛，生病照样吃药，还让阿难为他去化缘。他八十一岁的时候，风寒发背而死。你说他是病死的，可是把他装在棺材中，他还把脚伸出来，等他的得法弟子迦叶尊者赶到了，他再把脚收进去，所以他死了没死，还是个问题。

　　菩萨走中道路线，"离此二法，是菩萨行"。离开调伏与不调伏，空与有，这是菩萨道的修持。

什么是菩萨行

"在于生死不为污行,住于涅槃不永灭度,是菩萨行。"大乘菩萨道,现身于生死道不会被染污,可以留形住世,也可以随时跑路,这些功夫见地都有了。万一他涅槃走了,也不会永远不来,可以随时再到这个世间,慈悲利世。

"非凡夫行,非圣贤行,是菩萨行。"菩萨入于中道,你们看不出来。你们说在打坐或是梦中看到菩萨,你哪里看到菩萨?我学佛一辈子,没有看到过菩萨,我说的是老实话。但是我学佛一辈子,到处看到都是菩萨。菩萨就在人间,很多。菩萨非凡夫行,但是他同凡夫一样,你自己不到那个境界你是看不出来的。他也不标榜自己是个圣贤。悟了同未悟,得道同未得道,你看不出来,这是中道。既不做一个平常人,也不做一个非常人,如果被你看出来是非常人,这菩萨就成了萨菩。

现在中外都在捧寒山、拾得,如果现场他二人站在你们当中,诸位菩萨还理他们,我就服了你。他们两人挂着绿鼻涕,牙齿疏落,头发散乱,不晓得有多脏,衣服也破烂,你不躲他们才怪呢!可是这类人物不多,我们当年都接触过,你跟他接触了,就会觉得他非常干净。我本身有爱干净的毛病,可是在他们面前就只好跟他们玩了,我还有个贪图心理,小说神仙传看多了,他们的鼻涕说不定是仙丹,吃下去长生不老,就大胆忍住,要我吃什么就吃吧!你不要看庙里塑的菩萨那么庄严,身上又挂了那么多宝饰,但是真菩萨不是那么好看的,你拜不拜?恐怕捱到你旁边站,你还嫌他又脏又臭。我当年跟个叫花子跟了他一个月,因为我认为他是有道的,他坐在大便堆里讨饭,最后虽然没有办法追出来,到现在我还认为他应该是有道的。当时他要到饭就分我一点,我双手接过来吃下去,不过我还没因此而得道。朋友都劝我把这些回忆写下来，这些故事讲给你们听，就是说真正有道之士非凡夫行，你细细观察，他同一般人不一样的。但是也照样的吃饭，照样的上厕所，照样的生病，非圣贤行。

"非垢行，非净行，是菩萨行。"不垢不净，一切凡夫的垢行都沾染，也都不沾染。不特别标榜学佛的样子，非净行，但是他处处净行。

"虽过魔行，而现降伏众魔，是菩萨行。"虽然超过了魔的境界，但是还实现降伏众魔。病就是魔，被细菌感染了，细菌就是魔障。为什么会受传染？受传染就是被魔障障住了，就生病了。菩萨道是超过了一切魔行，对魔避免和厌恶，是修行阶段的小乘境界，真正能够成魔的人，才能够成佛，佛跟魔是一体的。善念和恶念是一体的两面，好像手心和手背，阴暗与光明。真正得道的人，超过了阴暗与光明，不受阴阳所拘束，也不受魔佛所拘束。生老病死是魔，烦恼是魔，心中结使如贪嗔痴慢疑，都是魔。大菩萨看魔外道与佛道没有分别，但这不是凡夫能做到的。

"求一切智，无非时求，是菩萨行。"这文字里问题来了，所以读佛经要留意。菩萨求一切智慧，怎么叫"无非时求"？难道要以时求？不是时候不能求？"无非时求"是没有任何时间限制的，也就是随时随地要求智慧。

戒律有讲到"非时食"，早晨吃饭是天人食，中午是人佛吃饭，晚上是鬼道吃饭。照戒律，人是过午不食，过午吃饭就是"非时食"。为什么？用科学的理由才能解释这个道理。佛经的解释"非时食"是方便，因为要配合当时人们的知识智慧。我们这里吃早饭，美国那里在吃晚饭。哪一边是早上，哪一边是晚上，这是根据地球上的位置，是向太阳还是背太阳而定，是由地球自转而来的，但以整个地球来讲，是没有绝对的早上和夜里。再者，各地人生活习惯不同，有的国家人注重早餐，有的注重中餐，有的注重晚餐。即使在中国内地各处也有差异，有些地方的人一天吃六餐,三餐之间加两顿点心,夜里再吃宵夜;有些地方的人一天吃一顿,吃两餐被认为浪费。这样说来,哪个才是"非时食"?当然,黑夜里是许多昆虫和野兽活动进食的时间,比白天活动的生物多太多了,夜里是它们的世界,这就是业力不同,感受不同。

总之,关于"时食","非时食"的研究,是很有问题的。中午是以太阳当顶为准,但是台湾的中午和西藏的中午差几个钟头,台湾的出家人中午吃饭,西藏还在早餐呢!现在佛法在科学时代要留意科学,否则有些宗教的东西,你自己都解释不通就不通下去了。有修养又有知识的人听你这样讲,站起来就走了,也不会批评你,因为谈都没办法跟你谈。

"求一切智,无非时求,是菩萨行。"这是说菩萨求智慧求学问,随时随地都在求,没有松懈的,精进不懈。大家不要读错了这一句话。

"虽观诸法不生,而不入正位,是菩萨行。"菩萨道的人已经证到了一切法本来不生不灭,本来无生,但是他不住在无生,不住在空的境界里。空和无生有差别的,我是方便讲法。他虽不住在不生,但还是住在生生不已中。"不入正位"的正位就是无生法忍,如果住到无生法忍,他就不起用,也不来慈悲布施,接近于声闻道了。

维摩居士告诉文殊菩萨,一切菩萨在病中要如此调伏自心,这个病是大病,世人都是在病中。佛经说一切众生皆在做梦,生命就在做梦,所以叫作大梦,这个也是大病。

"虽观十二缘起,而入诸邪见,是菩萨行。"行菩萨道的人,观十二因缘都了解了,而入诸邪见,也就是一切魔外道法也都会。

"虽摄一切众生,而不爱着,是菩萨行。"摄是包含、包容,菩萨是慈悲的,爱一切众生,度一切众生,但自己不会被爱这个观念所困住,不落入贪爱心理,随时在解脱中。

"虽乐远离,而不依身心尽,是菩萨行。"菩萨与声闻缘觉一样,也会乐于远离。《金刚经》中的须菩提是佛十大弟子之一,他谈空第一,是阿兰若行者,就是修出离道,有出离心,厌恶三界。小乘罗汉的肉体寿命到了就走了,念也空了。我非常欣赏大阿罗汉要入涅槃的四句话:"我生已尽,梵行已立,所作已办,不受后有。"但是,菩萨虽然乐于远离,不会依身心尽。

在本经前面的弟子品中,讲到佛要弟子们去问病的时候,第一位是舍利子,维摩居士和他讨论过宴坐,也是我们学佛的人一个重点观念。

今天在座很多人求真修实证,不论大家学打坐、学定、学参禅、学密,不能得定不能证得的第一个困难,就是不能远离身心的作用。随便学哪一个法门,身体的感觉去不掉,也就是身体的障碍去不掉,妄念思想不能清净,不是不能停止,停止了就成了断见。因为身心都不能远离,所以连最基本的法门都不能证得。远离身心是初步的佛法。所谓性空,以成唯识的道理,第六意识的念空,才能证得。以菩提道的次第来讲,这个时候是证入空性的入门。

所以,本经开头,佛叫舍利弗去问疾,舍利弗不敢去,就是为了宴坐这个身心的问题,受了维摩居士的呵斥,挨了骂。什么叫宴坐?我们所有修定的法门,不论大乘、小乘、不净观、白骨观等,打坐通称为宴坐。真正的宴坐,如龙树菩萨在《大智度论》上提到,"不依身,不依心,不依于三界,于三界中,不得身心,是为宴坐",与《维摩诘经》的道理一样,是大乘佛法。我们要反省了,不照古代研究经教的方法,而从实际的研究方法讨论,我们不能证得空性的原因,是因为一切都有所依,厌离心生起还是个普通心理,要修证功夫真做到了不依身,不依心,连那个不依空的境界都还要放下,这才够得上说是在打坐,才真正是学佛的入门,才是基本的成就。

经文这一句"虽乐远离,而不依身心尽,是菩萨行",是说声闻道要远离身心,但是这还是偏空了,并非究竟,究竟是要能不依身心尽。

你要远离到哪里去啊？就算你有定，能像一般人讲的打坐出神了，神识离开肉体，这样的远离非究竟道，即使做到出阳神，还不是佛道。阳神是道家名称，佛道两家许多人修行都有了这个功夫，很多同学和外面的人都问过我，问得太多了我也懒得答。

现在有的青年搞灵魂这一套，走上出神这条路，打坐起来自己觉得离开身体了，这种是出阴神，但还不是真的。真的出阴神要肉身气脉通了，气脉通了的确可以健康无病，也可以不需要饮食，入定时心是可以离开身体的，《楞严经》形容这境界如飞鸟出笼，很舒服，很轻灵，我们现在觉得痛苦是因为身体的障碍。功夫做到这样，他可以在我们这儿大家头顶上转一转，乃至坐在我们身上，我们也没有感觉，可是他看得清清楚楚，听得清清楚楚，也能摸到我们，是真实的，不是像做梦。如果你们打坐时昏昏迷迷像做梦，看到了什么，以为就是出神，那可严重了，那是精神分裂，不要搞错了。

什么是阳神呢？色身整个转化，气脉通了。这又要讲到四大本性，什么是四大本性？地水火风。譬如我们听呼吸，依风大起修，修到最后是性风真空，性空真风，最后是空的，没有方所，没有固定的位置，它体性自空。火大起来是"性火真空，性空真火，清净本然，周遍法界，宁有方所"，这是《楞严经》的原文，无所不在，像电一样，虚空中有电，但我们手中不会触电，可是一摩擦就发电了，就是这道理。依四大本性身体通了，心物合一了，然后此身可以不坏，那么他在那头打坐，还可以另出一个身体来听课，两个身体同时可以讲话，乃至三个四个都可以分身出去，那是阳神。几时可以修到呢？慢慢来吧！修道想即身成就，要多方面的法门，显教密法一概融会，真正把身心投进去求证才行。

我常说，佛法讲理论是一回事，但修证是科学的法门，必须实证的。昨天有位同学问我，他修持已有二三十年了，他现在常常到达没有念,自己的呼吸也停了,就感到害怕。我说他中了彩券特奖,可惜又都丢掉了。念空了的话,呼吸自然停了。呼吸往来是生灭法,四大往来都是生灭,气住脉停才是定的境界,那个时候为什么还求个气呢?他说根据教理不是要心息相依吗?我告诉他,那是初步入门的,既然到达了,此身一丢就定住了嘛!还亏他搞了几十年。这所以告诉我们,为什么学佛要把教理研究清楚,否则往往走入岐路。

你乐于远离身心,纵然修得很高,超过了阳神的境界,还是小乘之果,没有证得菩提大道。那所谓大乘法何在呢?注意是要虽乐远离,"而不依身心尽",并没有抛弃这个肉体,这个色身,也没有抛弃这个起用的心,非断非常。

现在很多人喜欢玩所谓天眼通,你注意他是否闭着眼睛用劲"看"东西时脸红红的,小心得高血压。真正天眼通都不用打坐,一边讲话一边看得清清楚楚,不是定起来才看得见,没有这回事。父母所生的肉眼能观十方界,是自然的,不需要离开这个肉体。像《心经》上说:"无无明,亦无无明尽",就是大乘佛法。"尽"是梵文翻译过来的写法,如果用传统中文写法,这里"尽"字也可以放在上面,就成了:不尽身心而乐于远离。鸠摩罗什法师是佛教文学的泰斗,用南北朝的文笔翻译,美极了,把中国文学和印度文学合而为一了。你们因为中文的基础没有,所以佛经看不懂。佛经都是白话,没有一句文言,是当时的白话,即使后世读来,也不应该有困难。

维摩居士说,要这样才是大乘菩萨修持的道理,他每一个要点都提出一个问题,每一个问题都是破解我们修持佛法的观念。凡夫把这幻相的身心当成真实,声闻道知道这个不真实,所以由戒定慧入门来修持,以远离这个幻象的生存为道果。大乘道再进一步,说远离这身心还不是道果,真正道果不需要远离,就是这个身心就可以证入菩提,所谓不二法门,这就是菩萨行。

"虽行三界，而不坏法性，是菩萨行。"虽然还在欲界、色界、无色界三界中转，但是不坏法性。他是跳出了三界，是跳到第四界吗？没有第四界。教下讲"界外"，不是讲第四界，不在三界中，即在三界中，是名界外，是圣贤境界，佛菩萨境界。

初学佛的人都希望跳出三界，尤其根据小乘经典，必须要跳出三界，不跳出三界还修持个什么？跳出三界要怎么跳？九次第定把修持的方法讲得清清楚楚，各种禅定乃至各种宗派，譬如天台宗、俱舍宗、成实宗，应该如何断惑证真跳出三界，都讲得清清楚楚。不只是打坐功夫到了就行的，若是起心动念，贪嗔痴慢等等烦恼、无明的习气没有转变，仍然是跳不出来的。

功夫到了像四禅八定那个境界，并不太困难，一般凡夫练气功的都做得到。修行的真困难是，习气心念见思惑难断，断一层见思惑习气烦恼，配合修定的功夫，就是跳出三界的次序，我们也讨论很多了。我经常问大家，跳出三界外要去哪界？佛说过有第四界吗？我们可以说是有个圣贤境界，是假设的，得到所谓界外之界的圣贤境界，他在哪里呢？还是不离三界，可又不住三界。因此，无以名之是假设的界外之界，所以虽行三界，而不坏法性。真悟道了，诸佛菩萨都是再来人，还是在三界中度一切众生，又不坏法性，等于没有来过，所谓妙湛总持不动尊，来而不来，去而不去，这才是菩萨行。

通过经文我们了解到，菩萨就在人间，只是你不认识罢了。我最近和几个朋友闲谈，回想起很多我的朋友，其实都是菩萨，他们的行为盖棺论定，真是菩萨。乃至这边有位沈居士，平常一来我就训他，去年来跟我拜年时，说他自己的身体坏透了，都是病。我就讲他，他说：老师你不用替我担心，不要紧的。下楼他和别人讲，老师替我在担心，我往生西方是有把握的。结果死后烧出了舍利子，他的朋友来告诉我，他讲有把握不假，兑现了。我讲，他本来就是再来人，我平常训他骂他是别有道理,你不懂的。这些圣贤再来的,都在人间。再严重地讲,诸佛菩萨在哪里?《楞伽经》告诉你:"无有涅槃佛,无有佛涅槃。"自性本来涅槃,到哪里证个涅槃?十方三世诸佛一切菩萨,都可以说是再来人,你不知道而已。再来都是在三千大千世界中转来转去,以大慈悲度众生。

这更是我们居士要效法的,在家的不要说跳出三界,连欲界的最底层都没有跳出来。但是,真学菩萨道你就要严格地做到:虽住世间而真能舍掉。舍掉不是要你去出家,尤其好多六七十岁的老年朋友,怎么还那么舍不掉?这些世俗的事务都可以摆开了,你心要能摆脱得了,做了一辈子,到晚年应该都看透了,摆脱不了还算什么学大乘菩萨道?

"虽行于空,而殖众德本,是菩萨行。"虽然在空的境界中,但是处处行有,每一个细行都做,善是要累积的。"善不积,不足以成名。恶不积,不足以灭身。"这是《易经系辞》的话。所以,叫人"诸恶莫作,众善奉行"。

不管小乘大乘,都崇尚诸行无常、诸法无我、涅槃寂静三法印,一切修行人不论在家出家,起心动念要念念归空。如果做不到这一点,我代表在家的居士讲,就不算是修行人。看人的行为,就要在起心动念为人处世之间去看,能空掉的,什么事情算了就算了,想都不用再想的,这个起码要能做到啊!这虽然不是性空境界,却是行空的行门,提得起放得下,放掉了就放掉了。前天一个朋友说:"我辛辛苦苦一百万就这么没有了。"我说:"你贪嘛!"他否认,说只是想放点利息吃饭。我说:"这不是贪是什么?就一点也是贪!要贪就有果报。原来那一百万本来也没有的,有什么稀奇!"一个学佛的人还这么放不掉,起码要行于空,本来一切皆空。

可是有一点,你最后证到了真空,偏空之果的小乘罗汉声闻有个大毛病,不肯动,不肯修功德,不敢起行。因为真到了空是很乐很舒服的,这种乐境恐怕你们青年同学没办法了解。但有一种同空差不多的,有点空的影子,你们想不想学?想。就是睡大觉,当然这不是真空,可是真舒服,懒得起床。其实,睡觉还不是空,只算是空的第三重影子,还不是第二重反映,人睡下去都不想起来,何况真证到了空。所以,贪着于定,贪着于空,是犯菩萨戒律的,因为菩萨道是起行,可以说是入世,入什么世?就是"虽行三界,而不坏法性"。一切菩萨证到了空,第一,不会被空耽误,不会贪着于空的境界,性空要起用,真空要起妙有;第二,更不会偏向于空,落在顽空之中拨无因果。

所以,菩萨"虽行于空,而殖众德本"。注意这个"殖"是繁殖的殖,这个殖包括了很多东西,譬如培养细菌、养鱼、养牛、养羊,生出更多来,是殖。怎么殖呢?就是"诸恶莫作,众善奉行","莫以善小而不为,莫以恶小而为之"。小善不要放弃,言行上的小善都要修持好。

真正行菩萨道的人要念念归空,还能做到步步行有。要善护念,起心动念遍行功德,不是万事不管,反而更管事,为什么?要入世,"殖众德本"。

"虽行无相,而度众生,是菩萨行。"在座的各位,佛学都研究很深,经典也看了不少,看到这一句要想到《金刚经》所说:"所有一切众生之类,若卵生、若胎生、若湿生、若化生,若有色、若无色,若有想、若无想,若非有想、非无想,我皆令入无余涅槃而灭度之。如是灭度无量、无数、无边众生,实无众生得灭度者。"同时,也要参考达摩祖师另外一个法本所传的,达摩四行观(报冤行、随缘行、无所求行、称法行)。换句话说,一切好事做了就做了,心里留都不留,若想我今天做了件好事帮了人了,那早就着相了,不是无相行。所以,虽行无相,而不被无相所埋没,虽度一切众生,而不着相,是菩萨行。

"虽行无作,而现受身,是菩萨行。""无作"在有些经典翻成"无愿",这两个不同文字的翻译,在佛法的意义上都对,因为愿力必定是心理的起行,用现代名词是心理行为。"虽行无作"是一切皆空,过去不留,作了等于不作。这个话使我们想起永明寿禅师引用古人的四句话:

> 修习空花万行
> 安坐水月道场
> 降伏镜像天魔
> 证成梦中佛果

他悟后起修,一天做一百零八件佛事,他忙得很。与黄教宗喀巴大师一样,前面讲过,他为了弘法分秒都不空闲。你们年轻同学不要学我,一定要做到宗喀巴大师这样。他两个人都是菩萨行,明知空、无作、无相,还是发大愿,生生世世再来。再来是很苦的,要投胎,长大,刚刚讲经说法不到几年就报销了,然后还要再来,真麻烦。可是,菩萨不怕这麻烦,所以才能"虽行无作,而现受身",这才是菩萨行。

"虽行无起,而起一切善行,是菩萨行。"这句话更难翻译了,怎么无起呢?起心动念是凡夫法,甚至可以借用禅宗大珠和尚的话,前面已经说过,"起心动念是天魔"。不起心动念好不好呢?你们有人走这个路线,打坐坐到一个念头不起,"不起心动念是阴魔"。第三句话,"或起不起是烦恼魔",等于非想非非想境界。除了这三个路线,你看如何不是魔障。换句话来讲,我们现在说起心动念是凡夫法;不起心动念是天人境界或声闻法,偏空的;菩萨道呢?提起即用,放下便休,起与不起,了无罣碍。"虽行无起",不起心动念而起用,"起一切善行",诸恶莫作,众善奉行。

前两天我考过你们沩山禅师的四句警语,我要你们千万注意,必须背得,"实际理地,不着一尘;万行门中,不舍一法",这就是菩萨道。放下的时候不着一尘,本来无一物,何处惹尘埃。譬如要上座了,我就要入休息定,放下万缘,不着一尘。要起而行,要用了,是万行门中,不舍一法,一点小善都要注意。这个道理懂了,就明白维摩居士说的

"虽行无起，而起一切善行，是菩萨行"。

"虽行六波罗蜜，而遍知众生心、心数法，是菩萨行。"这句话中的两个心字之间要顿一下，不要连起来读成了"心心数法"。上面的心代表本体之心，下面的"心数"是指心理作用状态，也就是心所。现在问题又来了，你做到了六波罗蜜当然是菩萨道，但是此地经文却说，你纵然做到了六波罗蜜还不是菩萨的全道，因为六波罗蜜还是偏向了出世法，是升华的向形而上走，是为了证得实相般若的一个次序。也可以用禅宗话讲，六波罗蜜做到了只能入佛，还不能入魔，还不全。

所以，大乘境界要十波罗蜜，要多加了方便、愿、力、智四波罗蜜才差不多。这里告诉我们一个全的不二法门：修六波罗蜜是只向上修，是出世法，还要向下，要懂入世法才全，才是菩萨道。佛十名号之一是"正遍知"。佛既然是正遍知，他不但懂出世法，也懂入世法，不过我们的教主，本师释迦牟尼佛是表相，走的是出世的路子，实行给你们看。成佛的人是全的，不但懂出世法，当然也懂入世法，而且不但懂佛法，当然也懂魔法。菩萨能遍知众生心、心数法，对凡夫众生，乃至其他动物的心理状况都懂，不只是懂人类而已。

"虽行六通，而不尽漏，是菩萨行。"你们很多同学都想学神通，还有很多人写信来问。学佛修道想得神通，都是做生意心理。问你为什么学打坐，都是想健康长寿，不是吗？然后想神通，最好的会讲是想大彻大悟，那你去大彻大悟嘛！为什么来找我呢？还不是当投资生意，以功利心来的，对不对？你说那不来找老师要怎么办，你找你自己啊！菩提在你那儿，不在我这儿。我讲的都是真话，你不懂有什么办法。

这两天有位在花莲的年轻居士，一封一封的限时信寄来，信写得真好，好像真的大彻大悟了，显教密教都学过了，恭维我一番就要我给他印证。我回信说，你老兄的信写得真好，当今世上没有大善知识，你找我就错了，我什么都不会，对不起了。他今天回信说，好极了，你自称什么都不会，给我启发很大，我觉得前面给你写的信都是过错，有一天如果我什么都不会，那就不用来看你了，我在这儿向你顶礼了。嘿！他虽然狂妄，这也了不起，我就把这信用红笔一圈，不用答复了，就算了。

你们青年人都想学神通，现在维摩居士传给你，什么时候才修得成神通？要漏尽，什么叫漏尽？就是《俱舍论》告诉你的，贪、嗔、痴、慢、疑五个根本烦恼，加上身见、边见、邪见、见取见、戒禁取见这五见，达到此心绝对没有这些习气了，就叫作漏尽。不是你们年轻人以为不遗精不漏丹是漏尽，这只是最基本的而已，是道家的说法，是对付这个身体用的。能三年不遗精不漏丹，烧出来能有舍利子一点不稀奇，那是色身上的事。其实，正确的应该叫坚固子，不能叫舍利子，除了佛以外，不可以叫舍利子。这种不漏没有什么稀奇，如果你梦境中仍然有念就还是漏。维摩居士露消息给你，要漏尽了才真得天眼、天耳、神足、他心、宿命、漏尽六通。但是，就算是六通具足，还只是小乘之果，菩萨道就严重了，要"不尽漏"而得六通。请问诸位要怎么得？去参。

"虽行四无量心，而不贪着生于梵世，是菩萨行。"为了节省时间，这慈、悲、喜、舍四无量心的名相就不详细讲了，不懂的可以请教这里出家的同学。根据小乘理论，修成四无量心是修得梵行。梵是什么意思？毕竟清净谓之梵，修持到相当程度才能到梵天。梵天是什么天？我告诉诸位，根据佛法，是青天，是蓝色，是密宗画的药师佛那个青色，像碧海一样。我干脆把密宗的秘密都告诉你们，气脉真通了的人，自己身体的内部，一天到晚都在梵天的青天中，同药师佛那个身体一样的。那就是中脉通了，中脉无脉，不是有形的血管。到了这个境界当然祛病延年。当然，不是人变成了蓝色的，你看了怕都怕死了，还可能有肝病。那境界是万里青天，一点云都没有，那当然无念。

所以，修四无量心应该处处清净心，是梵天的行为在做事，但是没有贪于梵天境界而不来。我经常告诉诸位同学，真得了道一定更谦虚，不会像我这样狂妄自大，不会的。我这样没有道的人才会经常吹吹牛、骂骂人。如果摆出一副大师样子，要人礼拜才传个道，那也可以免了，他得的道也有限的。菩萨道是不会自命高尚的。

"虽行禅定解脱三昧，而不随禅生，是菩萨行。"我学佛，是以科学来求证！一定要证到空，不证到空我不一定信的，我可以承认这一套理论是对的，但是讲事实我非自己经验到不可。所以，讲四禅八定你就要修到，但是你要注意，你禅定修到了，不一定能解脱，你可能又会被禅定境界所困，能不为所困，才得了解脱道。得了解脱道又不一定是得了三昧，三昧很难翻译的，不是你家的三妹四妹。三昧是译音，勉强用中文翻译是境界，但还是不能完全表达，只是理论性的意思，就是你身心的感受，不是凡夫境界，是瑜伽境界。《瑜伽师地论》有十七地，都是诸佛菩萨的境界，因此定、三昧的境界，不只一个，诸佛菩萨有无量三昧。譬如，你打坐念佛，念到一心不乱，这是念佛三昧之一，到了念而不念，不念而念，也是念佛三昧之一。念到大势至菩萨的法门，净念相继，也是念佛三昧之一。打坐坐到了空，也是三昧。不空，观明点定住了不想下座，也是三昧。入了光明定不想下座，也是光明定三昧之一。

所以，得了四禅八定不一定得解脱，得了解脱不一定入三昧，要注意，禅定、解脱、三昧，三个范围不同。真修佛法的人都要会，都要证得，大菩萨们都到达的，所以虽行禅定解脱三昧，而不随禅生，不被禅定境界困住。禅定境界是非常迷人的，四禅八定都是乐，离生喜乐，定生喜乐，离喜妙乐，乐得不得了，你不贪吗？即使不得定，你打坐时心情轻松，那一座坐得好，有谁要你下座做点事，你不晓得会多烦呢！还会骂人是魔啊，有魔障。有人吹牛说不贪，你到了那境界再说，如果你"不幸"得了四禅八定，可不要贪着啊！

三十七道品与菩萨行

接下来是三十七菩提道品的境界。三十七菩提道品的重点统统在四念处上。四念处是身念处、受念处、心念处、法念处,我们常把它当作是佛学的理论看过去了,都觉得自己懂了,实际上,四念处包括了一切佛法大小乘修持的基本。首先我们拿现代学术方法来讨论四念处,第一是念的问题。念是什么?大家都晓得,一切凡夫的思想,起心动念就叫作念,普通名称是念头,人的思想、感觉等等谓之念。佛学的观念就叫它妄念,所谓妄是因为这些思想感情虚妄不实,靠不住的,它漂浮不定,变化无常。念是代表了我们内心的感觉、思想、感情等等。

修行的法门,是把这个念转化过来。如修念佛法门,你如何去念佛?念佛就是把这感觉执著的作用转化成念佛。讲到念佛,我们知道佛法修持法门,归纳起来有十念,念佛、法、僧,念戒、念施、念天、念休息、念安般、念身、念死。《增一阿含经》有个偈颂:"佛法圣众念,戒施及天念,休息安般念、身死念在后。"所有小乘的禅观法门,都没有超过这十念的,修持起来应该先念死,真正修行人应该随时觉得自己已经死了。譬如打坐,一上座要万缘放下,不放下,此心不死,所以就看作此身已死,万缘也就放下了。所以,念死应该是第一,也是基本的,但是它在十念法中排最后,因为世俗观念认为念死不好,所以不排在念佛法僧等等之前,而万缘放下就是念休息。

我们一般修行的,只晓得念佛,但是真正念佛法门搞清楚没有就难说了,讲不好听的,恐怕搞清楚的还不多,几乎没有什么人可以念到小本《弥陀经》讲的一心不乱境地。至于能做到大势至菩萨讲的净念相继境地的,那更少了。一般念"南无阿弥陀佛"可不是净念相继,这一句有好几念了,"南"是一念,"无"是一念,"阿弥陀佛"是四念,一字一念。真正的念佛法门是很难的。如果要谈观行的止观念佛法门，诸位就要先留意《佛说观佛三昧海经》，然后学佛的一切行。此外，如密宗的观想佛像，也都是念佛法门。

讲到念法，那就更多了，八万四千法门都是佛法，归纳起来如何念法呢？譬如念般若性空缘起中道观，理就是法，禅宗讲参也就是念法。

至于念僧，譬如崇拜传法的上师，藏密修法的人要先念皈依上师、皈依佛、皈依法、皈依僧的四皈依。为什么比显教多一个皈依？其实，皈依上师也就是皈依僧，它为什么分开呢？因为佛法讲师道尊严，我们能有佛法，都是因为有本师释迦牟尼佛教我们，后代的僧众，就代表是佛的弟子，代代相传。这个问题只能大概这么说了，否则一讲开了可以写几十万字的书。

念戒同念佛、法、僧是一个东西，戒体一念不生，净念相继，戒到了，定也到了，慧也到了。大乘菩萨戒中有菩提心戒，证到菩提，心戒就可以完成了。念施是念一切放下，什么都舍掉了。念天做什么？我们要明白，能够不轮回转生入地狱、饿鬼、畜生下三道，而进入人道已经很难了，要进入天道真是谈何容易。不要以为你在学佛，就看不起天道了，我是连看到个土地公像都要合掌的，他至少是人中善人，鬼中善鬼，这就值得尊敬了。能升到色界天甚至无色界天，你没有戒定慧的修持、没有十善业道的修持，没有那么容易的。

念安般是念出入息，像天台或密宗的法门，以呼吸入手。呼吸的梵文是安那般那，有时汉文翻成"安般守意"，安般是安那般那的简称，守意是心念与出入息配合为一，不分离，是定境。真修到安般守意，初念住了，已经了不起了。

四念处的念身，宗教界对这个修持法门争论很厉害，彼此像冤家一样。看到道家练身体的，守窍的，就骂是外道、魔道。但是，密宗也有在身体上练的，所以显教就说密教是魔道，密教又看不起显教。实际上，佛法有念身的法门，道家许多东西是从佛家偷来的，可是人家加上修持的经验，就成了另一法门了，密宗也一样。道家和密宗的法门可以归纳成四个字："内照形躯。"如果我们把"内"字换成"观"字，就会接受它是佛家东西了，实际上是一样的。佛法里的白骨观、不净观等等，就是内照形躯。

念身不净是学佛的基本，可是我们反问，不净观真观得起来没有？这是学佛的第一步，打坐时做不净观，自己内照形躯，眼睛开也好，闭也好，一定了，反照身体五脏六腑，看得清清楚楚，观清楚了再丢开。我们这里有些同学观起来了吓一跳，原来自己的内脏如此之脏，自己都觉得恶心，这不是虚幻做梦，硬是看得很清楚。到这个时候，你去看经典的不净观记载，才知道佛说的话半点都没有错。白骨观如果观成了，每一个细节看得比 X 光还要清楚。我上次生病，有医生朋友很关心我，带了好多仪器来帮我量血压、做心电图，结果正常，别的地方也都正常，他就想要我去照 X 光，我只好告诉他，我没事的，不用了，告诉你吧，我如果连自己的身体内部还看不清楚，要靠什么 X 光，那我岂不几十年白玩了吗？又有一个朋友，要介绍一位八十岁的老中医来给我把把脉，我也婉拒了，人家年纪大了，不要劳动他了。此外，这个身体用了这么多年了，自己觉得没什么毛病还很高兴，万一他看出什么大毛病来，心理一定受影响。这是笑话，道理是念身观照到自己是清清楚楚的。如果自身内部的血脉气机循环都看不清楚，最基本的不净观、白骨观观不起来，那么修持四念处的第一步念身，就有问题。如果这一步都有问题，以后一路的渐修要怎么修？

念身不净，从不净观、白骨观开始，千经万论都跳不出这个范围。如果说你本事很大，不走这个路子，走的是禅宗，一悟就是，不要谈不净观、白骨观，念头一动自然就呈现出来了，那才叫悟。同样地，修密宗的观想，他所有的画像，单身的或是双身的，旁边都有骷髅，再不然手中拿着、身上挂着人骨，或是脚下踩着死人骨头，这表示如果基础白骨观不成就，你所有密法都不用修了。这是密宗的大秘密，我今天为大家揭穿，不然你们看不清楚，或者看了害怕。这是念身的重要。

再来是念受，观受是苦。讲教理看佛经往往就看过去了，可是都没看懂。受就是感觉，你觉得气脉动了、吃饱了胃胀、身体舒服与否、打坐腿发麻、坐着昏沉，这些都是感觉，你能离得开这感受吗？这是基本修持啊！观受是苦，一切苦乐都是苦，你不能够离开，那打坐的功夫再好，还是在受阴境界中。不要以为任督二脉通了，头顶发跳了，请问你没有感觉到头顶，怎么晓得那儿在发跳？既然明白是在受阴境界中打转，观受是苦，还不赶快舍掉！这念还是在受阴境界中，没有跳开来。

观心是观心里的妄念。观法，心里的思想、意识状态、各种思想法则，一切都是无常，念念皆空，前念已过，后念不起，当下即空，是不是做得到？如果做不到，那这四念处一点基础都没有，下面的其他三十七菩提道品都免谈了。

证到果位还是小乘法，还没有证得菩提。《维摩诘经》始终在不二法门里，直指人心，见性成佛。什么是不二？小大不二，小乘、大乘一样的，就是一个菩提道；世俗法与出世法不二，所谓真俗不二。

"虽行四念处，不毕竟永离身受心法，是菩萨行。"这话怎么说？从小乘来讲，做到四念处是证到空了，不受后有，这个世界不来了。感受的痛苦也没有了，得了涅槃之乐，心念不起作用，住在空这一边，四念处成就，证了果位，离了身受心法。但是菩萨道是要"不毕竟永离身受心法"，已证得涅槃还能够跳出来，也可以说，他既跳出来也没有跳出来。这里把三十七菩提道品拆开来讲，讲的是一个真俗不二。不要自称是大乘道而不讲小乘，你如果小乘都做不到，罔言大乘！小是大的基础。大乘的修法，一定要先做到小乘的四念处，但是不是永断身心，不是永求寂灭，出世入世不二，才是菩萨行。

下面三十七菩提道品就念过去不细讲了,要点都一样。

"虽行四正勤,而不舍身心精进,是菩萨行。"四正勤:未生善令生,已生善令增长,未生恶令不生,已生恶令断。

"虽行四如意足,而得自在神通,是菩萨行。"这里特别挑出来讲,你们喜欢神通的要注意。四如意足是欲如意足、念如意足、精进如意足、慧如意足。足是满足,是如意的满足,爱如何就如何,等于是孔子说的随心所欲而不逾矩,他到七十岁才敢这么说。你修佛法,算不准很年轻就得了四如意足。欲如意足的欲,不是世间一切欲,你修行要求法、求定、求慧,这就是欲,不过这是正欲,是善欲,是好的。在座的各位都想悟道,搞了半天有几个悟了?没有悟,这个欲望,这个希望就没有达到。而悟了道,能真正大彻大悟,一切自在的有几个人啊?达到了才是欲如意足。

念如意足呢?你念佛做到了一心不乱吗?如一日如二日就不说了,能如一分钟、如一小时、如数小时一心不乱吗?念不能一心不乱,意识想不乱,但是做不到,就是念不得如意。所以,四如意足谈何容易!如果能念到一心不乱,做到像赵州禅师那样,二六时中(就是昼夜二十四小时,白天、夜里各六个时辰)老僧除二餐粥饭之外,无杂用心处。他能做到这个境界,八十岁还到处参访,人家问他为什么还要参访,他答说因为未能打成一片。他谦虚啊!还说没有达到如意足。我常说笑话,赵州和尚这个话真了不起,但是如果碰上他老和尚,还要打他一棒,为什么?不用功!他还会被两餐饭牵走就不对,要吃饭不知道食处才打成一片。这虽是笑话,也是真的,要如此用功才能算精进如意足。慧如意足更难了,你听经听过了能记得吗?上星期讲的,这礼拜就忘了,慧也不能如意,所以学什么都不成。

这是大概解释了四如意足,我是不照教理解释,为了让你们很容易了解。《维摩诘经》并没有说得了四如意足,就得六神通自在,不要乱加解释啊！因为得到了四如意足，心念才可以得自在神通，得的是这个神通，不是六通五通的。那何以叫作神通呢？你加两个字："神而通之"就懂了，现在大家拜一切的神祇，不论是菩萨、关公、土地、妈祖，都叫作拜神明，神明就是神而明之。后世把虚字省略掉了就成了神明，也就是神而通之的神通。得了四如意足，而不走出离的小乘路线，因为神通自在，所以入世无碍，这就是大乘菩萨行。

"虽行五根，而分别众生诸根利钝，是菩萨行。虽行五力，而乐求佛十力，是菩萨行。虽行七觉分，而分别佛之智慧，是菩萨行。虽行八正道，而乐行无量佛道，是菩萨行。"这些句子的重点是"虽行"，是说虽然修行小乘的法门，可是不妨碍走大乘路线。以上是三十七菩提道品，我们不细讲，自己去研究。

止观到涅槃的菩萨行

"虽行止观助道之法，而不毕竟堕于寂灭，是菩萨行。"问题来了，这是现在国内外都流行的，如何求定。不管是内道或外道（内道是佛法的内明之道，心外求法的叫外道，不要把外道看成党派），乃至求健康长寿的，都想打坐得定，但往往不是光修止就是光修观。止观双运合起来修，才是佛法正路。止观是个名称，例如上面讲的十念法门都是止观，密宗修的也都是止观，禅宗的参禅也还是止观，参话头止在一念上，就是止，话头提起来参究就是观，没有一法能离开止观的。所谓修定、白骨观、安般法门等等，都是止观。

不过我们这些众生们，修了半天，不要说得观了，能真得止的都很难。得止就是得定，举个例子，盘起腿来七天七夜不起来，管你有没有悟道，有得止的功夫，就算不得止也硬熬，熬得住也熬止了，做得到吗？所以大家不要骄狂了，说自己学这个门学那个门的，你能得止吗？

以密宗来讲，我走遍川藏，密宗的喇嘛们当中，得止的不多，能止观双运就更难有了。

再拿天台宗标榜的六妙门来讲，由数息到随息，由止起观，由还到净，这六个步骤有几个人做到了？大家充其量坐起来自认为这一座坐得不错，啊！数息数了三千多了。你数了一万多也不过加上利息而已，呼吸是生灭，以生灭心计数字，我问你要数到哪里去？数到得止就不用数了，赶快随息。随到气住脉停，就要赶快起观。一念之间很快就观起来了嘛！你尽在那儿数，做什么？是学会计，还是算利息？然后尽在那儿搞呼吸，真可怜啊！六妙门确实是妙门，依此修行必有成就的。这天台显教就是密教，可惜大家不珍惜，要另外去求个密法。佛法没有秘密的，这六妙法门就明明白白告诉你了，这个你不求，反而希望花钱求密法；我收你一千万元然后传你个秘密好了，什么秘密？就是修止观嘛！

但是，止观修成了还只是个助道，不算得道，纵然四禅八定成就了，还只是助道品罢了。佛在《楞严经》说："现前纵得九次第定，内守幽闲犹为法尘分别影事。"这里我插进来说，宋徽宗时代，四川嘉州龙渊寺内有一棵大树被吹倒了，树根中间有一空处，有个和尚在里面打坐。众人惊讶不已，有人敲引磬引和尚出定，他自称法号慧持，出定后问众人：他哥哥慧远法师何在？原来他是晋朝时在这里入定，几百年后到了宋朝，才因大树被风雷吹倒而出定。纵然能入定几百年，仍然不是内明之道，只是意识境界。

所以，止观法门还是助道之法，这是站在大乘菩提道立场看小乘法门，只得了有余依涅槃，尚非般若解脱。纵然修得了止观助道之法，但不落于空的一边，才是菩萨道。若你耽着禅定，不肯起行愿，是犯大乘菩萨戒的。不过，你不要拿这个话来当借口，叫你上禅堂打坐，就说不愿犯菩萨戒。

"虽行诸法不生不灭，而以相好庄严其身，是菩萨行。"这里说已经修行到了不生不灭的境界，照理讲应该是好得不得了，前念已灭，后念不生，当体即空，明知诸法不来也不去，就解脱了。修解脱道之人常常懒得修行了，那样的话，功德福德就不会圆满，因此色身也不成就。要功德福德圆满了，诸恶莫做，众善奉行，才相好庄严，此其一。我们再说个笑话，常有些太太们穿戴得珠光宝气，问我这样是不是不对。我说你看大殿上的观世音菩萨、文殊菩萨，身上挂得比你多得多了。菩萨道就是这样，虽行诸法不生不灭，一切解脱，可以走寒山、拾得的路线，穿粪扫衣，但是为了弘扬菩萨道，而以相好庄严其身，所以口红尽管涂，珠宝随便戴。在小乘戒律中，戏鬘歌舞是犯戒的，大乘菩萨戒则准许，只要是以此兴功德，以此利众生，就不犯戒，也是大小乘精神不同之故。

"虽现声闻辟支佛威仪，而不舍佛法，是菩萨行。"大乘菩萨虽然现声闻身，证罗汉果，或现缘觉身，证辟支佛果，很有威仪，但不像大乘佛法得三十二相八十种好。大乘何以有如此成就呢？除了智慧，第一要行愿，不修福德不能得相好庄严之身，所以千万懒不得啊！光是偏向修道的话，连一半都成就不到，这又是一个题目。

"虽随诸法究竟净相，而随所应为现其身，是菩萨行。"刚才讲的六妙门也是六个程序、六个层次，一数息、二随息、三止、四观、五还、六净。唯心净土现前，也是净。修净土宗的净念相继与一心不乱，严格说来是两回事，勉强讲也可说一样。为什么再提出这个呢？诸法究竟净相达到了，八万四千法门中我们提了两法，六妙法门最后是净。第二个，念阿弥陀佛的净土法门，我为什么这样提？净土不只是阿弥陀佛有，譬如东方药师佛有琉璃净土法门，十方三世诸佛都有自己的净土法门，我们本师释迦牟尼佛在娑婆世界也有净土的一面，这要研究《观佛三昧海经》就知道了，到了《维摩诘经》后面也知道了。

我们学佛的实在很势利，佛给我们介绍了西方极乐世界的阿弥陀佛,你只要念他一声就得好处,劝我们赶快念啊!这是我们导师教的,结果我们拼命去念南无阿弥陀佛,就没人先念一句南无本师释迦牟尼佛,谢谢他的介绍。用世法看,我觉得好势利啊!所以我宁可念南无本师释迦牟尼佛。其实呢,佛佛道同,没有差别的,都有他净相的一面。

真达到净相是究竟吗?非也。这与认为空就是佛法究竟,一样是错的,偏了,不够圆满。所以,净相可以入佛而不能入魔,可以出世而不敢入世。所以,"虽随诸法究竟净相",不落在净的一面,同观世音菩萨一样,"而随所应为现其身"救世救人,应以何身得救度者,即现何身而为说法。应以下等身得救度者,即现下等身而为说法,因为不净也不垢。此所谓真正直指人心,不二法门在此。

"虽观诸佛国土永寂如空,而现种种清净佛土,是菩萨行。"观行成就,乃至入定,亲证一切佛的国土永寂如空,以为是究竟,其实还是小乘境界。有一个寂灭,有一个空,就已经不空了,不清净了。寂灭和空也要舍掉,"而现种种清净佛土",才是菩萨行。这是告诉我们不垢不净的道理。

"虽得佛道转于法轮入于涅槃,而不舍于菩萨之道,是菩萨行。"最后讲到了佛道究竟,真正学大乘佛法之人,虽然证得佛道,虽然自利成就,也能转法轮利他,也可以随时入涅槃,不生不灭、不去不来,但是真正大乘佛道,只两句话:"智不住三有,悲不入涅槃",这是智悲双运之法。智是般若成就,代表法身证得,解脱了,般若、法身、解脱,三样都圆满了,因此可以不住三有。但是,在大乘菩萨念念在慈悲中,虽然证得法身而跳出三界外,因为悲心而永远不入毕竟涅槃,生生世世在无量三千大千世界六道中度众生。

讲到这里,维摩居士不说下去了。

"说是语时,文殊师利所将大众,其中八千天子,皆发阿耨多罗三藐三菩提心。"当时文殊菩萨所带领的大众,有出家在家众、有天人天龙八部,可是,说这一段不二法门时得利益的,只限一种人,就是八千天子,只有欲界天以上的天人,才有这种智慧,能听得懂。因为听懂了,就发大乘心。

我一再讲,《维摩诘经》翻译得太好了,文字容易懂,但是每次愈读愈害怕,因为每一字每一句里,包涵的意义太多了,但是大家都被文字盖过去了。

不思议品第六

尔时舍利弗，见此室中无有床座。作是念：斯诸菩萨、大弟子众，当于何坐？长者维摩诘知其意，语舍利弗言：云何？仁者为法来耶？为床座耶？舍利弗言：我为法来，非为床座。维摩诘言：唯！舍利弗！夫求法者，不贪躯命，何况床座。夫求法者，非有色受想行识之求，非有界入之求，非有欲色无色之求。唯！舍利弗！夫求法者，不着佛求，不着法求，不着众求。夫求法者，无见苦求，无断集求，无造尽证修道之求。所以者何？法无戏论。若言我当见苦、断集、证灭、修道，是则戏论，非求法也。唯！舍利弗！法名寂灭，若行生灭，是求生灭，非求法也。法名无染，若染于法，乃至涅槃，是则染着，非求法也。法无行处，若行于法，是则行处，非求法也。法无取舍，若取舍法，是则取舍，非求法也。法无处所，若着处所，是则着处，非求法也。法名无相，若随相识，是则求相，非求法也。法不可住，若住于法，是则住法，非求法也。法不可见闻觉知，若行见闻觉知，是则见闻觉知，非求法也。法名无为，若行有为，是求有为，非求法也。是故舍利弗，若求法者，于一切法应无所求。说是语时，五百天子，于诸法中得法眼净。

尔时长者维摩诘问文殊师利：仁者游于无量千万亿阿僧祇国，何等佛土，有好上妙功德成就师子之座？文殊师利言：居士！东方度三十六恒河沙国，有世界名须弥相，其佛号须弥灯王，今现在。彼佛身长八万四千由旬，其师子座，高八万四千由旬，严饰第一。于是长者维摩诘现神通力，即时彼佛，遣三万二千师子之座，高广严净，来入维摩诘室。诸菩萨、大弟子、释、梵、四天王等，昔所未见，其室广博，悉皆包容三万二千师子座，无所妨碍，于毗耶离城，及阎浮提四天下，亦不迫迮，悉见如故。

尔时维摩诘语文殊师利：就师子座，与诸菩萨上人俱坐，当自立身如彼座像。其得神通菩萨，即自变形为四万二千由旬，坐师子座。诸新发意菩萨及大弟子，皆不能升。

尔时维摩诘语舍利弗：就师子座。舍利弗言：居士！此座高广，吾不能升。维摩诘言：唯！舍利弗！为须弥灯王如来作礼，乃可得坐。于是新发意菩萨及大弟子，即为须弥灯王如来作礼，便得坐师子座。舍利弗言：居士，未曾有也。如是小室，乃容受此高广之座，于毗耶离城，无所妨碍。又于阎浮提聚落城邑，及四天下诸天龙王鬼神宫殿，亦不迫迮。维摩诘言：唯！舍利弗！诸佛菩萨，有解脱名不可思议。若菩萨住是解脱者，以须弥之高广内芥子中，无所增减，须弥山王本相如故。而四天王忉利诸天，不觉不知己之所入，唯应度者，乃见须弥入芥子中，是名不可思议解脱法门。又以四大海水入一毛孔，不娆鱼鳖鼋鼍水性之属，而彼大海本性如故，诸龙鬼神阿修罗等，不觉不知己之所入，于此众生亦无所娆。又舍利弗，住不可思议解脱菩萨，断取三千大千世界，如陶家轮，着右掌中，掷过恒沙世界之外，其中众生，不觉不知己之所往。又复还置本处，都不使人有往来想，而此世界本相如故。又舍利弗，或有众生乐久住世而可度者，菩萨即演七日以为一劫，令彼众生谓之一劫。或有众生不乐久住而可度者，菩萨即促一劫以为七日，令彼众生谓之七日。又舍利弗，住不可思议解脱菩萨，以一切佛土严饰之事，集在一国，示于众生。又菩萨以一佛土众生，置之右掌，飞到十方遍示一切，而不动本处。又舍利弗，十方众生供养诸佛之具，菩萨于一毛孔，皆令得见。又十方国土所有日月星宿，于一毛孔，普使见之。又舍利弗，十方世界所有诸风，菩萨悉能吸着口中，而身无损，外诸树木，亦不摧折。又十方世界劫尽烧时，以一切火内于腹中，火事如故，而不为害。又于下方过恒河沙等诸佛世界，取一佛土，举着上方，过恒河沙无数世界，如持针锋，举一枣叶，而无所娆。又舍利弗，住不可思议解脱菩萨，能以神通现作佛身，或现辟支佛身，或现声闻身，或现帝释身，或现梵王身，或现世主身，或现转轮圣王身。又十方世界所有众声，上中下音，皆能变之，令作佛声，演出无常苦空无我之音，及十方诸佛所说种种之法，皆于其中，普令得闻。舍利弗！我今略说菩萨不可思议解脱之力，若广说者，穷劫不尽。是时大迦叶，闻说菩萨不可思议解脱法门，叹未曾有。谓舍利弗：譬如有人，于盲者前现众色像，非彼所见。一切声闻，闻是不可思议解脱法门，不能解了，为若此也。智者闻是，其谁不发阿耨多罗三藐三菩提心？我等何为永绝其根？于此大乘，已如败种，一切声闻，闻是不可思议解脱法门，皆应号泣，声震三千大千世界。一切菩萨，应大欣庆，顶受此法。若有菩萨信解不可思议解脱法门者，一切魔众无如之何。大迦叶说此语时，三万二千天子，皆发阿耨多罗三藐三菩提心。

尔时，维摩诘语大迦叶：仁者！十方无量阿僧祇世界中作魔王者，多是住不可思议解脱菩萨，以方便力故，教化众生，现作魔王。又迦叶，十方无量菩萨，或有人从乞手足耳鼻、头目髓脑、血肉皮骨、聚落城邑、妻子奴婢、象马车乘、金银琉璃、砗磲玛瑙、珊瑚琥珀、真珠珂贝、衣服饮食，如此乞者，多是住不可思议解脱菩萨，以方便力而往试之，令其坚固。所以者何？住不可思议解脱菩萨，有威德力，故行逼迫，示诸众生，如是难事，凡夫下劣，无有力势，不能如是逼迫菩萨。譬如龙象蹴踏，非驴所堪，是名住不可思议解脱菩萨，智慧方便之门。

现在开始讲《不思议品》。我们研究佛法的人，随时都会讲到"不可思议"这个用语，大家千万要注意，"不可"是逻辑，讲方法，佛法是不可以用思想去讨论它、研究它的，方法上是"不可"。但是，一般人往往理解成"不能"去思议，佛可没说过不能思议，所以你们青年同学不要误解了。佛法是不可以用普通的思想学问去讨论、研究所能懂的，硬是要用修持实证来的。

"尔时舍利弗，见此室中无有床座。作是念：斯诸菩萨、大弟子众，当于何坐？长者维摩诘知其意，语舍利弗言：云何？仁者为法来耶？为床座耶？舍利弗言：我为法来，非为床座。"

维摩居士和舍利弗刚才的对话告一段落，八千天子发了阿耨多罗三藐三菩提心。这个时候舍利弗眼睛向周围一转，发现维摩居士的房间空空的，没有座位，脑子里想：这么多大菩萨来了（当时像观音菩萨、得大势菩萨、弥勒菩萨都来了，不过在这儿都没有讲话），同一群弟子要坐在哪儿呢？

你们还记得跟着文殊菩萨去的有多少人吗？答不出来就是不用心，这是基本的，翻回去看。房间只有一丈见方，后来唐代出使天竺的王玄策到毗耶离，经过此室，用笏板量过，止有十笏，所以称"方丈室"。玄奘法师的传记有记载，他亲自到维摩居士的这个房间。

舍利弗刚一想，维摩居士有他心通，立刻就知道了，于是他问道：喂！舍利弗，你是为求法来的，还是为座位来的？

在此，我顺便跟你们谈个八关斋戒律的问题。你们居士可以听，因为我是居士也可以讲，进一步就不能谈了。沙弥戒是不准坐高广大床的，为了这一条戒，我发现好多年轻人实在很可怜，有个年轻同学因此在地板睡了两年，因为他认为高的床、宽的床不能睡。我可以负责任告诉大家，讲错了愿下地狱，下二十一层，永不翻身。如果我讲对了，那么很多人就错了，害死人了。制定这一条戒律，是要初学佛的弟子先学会谦虚,不准坐高广大床,意思是不准坐上位!文字要搞清楚,床在中国古代就有,我家乡老祖母的床比一个房间还大。床是由西域来的,椅子原来叫床。中国原来没有椅子的,秦汉时人都是席地而坐,到了魏晋才由西域传入椅子,那时叫作胡床。高广大床是地位很高的人、领导人坐的,那个床又高又宽。胡床又有个名字叫脚床,床脚可以折拢起来的。打坐的叫绳床,草绳编的,可以折起来带出去,佛图澄禅师就经常坐在绳床上打坐。所以,这戒律是要沙弥学谦虚,并不是说不能睡床铺。为了这件事,许多年轻人不敢睡床,怕犯戒,弄块窄窄的木板铺在地上睡,连翻身都不行。

现在念了《维摩诘经》应该明白了,舍利弗想的床座指的是椅子,否则那个方丈的房间,岂不又要摆椅子又要摆床的。不要搞错了!我特别提出这一件事。

舍利弗答复说:我是来求法的,不是为了坐好椅子来的。大家学佛都是为了求法,有的人拼命学个法,像咒子、手印、功夫等。古今中外学法,一开始多半是学打坐,也有点窍,教你守住的,都算是传法。各地方传法是大事一件,有第三人在还不传,有的要发毒誓不准外泄,否则天打雷劈。像我这样随便指出穴窍位置可不得了,所以每逢打雷我就有点怕(众笑)。佛教中藏密要求法也是不得了的事,我和已涅槃的章嘉活佛、甘珠活佛过去常有往来,和他们说笑,说学密宗是富贵法。比如学个咒子,第一要磕头如捣蒜,这个很平常。然后要献哈达,这是古法。哈达都是绸子做的,拿到了也不知道如何处理,当裤腰带太宽,当围巾太薄。能当上活佛的,收到的哈达就堆积如山。

当年我在杭州读书,年纪还小,班禅活佛来到了灵隐寺,依密宗规矩他先顶礼佛像,三拜后,起身右绕一圈,头还碰一下佛坛,表示碰到佛足了。然后他就要献哈达,因为佛像非常高,他就玩了个把戏。只见他从怀中拿出一条黄色哈达,很长的,轻轻用手一送,哈达就飘上去,挂在佛像脖子上了。这一下子，当天皈依的人不计其数，活佛就活了。这是什么道理呢？就值得一参了。若是气功，这功夫也了不起的。这是我当年挤到人群最前面，亲眼看到的，绝不是靠机械作用，当时看到的人很多。这是讲到哈达，想起这一件往事。再说求个法，在献了哈达之后还要供养，供养不是十块二十块钱，都是很重的，要依你的经济能力表示你的诚意。所以，我说学密宗是富贵法，假使要学遍密宗的法，可以说不管你有多少财产，也会学光的。

讲了半天的废话，回头讲求法。究竟什么是法？这是个重大问题。大家都想求个法，好像求到了就可以立地成佛、立地成仙。现在《维摩诘经》在这里指示我们，什么是真正的法。法在哪里？就在你自己那儿。现在法在哪里？就在《维摩诘经》上。上卷讲到皈依佛，如何是佛的净土，中卷（第五品至第九品）讲皈依法，如何求法。

有些话我经常在重复，有时会岔开很远，原因是四个字：语重心长。话是啰嗦，有时刺激了人。我的用心是爱护青年同学们，希望能续佛法慧命，续中国文化慧命。你们年轻同学一定要先把中文弄好，中文学不好，自己祖先传下来的法宝你就打不开。佛经就是法宝，我们这里好几部大藏经，不知有多少宝在里头，谁去求了？只有书虫在求。这你不求，偏要向外求。《维摩诘经》文字翻得太好了，文学的境界好，你不要轻易地就看过去了。

如何求法

"维摩诘言：唯！舍利弗！夫求法者，不贪躯命，何况床座。"维摩居士说：喂！舍利弗！真要求法的，连自己身体性命都可以不要，你还问椅子在哪里！二祖神光向达摩祖师求法时，把手臂都剁下来了，达摩要他手臂干什么？这是二祖表示自己的志气，为了供养佛法僧，没有别的可供养，不惜躯命供养。你们读密宗密勒日巴祖师的传记，他是宋元之间的人物，他的出家修行多苦啊！十几年住山洞没饭吃，比佛祖六年雪山修行还要苦，一身长出绿毛来。衣服也没得穿，后来总算他未婚妻和自己妹妹，为他化缘得了一些布，才做了个衣套来覆体。师父要他独立盖栋房子来供养，他费了几年时间挑土石盖起房子，师父又叫他拆掉重盖，还不准别人帮他。拆了又盖，盖了又拆，毫无怨言，为法忘躯。学密宗的人都以他为标榜，但是有几个人真做到像他一样？他为求法受到莫名其妙的磨炼，但是从未反悔。

　　看到《维摩诘经》这句"不贪躯命"就要往这里想。可是，我们学佛学打坐的，哪个不想求长生不老？又想通奇经八脉、头上放光。十个来的人有五双是为了身体而学佛，都在身体这四大上做功夫，没有一个是"不贪躯命"的。还有的人来向我发牢骚，他学佛二三十年怎么还生这种病，好像我该为此负责似的，我只好说我还没见过一个不死的人。所以，《维摩诘经》还是没看懂嘛！真为学佛法，求个心地法门，能知道心地法门不在身上，不在健康长寿上，不在内外中间，能不贪躯命的，这个世界上还真不多。

　　对佛法的认识，首先一定要正确，所以禅宗讲见地。沩山禅师告诉仰山两句重要的话："只贵子眼正，不说子行履。"眼正是讲见地，就是观念要正确，行履是功夫。如果观念不正确，你的功夫做得再好也没用。只在身上做功夫，这个肉体是有生老病死的，会过去的，不是佛法。如果见地对了，行履也有，这个肉体虽然会过去的，但是比较少病少恼。要想做到无病不死，是要有特别法门的，但是连佛自己都不肯去做。所以，佛与佛相见，还要互问"少病少恼否，众生易度否"。你们年轻法师学了这一句，将来彼此写信也可以用上，可是不要讲"信徒"易度否，那是神权用语，佛教用的是"信众"，众生平等，顺便一提。

　　"夫求法者，非有色受想行识之求。"色受想行识是五蕴，我们都知道的。简单地为新来的同学讲一下：色法包括物质、生理方面，四大都是色法。受，是感觉方面，身体和心理有感觉谓之受。想，是心理的思想。行，包括了肉体与心理内在的思想，还包括外在的空间和时间，行是一种动转，宇宙万象随时在动，分秒不停。打坐虽然入定了，心脏还会跳，血液在循环，就是行阴没有停，到三禅以上气住脉停了，行阴还不能真算停止，只是暂时用自己的功力把它切断而已。这就要了解唯识的二十四种心不相应行法，那是意志控制不住的。换言之，生命的原动力是行阴。识，八识都属于识的范围，这里有专门的课程研究《成唯识论》，现在不多解释了。所谓五蕴，包括了生理与心理、知觉与感觉，这样讲你就比较容易懂了。五蕴，是五个区分，代表了生命的身心全体。

维摩居士说，真正想求法的人，不在色受想行识上面去求，也就是说，不在身心上去求法，刚才也说"不贪躯命"。

"非有界入之求"，"界"是佛学名词，共有十八界，眼耳鼻舌身意，是生理的各种机能的六根，色声香味触法，是外在与生理机能相对的六尘。六根与六尘中间有界限吗？没有的，眼睛看着手表，马上就看见了。眼睛与手表之间真没有界限吗？绝对有的，用中文说是"间不容发"，连根头发那么细微的距离都谈不上，研究物理的人就知道，这中间是有界限的，所以佛法定十八界不是偶然的，不是为了理论上的差别，是有实际上、科学性的差别。所以，六根六尘，加上中间的界限，共有十八界。这个界限中又有个秘密，佛法为什么说有十八层地狱？这个属于数理哲学的范围，与易经的数也有关联，佛法说的各种名词数目，七觉支、八正道等，这数目字都不是乱定的，其中有最高深的道理，因此学过数理哲学的人，学起佛法就很容易。

"入"是十二根，眼耳鼻舌身意和色声香味触法，六尘有时又叫六入，但六尘和六入又不一样，古代大师翻译时非常痛苦，用尽心机，不过用六尘比较文学化，用六入则科学化。你看着手表，究竟是手表进入眼神经视线，还是眼神经视线到手表这儿？这是个问题。学科学的人要这么问，学佛的人要参就得这么参。是手表在放它形象的光，进入我的视觉，然后视觉神经到脑，因此才了解到有手表吗？还是眼神经放射视觉到手表，才觉知到手表？有人可能觉得，这么参太啰嗦，看见就看见了嘛！但是真学佛的人，应该要在这里参究。翻译成六入就有根尘进入的作用。

鸠摩罗什法师的翻译真好，这里六个字概括了十八界六根六尘，我们表面对佛学名词熟练，一看就懂。但是假定把《维摩诘经》翻成英文还是这样翻的话，是绝对不通的，将来一定会有用外文翻译中文佛典的，现在也有些人在做，都很粗浅。我们看汉朝、南北朝初期翻成中文的佛典，有些都不通的。后来一次又一次的改革，到了唐朝，玄奘法师还要重翻，精益求精。所以，现在中文翻成英文的佛经都很有问题。

还有你们要注意，《汉英佛学大辞典》的很多名词翻译是不通的，你们青年同学只会用《汉英佛学大辞典》翻译英文，是你们不好好读书。《汉英佛学大辞典》的作者自己在序言中讲，他是在创作，把佛法名词根据梵文翻成英文，不能算数，希望后来有人能利用并加以修改。可是，几十年过去了，也不见有后起之秀发这个大愿，真正去编一本英汉或汉英的佛学字典。佛教界天天讲要做功德，这是佛教文化的大事业啊！哪个来做？你看一本普通的《汉英字典》，修改再修改了多少次，可是佛教界这一本书，几十年没有人动过。

我可以预言，三五十年之后，是大翻佛经的时代，如果照鸠摩罗什法师的中文直翻成外文是不行的，愈翻愈不懂。梵文同西方文字一样，一句一句非常啰嗦，到了鸠摩罗什法师，晓得中国民族文化怕繁琐，就浓缩成一句话带过去了。一部《大般若经》六百卷，非常长，其实浓缩成中文两卷也够了，可是玄奘法师不敢浓缩，就成了六百卷。

"非有欲色无色之求。"欲界、色界、无色界合共三界，不在三界里头求法。

根据维摩居士告诉舍利弗，所谓真正求法，不在色上求，你们打坐看到光，不要觉得有什么，光也是色，同佛法不相干，是你用功经过的境界。记住《楞严经》的话："不作圣心，名善境界。"碰到好的境界，不要认为自己进步了，得道了，这才是好事，才是进步。"若作圣解，即受群邪"，如果看到光、气脉动了或者见到佛菩萨现前，自以为了不起，那就叫走火入魔了。为什么抓住境界就是魔道呢？《金刚经》上说"应无所住而生其心"，有所住即受群邪，即入魔障。

所以，真正佛法不在色上求，不在受上求。今天有位外国同学打电话来，问题解决不了，气脉通不过，骑着车子自己人都不见了，就怕了。我告诉他这是个感受，是一定的过程，中国儒家讲变化气质，不只是理论讲讲的，是在做功夫上，气是气机，质是身体物质，修养好了的人身体硬是会变化，脱胎换骨。道家讲就是气脉变动，到某个阶段是会如此。修行用功，胆子不要那么小嘛！我自己经验，走在路上忽然走不动了，现在人可能会认为是心脏病发作了，或中风了，我就不管它的，走不动就死在这儿，万一被车子碾过去都无所谓。有时甚至走着走着，觉得身子倒过来了，头在下脚在上，我都不理。碰到这情形，我把身体一丢，"不贪躯命"，充其量殉道而死。我就告诉那位外国同学没有事的，但是这几天不要骑车子，气机在夹脊通不过，一定会有这阶段的，不稀奇。然后就请他找朱文光，贴两副膏药，帮他快一点通。

这些事说明，我们做功夫都被身体感觉困住了，所有修持方法也都在感觉上打滚，这就要注意了。应该照见五蕴皆空，不要搞受阴境界。

我们参禅做功夫，多半是在想阴里做功夫。密法的各种观想都是意识境界，在想阴里。这种路线对不对？不能说不对，理由等一下再讨论。

至于行阴就不大容易懂了。举个例子，有位同学本身是教书的，他一边学道家，一边学佛，走无为路线。他喜欢读《大般若经》，他说有时念着念着就到了一个很好的境界，自己都讲不出来，那时他经也不念了，这一舒服真万缘放下，空灵境界可以维持好几天。他就怕自己走错了路。我说这很好，就这么走下去。这还是行阴境界，不过他不作圣解是对的。

识阴境界更难懂了，非要有很深的禅定功夫，至少要到了初禅以上，慢慢可以讨论识阴的问题，我们在此不再详谈。

所以说"非有色受想行识之求"，才是真正在求佛法，我们自我反省一下，有哪一个学佛不是在这五阴里转呢？谁能够跳出五阴？能够跳出五阴就对了。但是，在五阴上求法修行对不对呢？初步是对的，道理何在？好比你要做个桌子，工欲善其事，必先利其器。要把木工做好，就要有锯子、斧头、钉子这些工具。以修行来讲，六根、五阴就是工具，所以从色受想行识入门并没有错，但是不要被它们所转，不要执著这些境界。如果执著在色受想行识的境界，以为这个是佛法，那就错了。

我们要了解《维摩诘经》所讲的，是上乘的大乘菩提正道，是证得菩萨道的究竟之论，你初步从色受想行识入手没有错，到最后应无所住就对了。

刚才说的"非有界入之求"，是把五阴再分析变成十八界。例如，打坐时心中念佛，是在意识界里修，你作观想也是在意识界里，这在密宗叫生起次第，把意识上本没有的东西使它生起来。好像观想佛，密宗非常注重形象的佛，或雕塑的，或绘画的，每个人要有个小坛场（就是道场或佛堂），或称坛城或曼达拉（曼荼罗、曼陀罗）。打坐时佛像要对着自己眉心位置高度，叫瞪目视佛，看佛像眉尖明珠，看久了慢慢也忘记看了，眼睛也不看了，一切忘了，就是观佛眉尖的明珠入定。传这样的修法已经是不得了的,你们该欠我哈达和供养了,我这么随便讲出来了,所以我碰到打雷就怕。

讲正经的,我的观念不同,道是天下的公道,法是天下的公法,不属于我的,只要诚心来学的,我就知无不言,言无不尽,不来磕头供养那一套。我和许多老喇嘛说,有一天我会把密法全部公开的。他们说要得到我本尊许可才行,就是要有文殊菩萨、佛答应。我说:放心吧!早答应了。佛要度众生嘛!有什么秘密呢?为什么一定要磕头要供养?但是,学人不诚心,也是学不到,学到了也不会修,也等于白学。

总之,观佛像这个法门是从十八界的眼界来修,必须修得生起次第,意境上生起,无中生有,就是要先把佛像看清楚,影像留住才观得起来。你说,这不是着相了吗?显教说要断除一切妄想,不错的,但是在妄想没有断除以前,你只好借用妄想。所以,一心不乱是加重妄想,怎么加重呢?把所有的妄想集中在一点上了,他的理论方法是以楔出楔。古代盖房子不用铁钉,用的是木钉,叫作楔,要取出先前打入的木钉,就再打入一支木钉,把先前的钉子推挤出来,叫作以楔出楔。我们用功时妄念断不了,如何清净呢?只有把所有的妄念集中在一点,叫作系心一缘,把所有的心都放在一点,念佛法门也是这个道理。

以楔出楔还有个比方,面粉洒散了怎么收拾?就拿一把面粉沾湿了,捏成一团,再用这一团去黏散开的面粉,就可以黏光了。修行的方法也是如此,由系心一缘开始。用这方法去观想佛像,观得起来时,在意境上,身心内外就是佛像一尊,在密宗就叫做生起次第的成就。无中生有,由真空生妙有,再由有归到空。把所有的面粉黏成了一团,然后把这一团丢掉,一点面粉也不剩了。从有归到空,叫圆满次第。所有的修持方法就是这个原则,没有第二个原则的,这也就是不二法门了。

所以,分析五阴的求法之后,最后的成就不落在十二根尘,不落在眼根,不落在色尘等等之间。好了,这两句经文我们了解了,维摩居士传的法我们也懂了，可是到达这个程度是学佛法的成就吗？没有。有句成语说，修道的人跳出三界外，不在五行中。三界是佛家的话，五行是道家的话，这是说修道成仙成佛了。道家讲的五行是从物理入手，所以用金木水火土物质来代表，佛家文化从心入手，所以是讲色受想行识，道理是一个。离开欲界的边缘，还要再进一步，跳出色界、无色界。我们学佛的人要随时反省自己的起心动念，今天去庙上磕头供养，为自己求福报，这是欲望，还是在欲界中求。做了好事想得善报，这也是欲。因为我修行，来生想要好一点，这是大欲，比做生意还功利。以此求道，何道能成啊！

超越了欲界，在色界中求，或在光明中，或求无念得清净，一定八万四千劫，还在无色界，都没有跳出三界之外。因此说"非有欲色无色之求"，你看这经文，你如果要把它翻成外文可不要简略，不要乱翻。唐朝时有位居士想注解佛经，去见南阳慧忠国师，忠国师嘉许他能发心，然后让小和尚拿碗水，碗中放七粒米，碗上摆只筷子，问居士知不知道这什么意思，居士不懂。忠国师就说，连我这老和尚的意思都不懂，你能懂佛的意思吗？还想注解佛经？

"唯！舍利弗！"，这里维摩居士再起一段话。他为什么要再叫一次舍利弗呢？在古文作文时，这一句话会被先生用红笔给你杠掉的，你重复了。这要了解佛经是对话录，这是表情，是个层次，是个阶段。如果是电影，维摩居士讲到这儿，会看一下舍利弗，看他懂了没有，然后说：喂！舍利弗，我再告诉你。

"夫求法者，不着佛求，不着法求，不着众求。"上面说真正佛法不在五阴中，不在十八界中，也不在三界中求。再进一步说，也不在佛、法、僧三宝。这里要注意这个"着"字，是黏着的意思。"众"是指僧伽、僧众，也可以是单一个僧，一个比丘就可以代表古往今来一切十方三世圣贤僧。真正的求法，执着佛、执着法、执着僧也错了。但是，你不要读了这一句,就不皈依三宝了,那是妄语,你没有到这个境界。这里讲的是上乘的不二法门,真正的解脱道。

"夫求法者,无见苦求,无断集求,无造尽证修道之求。"这是讲也不着于苦集灭道,声闻众的四谛法门。很多人说因为看通了人生皆苦,所以出家学佛,这是见苦而求道,换句话说是在逃避,觉得世间太苦,所以要出家离苦得乐。前面一句要你不"着"求,这一句换了一个字,要无"见"苦求,无"断"集求,无"造"尽证修道之求。

所以,叫你们文字不要马虎过去了,《维摩诘经》最容易看懂,最容易马虎。一般人发心修道是见苦、怕苦而求,大乘菩萨无见苦也不求乐。

苦与不苦很难讲的,推开佛学,我讲个哲学的道理。我在学校里讲比较宗教的研究,说到所有的宗教哲学,对人生的看法都是悲观的,认为世界是凄惨的,该厌恶的。他们都站在日落西山的观点看世界、看人生,天要黑了,悲惨呀!不管伊斯兰教、道教、基督教都如此。所以,就来兜揽生意了,好像旅馆的人站在门口拉客人,宣扬自己旅馆可以收容人,设备好,专管死人的事,不要怕死。中国文化不然,它不看日落西山,看日出东方,生生不已。宗教家是站在殡仪馆门口的,中国文化是站在妇产科门口的,哈!又生出来一个了,生生不已,生死是昼夜的两头。

那么,宗教与哲学思想为何如此呢?从大乘佛法来看,宗教与哲学思想,是落在小乘的苦集灭道范围里。所以,真正佛法是"无见苦求",见是观点。像《华严经》看这世界,是没有苦集灭道的,永远是至真至善至美的一真法界。

"无断集求",断惑证真是小乘境界。大家打坐最苦恼的是,妄想杂念断不掉,都以为能把妄想杂念完全切断,断惑证真就悟道了。无断集求是不去追求,就没有无明烦恼了,这里为什么说不要去断它呢?妄念如同李白的两句诗："抽刀断水水更流，举杯消愁愁更愁。"真是千古名诗。同样道理，你想断去妄念得清净，那断去之念就是大烦恼，因此告诉你"无断集求"。

"无造尽证修道之求"，"造"依古书的读法如"超"，这句话是要你，不要以为断尽一切无明烦恼就证得道了，那是小乘的法门。譬如永嘉大师的话"了即业障本来空，未了先须偿夙债"，这是永嘉大师的真话，大小乘都一样，人生都是来还夙债的，还完了就好了，像对儿女的债，就乖乖地去还吧！

这是维摩居士的第二段话，他说：喂！舍利弗，真正的求法，不著佛法僧三宝去求，不著于苦集灭道而求。然后他自问自答：

"所以者何？法无戏论。"为什么如此？真正的佛法没有"戏论"。怎么叫戏论？中文的"戏"字本来有两个，看电影、看唱戏的戏字，用的是虚字边加个戈字，表示是虚假的。现在通用这个"戏"字，是小孩子在玩的游戏，是玩耍的。佛法讲戏论，是指小孩子开玩笑的话，玩笑的话不是实际的。什么是戏论？佛法的"空""有"，主张空是真正的佛法，这就是戏论；讲有，一定要修到什么果，都是有为法，也是戏论。"非空""非有"还是戏论，非空就是"有"嘛！非有又是"空"嘛！都是文字游戏。

所以，清朝的大思想家顾亭林就说，佛经像是一桶水，倒入另一桶中，再倒回来，只有一桶水在两个桶里倒来倒去，一个空的，一个有的。虽然他这是批评佛法，但有他的道理，你如果佛法搞不通，就成了这样。所有的佛法、所有的论辩，在逻辑上离不开这"空""有""亦空亦有""非空非有"四个方向。维摩居士讲真正的菩提大法，要把戏论扫掉。

禅宗讲"离四句绝百非"，就是要离开这四个方向。也有人以为《金刚经》上有好几处四句话，像"若以色见我，以音声求我，是人行邪道，不能见如来""一切有为法，如梦幻泡影，如露亦如电，应作如是观"等，但不是这里所说的四句。这里说"法无戏论"是告诉你，真正的法不在"空"、不在"有"、不在"亦空亦有"、不在"非空非有"的戏论。

什么不是求法

"若言我当见苦、断集、证灭、修道，是则戏论，非求法也。"执著了苦集灭道四谛法门就是戏论，就不是佛法。这很严重了，《维摩诘经》所批驳的苦集灭道，是小乘佛学的基础，但是我们不要上维摩居士的当了，告诉你：戏论也是佛法。是什么佛法？方便法门。要明白世界上任何教育手段的本质，都是诱导法，都是用哄的。诱导就是佛法讲的方便法门，固然从无上佛道观点批驳戏论，但戏论也是佛法，是方便法门。《涅槃经》上说：指黄叶为黄金，为止儿啼而已。小孩子哭了，就拿个黄叶哄他，说是黄金，他就不哭了，不哭就好了嘛！就是用诱导的方法使他不哭，不受这个烦恼。一切佛法也都是指黄叶为黄金，为止儿啼而已啊！

我在峨眉山庙里闭关时，第一天入关，在大殿上看到了明朝末年禅宗破山祖师的对联，觉得这个字之好，是一气连下来的。和尚告诉我是破山祖师亲笔写的。不但字好，对子作得也真好：

　　山迥迥　水潺潺　片片白云催犊返
　　风飒飒　雨洒洒　飘飘黄叶止儿啼

真高明极了，全部佛法的道理都讲完了。

"唯！舍利弗！法名寂灭，若行生灭，是求生灭，非求法也。"这里牵涉对佛法认识最基本的问题。根据本经，真正佛法是自性寂灭的。涅槃有时也翻成寂灭，还有一个翻法叫圆寂，这都是不得已的翻法，整个涅槃的意义只表达了十分之一。

一提到涅槃或是寂灭，普通人就联想到死亡，什么都没有了。其实涅槃真正的意义包括了常、乐、我、净这四个要点。涅槃在印度不只是佛教用语，婆罗门和其他宗教都有用到涅槃，而且是指神妙不可思议、无上安乐、生生不已的意思，也不是指死亡。中文把涅槃翻成圆寂，现在来看，实在是没有办法中的办法，"圆"有圆满、包含一切的意思，既充实又空灵，不一定是空，也不一定是有。"寂"不一定是没有，是代表干净、宁静、安详。

涅槃有时又被翻成无为，是借用了《老子》的名词。《老子》讲无为并不是没有，也不是不动，所谓"无为者无不为"。你可不要多加一字，变成无为者无"所"不为就糟了。用而不用、动而不动是无为。但是，无为还是不足以完整翻出涅槃的意义，到了唐代的玄奘法师，就分开成"有余依涅槃"和"无余依涅槃"（古人也翻成"有余涅槃""无余涅槃"）。在无为的观念再加上有、无，使道理更清楚。佛法最高目的是证得涅槃，不是学死亡。小乘所证得的道偏向于空，认为得了空就什么都放下了，在空的境界而不动，这在佛法是属于有余依涅槃。比方说人睡着了，也什么都不管了，但是睡眠不是死亡，是生命的一种状态，在睡眠时，身心内外一切事都仍然存在，所以虽然在睡眠时说放下了一切，但不是彻底休息。有余依涅槃，就是用来形容小乘的证果境界，还是有剩余的，还有连带的。大乘的佛果是无余依的，毕竟空的。

维摩居士对舍利弗说，"法名寂灭"，真正佛法所求证的是寂灭，寂灭是圆满清净安详安乐的，有时这个境界用之于佛土，就叫作净土。可是，一般人学佛对这第一义谛没有认清楚，都在生灭法中做功夫。严格说来，不论哪一宗，所修的法都在生灭法上转。比方，念佛就是起心动念，用念头在念。思想念头是生灭的，前一念灭了，后一念就接上来了。譬如我们在讲话，在听话，也都是生灭法，当你听到这声音，这个观念就过去了。一切的心行（心理行为），以及知觉状态，完全是生灭法。念佛、念咒、观想法门，都是求佛法入门的方便，抓住了这种方便，当作是佛法的究竟就糟了，修一辈子也不能证到涅槃之果。天台宗有数息法门，到了唐朝，道家吸收了这个法门，归纳成四个字"收视返听"。把眼神回转来，内观、内照，耳朵听呼吸。后来到了西藏密宗，就演变成修气脉，那方法就多了。十七八世纪东西方交流之后，西方国家也流行起来，医学上有用听呼吸治失眠，乃至催眠。这也是生灭法。宋朝诗人陆放翁，也是学天台宗的数息观，他有一名句"一坐数千息"，这大概要两个钟头左右，可见他每次打坐比一般人久得多了，他的功夫也不错。实际上，这与道不相干的。像很多年轻同学说，他念佛几万次，或者数息上千下，我就问他是否在做会计？光搞数字做什么？依六妙门要数息、随息、止、观、还、净，我们前面讲过了。

所以，维摩居士告诉我们："若行生灭，是求生灭"，与求佛法背道而驰。《楞严经》上佛说的名言："因地不真，果遭迂曲"，你动机、观念不正确的话，你用各种方法去修，都是在走冤枉路。《法华经》也说："诸法从本来，常自寂灭相。"这个"法"用现代的话来说，包括了一切理、一切事、一切物。《法华经》这句话说，宇宙万有一切的现象是此生彼灭的，它的本来是清净的（所以是"自"），用不着你去求个清净。用《法华经》来对照《维摩诘经》这句话，就很清楚了。

我岔进一个禅宗故事，你们参参看。有位禅师读到《法华经》这里就悟了，他告诉一同参禅的道友说，佛讲的这句话只讲了一半，什么理由呢？"诸法从本来，常自寂灭相"只讲了法身的清净面，没有讲法身的起用，是留给我们去参的。大家不服，要他把下一句讲出来，他就说："春至百花开，黄莺啼柳上。"他露了消息吗？有的，涅槃境界是生机活泼的。

"法名无染，若染于法，乃至涅槃，是则染着，非求法也。"真正佛法本来就没有染污的，既然自性本来涅槃清净，不是凡夫善恶业果所能染污上去。假使你认为自性是受染污的,因此我要去掉染污而证得涅槃,就又染污了,染污了清净。虽然去了恶念,又被善念盖上,也是染污。就比如我们的眼睛进不得沙尘,纵然是名贵的黄金粉,放进眼睛也是受不了。《维摩诘经》这里是破除小乘观点,小乘要去恶念染污,要断惑证真。大乘是要努力行善去掉恶念,但最后善念也空,把它舍掉,善果回向一切众生,自己一无所留,善恶两头都不取,用不着断惑,自性本来清净。

"法无行处,若行于法,是则行处,非求法也。"《维摩诘经》这里,每一句话的层次愈来愈高了。刚才他告诉舍利弗,自性本来寂灭的,不要以生灭心求寂灭之果,会走错路。又因为自性本来寂灭,所以它不受一切染污的,恶法、善法都不可能染污它。这是两个层次。现在是第三个层次,真难懂了。"行"有三种读法,有读如"形",有读如"杭",也有读如"恒"。像《普贤行愿品》,就有人坚持要读成"恒愿"。其实,每种读法都是对的。大多数的佛经是唐朝年间翻译的,唐朝时的中文发音,比较接近今日的客家话或广东话,"行"字就是读如"杭"。不论怎么读,意义是一样的,这是顺便提到。

中国文化讲五行,《易经》也讲"天行健",行代表着运动的观念。佛法的行是很难了解的,前面讲五阴时稍微提过行,用现代话讲是本能的活动,这样你会比较容易了解。身体的本能也会恢复健康,所以生病不吃药,硬熬一熬有时也会熬过去了,因为我们身体的本能是新陈代谢、血液和气脉运行,这就是行阴的作用,永远在转。修持到行阴停了,那就是禅定得到了气住脉停,呼吸停止,甚至毛孔呼吸也停了,血液不循环。那是三禅定以上的境界,不过这时识阴还没停,虽然呼吸停止了,脉也停了,脑还没有死,脑神经还有微波的,这都是现代医学可以证明的。

维摩居士讲"法无行处,若行于法,是则行处,非求法也"。这是什么行？不是我们刚才讲的行，但有连带关系。这里是讲行愿的行。一般人讲自己在修行，认为修行就有功德，这就像讲自己念了一百万次往生咒，好像有了大笔银行存款，往生时可以提取，是一样的心理。这就是行法，是佛法也没错，是人天乘果的修行。但是，依《维摩诘经》所讲的第一义谛菩提大道，执著于修行为修行，就错了。所以，大乘的修法就叫你随时要回向，要施舍出去。你能施舍给一切众生，实际上一切众生也会施舍给你，这就是今日常用的标语："我为人人，人人为我。"尽管去布施，布施完了，这个力量会回转给你。如果执著了行愿为究竟，就被修行法门（行法）所绑住，是不会证得彻底的涅槃之果。所以，大乘菩萨要行愿也空，空不是没有，是舍、放下。因此，维摩居士说"法无行处，若行于法，是则行处，非求法也"。这个问题就出在执著了。行处法也是意识境界，不是真正求佛法。

有些朋友来问，我打坐三年了，怎么一点成果都没有？我告诉他，这又不是在做生意，不能用时间来计算。见地观念到了，也许刹那之间你就悟道了；见地观念不到，八万劫也没有用啊！这是第三层的说明。

接下来是第四层。

"法无取舍，若取舍法，是则取舍，非求法也。"刚才讲"法无行处"，虽然在修行中，也不以为自己在修行。因此，大菩萨虽然在作六度万行，心理没有自己在作菩萨行的观念。如果有了这种观念，就着了相，非菩萨道。但是，我们听到这里就会产生一个观念：法是有取舍的。取舍什么？学佛法修行如果不抓住修行，不自己抓住修行的功德，要舍，这岂不是又落入一边了？落入有取有舍了，也不是究竟，不是中道观。因此，维摩居士更进一步说"法无取舍"，他对舍利弗真是苦口婆心啊！步步叮咛，一层一层上来。如果有取舍，就非求法了。

初学佛的同学们，常常对法有取舍。取舍在哪里？有些人执著净土，大骂禅宗、密宗。学禅宗的人说，净土是愚夫愚妇笨人学的，我要学最高的。执著密宗的又说,只有密宗才是至高无上的。这种观念都是功利主义,也像是去买菜,专挑又好又便宜的。结果常常忙着赶道场,学了密又学禅,好忙啊!我过去也是这么忙过来的,后来恍然大悟,也就不忙了。当然,我不是悟道,是悟到自己赶得太辛苦,干脆万缘放下,我还是我,多安详呢!

所以,"法无取舍",青年同学记住这句话,少走冤枉路。《金刚经》也告诉你,一切法皆是佛法,哪怕你只拜佛也会悟道。

我小时喜欢作诗,我父亲就给我一本书,要我背里面的诗。我一读很欢喜,父亲说,这是附近一间庙子的和尚作的。那位师父是打鱼出身,一个大字不识。他不知什么因缘,忽然出家了,经也不会读,就整天拜佛。那庙子地面是石块铺的,他拜了九年,石块都拜出印坑来了。后来他又忽然不拜佛,去睡觉了,一睡睡了三年,中间有时连睡几个月动都不动的。他师弟在他屁股上放碗水,第二天再看都没翻掉,还以为他死了,好在他师父知道他是入定去了。三年以后,他作文章作诗都会。这是我亲身见到的,说明你拜佛或用什么法都好,只要诚恳、专心一致、系心一缘、制心一处,无事不办。你搞净土,又参禅,又学密,到处找能让自己快一点成就的法门,好像在买股票一样,是一无所成的。一门深入的话,诚恳拜佛也会悟道的。佛法其实很简单,制心一处,无事不办,专一就成功了,不要念"多心经"啊!记得《金刚经》告诉过我们:"是法平等,无有高下。"现在再上一层。

"法无处所,若着处所,是则着处,非求法也。"真正佛法没有固定地点的,这个"处所",小而言之指身体上的,像道家或密宗守窍,三脉四轮,都在身体上搞,这成了法有处所。如果气脉感受是佛法,那你死了肉体没了,感受没有了,那佛法不是完蛋了吗?这个生意不能做啊!大的处所,例如密宗观虚空,观蓝天,观日轮,这些都是方便法门,非究竟。如果认为这是第一义谛,那就犯了法有取舍,犯了法有行处,犯了法着处所。佛法是活泼泼的,你着了处所是呆板的。"处"是十二处,眼耳鼻舌身意,色声香味触法。念佛是意处在念,观想也是。无上大法是无处所,用有处所之心求佛法,已经被处所困住,不是真正求佛法。

刚才休息时间有一位道友找我讨论,学佛很多年了。他说现在什么都对,就是觉得好像放不下,所以没有多大进步。我说:这个问题正是现在讲的,刚才不是听过了吗?所以你听经要拿到心上才用得到,不然就白搞了。"法无取舍",你觉得一定要放下了才是,这就有了取舍,本来就是放下的。譬如有人说自己的心无法空灵,你们现在专心听我讲话正是空灵嘛!否则你怎么听得进去,对不对?本来不用放下,自然是放下的。你有一个放下之心就有所取舍了,就是行于法,行于生灭法,行于取舍法,也是行于染污,因为你认为放不下是染污了,法是没有染污的,自性本来寂灭。这位道友问:那么该怎样呢?我说,就是这样,没有那样,这样就是这样。如果你真到了这样就是这样也差不多了。

所以,一般人修持都有取舍心,或者求清净,或者求放下。放下是个名称,你上了座想我要放下!放下!早就放不下了。因为你有一个求放下之心,这个念头挡住了,就有所取舍。那你问,我这么坐在那边岂不是傻不楞登?嘿!就怕你不傻,真傻了蛮好。世界上的人都太聪明了,所以找了许多烦恼,真求傻而不可得。所以,我说这一位道友是现身说法的菩萨,我们借这个机会,给大家再把《维摩诘经》这一段讲了一次。

"法名无相,若随相识,是则求相,非求法也。"第一义谛、真正佛法是无相的。我常说,一般人以有所得心来学佛,想求无所得果,是背道而驰。所谓"相",是佛学名词,用现在的话讲,普通人都想求一个境界,尤其是学密法的。有的人天生个性如此,这种人来找我,我就说:你不要跟我谈,最好去学密宗。他一听,眼睛都亮了,还问我为什么。我说:因为你脑子里充满了神秘主义。很多人都是好奇,有神秘观念,打坐修道就想求个境界,若是没有境界,还要埋怨为什么没见放光、没这没那。他这是求有相法,而佛法是无相的,非境界。有个境界就有染污,有所取舍。无上大法是"法名无相"的。"若随相识",你以为境界是佛法,"是则求相,非求法也",那是错误的。

"法不可住,若住于法,是则住法,非求法也。"这更要注意了!刚才讲无相的道理,大家研究过《金刚经》,其中谈了很多,我就不再多说了。现在很流行禅宗,大家都知道六祖悟道的故事,他未出家前大字不识一个,听到别人念《金刚经》中的"应无所住而生其心"就有所悟了。当然,后来见了五祖,所谓三更入室,才真的大彻大悟。这里《维摩诘经》也是说"法不可住"。

讲到这里,我要告诉你们,现在研究佛学最好的办法,近百年来的著作最好不看,包括我的在内。不是说这些完全不对,而是最好读原经。这不只是研究佛学,做其他学问也应该读原典。原典读熟了之后,可以"以经注经",会融会贯通。像我们读到"法不可住,若住于法,是则住法,非求法也"。《金刚经》的"应无所住而生其心"就可以注这里了,或也可以用《维摩诘经》这句话去注《金刚经》,就清清楚楚了,后人的著作就变多余了。

清乾隆年间的大学问家纪晓岚,他奉皇帝之命编成了《四库全书》,共五万多册,不过其中有不少已被古人烧了。纪晓岚编了这样的巨构,自己没什么著作,他自言再写什么书,古人都说过了,何必再多浪费纸张呢?这是真话,书读多了就不想写了,有时自己认为发明了什么大道理,一查,古人早就说过了,只有气自己不如古人了。研究原典就有这个好处。

前几天看了一位在国外的同学寄来的日记,他写平日修行都不错,有一次就很不对劲,最近他自己找到出路。这是不在一起的好处,常在老师身边会依赖性太重,一有问题就找老师问。那位同学忽然想到,白骨观中讲过要"易观",修行做功夫要"知时知量"最重要。同吃饭一样,你吃饱了不能再加一碗。譬如做数息观,你不要老数下去,只要觉得呼吸到了息的境界,马上就要放掉数息,跟着就要用随息了。随到心息相依,马上要换成止的境界,就是要易观,马上变更方法。所以,知时是要知道什么时间要换,知量是知道够了。你练气功尽练下去就成了蛤蟆功,肚子鼓得那么大,越练脾气愈大。《大学》讲"苟日新,日日新,又日新",就是要不断地进步,今天的成就不算数,满足于今天的成就就是退步。

"法不可住",你停留在一个境界,抓住某一点,"若住于法,是则住法,非求法也",也不是佛法,法无定处。佛也告诉过我们,"诸法不定"。不论你学哪一宗的,对了就用一用,明天不对了,这一宗就暂时摆一摆,后天又拿来用,你的目的是求得阿耨多罗三藐三菩提,证取佛道,不被这些方法所困,才是真正学法。

接下来维摩居士快要做结论了,你看他说法是有层次的,不要把他当作平面的一篇读过去了。

"法不可见闻觉知,若行见闻觉知,是则见闻觉知,非求法也。"佛经分类中,《维摩诘经》在《大藏经》中不归在般若类。《维摩诘经》这一段内容的要点,在《大宝积经》里也有。《大宝积经》就是大杂烩,像百货公司,什么都有,不能归般若,也不能归法相唯识。真要研究佛学,大宝积部的经典应该多看,所谓净土三经,也包含在大宝积部的。

像这样的佛经分类,很合现代人的用处,把人生用见、闻、觉、知四个字概括了。见是眼睛所见的,闻是耳朵听到的,觉是感觉状态,身上感受,知是知觉状态,思想观念。打坐时觉得腿麻、气脉发动了,是感觉状态的范围。看到光是见的范围。观音法门是听的范围。《维摩诘经》告诉我们,真正佛法是不能用见闻觉知去求的。大家反省一下,不论你学哪一宗,都是在用见闻觉知求佛法。常有人告诉我他做了个什么梦,我一开口就骂他,又来痴人说梦,本来是梦幻空花,还没有睡醒。见闻觉知就是在梦中,你求个境界,看见什么了,听见菩萨给你说法,都是在做梦。

真正佛法不在见闻觉知上求,假使在见闻觉知上去修佛法,那是凡夫境界,非求法也。凡夫都在见闻觉知中转,各位现在号称听经,我冒充讲经,都在见闻觉知境界中。修行还在这上面转,就走冤枉路了。放下,就在这个地方放下,放下了,不以见闻觉知为是,也不需要放下见闻觉知,不以见闻觉知为非。现在结论来了。

"法名无为,若行有为,是求有为,非求法也。"开头讲自性本来寂灭,最后讲自性本来无为。是不是很有层次?这就是以经注经的办法,你不要靠老师了,就把本经读熟就好了。释迦牟尼佛就在你的前面,他就告诉你了,为什么不去求呢?这里的结论是无为法,以有所求心,求无为无所得之果,是颠倒众生。一切修行都是在有为当中求,是求有为法,非求法也,不是真正学佛。

我们形容维摩居士说法,如银瓶泄水,哗啦啦就倒出来,停都停不了。他说法的气概像庄子的文章,不知道哪里来,只可借用李白的名句"黄河之水天上来,奔流到海不复回"来形容。

"是故舍利弗,若求法者,于一切法应无所求。"最后吩咐舍利弗这一句,同《金刚经》一模一样。真做到一无所求,就是如来大定境界,像我家乡那位和尚,他睡三年就是在定中,醒来只觉得是弹指间事,因为他完全静止了,无所求了。

"说是语时,五百天子,于诸法中得法眼净。"什么是法眼净?《金刚经》提到五种眼,佛眼、法眼、慧眼、天眼、肉眼。如果有人脸上长了五只眼,你看了非把他当怪物不可,不会认他作菩萨。但是,天人境界不一定啊!其他星球上众生,不一定长得像我们这样的,密宗画的佛像有那么多只手,像蜘蛛似的。天人看我们可能觉得我们臭美,难看得要死。我们认为是美食的,天人连闻都不敢闻的,好像我们看到狗吃大便似的,境界不同嘛!我们如果真有修持,肉眼就具备了五眼,这是真的,《法华经》上说"父母所生眼,悉见三千界",你真到了,天眼、慧眼、法眼都会有。

你们年轻人喜欢谈密宗的,真照密宗规矩,弟子要去找已证了道的具德上师。随便找一位上师的话,弟子是犯戒的。上师传法给弟子,如不是功德具备的话,上师也是犯戒的。那么,怎么选呢?又没有法眼。只好靠自己多生累劫的法缘,做人做事求法要依正因。你种的因正,所得的果,法缘自然好。我常告诉你们,多结人缘,多做好事,多结法缘。像我对密宗的法,是知无不言,言无不尽,因为我的愿力是:法应该属于众生公有,道是天下的公道。你有那个资格一定传你,但是如果你没有那个功德就免谈了。因此,我这一生的法缘也很好,有时碰上了还硬要我学,一定要把秘本塞给我。后来想想何以如此?应该是同我个性有关,我什么秘本拿到就把它印了,不印就断了,我不守秘的,要我守秘就不要传我。

法眼就是说人真有眼光,认识得很清楚。维摩居士把佛法真正的道理告诉你,但是跟文殊菩萨去的,共有三万二千人,而能得到法眼净的,却只有五百天人,除此之外,舍利弗有没有得法眼净,我们不知道。其实他当然得了,他是佛弟子中智慧第一,早超过法眼净了。其他有的人听了还是听了,仍然不懂。可见得法眼净之难,得法眼净者是相等于菩萨功德,一看佛经就知道,哪是方便法门,哪是究竟法门。

师子之座

现在我们要讨论《维摩诘经》的这一段,一般人的观念认为是在说神话,像演电影,或者把它当宗教信仰。事实上,这一段非常难研究、难了解，必须先了解《华严经》的菩萨境界、《佛说大方广十地菩萨经》、性宗（般若）、相宗（唯识）的道理，才能彻底了解这一段。

"尔时长者维摩诘问文殊师利：仁者游于无量千万亿阿僧祇国，何等佛土，有好上妙功德成就师子之座？"这平实的文字中包含了许多问题。

"仁者"这个称谓，是佛教界客气尊称平辈或师友之间所用，是从鸠摩罗什法师翻译《维摩诘经》之后才出现。例如，唐代六祖在《坛经》中也常客气称呼他人为仁者。仁者就像是中国人老师写信给弟子，比较谦虚，会称对方为贤弟、贤契、贤者。维摩居士以仁者称呼文殊师利菩萨，非常恰如其分。

他说，你文殊师利菩萨"游于无量千万亿阿僧祇国"，可见文殊师利菩萨经常在十方上下一切佛国经行、供养、礼拜中。由这一句想到，我常劝年轻同学早晚要念《普贤行愿品》，培养自己的愿力与心境。当你在念诵礼拜之时，不是只对着一尊佛像，自己此心心量扩大，遍礼于十方三世一切诸佛菩萨，要作这样的观想，这里"观"要读如"灌"，带有灌注、一心不乱的意思。在一念之间，要观想出来，在十方三世一切诸佛菩萨之前，都有我在顶礼。如此修行成就了，可以在一念之间遍游一切佛国，这是个修持的法门。例如，小本的《阿弥陀经》或是《无量寿经》都告诉我们，往生西方极乐世界有上品成就的菩萨，不会是光躲在西方极乐世界阿弥陀佛加持之下，好像逃难，什么地方都不敢去，诸大菩萨于一念之顷，能遍游十方世界，供养一切佛、一切法、一切僧。何以到了西方极乐世界的大菩萨有这样的成就呢？这就是我们初步学佛的人，要以《普贤行愿品》的教导为基础的原因。

维摩居士在这里，等于也是在赞叹文殊师利菩萨智慧功德成就，念念之间"游于无量千万亿阿僧祇国"，千万亿只是小数目，虽然在我们人世间来讲已是很大，但是不要忽略前面还有"无量"，加上"无量"

就更不止千万亿了。"无量"摆在前面是外文翻译过来，倒装的佛经文学笔法，特别美，唐宋以后也为中国文人所模仿。

接着他起问："何等佛土，有好上妙功德成就师子之座？"这个"等"字包括了智慧成就、福德成就的平等。这"何等佛土"用白话来说就比较麻烦了，相等于哪一个佛、哪一种地方、哪种功德智慧成就的佛土。这个"土"字，照古本会在右上方加一点，应该读如"度"。所以，中国古书有写国度的，干脆直写了，是尊称人家的国家。现代的外交辞令都用"贵国"，而自谦称"敝国"，这也是中国的文化传统，你们年轻人要留心。所以，"西方净土"也应该读成西方净"度"。

"有好上妙功德成就师子之座"，这可不是什么工厂制造的家具，这个座位首先在本经中有个点题，念经时不要就这么读过去，忘记了这个点题，下面都在讨论这个座位的问题。这个座位是师子之座，是修持成就、功德智慧成就的上师的座位，不是木头也不是大理石做的，非轻非重，不高不低。我们年轻时读经，一看只晓得是座位，不会注意这文句中的内涵。读经绝不能马虎，一个字也不能放过，你能做到这地步，那么每读一次经，对你的修证、理解就可以深入一层。

"文殊师利言：居士！东方度三十六恒河沙国，有世界名须弥相，其佛号须弥灯王，今现在。彼佛身长八万四千由旬，其师子座，高八万四千由旬，严饰第一。"维摩居士问，在何等佛土有这样的师子座，文殊师利菩萨立即就答出来了，代表他智慧成就等同于佛。

维摩居士称文殊师利菩萨"仁者"，前两天有位出家的同学来，他口口声声称我老师，我就告诉他不要叫我老师。我与他相交这么多年了，去检查一下我写给他的信，从没把他当学生，不是称他贤者就是仁者，或者是法师。一个居士就要尊重三宝，不管他程度如何，能够剃光头，穿上这衣服，就比你难能可贵。这么一想，世界上任何人就都值得尊敬，何况出家众？你们可不要学我骂人，我有时吼吼他们出家同学，是恨铁不成钢，希望他们能马上大悟，成为大菩萨，为佛教弘法。但我写信写条子给出家同学，从来不称他某某老弟，对比丘尼我都称某某师。

你看，文殊师利菩萨有他的身份，称维摩居士为"居士"，这些地方你都要注意，鸠摩罗什法师翻译的时候，一个字都不随便的。

文殊师利菩萨讲，由我们这个世界为中心，向东方一直走，"度"是经过，究竟走多远？如果佛是在今天说法，会讲经过了多少光年。可是，两三千年前的大众没有光年的观念，只有用"恒河沙数"来比方，这是佛法的创作，其他的文化、宗教都没有。一个数量到了无法计算的地步，只有用比喻的，这是佛法"因明"的喻。这里虽然大家都了解，但我还是不厌其详地再提起大家注意，印度最大的河流是恒河，恒河中有多少沙子，谁也没法计算。

文殊师利菩萨讲的还不是一条恒河，而是三十六条恒河那么多沙数的国家。像现在坐飞机去美国要十几个小时之久，这只是一个地球。一个地球在佛经上，勉强只能算是一个国土，完全不是中国、美国、日本这种国土的观念。实际照大乘说法，这一个太阳系才是一个国土。拿这个观念看，就更大了。平常为了怕我们凡夫的心量无法接受，也会称人世间的国家为国土，真正佛法所称国土，是佛的国土。

文殊师利菩萨说，向东方一直走，经过了三十六个不晓得多少的单位。这些数字，我还没有见过有人写一篇关于佛经数理哲学的论文，因为一般人不懂数理哲学。佛经里头那么多的数字，三界、四念、八正道等等，这其中都有大学问，也包含了佛法修持的大奥秘，与《易经》的数也有关。可是，一般研究佛学的在这方面比较欠缺，往往略过这些数字。历代高僧中只有两三个懂的，唐代的一行禅师，天文、地理、相术都通的。他学禅又学密，是唐代密宗三大士善无畏、金刚智、不空三藏的嫡传弟子。一行禅师是唐明皇时代的人，唐明皇也是从善无畏上师修学密宗的。相传一行禅师死后很多年，人家挖了他的坟，看见他的头骨变成了金色，一敲居然还发出金属声，就去请问一位高僧，高僧说这个人前生一定大有修持，而且修的是密宗。一行禅师在唐明皇之前涅槃，唐明皇曾经问过他国运。一行禅师说得很妙，陛下在我死后会有万里之行。后来安史之乱，唐明皇逃难到四川了。

佛经一提到活灵活现神通的表现，一定在东方，这与象数有关。譬如提到长寿佛、药师佛，就在东方。一说到与生命生生不已有关的神通功能、无量功德，就提到东方。这些都是佛法里的奥秘，是真正的大密宗，不是西藏或日本那些了，那里的密宗也没讲这些，因为他们不懂。所以菩萨要学五明，这些是包括在因明里的，因明不是光讲逻辑辩证的道理。这里面有大学问，懂了就可以帮助各位修持的进步。

文殊师利菩萨说，往东方走过三十六个不可知的单位，有一个佛世界，那个世界真叫什么名字待考，不过为了方便我们这个世界的众生了解，用了个代号，把它称为须弥相。好像我们这个世界以须弥山为中心，我们整个地球只是南赡部洲而已。北俱卢洲并不在这个地球上。所以一般写的佛学概论问题大了，可以说不懂佛教的科学。有的讲北俱卢洲在西伯利亚，真莫名其妙，那东胜神洲岂不是在日本或美国了吗？不是这个道理的！你们青年同学将来去弘法，一碰到这个就成了大问题。我可以负责任地告诉你，这个地球在大乘的佛法里，只算是南赡部洲。上面说过，严格讲起来这个太阳系统才是娑婆世界，一个太阳系统才是一世界，不是普通人所理解的这个地球世界。

须弥山在我们这个世界是最高点，文殊师利菩萨所讲的这个在东方的世界，崇高而伟大，无以名之，就叫作须弥相。这个世界的佛，佛号也就叫作须弥灯王。是形容这个佛的功德智慧成就，无比的光明伟大。而且，这个佛没有涅槃，现在还在。为什么没有灭度？大家如果把《维摩诘经》这一段，配合《药师经》《法华经》来研究，对你们的修持一定有最好的发现。

这一位佛身长八万四千由旬，不知道有多高大，由旬是度量衡的长度。再注意，佛经经常用到八万四千这个数目，又是个大问题。印度人过去不注重历史，所以要研究印度史，还要好好研究中国的《大藏经》。他们对时间也不重视，所以提到过去就说"一时"。由于对数字也不重视，所以说"八万四千"表示多数，但是这个八万四千还是有它的道理的。

这位佛的座位，也高达八万四千由旬，装饰得非常漂亮。这是个什么座位？要搬这个座位到我们的世界来，没有运输工具可以装得下。这个是"师"子座，不是"狮"子座，是大师的座位。这个消息是由文殊师利菩萨泄漏，去搬的是维摩居士。

"于是长者维摩诘现神通力，即时彼佛，遣三万二千师子之座，高广严净，来入维摩诘室。"注意！维摩居士称文殊师利菩萨为"仁者"，文殊师利菩萨称维摩居士为"居士"，现在记录经文的人称维摩居士为"长者"。古代能称为长者、居士的人，要具备十个条件，是年高德劭有道行的，不是随便称呼的，现在当然没这么严格了。佛涅槃时，把护法的工作交代给国王、大臣、长者、居士。

这里只说维摩居士"现神通力"，并没有说他的手伸得好长，不要自己想象。他现神通力，立刻就送来了三万二千个师子座位，不多不少，正是跟着文殊师利菩萨前来的大众人数。不要忘记，这时房间里面，还有维摩居士自己的床座和那么多的人。

"诸菩萨、大弟子、释、梵、四天王等，昔所未见，其室广博，悉皆包容三万二千师子座，无所妨碍，于毗耶离城，及阎浮提四天下，亦不迫迮，悉见如故。""释""梵"要分开，不是一样的。释不是说出家人，是欲界天的天主，名帝释，等于中国的玉皇大帝。梵是色界天的天人。四天王是保护这个世界的护世天王，是帝释天之下的。

各大菩萨和佛的弟子们,包括这些天人们,从来没有看过这样的座位。那么多那么大的座位都可以容进维摩居士一丈见方的房间。

毗耶离城是维摩居士所居住的地方,经考据是在恒河之南,地处温带,是非常富裕的都市。当时的印度分成很多个国家,毗耶离城可以算一个小国家,是个民主自治的地方,没有长官,也没有公务员,也不需要法律,人民依道德自律。维摩居士是城中民选的领袖,是当地的长者。毗耶离城这个地方,并没有因为进来这么多师子座位而觉得拥挤。甚至于阎浮提(我们这个世界)四天下,都没有觉得空间膨胀了,大家安然如故。这里头不是说神话故事,是说悟道的人的修证功夫境界。

这里想起有位同学去了美国,写信来提到一件趣事,说美国都市空气不好,有人去高山装了新鲜空气在瓶中,卖到都市来,你买了打开瓶子也不见有空气出来。如果多买几瓶在房间中打开,会觉得空气变好了,大概也是心理作用,可是也没有见到瓶中空气把原来室内空气挤出去。可以用这个例子去了解《维摩诘经》现在讲的境界。其实,这个境界就是禅宗的话头,要参一下。

"尔时维摩诘语文殊师利:就师子座,与诸菩萨上人俱坐,当自立身如彼座像。"当时,维摩居士就一摆手,请文殊师利菩萨上师子座,又请诸位菩萨上座。他很客气地称菩萨为"上人"。出家弟子对自己的师父可以尊称上人,在家居士皈依了某法师,也可以称法师为上人。上人这称号的来源,也是首次出现于《维摩诘经》。唐代很多诗人,如韩愈,作的文章都题的是赠某某上人,一看就知道是送出家人的。

维摩居士也告诉他们,要坐上这个师子座,有个条件,要"当自立身如彼座像"。立身究竟是说站直身子,还是抽象的立身?中文有"立身处世",人如何自己尊重自己站起来,在中文叫立身。我要求同学们要懂得做人做事,就是立身处世。你活在这个世界上,要晓得自己为什么活着？应该做个什么人，做什么事？这是立身的问题，用现代话是要把自己的立场搞清楚。在家是在家的立场，出家是出家的立场，做生意就有做生意的立场，学生有学生的立场，都要搞清楚。

后人怎么注解这句话我们不管，注解是个人的意见，本经翻译者鸠摩罗什法师不加任何注解。我们光从这几个字的表面意思看就严重了，他要菩萨们站起来，像那座位的形象。那糟糕了，不能坐了！前面还请人上座，现在又要人站着，不是不通吗？难道是经文翻译得不通？不可能的，他文字用得极好，一个字都不能动的。维摩居士是要求，诸位大菩萨现在的境界要达到须弥灯王佛那个境界，才能够坐上那座位。当自立志修道，智慧功德成就，有了智慧神通，不是普通的五通，是般若神通，那样就立刻转身了，如彼座像，像须弥灯王佛那个坐姿而坐。

我们打坐就是毗卢遮那佛的坐像，可是，须弥灯王佛的坐像是怎么样的？这就要注意了，要研究密宗佛像了，他同毗卢遮那佛一样，只是手印不同。

"其得神通菩萨，即自变形为四万二千由旬，坐师子座。"得到了智能神通的菩萨，听了这话，当场一念之间立刻就变了，身体无比的高大。不过比八万四千差了一半，这是坐像，所以只有一半高。你看佛经在文字上没有一点漏洞。

"诸新发意菩萨及大弟子，皆不能升。"菩萨有大小，分十地，再前面还有十信、十住、十行、十回向等等。新发心的菩萨，没有这个神通，佛的一班大弟子像舍利弗等，也都上不去。只能"高山仰止"了，好在没有戴帽子，否则仰头一看会掉了帽子。

"尔时维摩诘语舍利弗：就师子座。"你看，这文章翻译得多好。前面维摩居士对文殊师利菩萨和诸大菩萨上人，很客气地请他们上座。对舍利弗这些弟子，就回过头来，唉！你们也坐啊！

"舍利弗言：居士！此座高广，吾不能升。"舍利弗吃瘪了，只好说，对不起，这位子太大了，我没有神通，上不去。连号称神通第一的目连尊者在内，这些弟子一声都不敢响，不敢在这个场合来耍二乘阿罗汉的神通，他们没有大菩萨神通。什么是大菩萨神通？根据佛经，大般若即神通。要大般若的成就，智慧成就。在《大智度论》中，文殊菩萨也说过，真正大神通就是大智慧，就是般若。天眼天耳等五通是小神通，还是生灭法，非究竟。所以，即使智慧第一的舍利弗都上不了这大师座位。

现在很多人都成了大师，连我都有人称为大师，真让我脸红，甚至变绿了。当年我们学佛时，看见出家人都称某某师，已经很客气了。今天出家人随便都称法师了，甚至连法师也不够，又是导师又是大师的，再过几年怕大师要加一点变太师了，再下去，太字那一点要是点到上面去就糟了。可见现在的人好虚荣，我们老头子看来无限感慨。我几十年写信写字，具名都是剃光头的，只有南怀瑾三个字，因为头发都白了，要过分客气自称老弟也不好意思，要自称老师那更狗屁了。我哪有资格！我是永远做人家徒孙的人。所以，不要乱给我加什么大师、导师的头衔，不可有此心。

舍利弗上不去，因为要那么大的智慧和神通，我们不晓得修多少大阿僧祇劫也不到。维摩居士就讲一个方法，立刻可以到，任何众生凡夫都可以到，只要发此一心、动此一念都可以到。

"维摩诘言：唯！舍利弗！为须弥灯王如来作礼，乃可得坐。"他就要舍利弗以一心不乱、至诚的一念，向东方世界须弥灯王佛顶礼，就可以上去了。这也是《普贤行愿品》的第一条。注意啊！维摩居士没有叫大菩萨下跪顶礼，是要他们长高。对这些弟子则是叫他们要低下，然后才可以上座。

没有骄慢心，而且要有至诚恭敬佛法之心，只这一念就可以上这个座。就这么简单。这个师子座说难还真难，普通的神通上不了，要大菩萨神通才上得了。但是，真那么难吗？其实也很方便的，任何人很谦虚地万缘放下，至心顶礼佛菩萨就到了。当你这个头磕下去的时候，就已经有那么高了。如果你是菩萨境界，高还要高才能上座。这就是话头，是佛学，是真正的佛法，要我们谦虚。一切都在你一念之间，放下它，对一切众生谦和，视之如佛，你就可以到这个位子。

"于是新发意菩萨及大弟子，即为须弥灯王如来作礼，便得坐师子座。"听了维摩居士的教导，他们就顶礼了，这一顶礼下去，大概还没起身就已经坐上那位子了。经文也不说他们是坐电梯还是直升机上去的，但是你把经文前后仔细一读，就非常明白了。当这些弟子们一磕头，一谦虚，至心以求，就上座了。所以，《维摩诘经》同禅宗的关系太大了，禅宗大师用的许多语句都是出自《维摩诘经》。日本人研究，认为中国禅宗是受了老庄的影响，老庄的影响是小部分，其实也不是影响，是与老庄的机锋相同而已。但是，禅宗没有离开过真正的佛法，要说真受影响，就是《维摩诘经》了。学禅乃至学密的人，都要注意《维摩诘经》。

佛经处处教我们自谦，不要傲慢，贪嗔痴慢疑，这个慢字会挡住我们一切成就，非常重要。众生本来就有我慢，不要学了佛法，加了佛法的观念，变得我慢更重，成了增上慢，那就太可怕了，永远上不了这个座。这是要点，千万不要有增上慢心。

现在大家都入座了，一个不剩。应该还有一句，经文上虽然没有写，但是我用四个字说出来："各安本位。"本分上就是这个座位，本分上就是道，本分上就是佛法。此时，三万二千人，各安本位，都坐好了，非常安隐，不是安"稳"。佛经上都是用安隐，不是印错了。实际上隐字的意思通于稳，但是不同。除了安详稳当之外，隐有一切放下，一切皆空的味道。后人有的自作聪明，印佛经时把它改成安稳，是不对的。

"舍利弗言：居士，未曾有也。如是小室，乃容受此高广之座，于毗耶离城，无所妨碍。又于阎浮提聚落城邑，及四天下诸天龙王鬼神宫殿，亦不迫迮。"这里翻译得非常高明，我们读起来好像在看场电影一样。可以用中国文学一句话说："维摩居士方丈一会，俨然未散。"你把这经读通了，仔细去念，你会到那个境界，好像自己当时在场一样。

舍利弗上座了，像个小学生似的，提出一个问题，居士啊！从来没有过的啊！他不说我从来没有过，否则又要挨维摩居士的骂，以你这个年纪、你这个小神通，怎么会有这个经验！他说这么小的房间，能够容纳那么多伟大的宝座，并且对毗耶离城没有妨碍，大家坐在这里又很宽，这大小中间的差别奇怪极了。不但对毗耶离城没有妨碍，大至对我们的这个世界（阎浮提），小至对乡村（聚落，如北方所讲的屯，西南人讲的场），对城市（城邑，城是有城墙的，邑是没有一定范围的），扩而言之对四天下（南赡部洲、北俱卢洲、东胜神洲、西牛货洲），对诸天（三界二十八天），对龙王鬼神宫殿，都不挤。

讲到诸天，顺便一提。明朝亡国后，在太湖一带有一教派，自称为诸天教，是吃素供佛的。教主相传是崇祯皇帝的公主，在北京破城时，被皇帝砍断一条手臂，她逃出后出家，创立日月教。日月就是明，为了避清朝而取名诸天教，其实骨子里是朱天教的意思。

在佛教庙宇内常看到一个标语："不二法门"，也就是《维摩诘经》的重点。像做生意的讲不二价，就是没有两样的价格。不二法门是没有二个法门，只有一个。换言之，世界上的真理只有一个，没有第二个。我们学佛法是追求真理，怎么是不二呢？这就很严重了，谁也没有做到真正的不二。《维摩诘经》讲不二，出家在家一样，修与不修是不二，解脱与不解脱一样，世界上的一切只有一个，没有两个。不二法门本身就是个话头，学佛真达到不二法门，可以说已经把握住入门基础了。这不是理论，要真实证到。

解脱——不可思议

维摩居士提出一个证入不二法门的方法,第一就是解脱。维摩居士提出的是不可思议解脱法门,不可用理论推测的。一切众生被烦恼痛苦的绳子所束缚,例如生死就是一条绳子,为什么生了又死,为什么生来的命运自己做不了主,随外境而转。我们活着,就受外在环境、历史、文化、政治、社会、家庭、乃至自己身体的影响,自己始终不得自在。这还是大的绳子,还有许多小的绳子,要求名求利、要结婚、要求学,都是。你不想捆这绳子也不行,都在这圈圈中打滚,永远跳不出来。不过你不要讨厌它,有时候这条绳子还难找,比如青年男女找对象,明明知道这条绳子算不准是上吊的,可是还不容易找到呢!连这找不到的心境也是一条绳子。

所以,人生最难得是解脱。佛法告诉我们,诸法无我,诸行无常。理论懂了,就是解脱不了。小乘的方法是求自我的解脱,但是不彻底。大乘是要彻底求解脱。不论大小乘,都有五个次序:戒、定、慧、解脱、解脱知见(解脱后所知所见)。在解脱知见的发挥里面,有大小乘的差别。这是简单地讲,严重的讲有五乘的差别:人乘、天乘、声闻乘、缘觉乘及菩萨乘的解脱。

真解脱了以后是真自在,那真是观自在菩萨了。人生最苦是解脱不了,为形象一切所拘束。解脱了不是没有了,是法身清净成就,就是无始以来的本来面目清净圆满。学佛要得法身,必须先求得解脱。

我们如何解脱呢?不是方法,不是靠功夫好,也不是买得来。六祖在《坛经》中说:"惟论见性,不论禅定解脱。"为什么?见着法身达到本了,就不入末。许多学禅的人见解成什么样都不管,并不是正途,法身也没有现前,了不起只从人情中解脱。我常说有些同学个性太拘束了，不好意思同人讲话，做什么事也不好意思，这就需要人情解脱。那种不在乎的气魄也不容易学的，手受伤了需要截肢，能说要砍就砍吗？麻药也不用上了，那是真解脱了。痛还是痛的，但是不是练了武功，而是心念解脱，舍条手臂好像也没什么大不了。有的同学认为自己解脱了，但是处处拘束，习气若改不了，何以说解脱？何以讲禅？

我常告诉同学，真正佛法的成就，是智慧的成就，是般若的成就。解脱不是靠功夫，四禅八定、三明六通都是加行，是加工的程序。所以，般若、法身、解脱，三者不可缺一。我们几十年看到过的，有些学显教的或学密宗教理的学者，例如欧阳竟无居士，他的老师杨仁山居士等等，他们的佛学真好，是我们一般人所不及的。佛学好有什么用？习气不改，生死到来不得解脱。佛学是文字般若，也是般若的一种，但是毕竟没有得到真正解脱。所以，有般若没有解脱，法身不得清净，不得圆满。有些人不研究佛学，专门做功夫、参禅，常常在清净境中，好像是法身清净，那不是真法身，是偏空之果，因为他没有般若，始终被清净的境界绑住了，又是一条绳子。有法身没有般若智慧，也是不圆满。

有些人，当中有学佛的有不学佛的，他们人生很潇洒，万事看得开，他成就了吗？没有，因为他认不到自己本来的面目，因为没有般若，没有证得法身。

讲圆满成就的成就，也是一条绳子，我们为了讲话方便，在言语表达时不得已借用这名词。以上所讲都是《维摩诘经》最精彩的一段，是不可思议解脱法门的前奏，是为了帮助了解主题。

上次讲到，维摩居士心念一动，就从东方不知多远的地方，借来了三万两千么多高大的座位，居然全摆在他一丈见方的房间内，又容纳那么多人。因此舍利弗才有这样的问题。现在维摩居士回答他。

"维摩诘言：唯！舍利弗！诸佛菩萨，有解脱名不可思议。若菩萨住是解脱者，以须弥之高广内芥子中，无所增减，须弥山王本相如故。

而四天王忉利诸天,不觉不知己之所入,唯应度者,乃见须弥入芥子中,是名不可思议解脱法门。"他说,一切佛菩萨有一个解脱法门,叫作不可思议。注意!维摩居士并不是说,诸佛菩萨有不可思议解脱法门,如果这文字是这么翻译的也对,可是意义就两样,变成是以不可思议为重点。而现在的经文,是以解脱为重点;但是这个解脱法门是不可思议的。

他说,诸佛菩萨不是偶然到达这个解脱境界,是"住"在那里,还不是小乘的"定"在那里。定和住,在佛经上是两个概念,不可以相互替代,定只是一个点,譬如旋转中的陀螺,虽然在动,但是中心在一点上,就是定。住就不然,那个陀螺也不转了,就摆在那里不动了。

佛经说须弥山,是我们这个世界中最高大的山,一般人认为,就是这个地球上的喜马拉雅山,我是不同意的。若须弥山就是喜马拉雅山,那南赡部洲就是印度,中国就是东胜神洲,中东和欧洲就是西牛货洲,西伯利亚就是北俱卢洲。几十年前有位大师写的佛学概论,就主张西伯利亚就是北俱卢洲,佛经描写北俱卢洲几乎是天人境界,是很舒服的。西伯利亚极为穷苦,哪里是北俱卢洲的样子?那佛经岂不是妄语?难怪以学者看来,佛经都是谎言。所以,不要误认须弥山是喜马拉雅山。佛过世之后,有些小乘经典这么说,但也是很含糊的。

老实讲,真正的须弥山是个形容,勉强说是代表地球的地轴也不正确。据我的了解,佛经上说,太阳和月亮是须弥山一半,在须弥山的中间,根据《华严经》,须弥山应该是银河系统。所以须弥山这个问题非常严重。

刚才吃饭的时候,萧主任也跟我说,非要加强年轻法师的外语课程不可,否则将来到国外开不了口,怎么弘法?在未来的世纪,外语能力非常重要。你看当初鸠摩罗什法师,以一个中亚僧人来到中国,他就是把外语搞好了,才能弘法。我说这要靠各人立志,玄奘法师当年去印度留学，也是要能精通梵文才有这样的成就。未来的科学会更昌明，如果你出去弘法，仍然沿用须弥山是喜马拉雅山的观念，真会让人家笑掉大牙的，连佛法的光彩都失掉了，人家也就不会有兴趣听佛法。这些地方看起来是小事，其实是佛法接触到现代最紧要的地方，必须搞清楚。你"闭户称王"，关起门来自称最高最好的学问可以，开了门可不行的。今天的科学文明造成了繁华，也开展了混乱，不是偶然的，不是简单的，不要忘了外面的现实。这是我谈到须弥山，顺便给大家一点鼓励，不要随便讲话，被知识分子听了，会被斥为胡闹，连基本常识都不够，怎么去谈最高般若？

须弥山是世界的中心最高的山，照佛经三界天人的组织，欲界天的太阳月亮系统是须弥山之半。如果诸佛菩萨住在这个解脱境界的话，那么以须弥山之高之广之大，"内芥子中"，把须弥山放到芝麻大小的芥菜子之中，"无所增减"，须弥山没有缩小，芥菜子也没有放大。这句话一听很容易懂，气派也很大，他说这是不可思议的解脱法门，请问我们要如何解脱？我们连把自己身体放进火柴盒都做不到，你说懂了佛法得了解脱，你来解脱看看。如果你做得到，外出旅行装在口袋就可以了，飞机票都省了。这都是问题！佛经说解脱，要怎么解脱？如果说佛经只是形容而已，那佛经就是谎话。佛是无妄语的，我们相信真得解脱的人是做得到的，并不是一定把身体放进火柴盒里，这其中有深刻的道理。

住解脱法门菩萨——空间

维摩居士说，诸菩萨真住在解脱法门，所以"以须弥之高广，内芥子中，无所增减"，你们学禅宗的同学要注意了，瞎吹是没用的。近来外面很多人找我，这个求开悟，那个求印证。我有了个罪名，变成了什么禅宗专家，禅宗又不是我的，我不懂禅，更没有开悟。我真想到报上登个广告，我是个说书的，不过我说书的时候，很努力给大家说就是了。下一句话更重要。

"须弥山王本相如故。"这个"王"是形容须弥山是最高大的山，是一切山中之王。全句是说：登菩萨之道真得解脱之人，住在这个境界里，把须弥山放入芥菜子中，须弥山没有缩小，芥菜子没有放大，为什么呢？因为须弥山王本来就是如此。他原文就是这样，你不要看前人今人的注解，否则就被别人拉走了，你要看原典。但是，这句话怎么办？他说"须弥山王本相如故"，须弥山本来不增不减，可大可小，非大非小。这又是什么道理？这里还没有完。

"而四天王忉利诸天，不觉不知己之所入。"佛经说须弥山是这世界中心，日月围绕须弥山之半，四大天王就在这日月圈子放大一点的地方。忉利天是欲界的中心天，比日月系统又高一层。释迦牟尼佛的母亲，因为有生佛的功德，所以身后升到忉利天。忉利天又叫三十三天，不是像高楼有三十三层，而是有三十三个联合的区域，其中的主席是帝释天主，中国称之为玉皇大帝，他好比统领三十三路天人诸侯。

我是没有时间做这件事了，但我希望你们同学能用白话文好好写一篇三界天人的论文，把大小乘佛经、律论参透了，马上再翻译成英文，我包你卖大价钱，人家会惊异，两千多年前佛就已经有如此科学的宇宙观。现在科学进步了，别的宗教的天堂观念，有些已无法令人信服了。佛说过，这个宇宙的星球多至不可数的，所以科学会帮忙弘扬佛法。因此，你们应该走科学路线，但是你们也不肯研究这些常识。我天天在着急，每星期要写四五种不同的文章，每天晚上十二点写到两三点，写得自己头在哪里都不知道了，可是极少会写错字的。这个本事你们要学，怎么学？要解脱。写到头昏脑胀时，已经忘记这个头了，死掉算了，眼睛也不要了，就要肯牺牲自己。这是闲话，你们年轻，好好研究，佛法有太多的好东西。

四大天王是东西南北四个天王，你们到庙子可以看到他们的像，有拿雨伞的、拿宝剑的、拿琵琶的等等，那都是象征。我到现在还在与学科学的同学研究，为什么晴空是蔚蓝色的青天。若乘太空船离开了地球，看到窗外却是漆黑的，所以蓝天是在这黑圈子以内，再过去这黑圈子，外头又变成亮的了，这物理世界奇妙得很。这天何以是蓝色？我们晓得太阳光是有七彩的，这又讲到易经数字了。红到极点变成橙，橙到极点变成黄，黄到极点变成绿，绿到极点变成蓝，蓝到极点变成靛，靛到极点变成紫。那么，蓝天是太阳光照所生的吗？这还是问题。

　　佛经的说法是，南天王天庭的阶口，是青蓝色的琉璃构成，所以我们看到的蓝天，是南天王天庭阶口的反映，但是其他世界看到的，却不一定是青天。这在《大藏经》里有，怪我定力不够，当年在四川时读到，但没记住是出自哪一本经（按：《大藏经》八十五册疑似部妙法莲华经马明菩萨品第三十）。

　　其次，你们气脉全通了的人，打坐定的光中若是蓝天，青蓝色的光，那美得很。所以，密宗的药师佛画像是蓝的，不过颜色不对，太蓝了，好像是人生了肝病似的。可是，世界上没有一种颜色可以显示出那么清净庄严的蓝色。为什么药师佛画成蓝的，因为中脉通了的人、可以得长寿的人，他内中同天庭的蓝色是一样的。这是真的，你们年轻人自己说气脉通了，有这个境界吗？

　　上面提到了四天王天、忉利诸天，包括了中国民间天文常识的三垣、二十八宿、三十六宫，都"不觉不知己之所入"。须弥山包括欲界天的天人了（注意，这里没有讲到色界），这些都纳进芥菜子里了，可是自己不觉得进入了一个小地方。一切众生和须弥山被放进一粒小芥菜子里头，自己都不知道，只有什么人知道？

　　"唯应度者，乃见须弥入芥子中。"只有应该得度的，就是有成就的菩萨，得了般若能看到一点清净法身，他们才见到，那么大的须弥山，进入了那么微小的芥菜子中。换言之,只有明眼人看到了,其他人都不知道。这就叫作"不可思议解脱法门"。我们看得很热闹,不知道他在讲些什么,中国文学后来就有"芥子纳须弥"的用语。

禅宗有个公案,宋朝有位居士,这居士是有功名的,能考得功名总是有相当学问的。中国文化一直到清朝末年,所谓正途出身的,是说由秀才到举人、进士,选翰林,外放做地方官,一二十年的学问功名下来,第一步可能只放个县长等级的官。这样子的人在自家祠堂里,会写明是进士出身。以前做官的出门可威风了,前面有举牌子的、鸣锣开道的,大家都知道是进士出身。这是正途出身,比非正途出身的就好像高了一级。像今天讲学历,同是博士、硕士,大家会比某某是哪所大学毕业,某某是留学某大学,是一样情形。

回头再说这个居士,他去请问一位禅师,问道:须弥纳芥子是很平常,但芥子纳须弥就让人难信。禅师一笑,问他:听闻居士读书万卷,是否确实?居士答是。禅师就说:一万卷书如何装得入居士身中?这居士马上就有所悟了。当然,这还是道理上面的悟,只是理解上的懂,禅宗说这是知解中的,在理论的解释、推理中去了解,真实的境界般若还是没有证到。

这是古人的例子,现在就要用科学的道理了。譬如,小小一块肉,其中有多少细胞?乃至小小一个细胞上,可能有多少细菌?每个细菌又可以再分下去,它生命里还有生命,这就是芥子纳须弥的道理。再例如,人身上的血管,接成一条有多少公里长?一秒钟血液流动几公里?心脏跳动平常自己听不见,除非你捂住耳朵听,但是从科学上讲,跳动声应该是其大如雷的。理论上我们可以说是有这种事,芥子可以纳须弥,大可以纳小,小也可以纳大。

我们晓得有大小,就是我们的痛苦,所以不能得解脱。譬如大家打坐,经常有两个东西忘不掉:时间观念和空间观念。空间观念,像是学道的，一定要面对东方打坐，学佛的又要面对西方。大小是人为的，时空、内外都是相对的。去掉了这些人为的、相对的观念，你才真得到不可思议解脱，明心见性才算有一点影子了。

现在年轻人好谈禅，这也就是禅的道理。禅不是空谈的，要实际证得的，能够一念放下就解脱了。一念放下，不是你打坐时闭着眼睡觉，万事不管，那只是第六意识不起活动，而你血液仍然在流。你坐了一两小时起来，自己也知道坐了很久，一看表，嗯，这一堂坐得蛮不错。你白坐了！连时间观念都没有忘掉。念，不是只讲第六意识的，一念放下的念，是指下意识不动念。这个道理了解了，才能真正放下大小、内外、时空，才到达了解脱法门。这是《维摩诘经》的重点，就有这么严重。下面仍然是这个题目。

"又以四大海水入一毛孔，不娆鱼鳖鼋鼍水性之属，而彼大海本性如故，诸龙鬼神阿修罗等，不觉不知己之所入，于此众生亦无所娆。"娆是困扰。对年轻同学的粗心大意，我常常很生气，现在来帮你们仔细读经。你看，上面是讲到山，现在讲到海。山代表了什么，海代表了什么？这都是问题。佛经的写作方式，记载佛的说法、大菩萨的说法，不是偶然。

现在讲四大海水，这个同须弥山一样，过去小乘经典讲四大海水以印度为中心。现在可以地球为中心：太平洋、大西洋、北冰洋、南冰洋。地球上水最多，陆地上山地多，平地最少。四大海的海水进入一个毛孔中，连带四大海水中的生物，鱼、鳖、虾等等，都进去了，却丝毫不觉得入到了那么小的地方，仍然觉得自己的世界很大。为什么呢？因为四大海到了毛孔中，并没有缩小，"本相如故"，没有大小分别。海里的龙、鬼、神、阿修罗（这些是低层的阿修罗），都没有觉得自己跟着海水进到毛孔中。"于此众生亦无所娆"，大海这些众生，因此也不觉得苦恼。

我们现在晓得，陆地上有的，海里都有，而且比陆地上还多，所以科幻小说写地球的中间还有个世界，实际上国外也在做这方面的研究和探索。我觉得这些科学幻想很有意思，因为根据佛经和中国道家思想，这个地球是个活的生命，在地表下面是另有世界的。像《华严经》，就是龙树菩萨从龙宫取出来的，而龙宫的佛经藏书不晓得比我们这世界多多少。现代人固然是不愿相信，但是即使是研究海洋学的，也不敢断定海洋最底层究竟面貌如何。深海是漆黑一片，那儿的鱼是自己会发光的，深层的鱼是不会游到中层或上层来的。这有点像欲界、色界、无色界分为三层。有个同学常去南沙群岛潜水，他给我带了好多贝壳珊瑚作纪念。他说每次潜到水下，觉得那个世界是无比的干净、漂亮，甚至可以在水底打坐。每次若不是氧气没有了，真不想上来。当然，他说的是在浅海，不是深海。佛说三千大千世界，每个有每个的世界。一个蜂巢对蜜蜂来说，就是一个国家或社会。

《维摩诘经》上面讲高山，这里讲海水，代表什么？我们不做结论，大家自己去研究。假使拿我们身体来讲，高山就是骨架，四大海水就是血液。

"又舍利弗，住不可思议解脱菩萨，断取三千大千世界，如陶家轮，着右掌中，掷过恒沙世界之外，其中众生，不觉不知己之所往。又复还置本处，都不使人有往来想，而此世界本相如故。"这都是实证的菩萨境界，所以我要先说明，要彻底研究《维摩诘经》的大乘菩萨境界，就要研究《菩萨十地经》，看看这初地菩萨是什么境界，同时要配合《华严经》有关十地的说法，然后才会了解。

一个三千大千世界就是一佛国土，是一个佛的教化所到的范围。三千大千世界怎么计算的，前面已经讨论过了，但是我仍然要说，佛他老人家在几千年前，是怎么有这么先进的天文宇宙观，我真只有顶礼了。在从前科学不发达的时候，佛这么说真会被人当作是在吹牛。到了现代科学昌盛了,对佛法是更加信仰了。

这里说,大乘菩萨住于不可思议解脱的境界里,他手这么一抓,就把三千大千世界拿下来,像做陶器的人捏陶土一样,拿在手里玩;然后把三千大千世界一抛,抛过不知多远的距离,这厉害吧!可是这三千大千世界,其中的众生却不知道去了哪里,然后又把三千大千世界放回原处,众生都觉得没有动过。为什么?这世界本来面目就是这样,它没有动过,这是不可思议境界,是不二法门。

看了这段,真要佩服他的境界,若在几百年前讲,绝不会相信的。现在大家都知道地球会自转会公转,我们不觉得有动,海水也不会倒出来,在南半球的人也不觉得是倒挂着的,这个都和地心引力有关。我们坐在这里听一堂课,整个地球已经不晓得移动了多少距离,但你也可以说没有动过,仍然坐在虚空中。这也是为什么我常要参禅的同学注意,为什么《楞严经》说"妙湛总持不动尊",为什么北方佛是不空如来,为什么阿弥陀佛是西方,为什么生生不已的都是在东方?这些都是话头。你不要以为参禅只是参一句"念佛是谁",那太小器了。佛法里这么多大话头参通了,那么你的禅大概有些影子了。

现在提过了三个不可思议。第一个是须弥山高山,纳入芥子,没有大小之别。第二个是四大海水纳入一毛孔,就像《楞严经》所说:"于一毫端现宝王刹,坐微尘里转大法轮",在一根毫毛的尖端有一个佛的国土,在一粒灰尘中说法。第三个是三千大千世界,无论怎么样地折腾,在空间上不觉得动过。接下来讲时间。

住解脱法门菩萨——时间

"又舍利弗,或有众生乐久住世而可度者,菩萨即演七日以为一劫,令彼众生谓之一劫。"一切众生根器不同,有的众生对世间留恋得很。

我接触到有些人有这种想法，他们认为这个世界不知道有多可爱，对于许多宗教讨厌这个世界，就觉得很奇怪。你们可能认为这是愚痴众生，可是我投他们一票，这个世界本来也不错嘛！这世界是释迦牟尼佛的国土，我们看到很丑陋的一面，没看到很美的一面，本经在后面也会说到很美的一面。大乘菩萨反而是愈多苦难的地方他愈要来，好的地方他反而不去。

对于乐于住世而可度的众生，菩萨就可以把七天变成一劫，把短的时间在感觉上拉长，因为他要长嘛！为了要度他，使他感到过了一劫。

"或有众生不乐久住而可度者，菩萨即促一劫以为七日，令彼众生谓之七日。"相反的，有的众生认为世界太苦了，不如早日离开，菩萨就把一劫变为七天，使他感觉上变得很快就过去了。

时间、寿命的长短是没有一定的，是唯心所造，唯心所变。人在欢乐中，时间过得很快。有的人做生意比较得意时，会希望能再多几年。痛苦中的人，像受刑的人、医院中的重病者，是度日如年。这就是唯心的道理，要参究的。《维摩诘经》中处处是大话头，"念佛是谁"，是我，没什么好参的，要参就参大话头。

这里也牵涉后世学佛的人，要"即生成就"和"即身成就"的问题。即生成就是禅宗所标榜的，这一生就可以顿悟成佛。密宗标榜即身成就，这个业报之身，转化成佛的色身，父母所生的肉身，转化成圆满的报身。显教对于禅宗所标榜的即生成就，已经觉得有问题，对于密教标榜的即身成就，更难同意。根据教理，由凡夫来学佛，要经过三大阿僧祇劫才能成就，不可能有即生成就的，更不承认有即身成就。禅宗所依止的《楞伽经》，提过"劫数无定"，所以学禅的和学密的就主张，安知这一生不是最后一生？但是这种气派也很狂妄，据我几十年看到过的，大部分标榜这一生就是最后一生的，都不大圆满，更没有看到一个报身圆满修成的。

所以，不要读了《维摩诘经》这一段而自我傲慢，修行毕竟要从实际来的。可是，在实际的修行中也不要气馁，佛说劫数无定，地数也无定，所以《楞伽经》也说初地等于十地，十地等于二地，二地等于七地。这十个地给它颠倒一番，十地菩萨等于无地，不是无地自容，是说一切地、一切时间，都在一念之间。所以，一念得解脱，劫数也无定。

住不可思议解脱菩萨所能

"又舍利弗，住不可思议解脱菩萨，以一切佛土严饰之事，集在一国，示于众生。"证到了不可思议境界，而能够得解脱的菩萨，可以把一切佛的国土中最庄严的事（例如极乐世界的庄严、东方药师佛世界的庄严），集中到一个国家，给众生看到。以凡夫眼光看来，这事连凡夫都能做到，也许古人会怀疑，但是今日科学进步，商业发达，任何国家都有可能把其他国家好的东西集中到一处，做成模型展览。凡夫能做到，佛菩萨当然更没问题，不需要怀疑，这是第一层。但是，我们真到达证到，就要注意"住不可思议解脱菩萨"是先"住不可思议"的，这话好像很容易懂，但要能证到不可思议非常难，证到能得解脱也非常难，这是第二层，也可以说是两步功夫。

第一，我们先解决不可思议，诸佛菩萨有不可思议智慧，有不可思议的神通，有不可思议的功德。一切众生也有不可思议的聪明，有不可思议造业的神通，有不可思议善恶的功德。这不可思议在什么地方呢？我们经常做个比方，譬如我们对自己就不可思议，你明天会做什么事，想得到吗？谁也想不到。你下一个观念，心中想什么东西，谁也不知道。明天后天人生遭遇如何？不知道。不知道就是不可思议，是凡夫的不可思议，你没有办法去推想，即使自己先做了安排，到那个时候，时空变了，环境不同了，完全不如理想。我常和年轻同学们谈人生境界，几乎没有人活着时，能真正达成自己理想的。假使有人能做到，这个人的福德非常高了、非常够了。

若问为什么人达不到自己的理想？因为自己的心意识不可思议，何以如此？大家回想自己的人生境界，理想比事实美多了。比如，你期待明天要去郊游，自己就在想，目的地景致如何如何，真到了那里，又累又渴，不那么好玩。这里就要参了，为什么会不可思议，你真参通了这个，达到解脱就很容易，因为人生的理想永远不可能实现，那都是梦幻。我们大梦幻中的小梦幻更不能做到，理解通了，自然解脱，不被自己欺骗。

"又菩萨以一佛土众生置之右掌，飞到十方遍示一切，而不动本处。"这文字很好懂，菩萨境界的人得到不可思议，把十方世界的佛国，右手一抓，放在手掌上，然后自己飞到十方世界给大家看，十方世界的这些众生，他们自己觉得动都没有动。只有住不可思议得到解脱的菩萨，才做得到这些。古人看《维摩诘经》觉得是神话，一切都不是神话。现在凡夫也做得到，用一个录影机把全世界都摄录下来，以凡夫的智慧，通过物质关系，也做得到。以菩萨的神通智慧，绝对更容易做到。现在这里若有一位肉身菩萨，他就可以表演给你看，但是他一表演就会走了，不到一个钟头立刻就要走的。他不能留，否则要找他的人不知有多少，烦都能把他烦死了。所以，肉身菩萨是不露神通的，事实上，这是唯心的功能，都可以做得到的。

"又舍利弗，十方众生供养诸佛之具，菩萨于一毛孔，皆令得见。"这一条好像毫不相干，其实很相干的。供养与布施不同，对下是布施，对上是供养。现在认为拿钱就是供养，当然钱是流通的，可以买到物质的东西。佛经上讲供养，归类起来有四样：衣服、饮食、卧具、药品。包括了穿的、吃的、睡的，尤其是调理身体健康的药。

实际上，我们吃饭也是吃药。你们看济颠和尚的小说，他有一次去逗一个医生,故意问医生包子馒头治什么病,医生不知道,他答说是治饿病的。这里说,住不可思议解脱菩萨,在一毛孔中都看得见十方一切众生供养佛的东西。那是真做到的,不用一毛孔都做得到的,如果修持观行到了的话。我常说你们修白骨观的,连一根脚指头都观不起来,不要说观到白骨在放光了。做到了的人,自己本身白骨的毛孔放光是很自然的,放光了之后,在黑暗中能看东西也很自然。为什么?我们自己的身心本能就具备了这样的功能。

庄子说过:"瞻彼阙者,虚室生白,吉祥止止。"可见,他也到达了这个境界。真达到空境界的人,在一个空洞的黑暗房间里都会放光,那是在定的境界,吉祥圆满。所以,在一毛孔中看见十方一切众生供养佛的东西,那是当然。即使现在我们凡夫,通过显微镜也可以看见细微世界,通过电视也可以看见远方世界如在目前。

"又十方国土所有日月星宿,于一毛孔,普使见之。"这只要得初禅定的人都办得到,自己在定境一观(不是肉眼观),整个天地身心都在前面。中国古书常说日月星辰,什么是辰?现在的同学们,即使得了高等学位的,可能都会被考倒了。日月星辰是四样东西,与日月星宿一样吗?不一样的。中国古代天文学有所谓二十八宿,就是二十八个星座。太阳的行度一年有三百六十五度多,不用日子计算,而用干支计算。十个天干加上十二个地支,变成甲子、乙丑、丙寅等六十花甲,这是计算宇宙天文的行度,在天体上叫作缠度,是天体在虚空中的行度。每一个月的每一天,晚上星座在天空出现的位置都不同。"宿"就是晚上所住的那一宫,住在天体的那个范围。"辰"是在早上观察星座的位置,每一个月的每一天亦不同。

中国古代的天文是世界第一,了解天文就需要数学,中国古代的数学也是第一,可是现在中国的科学却是落后的。好几年前,我们的童子军去参加世界童军大会,别的国家的童子军晚上都能认得星星,我们的童子军就认不出来，真是遗憾。今天下午有位同学问到我这个天文的问题，我要他先去读《史记》的"天官书"，再配合现代的天文学去研究。以前带兵的要上知天文下知地理，黑夜之中行军，没有方向没有时间，怎么走呢？只有靠着天空星座的位置判断。

这句经文讲十方国土一切日月星宿，想想看，那个范围有多大？但都在一个毛孔中可以看见，这是菩萨境界。现代的太空科学家，用高倍的天文望远镜，用一小点，虽然未必看得见十方国土一切日月星宿，也可以看见许多银河系统、星云，使得凡夫的智能也追近了菩萨的智慧。佛经上有句话："诸佛菩萨智慧神通不可思议，一切众生业力也不可思议。"把一切众生的业力翻过来，就变成诸佛菩萨智慧神通，所以由凡夫成佛，就在一念之间一转而已。但是，你转不过来，如能转得过来，即生成就又有何难？

风　火　音声

"又舍利弗，十方世界所有诸风，菩萨悉能吸着口中，而身无损，外诸树木，亦不摧折。"菩萨境界可以把十方世界所有诸风，一口气吸入自己的肚子，肚皮也不会胀起来，而最难的是，外面的树木没有了空气也不受损害。这个真无法想象，我主张现代青年同学，要开发新的路子研究佛经，不要走老路子，老的注解，现代人不大容易接受，只会让佛法落伍。一定要走科学路线，我是不懂科学的，你不要听我在乱讲，我只是有一点皮毛常识，不过在刺激大家要去注意。

比如，我们研究这一句经文时就要想到，地球的大气层愈到外层愈稀薄，最后就没有气了，这星球之间没有气的真空地带，在《华严经》叫作香水海，并不真是海。现代人知道，乘太空船去外太空，外头全黑的，也没有空气，所以太空船要带氧气。太空是现代名词，不要和佛学的"太虚空"混为一谈,这是两个观念。好了,照这句经文讲,有神通的菩萨,一口把地球上的气吸进身内,可是外太空星际之间没有气,要到另一个星球才可能有气,请问这个神通要怎么吸?此其一。假使我们有科学知识,再来看佛经就愈看愈有趣,问题愈来愈多,也愈来愈相信佛法。

所以,各位不论在家出家的,一定要有"综合科学常识",学物理、化学、电机的是专门科学,没有综合。综合科学是有这些专门学科的基础,做总结论的,是门新兴科学。

第二个问题,我们到非常高的山上去,那儿空气稀薄,平地人去了,呼吸会感困难,是不是得道菩萨把空气吸进肚子,把那一段空气也吸进去了?

表面上看,《维摩诘经》讲的这些境界好像是神话,实际上真有禅定功夫的人绝对能体会到,到了三禅以上气住脉停时,硬是有这个境界。马祖接引一个人称庞居士的庞蕴时,庞蕴问:不与万法为侣者是什么人?马祖说,等你一口吸尽西江水,再同你说,庞蕴因此悟道。西江是江西一带的水,谁能够一口吸尽呢?一般讲禅学的,都是讲理论,人一口吞下一碗水都做不到,怎可能一口吞下西江水?但这个是实证的境界。刚才露了一个消息,要到三禅以上气住脉停时,这些境界就可以体会了,才知道佛经没有一句是空话。

"又十方世界劫尽烧时,以一切火内于腹中,火事如故,而不为害。"十方世界劫数尽了就会烧起来,这是佛经提到三灾八难中的大三灾之一。小三灾指人类世界的刀兵、瘟疫、饥馑。大三灾是火、水、风灾,比方地球要毁坏时。

第一灾难是火灾,等于古书说的十日并出,地球烧成了灰,一直烧到初禅天界。这是电能,发热。你们打坐时觉得身上发烧,这些同地水火风都有关系。这种灾难在过去有没有呢?汉武帝时,根据正史,佛法是在七八十年甚至一百年后才传入中国，其实早在秦始皇时代已经有印度的和尚来过。汉武帝时，佛教至少已传入蒙古地方，当时出征蒙古所俘虏的人，身上就带有佛像，汉书上叫"金人"，就是佛的铜像。汉武帝在云南修昆明池，地下挖出黑泥，不知是何物，汉武帝就问道家称为神仙的东方朔，东方朔故意装不知道，说要找西域来的番僧来问。等找来番僧，他说是前劫之劫灰。也就是说，这世界在若干千亿万年前，世界末日焚烧时剩下来的东西。是什么？就是煤炭。现在我们也知道，若是纯度高的，经过冷冻压缩的，就成了金刚钻。你看二千多年前的佛家，竟然已经有了这样的知识！

第二个灾难是水灾，世界都被水淹了，这不是普通的洪水，淹到二禅天界了。这同我们做功夫有绝对的关系，我常要求同学们注意这些，不要光弄大乘佛学空洞的理论，说了半天，既不能得解脱又不能得实证。现在科学界担心的是，生态气候的变化导致南北极的冰山融化，整个世界会淹没，到时喜马拉雅山可能变成一个小海岛，或者没顶也可能。人类到时就灭亡了，照佛经说，全世界的人口仅剩了五百个好人做人种。我们做功夫时，身内发胀发麻都是水大作祟，水大作祟生的病，如高低血压、糖尿病等，包括守戒的漏。地水火风四大，每一大各有一百零一种病，共有四百零四种病。

到了风灾来临时，三禅天也毁了。这些同我们做功夫、色身四大的变化，有密切的关系。这些道理都要参通，否则做功夫到了某一阶段，是什么原因都不知道。

现在经文讲到十方世界火劫来的时候，菩萨可以把一切火收容到肚子里，而火的燃烧功能一点也没有毁坏。我们当年看的武侠小说，还珠楼主写的《蜀山剑侠传》，里头就有这些，书中主角就是把劫火放在手中搓揉，把它搓小了放入袋中拿走，所以世界人类没有受害。我们看了，就知道作者对佛经和道书，都看得很熟，所以有这么多的幻想资料。胡适之反对文言，可是他自己也爱读《蜀山剑侠传》。

"又于下方过恒河沙等诸佛世界，取一佛土，举着上方，过恒河沙无数世界，如持针锋，举一枣叶，而无所娆。"我们要注意，佛经每一句经文都不是随便编的。他说大乘菩萨可以从我们这个世界下去，穿过了地球，过了不知道多少星球，抓了在下方的某一个佛土，拿回来向上送。又过了不知道多少星球，等于一根缝衣服的针，顶住一片枣树的叶子，就那么轻松，然而对这佛土上所寄生的众生却毫无妨碍。借用现在的例子，人类去到月球，把那边的石块挖了回来，也把地球的美国国旗插了上去，看起来轻而易举，也是人的不可思议智慧与力量。但只能到月球而已，其他的星球我们人还上不去。用佛法的实证功夫来讲，如果禅定境界没有达到上下连成一体，即所谓得定，没有达到一念不生，是做不到的。在密宗是要中脉通了才行。这里讲用针尖顶一片枣树的叶子，不是芭蕉叶，也不是菩提叶，是有它的道理的。

上面都是拿物理世界做比方，接下来是另一类了。

"又舍利弗，住不可思议解脱菩萨，能以神通现作佛身，或现辟支佛身，或现声闻身，或现帝释身，或现梵王身，或现世主身，或现转轮圣王身。"住在不可思议境界的菩萨，能够以神通现身做一切的佛事。他或者变成佛，或者佛没出世时的缘觉佛，或称辟支佛。辟支佛是译音，用禅宗祖师的话是"无佛处称尊"，因因缘而悟道，在孤峰顶上弘法十方。譬如天台宗祖师智者大师的师父慧思大师，他只在山顶"气吞诸方"，不下山弘法，他门下有个智者大师，够了。等于六祖门下出了个马祖就够了。声闻是罗汉，帝释是欲界忉利天天主，梵王是统领初禅三天和欲界的天主，世主是人世间的皇帝，转轮圣王是统治世界的皇帝。

《观世音菩萨普门品》提到的三十二应身，同这一段是一样而又不同。这一段说住不可思议境界的菩萨，随时可以出世入世，现佛身或帝王身。《华严经》讲过，治世（太平盛世）的帝王是十地菩萨转世。所以，三代的尧、舜、禹都是十地菩萨的化身，这就是功德智慧，就是神通。

"又十方世界所有众声，上中下音，皆能变之，令作佛声，演出无常苦空无我之音，及十方诸佛所说种种之法，皆于其中，普令得闻。"佛陀说：一切音声皆是陀罗尼。所有的音声都是普贤如来根本咒唵阿吽的变化妙用，三个基本音声演变来的。在我们人而言，唵是头部音，啊是喉部胸部音，吽是腹部音，分别发于人身的上中下部。中国讲发音有平上去入四声辨音，是齐梁之间的沈约等人，根据华严字母创立的，推动了诗词韵律的发展。四十二个华严字母，有声母、韵母之不同。所以，我特别请到一位老法师来教你们学华严字母。真通了华严字母的梵唱，学起外语就容易了。

中文本来没有注音的，东晋鸠摩罗什等法师来到中国，对这方块字很头痛，就根据梵文字母，创立了切韵的办法，就是拼音，用于翻译佛经。也有学者研究认为，是东汉末的服虔或者三国魏人孙炎，根据印度的梵文字母拼音之学创始反切法的。切韵原来叫翻切，也叫反切，翻译的"翻"字是由翻切来的。隋炀帝很通音韵，可是他讨厌这个"反"字，因为当时老百姓要造反，就把反切改成了切韵。到了唐宋时，就又叫做反切。这种唱念音声之学，到现代变成音韵学，成了专门的学问。

三国时曹操的儿子文学家曹植，他有天夜里，忽然听见空中传来音乐，清雅极了，他听着就像到了不可思议解脱境界似的，就寻着声音找到水边，因为他的音乐造诣很高（当时另一位音乐造诣极高的人，是东吴的周瑜，人说"曲有误，周郎顾"，他走在路上，听到有人弹奏走音，就一定会回头望去。当时，这些人的才华不得了。另一位是荆州的刘表，你不要以为他懦弱，他可是易学的大家，只是政治玩不好），晓得这不是中国本土的音乐，就把它记录下来，成了《渔山梵唱》。

现在的国语是北方的发音,没有入声,与去声混合了,但是,作诗作词还是要分清楚的。这一段经文讲的上中下音,代表了平上去。他说,把世界一切的音声,以住不可思议解脱菩萨的神力,都可以变成说法的声音。《阿弥陀经》上说,西方极乐世界一切鸟、风、树等等的声音,都在念佛、念法、念僧。我们这个世界所有的声音也都在念佛、念法、念僧,只是我们凡夫被烦恼妄念挡住,听不见了。烦恼妄念一空,住不可思议解脱境界,听世界一切音声,都在演说无常苦空无我之法,都是法音清净。这要自己得了解脱才能够知道。

到这里,维摩居士就赶快收场,再说下去就太多了。

"舍利弗!我今略说菩萨不可思议解脱之力,若广说者,穷劫不尽。"注意这个"力"字,到达这个境界,见地功夫都到达了,就具备法力。若再说下去,用一个劫数来说都说不完的。

"是时大迦叶,闻说菩萨不可思议解脱法门,叹未曾有。"这时换了一个主角讲话,大迦叶是佛弟子头陀行第一,也是禅宗第一代祖师。他听了菩萨不可思议解脱法门,叹未曾有,从来没有听过这等事。

"谓舍利弗:譬如有人,于盲者前现众色像,非彼所见。一切声闻,闻是不可思议解脱法门,不能解了,为若此也。"大迦叶以师兄身份,岔进来对师弟舍利弗讲话,比方有一个人在瞎子面前放电影,瞎子是看不见的。所以,这个境界除了住在不可思议解脱境界的大乘菩萨,一切声闻罗汉,听到这个法门,根本不能懂,智慧程度的差别就是这个样子。

"智者闻是,其谁不发阿耨多罗三藐三菩提心?我等何为永绝其根?于此大乘,已如败种,一切声闻,闻是不可思议解脱法门,皆应号泣,声震三千大千世界。一切菩萨,应大欣庆,顶受此法。若有菩萨信解不可思议解脱法门者,一切魔众无如之何。"大迦叶又说,上面讲的不是声闻境界,真有大智慧的人得悟此理,个个都要发无上正等正觉之心，都会想求明心见性，得了明心见性，就会了解此心不可思议，得大解脱。他讲给舍利弗听，也是给其他的弟子们听：我们为什么要走小路，把大乘的善根永远断绝？我们非常惭愧，我们这样的修持真如同焦芽败种，像烂掉的种子，永远也不会长出芽来。一切走小乘路子，只求自了的人，听到这样不可思议解脱法门，应该大声地痛哭流涕；一切大乘的菩萨听了不可思议解脱法门，应该无比地高兴欣慰。

"顶受此法"，字义是把这法门放在头顶上。我要讲一下这宗教仪式，大家都很马虎了，时代不同也难怪。很多在家出家的同学，对于佛经佛像很马虎，随便放。虽然说这是书，你就算带到厕所看也可以，但是不然，我们当年接手一本佛经，一定会放头上顶礼。受一尊佛像，一定也先请到头顶上再拿下来，规规矩矩的。就算你们有时拿起来顶礼，但只是摆个样子，一点也没有诚意。

若菩萨有信解不可思议解脱法门的，一切魔障均奈何不了他。再进一步说，也同时解脱了一切佛法的束缚，才是真解脱。如果解脱了魔，但还被佛法束缚，就是没有真得到不可思议解脱法门。

"大迦叶说此语时，三万二千天子，皆发阿耨多罗三藐三菩提心。"大迦叶这么说时，一同来的三万二千天子，都发了大乘心。

这时，维摩居士就找上了大迦叶，对象变了。京剧中有这一场，出场人物都戴着罗汉像的面具，唱功不多，但做功很多，每个罗汉不同，这样的京剧恐怕以后不会再看到了。

魔王　大菩萨　解脱

"尔时，维摩诘语大迦叶：仁者！十方无量阿僧祇世界中作魔王者，多是住不可思议解脱菩萨，以方便力故，教化众生，现作魔王。"因为大迦叶懂，他到底是禅宗的第一代祖师，所以维摩居士告诉他，十方世界中做魔王的,都是十地以上的大菩萨。《华严经》讲两个对立的,十方世界治世的转轮圣王,是十地以上的菩萨才来的。但是,能与佛对抗的魔王,也是十地以上菩萨所演变的。所以,魔王这个名词谈何容易啊!禅宗祖师会说,某人的境界可以入佛了,但是还不可以入魔。要魔佛两边都不着,才是得真解脱,然后也可以成佛,也可以成魔。

原始佛经翻译过来时,魔字本来用"磨",是磨炼的意思,经典常用"磨罗"。后来加上宗教观念,就把它变成魔鬼的魔。这其中的观念是有差别的。

这里维摩居士好像是在推崇魔道,他是讲大魔王,不是小魔王。严格地讲,谁是大魔王?十方一切圣贤、一切教主,才是真正的大魔王!没有这个境界是不能成圣人的。

接下来讲什么是魔王大菩萨境界。

"又迦叶,十方无量菩萨,或有人从乞手足耳鼻、头目髓脑、血肉皮骨、聚落城邑、妻子奴婢、象马车乘、金银琉璃、砗磲码碯、珊瑚琥珀、真珠珂贝、衣服饮食,如此乞者,多是住不可思议解脱菩萨,以方便力而往试之,令其坚固。"修道的人都怕魔,对不对?但是真修道的人要拜魔,求魔来磨你,魔还不肯来呢!你能受魔王折磨要多大的福气啊!真受得了魔,打过了这一层,你的道理就跃进一大步。所谓"道高一尺,魔高一丈",魔的力量比道还大。如果你磨不过去,你的道只高一尺而已,魔可是有一丈高。如果你能把魔降伏了,就跳了九尺,你还不干?有便宜还不晓得占,可见众生没有智慧。

这里说,魔在哪里?给你反对、给你刺激、给你烦恼的都是魔。十方世界有无量大菩萨现身做魔王,故意要人家这样那样,要人家的手脚、财产,要了以后还打你、笑你。真做菩萨是什么都可以布施的。布施身体的手足、血、皮、骨等,比较容易。比如血库缺血了,要你捐血,你会同意。要你把房子捐出来,干不干?舍不得了吧!这还不算,要你把太太或先生让出来,恐怕你会动刀子了。然后,还有你的车子、首饰等,都拿出来。有人专门来向你要,其实都是菩萨变成魔王来试你。

中国文化有几句话,跟这段经文是异曲同工,我前面讲过了,你们也记了笔记,但是还记不住:"能受天磨真铁汉,不遭人忌是庸才",你们出去做事,受不了人家嫉妒打击;我说我为你高兴,还有人嫉妒打击你,如果你窝囊的话,就没人要嫉妒打击你了,这代表你没什么了不起嘛!

许多人为了财产纠纷烦恼,清朝安徽桐城有条"六尺巷",据说是当时宰相张廷玉家中,土地被邻人盖墙侵占了三尺,家人通报在京中的宰相。宰相并没有去向地方官吏打招呼,而是回一首诗给家人:

> 万里修书只为墙　让他三尺又何妨
>
> 长城万里今犹在　谁见当年秦始皇

这事被邻人知道了,就还他三尺地,又再退让三尺,所以就成了条六尺宽的巷子。实际上,这位宰相书读得多,可能是学唐末杨玢劝家人相让的例子。杨玢在尚书任内,快要告老退休的时候,他在故乡的旧屋地产,有些被邻居侵占了。于是,他的家人们要去告状打官司,把拟好的起诉书送给他看。杨玢看了,便在后面批说:

> 四邻侵我我从伊　毕竟须思未有时
>
> 试上含元殿基望　秋风秋草正离离

这些是中国的例子。我常说,中国宋明以后的理学家讲规规矩矩做人,是佛教的律宗,老庄道家是佛教的禅宗,讲解脱的。举这些例子,你说菩萨在哪里?不一定在庙子,不一定在宗教中,社会上很多人行的就是菩萨道。倒是穿上宗教外衣的人,常常听闻佛法的人,却做不到。社会上很多不信宗教的人,我看了肃然起敬,他们真是菩萨。

维摩居士说,种种来磨难你的都是菩萨,所以你们夫妻感情好的是好菩萨，感情坏的是坏菩萨，都是菩萨！你把另一半当是菩萨，就解脱了！

"所以者何？住不可思议解脱菩萨，有威德力，故行逼迫，示诸众生，如是难事，凡夫下劣，无有力势，不能如是逼迫菩萨。譬如龙象蹴踏，非驴所堪，是名住不可思议解脱菩萨，智慧方便之门。"为什么菩萨才能做魔王来折磨人？因为住不可思议解脱菩萨才有这个威德力。威德是从福德来的，魔王一定是有大福德大享受的。像你们连饮食都艰难的话，要做魔王还做不了呢！只有魔王才有资格来迫害众生，使你向善，这也是杖头出孝子的道理，反的教化是能成就人的。但是，你如果不具备威德力，就不能这么做，言不压众，貌不惊人，讲出来惹人反感，你还是做正面的菩萨吧！没有这个条件，不能做魔王去迫害人的。比如龙象，踏下去就有力量，小驴子是不能比的。

南怀瑾先生著述目录

1. 禅海蠡测 （一九五五）
2. 楞严大义今释 （一九六〇）
3. 楞伽大义今释 （一九六五）
4. 禅与道概论 （一九六八）
5. 维摩精舍丛书 （一九七〇）
6. 静坐修道与长生不老 （一九七三）
7. 禅话 （一九七三）
8. 习禅录影 （一九七六）
9. 论语别裁（上） （一九七六）
10. 论语别裁（下） （一九七六）
11. 新旧的一代 （一九七七）
12. 定慧初修 （一九八三）
13. 金粟轩诗词楹联诗话合编 （一九八四）
14. 孟子旁通 （一九八四）
15. 历史的经验 （一九八五）
16. 道家密宗与东方神秘学 （一九八五）
17. 习禅散记 （一九八六）
18. 中国文化泛言（原名"序集"） （一九八六）
19. 一个学佛者的基本信念 （一九八六）
20. 禅观正脉研究 （一九八六）
21. 老子他说 （一九八七）

22. 易经杂说　（一九八七）
23. 中国佛教发展史略述　（一九八七）
24. 中国道教发展史略述　（一九八七）
25. 金粟轩纪年诗初集　（一九八七）
26. 如何修证佛法　（一九八九）
27. 易经系传别讲（上传）　（一九九一）
28. 易经系传别讲（下传）　（一九九一）
29. 圆觉经略说　（一九九二）
30. 金刚经说什么　（一九九二）
31. 药师经的济世观　（一九九五）
32. 原本大学微言（上）　（一九九八）
33. 原本大学微言（下）　（一九九八）
34. 现代学佛者修证对话（上）　（二〇〇三）
35. 现代学佛者修证对话（下）　（二〇〇四）
36. 花雨满天　维摩说法（上下册）　（二〇〇五）
37. 庄子諵譁（上下册）　（二〇〇六）
38. 南怀瑾与彼得·圣吉　（二〇〇六）
39. 南怀瑾讲演录二〇〇四—二〇〇六　（二〇〇七）
40. 与国际跨领域领导人谈话　（二〇〇七）
41. 人生的起点和终站　（二〇〇七）
42. 答问青壮年参禅者　（二〇〇七）
43. 小言黄帝内经与生命科学　（二〇〇八）
44. 禅与生命的认知初讲　（二〇〇八）
45. 漫谈中国文化　（二〇〇八）
46. 我说参同契（上册）　（二〇〇九）
47. 我说参同契（中册）　（二〇〇九）
48. 我说参同契（下册）　（二〇〇九）

49. 老子他说续集　　（二〇〇九）

50. 列子臆说（上册）　（二〇一〇）

51. 列子臆说（中册）　（二〇一〇）

52. 列子臆说（下册）　（二〇一〇）

53. 孟子与公孙丑　　（二〇一一）

54. 瑜伽师地论　声闻地讲录（上册）　（二〇一二）

55. 瑜伽师地论　声闻地讲录（下册）　（二〇一二）

56. 廿一世纪初的前言后语（上册）　（二〇一二）

57. 廿一世纪初的前言后语（下册）　（二〇一二）

58. 孟子与离娄　　（二〇一二）

59. 孟子与万章　　（二〇一二）

60. 宗镜录略讲（卷一至五）　（二〇一三至二〇一五）

61. 南怀瑾禅学讲座（上）　（二〇一七）

62. 南怀瑾禅学讲座（下）　（二〇一七）

打开微信，扫码观看
《复旦大学出版社南怀瑾著作出版纪程》视频

打开微信，扫码观看南怀瑾先生授课原声视频

打开微信，扫码听南怀瑾著作有声书

《老子他说》有声书

《易经杂说》有声书

打开微信，扫码看南怀瑾著作电子书

《金刚经说什么》电子书

《如何修证佛法》电子书

购买南怀瑾先生纸质图书，请打开淘宝，扫码登陆复旦大学出版社天猫旗舰店

图书在版编目(CIP)数据

花雨满天　维摩说法(上册)/南怀瑾著述. —上海：复旦大学出版社，2018.5(2024.4 重印)
ISBN 978-7-309-13625-8

Ⅰ.花… Ⅱ.南… Ⅲ.①大乘-佛经②《维摩诘经》-研究　Ⅳ.B942.1

中国版本图书馆 CIP 数据核字(2018)第 071124 号

花雨满天　维摩说法(上册)
南怀瑾　著述
出　品　人/严　峰
责任编辑/邵　丹

复旦大学出版社有限公司出版发行
上海市国权路 579 号　邮编：200433
网址：fupnet@fudanpress.com　http：//www.fudanpress.com
门市零售：86-21-65102580　　团体订购：86-21-65104505
出版部电话：86-21-65642845
上海四维数字图文有限公司

开本 787 毫米×960 毫米　1/16　印张 24.75　字数 303 千字
2018 年 5 月第 1 版
2024 年 4 月第 1 版第 6 次印刷

ISBN 978-7-309-13625-8/B·659
定价：42.00 元

如有印装质量问题,请向复旦大学出版社有限公司出版部调换。
版权所有　　侵权必究